W0048393

WIKIPEDIA zum Stichwort »Maulkorb«: »Der Begriff *Maulkorb* bezeichnet den in der Hundehaltung gebrauchten Beißkorb, im übertragenen Sinn ein *Redeverbot*. Es gibt Riemen- oder Schlaufenmaulkörbe, Drahtgitterkonstruktionen und Ledermaulkörbe.«

Zum Zeitpunkt der Erstveröffentlichung dieses Buches ist der Begriff *Redeverbot* in der deutschen, mehr als eine Million Artikel umfassenden WIKIPEDIA noch nicht definiert.

Über den Autor

Klaus Norbert (48), deutscher Journalist und Autor, gehört keiner Partei an. Er ist in keinem Verein oder Verband Mitglied und keiner Gewerkschaft oder gleichwie gearteten Organisation angeschlossen. Über das rapide wachsende Ausmaß von Einflüstereien seitens Politik und Wirtschaft war er selbst erst überrascht, schließlich verärgert. Seine Beschäftigung mit den immer dreisteren Manipulationen unserer frei und unabhängig geglaubten Gesellschaft führte zu diesem Buch.

E-Mail-Kontakt zum Autor: *einfluesterer@eurowriters.com*

KLAUS NORBERT

DIE EINFLÜS TERER

Angst vor Sozialabbau, Sorge um
die Zukunft – es wird immer stiller
im Land. Politik und Wirtschaft haben
leichtes Spiel: Wir sind auf direktem
Weg in den Maulkorb-Staat.
Wird Ruhe erste Bürgerpflicht?

WILHELM HEYNE VERLAG
MÜNCHEN

FSC

Mix
Produktgruppe aus vorbildlich
bewirtschafteten Wäldern und
anderen kontrollierten Herkünften

Zert.-Nr. SGS-COC-001940
www.fsc.org
© 1996 Forest Stewardship Council

Verlagsgruppe Random House FSC-DEU-0100
Das für dieses Buch verwendete FSC-zertifizierte Papier
Super Snowbright liefert Hellefoss AS, Hokksund, Norwegen.

Originalausgabe 05/2010

Printed in Germany 2010
Umschlaggestaltung: Hauptmann und Kompanie Werbeagentur,
München – Zürich
Satz: Buch-Werkstatt GmbH, Bad Aibling
Druck und Bindung: GGP Media GmbH, Pößneck
ISBN: 978-3-453-60151-2

Gewidmet
Herrn Dominik Brunner,
der am 12. 09. 2009 in einem Münchner S-Bahn-Zug
nicht schwieg und nicht wegsah
und für seine Zivilcourage erschlagen wurde.

Inhalt

Einflüsterungen
rund um die Uhr

Wir wollen ein Volk der guten Nachbarn werden,
im Innern wie nach außen.
Die Bundesregierung wird sich von
der Erkenntnis leiten lassen, dass
der zentrale Auftrag des Grundgesetzes,
allen Bürgern gleiche Chancen zu geben,
noch nicht annähernd erfüllt wurde.
Wir wollen mehr Demokratie wagen.

WILLY BRANDT bei seinem
Amtsantritt als Bundeskanzler, 1969

Diese Stille – wieso schallt und gellt es nicht längst aus allen Ecken der Republik vor Wut und Protest? Wie ist es möglich, dass die Mächtigen uns Tag für Tag zukleistern mit ihrer Propaganda, mal im weichgespülten Wohlfühl-Sound, mal im höchsten Alarmstufe-Rot-Diskant? Warum hören wir nur noch entweder von komplettem Nonsens oder von immer neuen Katastrophen und Gefahren, warum gibt es nichts mehr dazwischen? Es gibt doch Wichtigeres als die ewig gleichen Statements von Politikern, Top-Managern, Interessenverbändlern, Experten, Beratern, Kommentatoren, Ideologen, Eiferern, Intriganten, Strippenziehern – von Einflüsterern eben.

Wichtigere Dinge – zum Beispiel die Fragen: Was ist Liebe? Oder: Was ist Glück? Wer sind wir, und wenn ja, warum nicht sehr viel mehr?

Die obersten Ränge der Bestsellerlisten zeigen, womit wir uns am liebsten beschäftigen würden, wenn wir nicht ständig im Ausnahmezustand lebten. »Unordentliche Gefühle« würden wir gern untersuchen, vielleicht sogar auf eine Zigarette mit Helmut Schmidt vor die Tür gehen.

Würden, denn für Liebe und Glück und alles andere ist immer weniger Zeit. Weil nämlich im Irrenhaus, wie wir schon lange vermuteten, nur die Falschen behandelt werden, während »die Richtigen« frei herumlaufen. Sie sorgen mit aller Kraft dafür, dass Liebe und Glück in den Hintergrund gedrängt werden, dass uns nicht mehr richtig langweilig werden will. Dort, im Hintergrund, lagern bereits die Eigenschaften Optimismus und Idealismus, die wir schon so lange vermissen. Denn dass wir unaufhörlich hibbelig sind, uns mit tausend Problemen gleichzeitig herumplagen, das ist ja kein Zufall. Wir leben weder in Seicht- noch Feuchtgebieten, sondern in einem einzigen Krisengebiet: Die Politik hat sich und uns an die Wirtschaft verkauft, Wahnsinn!

Nicht, dass es jemals wirklich super für uns gelaufen wäre auf dem Planeten. Kriege, Katastrophen, Mord und Totschlag waren immer aktuell. Aber seit ein paar Jahren ist der Wurm drin. Wir kommen einfach nicht mehr aus den Krisen heraus. Da können die Kollegen Precht und von Hirschhausen und all die anderen noch so sehr charten, wir sind nicht auf jeder ihrer Buchseiten mit voller Konzentration dabei. Wir spüren, dass sich das Land gerade massiv verändert, dazu Europa und die Welt, wie wir sie kannten oder uns einmal erhofft haben. Schlimmer noch: Wir verändern uns auch, aber in eine Richtung, in die wir partout nicht wollen.

Wahrhaftigkeit in den Zeiten von Analogkäse und Mogelschinken

Anders gefragt: Was ist das noch dieser Tage, Freiheit? Was ist das noch, Gerechtigkeit? Was gelten noch Wahrhaftigkeit, Ehrenhaftigkeit, Aufrichtigkeit in Politik und Wirtschaft? Wer ruft da ständig, unsere Sicherheit sei in Gefahr? *Hör mal, wer da flüstert – Liebling, sie haben die Demokratie geschrumpft!*

Halten wir uns nicht mit weiteren Vorreden auf: Für viele ist dieses Buch natürlich völliger Quatsch. Wer will uns denn etwas einflüstern, sagen sie, wer will uns denn einen Maulkorb verpassen? Wir leben in einer Demokratie! Und wir sind alt genug, uns eine eigene Meinung zu bilden: Den Klimawandel kriegen wir schon noch gewuppt, mit moderner Technik und drastischen Einsparungsmaßnahmen. Die Weltwirtschaftskrise – klar, die Banker waren es. Oder doch eher die Politiker? Vielleicht ja auch wir gierigen Anleger, die vielen kleinen Sparer? Na ja, seltsam ist es schon, dass auch im Jahre zwei nach der Beinahe-Kernschmelze unseres Finanzsystems noch immer niemand belangt worden ist. Wenn schon nicht strafrechtlich, zivilrechtlich, auf Schadenersatzebene, müsste den Vorständen und Aufsichtsräten der Banken doch beizukommen sein. Aber selbst wenn – würden »die da oben« nicht doch wieder alles unter sich regeln, sich notfalls mit ein bisschen Bargeld freikaufen?

Es wird so viel geredet und noch mehr geflüstert, der Kopf schwirrt einem: Die neuen Kolonialkriege spielen sich weitab von unserer Haustür ab, in Afghanistan, im Irak. Nächste mögliche Stationen: der Jemen, Pakistan, Iran. Aber in den Medien stellt sich das Ganze eher als Posse munter wechselnder Verteidigungsminister dar. Ja, sind wir jetzt im Krieg oder sind wir es nicht? Ist der Baron zu Guttenberg nun ein Lügenbaron oder ist er es nicht?

Zu viele Stimmen.

Erst war der Euro kein Teuro, dann waren wir selber schuld an der Finanzkrise, und der Krieg, der seit Jahren wieder von deutschem Boden ausgeht, soll und soll keiner sein. Jede Umfrage kommt zu dem Ergebnis, dass wir die Bundeswehr nicht schießen sehen wollen. Trotzdem verlängert der Bundestag seit acht Jahren die einschlägigen Mandate immer wieder aufs Neue. Wir verklagen den Staat vor dem Bundesverfassungsgericht, weil er unsere sämtlichen Verbindungsdaten auf Vorrat speichert, unsere Fingerabdrücke in Pässen und Ausweisen festhält, jederzeit in jedes unserer Konten gucken kann und auch noch im fließenden Verkehr unser Kennzeichen scannt – ein bisschen viel zurechtrückendes Karlsruhe für ein ziemlich bürgerrechtsfeindlich gewordenes Berlin. Gut, die Manieren der Politiker sind etwas »robust« geworden, wie man neuerdings sagt. Aber, Herr Autor, läuft deshalb schon irgendwer mit einem Maulkorb herum?

Die Würde des Menschen *ist* antastbar

Von wegen Einflüsterer! Die Bürger in der Bundesrepublik Deutschland, in Österreich, in der Schweiz, überall in Europa, sind doch *irgendwie* noch immer *ziemlich* frei. Jeder kann doch reden und seine Meinung kundtun, wie er will; der Autor dieses Buches tut es auch, just an dieser Stelle. Gerade weil in unserer Gesellschaft die Demokratie verwirklicht ist wie aus dem Lehrbuch, kann man tun und lassen, was man will. Man kann sogar Unsinn reden oder schreiben, denn: Eine Zensur findet nicht statt.

So steht es, neben vielen anderen unsere Freiheit sichernden Paragraphen, etwa im Grundgesetz für die Bundesrepublik Deutschland, abgekürzt GG, in Kraft getreten am 23. Mai 1948, null Uhr. Wie könnte da ernsthaft die Rede sein von Meinungsbeeinflussung und Meinungsverhinderung, gar von einem Rückzug der Demokratie?

Die Einflüsterer: Der Autor dieses Buches muss ein Linker sein. Macht sich über die Medien her, nennt sie Wasserträger der Mächtigen und betrachtet sie als Lautsprechersystem der großen Einflüsterer im Hintergrund. Er glaubt, uns Europäern werde, als Faschismus unserer Tage, eine regelrechte Islamphobie eingeflüstert, sozusagen als Spitzenprodukt einer ganzen Reihe handelsüblich gewordener Phobien: Einwanderer generell, insbesondere Migrantenkinder der zweiten und dritten Generation, sodann Arme und Sozialverlierer (»Prekariat«), Menschen mit Hochschulabschluss, Untermenschen ohne. Elitegeklüngel hier, Proletengerangel da – geht's nicht ein bisschen kleiner?

Der Maulkorb-Staat: Der Autor dieses Buches muss ein Rechter sein. Will das Brandenburger Tor zum Mauerfall-Jubiläum nicht als

Kulisse für Bon Jovis Playback-Posereien und Thomas Gottschalks
»Wetten, dass«-Geschwätz missbraucht sehen. Bekrittelt die internationalen Studentenproteste im Herbst 2009 als unsolidarisch und
zitiert reichlich Goebbels – wohl selber ein verkappter Einflüsterer,
wie?

Die Einflüsterer, der Maulkorb-Staat, links oder rechts – der Autor dieses Buches ist ganz einfach ein besorgter Bürger, wie so viele
andere. Vor allem ist er ein verärgerter Bürger. Ihn beunruhigen sie,
ihm gehen sie auf die Nerven, der viel zu entschlossene Wolfgang
Schäuble und die viel zu unentschlossene Angela Merkel, der wan-
kelmütige Sigmar Gabriel und seine fahrige Kollegin, Andrea Nahles.
Oder der als SPD-Oppositionsführer praktisch unsichtbar gewordene
Ex-Kanzlerkandidat Frank-Walter Steinmeier, der über (Wahl-)Nacht
wortbrüchig gewordene Guido Westerwelle mit seinem Steuer-Drei-
klang »einfacher, niedriger, gerechter«, der brutalstmögliche Roland
Koch, jener von der Kanzlerin bei jeder seiner undemokratischen Eskapaden unbehelligte Terminator. Den Autor verwundern die bei alle-
dem tatenlos zusehenden Grünen und noch viele, viele andere – aber
wir sind ja erst am Anfang.

Frech provozieren und Unglaubliches behaupten – ist der Autor mit
seinem Buch über die Einflüsterer nicht selbst ein solcher? Klares
Nein, denn anders als diese hält er mit seiner Meinung nicht hinterm Berg. Er schickt auch keine PR-Strategen, Zeitungskommen-
tatoren und andere »Experten« vor, um seine Meinung zu propagieren. Er sagt es ganz offen: Ihn erzürnen Stänkerer wie Thilo Sarrazin
(»kleine Kopftuchmädchen«) oder Roland Koch und dessen Forderung nach Arbeitspflicht für Hartz-IV-Empfänger: »In Deutschland
gibt es Leistungen für jeden, notfalls lebenslang. Deshalb müssen
wir Instrumente einsetzen, damit niemand das Leben von Hartz IV
als angenehme Variante ansieht.« Da sind zwei besonders oft gehörte Demokraten am Werk, einmal SPD, einmal CDU. Zwei Zünd-
ler, die sehr genau wissen, wie man Heufuder ansteckt – sie scheren
sich nicht um die Not von Millionen Menschen ohne jede Aussicht
auf Arbeit. Der eine hat sich von einem Staatsjob zum anderen ge-

hangelt, der andere macht auf Staatskosten dicke Backen. Oder wie *Stern*-Gründer Henri Nannen in seiner gewohnt drastischen Art gesagt hätte:»Mit vollen Hosen ist gut stinken.«

Bürgerrechteabbau im Rekordtempo

Nicht nur in Deutschland, überall in Europa hat sich ein depressives, narkotisches Klima breitgemacht. Mit den Bürgerrechten geht es abwärts. Kaum haben britische und amerikanische Geheimdienste einen al-Qaida-Attentäter übersehen, und um ein Haar wäre eine Passagiermaschine von Amsterdam nach Detroit zum Absturz gebracht worden – schon sind sich die europäischen Demokratien überwiegend einig, dass künftig sämtliche Reisende durch Ganzkörperscanner (»Nacktscanner«) müssen. Nur ein paar Tage zwischen Weihnachten und Neujahr dauert es, um zwischen Berlin – Den Haag – London Einigkeit herzustellen: Den Bürgern ans Eingemachte gehen, ins Allerprivateste, auf die Haut sehen, am liebsten noch darunter? *Let's do it!*

Gegenwehr? Ist nicht zu erwarten. Die den Menschen jahrelang eingeimpfte Lethargie verhindert es. Von den mittlerweile üblichen Krawallen der ebenso üblichen Hundertschaften in Paris, in Athen oder – beim Weltklimagipfel – in Kopenhagen abgesehen, reagieren die Menschen überall gleich, nämlich fast gar nicht. Ihre nationalen Politiker sowie die EU-Bürokraten knallen ihnen eine Zumutung nach der anderen vor den Latz, aber die Völker bleiben ruhig. Ausweise mit Funk-Chips, Schweinegrippe-Hysterie mit sehr verbindlichen Impf-»Empfehlungen«, Röntgenblicke in unsere Konten zugunsten der US-amerikanischen »Terrorbekämpfer«, Gängelungen noch bis in den kleinsten Lebensbereich – selbst ein europaweites Rauchverbot sowie die Abschaffung der Glühbirne bedürfen hundertseitiger Vorschriften.

Die Kommunikation zwischen den Regierungen und ihren Völkern ist endgültig auf dem paranoiden Niveau der Geheimdienste angekommen. Wie bei diesen wird dem Gegner nicht vertraut, aber jede seiner Schwächen sofort ausgenutzt, um einen Punkt zu machen. Der Gegner, das sind in den alt gewordenen europäischen Demokratien jetzt die eigenen Menschen. Sie kommen nicht richtig voran in der ihnen zugedachten Rolle, sich an einen neuen äußeren Feind zu gewöhnen, ihn erst missachten, dann hassen zu lernen: Die vielen dunkelhaarigen, schwarzbärtigen Männer und die vielen verhüllten Frauen, die ins vergleichsweise reiche Europa drängen, sie sind nicht willkommen. Weil allmählich die letzten Opfer des Zweiten Weltkriegs wegsterben, weil gerade dieser breit dokumentierte Krieg in seinen laufend wiederholten Schwarz-Weiß-Bildern zu langweilen beginnt, weil die aktuellen Kriege, etwa in Afghanistan, so schwer greifbar illustriert werden, gerade aus diesen Gründen haben es die neuen Scharfmacher so leicht. Alle paar Wochen kochen sie einen Vorfall hoch – ein al-Qaida-Drohvideo, ein ums Haar gesprengtes Flugzeug, eine neue Botschaft des einfach nicht zu fassenden Osama bin Laden oder eines seiner Stellvertreter. Das reicht, um wieder ein paar neue Einschränkungen zu rechtfertigen. Den Rest besorgt der für die meisten Europäer wieder sehr existenziell gewordene Überlebenskampf: Die Sonderausstattungslisten für neue Autos sind schon lange kein gemeinsames Gesprächsthema mehr.

Politik nach dem Zappzarapp-Prinzip

Und immerzu dieser Hohn: Wir, das Volk, wollten »es« ja so. Jedes Volk bekomme die Politiker, die es verdient – dieser Alles-und-nichts-Erklärungsspruch als Ohrfeige für jeden Bürger: Danke, ihr Idioten, fürs jüngste Jasagen, und danke, dass wir euch alle zugleich ausnehmen dürfen. Taschendiebe arbeiten nach genau demselben Prinzip: Ablenken vorm Zuschlagen, zappzarapp machen und dann schnell weg.

Unsere Politiker, soweit sie nicht selbst den Finger am Abzug halten, erweisen sich als unfähig, mit mehreren Problemen gleichzeitig fertig zu werden. Die Bürger sollen sich zu Multitasking-Robotern mendeln, aber Merkel, Sarkozy & Co. bekommen nicht einmal die jeweilige Bildungsmisere in ihren eigenen Ländern in den Griff. Politischer Instinkt, Einfühlungsvermögen, Weitblick – Fehlanzeige. Stattdessen Führungsschwäche: Ministerposten werden sozusagen ausgelost, weil jeder für alles gleich schlecht qualifiziert ist. Auf Landesebene sehen die Dinge nicht viel besser aus. Kaum ein deutsches Bundesland, das nicht mit einer heruntergewirtschafteten Landesbank zu kämpfen hätte – heruntergewirtschaftet, weil in den Aufsichtsräten Landespolitiker saßen, die den Fantastereien der schmalgemuskelten – es gibt keine Dicken mehr im Management – Banker glaubten: Auf nach Fernost! Fonds, Derivate, Schuldverschreibungen! Raus aus den Finanzierungen für den heimischen Mittelstand, rein ins Las Vegas der Hochfinanz!

Hypo Alpe Adria – kann da noch jemand lachen?

Zu viele Nullen an den Minusbeträgen, zu viele Nullen im Vorstand und im Aufsichts- beziehungsweise Verwaltungsrat. Die Bayern-CSU hat mal wieder alle Unfähigkeitsrekorde gebrochen: Rettung der totspekulierten Landesbank: 10 Milliarden Euro. Gesamtverluste durch die für einen symbolischen Euro an die Österreicher verhökerte Hypo Alpe Adria (schon der Name klingt nach baden gehen): 3,75 Milliarden. Aber mir san mir, und mir hamm's ja.

Das Medien-Desaster

Und unsere Medien? Die vielen siebengescheiten Alleswisser, die neuerdings wie Küchenchefs vor ihren Sternerestaurants stehen und nicht begreifen können, dass drinnen die Tische leer bleiben? Das kommt davon, wenn man »draußen«, online, heiße Würstchen verschenkt und den Senf von der Werbeindustrie dazugeben lässt: »Hilfe, Politik«, rufen die Verleger, »befreit uns von der Mehrwertsteuer, das böse Internet ruiniert unsere Printmedien!« Aber nein, sie ruinieren sich schon selbst, unsere Zeitungen und Zeitschriften.

Was steht schon noch drin in ihren Blättern? Die einstigen deutschen Investigativ-Printmedien etwa, *Spiegel* und *Stern,* einmal Flaggschiffe kritischer und zugleich anregender Berichterstattung, sie hecheln mit ihrem Ratgeber-Serviceonkel-Gehabe dem längst verwehten Zeitgeist der Neunziger hinterher, statt im neuen Jahrtausend den Übermächtigen Feuer unterm Hintern zu machen. Das fällt schwer, wenn man zu häufig mit den Genießern aus dem Berliner Reichstag abhängt, sei es im benachbarten Borchardt, im Café Einstein oder im Grill Royal: Diesen Roten *müssen* Sie versuchen; rauchen Sie *unbedingt* mal eine von denen – klar, man beißt nicht die Hand, die einen füttert und tränkt. Mit Uwe Barschel hat das Gemauschel in der Politik keineswegs begonnen, mit seinem Tod 1987 ist es keineswegs ausgestorben.

Und erst das Fernsehen! Die öffentlich-rechtlichen Sender ARD und ZDF erledigen ihren Informations- und Bildungsauftrag am liebsten zur Unzeit, der Quote wegen, die sie, die mit sieben GEZ-Milliarden pro Jahr Gepäppelten, eigentlich gar nichts anzugehen brauchte. Okay, wirklich gute Sendungen – Dokumentationen, Reportagen, Spielfilme – produzieren sie noch immer reichlich. Nur senden sie sie meist erst weit nach Zapfenstreich, eben der Quote wegen. Alberne Wissensshows, schwedische Blutkrimis, schweinweltiger Rosamunde-Pilcher-Kommissarinnen-Kram – dem deutschen Zwangs-Pay-TV geht es zur Hauptsendezeit meist nur noch um den größten gemeinsamen Nenner, um größtmögliche Marktanteile, um größtmögliche Verflachung.

Für Flachsinn waren mal exklusiv die »Privaten«, nein besser: die »Kommerziellen« zuständig. Aber nachdem der Nullpunkt mit jeder weiteren Ausgabe von *GZSZ* und *DSDS* und was der Kürzelsendungen mehr sind erreicht schien, verlegten sich RTL, Sat.1 und ProSieben eben auf den professionell betriebenen, geistig-moralischen oder einfach nur langweiligen Fernseh-Tiefbau: *Dschungelcamp, Promi-Dinner, Germany's Next Topmodel,* inszenierte Promi-Hochzeiten und ansonsten Chart-Shows und viel Comedy. Wenig Kosten, noch weniger Qualität, null Anstand, null Lebensfreude. Lieber trichtert uns RTL ein, wie *Recht & Ordnung* zu funktionieren haben, wieso schikanöse Zollkontrollen, Gerichtsvollzieherbesuche und Blitzlichtfallen einfach unumgänglich sind, nämlich um das ewige Monster in uns zu bändigen, um »Gesetzesbrecher und untreue Bürger ihrer gerechten Strafe zuzuführen« – es sitzen mitunter reichlich perverse Gemüter in den Programmabteilungen der Kommerziellen, und sie zögern nicht, uns die unglaublichsten Abstrusitäten einzuflüstern, wenn's »der Quote« und dem Umsatz hilft.

In Wirklichkeit ist es so: Die Einflüsterer bei den Kommerzsendern wissen nicht, wie man spannendes, anregendes, publikumswirksames Fernsehen macht. Sie haben keinerlei Interesse an gut gemachtem Fernsehen. Deshalb vergiften sie uns den Alltag mit ihrem Unfug. »Dann schalt nicht ein« ist leider keine Antwort, sondern ein gefährlicher Irrtum. Die, die einschalten, kriegen von den Fernseheinflüsterern ein gewollt schiefes Weltbild verpasst: Asoziale lümmeln auf der Couch, Asoziale kommen nicht klar mit Geld, mit Kindern, mit Behörden, Asoziale gehören vor Gericht. Danke, RTL, danke Sat.1, danke, all ihr anderen.

Die letzte Wahrheit – Satire

Anno 2010 liegen die letzten Reste Gesellschafts- und Herrschaftskritik in den Händen zweier reichlich schräg aussehender Männer: Urban Priol und Georg Schramm. Nur noch in ihrer Satire-Sendung *Neues aus der Anstalt* – beim ZDF in die »Late prime time«, also auf einen Sendeplatz nach 22 Uhr geschoben – wird der Unterschied zwischen politischer Dummdreistigkeit und wirtschaftlicher Rundumunfähigkeit deutlich. Alles, was Politik und Wirtschaft uns an Aufrichtigkeit schuldig zu bleiben pflegen, lösen die beiden Irrenärzte in der »Anstalt« rezeptfrei ein: Klartext, bis die Sanitäter kommen. Das ZDF ist großzügig: Wer nicht jede Pointe auf Anhieb mitkriegt, kann gerne die Wiederholung gucken. Zwischen 2 Uhr 45 und 3 Uhr 45 hat der Zuschauer Gelegenheit, sich in politischem Schäfchenzählen zu üben.

Es können Priol und Schramm auch nur erste Garde sein, weil die noch besseren, schärferen, aber bedächtigeren Scharfzüngler auf ein, zwei Auftritte pro Jahr in die Dritten abgeschoben wurden. Matthias Deutschmann, der sein kritisches Deutschsein auf den Saiten seines Cellos kratzt, oder Hagen Rether, der Wiederentdecker der Kunstpause und Chefimitator des wirklich extrem wasserziehenden Eckzahns von Jürgen Rüttgers – der eine kauert an seinem Wimmerkürbis, der andere fläzt über seinen Elfenbeintasten, aber jeder sagt auf so erfrischende Weise, was Sache ist, dass man zur Q-tips-Box greifen möchte: Wieso hör ich das erst jetzt, und warum nur um diese Zeit? Viel gelassener könnte man sein bei dem täglichen Horror von Caren Miosga und Claus Kleber und Peter Kloeppel, bekäme man Politik auf eben diese Weise dargeboten. Vielleicht fänden sich auch noch eine ebenbürtige Gitarristin und eine Triangelspielerin.

Aber Deutschmann und Rether sind gefährliche Leute. Nachdenklichkeit und Besinnung, das könnte aufs Volk erhellend wirken. Den ganzen Tag wispern sich die Einflüsterer die Kehlen heiser. Wäre doch schade um so viel Konterkarierung. Für die zur Zerstreuung verdammten Fernsehzuschauer gibt es darum Chargen, die massenkompatibel sind, es sein müssen, damit sich die Fernsehbosse vor keiner nachgeworfenen Werbemillion wegzuducken brauchen.

Wer beispielsweise dem deutschen Fernsehen als Spätnacht-Unterhalter, als Kulenkampff-Eizelle oder Spielshow-Moderatoren-Journalist dient und, wie Harald Schmidt und auch Thomas Gottschalk und Günther Jauch, als Ministrant gewirkt hat, wer vielleicht sogar noch in derselben Burschenschaft war (wie Gottschalk und Jauch), der kann getrost in seiner Sendung C-Prominente Fläschchen mit Vaginalsekreten verteilen lassen (»Lady Bitch Ray« bei Schmidt und Oliver Pocher). Der kann am Samstagabend Unappetitlichkeiten servieren von T wie Tierkot bis T wie Tierfutter (Gottschalk in *Wetten, dass*), der kann sich als angeblich klügster Deutscher und sehr angeblich großzügigster Regenwaldretter fühlen (der Lotto- beziehungsweise Bierwerber Jauch). Diese Leute sind sich ihres Privilegs als Unterhaltungs-Einflüsterer bewusst: Was Schöneres, Schlimmeres als unsere»Skandale« kann euch morgen früh nirgendwo im deutschen Blätterwald um die Ohren rauschen. Gegen diese professionellen Augenzuquetscher waren Rühmann und Heesters zur Hitlerzeit die reinsten Dissidenten.

Sollten die letzten wirklichen Irrenärzte der Nation, Priol und Schramm, jemals gemeinsam Auto fahren, gar noch mit Deutschmann und Rether an Bord, und sollten sie alle miteinander verunglücken, was der Himmel verhüten möge, dann werden wir Gottschalk und Jauch nie mehr los. Dann ist sogar Harald Schmidt wieder die Nummer eins unter Deutschlands »Satirikern«, ganz ohne einen einzigen neuen Gag und ganz ohne von seinem *Spiegel*-Fanclub am Plusterbackenbart gezaust zu werden.

Von deutschem Boden soll nie wieder Einflüsterei ausgehen

Dabei hatten gerade wir Deutschen uns doch mal vorgenommen, uns nie, nie wieder etwas einflüstern zu lassen, von keinem und von niemandem, nicht einmal von den genannten drei Superkatholiken, die ungeniert dem Mammon huldigen, aber bei jeder Gelegenheit ihren sechzehnten Benedikt und dessen Einflüsterer als Heilsbringer unserer gezählten Tage verherrlichen.

Deutschland 1945. Der Nazi-Staat liegt in Trümmern, bis auf wenige Städte und Ortschaften ist das »Reich« von seinen Gegnern besetzt. Da bäumt sich die NS-Propaganda noch einmal auf, liefert dem geschundenen Volk ein letztes Mal eine monströse Lüge. Am 1. Mai, 21 Uhr 25, tönt der wundersamerweise noch intakte Rundfunk: »Aus dem Führerhauptquartier wird gemeldet, dass unser Führer, Adolf Hitler, heute Nachmittag in seinem Befehlsstand in der Reichskanzlei, bis zum letzten Atemzug gegen den Bolschewismus kämpfend, für Deutschland gefallen ist.«

Hitler kämpfend, Mann gegen Mann, ausgerechnet.

Noch einmal glaubten die Nazis, mit einem Riesenschwindel durchzukommen. Aber die Wirklichkeit sah nun doch so sehr anders aus als 1933. »Großdeutschland« war dermaßen in Schutt und Asche gebombt, dass an Führers Nachfolgern Joseph Goebbels und, einen Selbstmord später, Karl Dönitz kein Interesse der Volksgenossen mehr bestand. Nach Kaiserzeit und Weimarer Republik war nun schon zum dritten Mal binnen nur drei Jahrzehnten Deutschland zu Boden geworfen. Doch die allzu kühne Behauptung, Hitler habe das sinkende Schiff bis zuletzt mit Waffengewalt verteidigt, war beileibe nicht die letzte Lüge, die von deutschem Boden ausging.

Dem Nazi-Geplärr folgte das Eingeflüster der Nachkriegszeit, welche direkt in das halbe Jahrhundert des Kalten Krieges mündete: Arbeit und Wohlstand für alle, grenzenloses Wachstum und keine Macht für die Roten – *come on,* Baby, du willst es doch auch!

Der Preis dafür: ein geteiltes Land, weil die Westalliierten sich mit einem neutralen, unbewaffneten Deutschland in der Mitte Europas nicht sicher fühlen wollten und weil Stalin seinen Fuß aus Zentraleuropa nicht ohne Weiteres hinter den Ural zurückzunehmen gedachte. Konrad Adenauer drückte die Wiederbewaffnung durch, erst klammheimlich, dann in aller Öffentlichkeit, zuletzt mit der Einflüsterung von den angeblich betonharten »Soffjets«, die in Wirklichkeit eine Wiedervereinigung Deutschlands gegen dessen Neutralität angeboten hatten. Doch dem Alten aus Rhöndorf war ein mächtiger Medien-Gegner erwachsen: Wenige Jahre später sollte die einzige journalistische Bastion gegen die Einflüsterer aus Bonn und Washington, der *Spiegel,* in einem beispiellosen Akt von Willkür geschleift werden (»*Spiegel*-Affäre«).

Doch die Bundesrepublik berappelte sich, gerade noch rechtzeitig. Der erste eingeknastete West-Verleger, Rudolf Augstein, kam wieder frei; der erste bundesdeutsche Verteidigungsminister, der skrupellos gelogen hatte, erwies sich als nur bedingt abwehrbereit und musste gehen: Franz Josef Strauß.

Das Geraune ging munter weiter.

1974 flüsterte SPD-Fraktionschef Herbert Wehner Willy Brandt, dass es angesichts dessen zahlloser Frauengeschichten und unzähliger zugedröhnter Nächte besser für ihn sei, seinen Rücktritt vom Amt des Bundeskanzlers zu erklären. Als Vorwand diente dem Chef-Intriganten die plötzliche »Enttarnung« des schon monatelang vom Verfassungsschutz beobachteten Ost-Agenten Günther Guillaume: Als ob ein Kanzler schuld daran sei, wenn eine fremde Macht ihn auskundschaftet.

Helmut Schmidt gelang es, den Bürgern in der Bundesrepublik einzuflüstern, die Mitglieder der Roten Armee Fraktion (RAF) seien schlicht Kriminelle und ihre Motive rein verbrecherische. Die reißerische Bezeichnung »Baader-Meinhof-*Bande*« schien genau zu passen: Das klang nach Al Capone und nach Gangsterbräuten, nach »XY«-Eduard Zimmermann und wohlverdientem Ende, aber kaum nach einer Gruppe von Weltverbesserern, die von einem rigiden Staat regelrecht in den Untergrund getrieben worden waren und dort jedes Augenmaß verloren – so beschrieb es der ehemalige Bundesinnenminister Gerhart Baum (FDP) bei *Anne Will* (Sendung vom 22. 11. 2009, »Bomben, Terror, Tote – Der ›Krieg‹ der Bürgerkinder«). Die Chance, neben den wahnwitzigen Morden der RAF auch die allzu sichtbar gewordenen Unzulänglichkeiten der westdeutschen Demokratie anzusprechen, wurde vertan.

Seinen Nachfolger rettete im Flick-Untersuchungsausschuss nur die wahrlich spektakuläre Einflüsterung eines Parteifreundes. Über die Geldzuwendungen eines Milliardärs an die CDU hatte Helmut Kohl schlicht gelogen. Heiner Geißler zog den Kopf des Kanzlers mit jesuitischer Dialektik und dem Blitzeinfall des Wortes »Blackout« aus der schon geknüpften Schlinge einer Anzeige wegen uneidlicher Falschaussage.

Jahre später war Helmut Kohl selbst zu einem Meister der politischen Einflüsterei geworden. 1990 flüsterte er den DDR-Bürgern die BRD-Bürgerschaft als einzige Alternative zu einer fortdauernden ostdeutschen Existenz ein: *Test the West!* Hier erwarten euch »sichere« Arbeitsplätze, eine »sichere« Rente, die D-Mark und der Volkswagen Golf. Blühende Landschaften – »in drei, vier, fünf Jahren« – statt Industriebrachen werde es geben, versicherte Kohl. Niemandem werde es schlechter, vielen jedoch besser gehen als zuvor. »Helmut, Helmut«, riefen die dürren Ossis dem dicken Wessi zu, sei uns gnädig, spendier uns die Einheit! Der Mauerfall, diktaturmüde Ostdeutsche haben ihn herbeigeführt, friedlich und, oft vergessen, sogar humorvoll, lachend, Kirchenlieder singend, jawohl. Alles aus eigener Kraft, bewundernswert, bejubelnswert, mit Unterstützung eines lässigen, völlig aus der Art geschlagenen Sowjetführers.

Aber die Geschichte ließ sich klittern. Und deutsche Kanzler flüsterten weiter.

Gerhard Schröder und sein Vize, Joschka Fischer, konnten die Zeche für Kohls blühende Fantasie nicht bezahlen. Sie übernahmen einen im Grunde schon 1998 heruntergewirtschafteten Staat. Statt bei den Reichen abzukassieren, Vermögens- und Erbschaftssteuern wieder einzuführen beziehungsweise kräftig anzuheben, ließen sie den Deutschen einflüstern, soziale Gerechtigkeit sei künftig nur noch durch »Fordern und Fördern« zu erreichen. Seit 2005 unterkellert die »Agenda 2010« – der Legende nach eine Worteinflüsterung von Schröders Gattin Doris – das soziale Tiefparterre der Republik. Hartz IV und Ein-Euro-Jobs – jede Menge bürokratischer Drangsale spalten die Gesellschaft endgültig in Habende und Nichthabende.

Anders Angela Merkel. Die doch ziemlich radikalen Einflüstereien ihrer Vorgänger scheinen ihr bislang fremd zu sein. Als ehemalige FDJ-Sekretärin für Agitation und Propaganda (»Nach meiner Erinnerung war ich Kultursekretärin«) hat sie eine Form der eher *unmerkelichen* Soft-Einflüsterei entwickelt. Ihr ohnehin schon leises Sprechen wird so zum Hauchen – oder nicht minder zum Flüstern: Heute hü und morgen hott, dazu braucht es keine Flüstertüte, das verstehen die Menschen auch so. Weil die größte Sozialschweinerei schon von den Sozen erledigt wurde, kann sich die einzige Ex-DDR-Bürgerin im schwarz-gelben Kabinett, sozusagen die Staatsratsvorsitzende der

BRD, um Wichtigeres kümmern. Der Auftrag der Bundeswehr in Afghanistan sei es,»Sicherheit« zu schaffen, frohlockte Merkel in ihrer Neujahrsansprache 2009, auf»dass von dort nie wieder Gefahr für unsere Sicherheit und unser Wohlergehen ausgeht«. Zynischer kann man sich kaum ins neue Jahr floskeln: Unserer äußerst fragil gewordenen»Sicherheit«« zuliebe wird ein Land mit 30 Millionen Einwohnern, doppelt so groß wie die Bundesrepublik, verheert; für unser»Wohlergehen« müssen wir es hinnehmen, dass wir seit Jahren belogen werden über den *Kriegseinsatz* der Bundeswehr vor Ort.

Deutschland hat mit den größten inneren und äußeren Problemen seit Ende des Zweiten Weltkriegs zu kämpfen, aber die Kanzlerin flüstert uns ein,»wie wir unseren Wohlstand erhalten«: indem wir andere Länder mit Krieg überziehen.

So neujahrsansprachlich, so indirekt. Das zielgerechtere Flüstern bleibt in der CDU noch immer Parteigenossen wie Roland Koch überlassen. Der hessische Ministerpräsident und Schattenkanzler sägt schon mal eben den Chefredakteur beim ZDF ab, weil der ihm für zu wenig rechtskonservative Einflüsterei sorgt – nach Adenauer, Schmidt, Kohl und Schröder erklimmt die Kunst des Staatssouffierens nicht für möglich gehaltene Höhen. Brutalstmöglichen Flüster-Demokraten wie Roland Koch ist, unter anderem, die Entstehung dieses Buchs geschuldet, freilich auch Beton-Realpolitikern wie dem wenig altersmilden Helmut Schmidt (SPD), der in seiner Auguren-Abgeklärtheit noch immer glaubt, der aus purer Manipulation geborene Wahnsinn um uns herum sei normal, die Durchsetzung des eigenen Machtwillens ein absolutes Privileg von Staatsmännern: Wie einer, selbst noch nach 40 Jahren, derart eifersüchtig sein kann auf einstige Volks-Lieblinge wie Willy Brandt.

Es kommt pro Jahrhundert nicht oft vor, dass das Volk Grund hat, einem Politiker aus ganzem Herzen zuzujubeln. Mit Brandt hatten die Deutschen in Ost und West einen solchen Mann: Frieden können eben nur Politiker bewirken, die selbst Frieden ausstrahlen. Geliebt wie einst»Willy« werden Politiker nur, wenn sie darauf verzichten, ihre Untiefen hinter allzu schneidigem,»staatsmännischem« Auftreten zu verbergen. Schmidts kristallklarer Durchblick ist wirklich zu bewundern, noch in seinen Neunzigern. Aber lieben kann man den Mann dafür kaum.

Der Altbundeskanzler, ausgestattet mit ziemlich nikotinresistenten Lungenflügeln wie auch mit ziemlich kritikresistenten Überzeugungen, empfiehlt seit Langem, Menschen mit Visionen zum Nervenarzt zu schicken. Es wird sich in diesem Buch zeigen, wer eines solchen Besuchs dringender bedarf: ein Autor, der im Land ein demokratiefeindliches Dauergeflüster auszumachen glaubt, oder all jene, die uns in ihrer Maßlosigkeit ständig neues Unheil einflüstern.

Zehn Wege, Menschen kleinzukriegen:
Die Maulkorb-Prinzipien der Einflüsterer

In den Achtzigern zeigten die Westdeutschen Politik und Wirtschaft die Stirn. Sie protestierten gegen die Nachrüstung (Pershing-II-Raketen), marschierten gegen die Atom-Lobby (Wiederaufbereitungsanlage in Wackersdorf) und sabotierten die staatliche Ausforschung (Volkszählung). In den Achtzigern zeigten nicht minder die Ostdeutschen Diktatur und Unterdrückung die rote Karte. Sie ertrotzten sich die ihnen 40 Jahre vorenthaltene Freiheit. Leider sind Zivilcourage und der kollektive Wille zur Selbstbehauptung danach aus der Mode geraten wie hochgekrempelte Sakko-Ärmel oder schmale Lederkrawatten. Oder aber Staat und Wirtschaft haben aus dem Ungehorsam der Bürger gelernt: Nie wieder Aufruhr – denen werden wir es zeigen. Seit wir stolz darauf sein sollen, dass der »Exportweltmeister« Inlandsnachfrage, Kaufkraft und Arbeitsplätze nach Asien auslagert, seit jeder von uns befürchten muss, Menschen mit der seltsamen Berufsbezeichung »Fallmanager« aus allzu nächster Nähe kennenzulernen, ja seit Spitzenpolitiker uns frech mit Zwangsarbeit und Durchleuchtung bis auf die nackte Haut drohen, spätestens seitdem ist deutlich geworden: Die machen mit uns, was sie wollen. Wir kriegen den Kopf nicht mehr frei von all dem Medien-Bohei um uns herum. Im schönsten Sommer (»Hitze-Katastrophe!«) scheint die Sonne plötzlich giftgrün, im idyllischsten Winter (»Schnee-Katastrophe!«) will es nicht mehr richtig weihnachten: Wir sind Jongleure, die mit zu vielen Bällen gleichzeitig beschäftigt werden. Wir sind dauerüberfordert, wir sind platt.

Schuld sind die Einflüsterer aus Politik und Wirtschaft, die uns in einem permanenten Zustand der Unsicherheit, der Angst, des Zweifels halten. Mit Methoden aus der Trickkiste der Geheimdienste geht unsere Verwaltungseinheit – was anderes wäre der Staat? – gegen uns vor: psychologische Kriegsführung als wirkungsvollste Strategie gegen Zivilsten, genannt Bürger. Der Auftrag: Quatscht sie zu, schreckt sie ab, sendet sie in Grund und Boden; entsolidarisiert selbst kleinste Gruppen, sät Neid und Missgunst bis zum letzten Stammtisch, spaltet das Volk in Noch-Habende und Längst-nichts-mehr-Besitzende. Klingt schwer nach Weltverschwörungstheorie, nach Bilderbergern, Illuminaten und Freimaurern? Von wegen. Die Art und Weise, wie – nicht nur in Deutschland – die Bestie Mensch in Schach gehalten wird, ist leider etwas ganz Normales:

– **Prinzip Ablenkung,** am Beispiel Gesellschaft: In den ständigen Diskussionen über Zukunft, Renten und Gesundheit werden Alt und Jung aufeinandergehetzt, Ost und West, Beschäftigte und Arbeitslose, Arbeiter und Rentner, Männer und Frauen, Heterosexuelle und Homosexuelle, ja sogar Dünne und Dicke. Die Uneinigkeit der Vielen in diesem »Bürgerkrieg« garantiert den herrschenden Wenigen volle Handlungsfreiheit. »Der Feind« sitzt nicht mehr oben, er sitzt plötzlich mitten unter uns, neben uns, hinter uns. Wir sind umzingelt. Also wird gekämpft, mit allen Mitteln: Intoleranz, Rechthaberei – leider ohne positive Wirkung und immer gegen die Falschen.

– **Prinzip Verblendung,** am Beispiel Bürgerrechte: Die Demokratie garantiert die freie Meinung – Fakt oder Irrtum? Tatsächlich sind es immer öfter Geistessurrogate, die wir für unsere eigene Meinung halten. Ausgeheckt von *Spin Doctors* und PR-Agenturen, dargebracht von den immer gleichen »Forschern« und »Experten«, bilden sie die Blaupausen für die jeweils gewünschte Beeinflussung. Wollen wir die totale Meinung? Selbst die vermeintliche Kritik an dieser Manipulation ist meist noch ferngesteuert: Warner und Mahner gelten schlicht als Weltverschwörer, als paranoid. (In China landen noch heute allzu rege Dissidenten in der Nervenheilanstalt.) Die Folge: Noch nie gab es im Fernsehen so viele Comedy- und Kabarett-Sendungen. Noch nie haben wir so sehr belacht, was uns demnächst blühen kann. Keiner kann sagen, er hätte nichts gewusst.

– **Prinzip Umdeutung,** am Beispiel Lebensplanung: Eine solide Ausbildung ist nicht länger Garant für eine weitgehend sichere Zukunft. Sie war es im Grunde nie, denn Kriege, Katastrophen, wirtschaftliches Auf und Ab gab es zu allen Zeiten. Doch nach Lehman Brothers, Hypo Real Estate & Co. ist die Ruhighalte-Formel »Wohlstand durch Gehorsam« nicht länger vermittelbar. Die neue Formel lautet »Existenzsicherung durch Pragmatismus«. Sich ganz um seine eigenen Angelegenheiten zu kümmern *ist* pragmatisch; sich endlos weiterqualifizieren zu wollen ist der neue Ablasshandel: Du bist nichts ohne (d)einen Coach, du brauchst einen Trainer, geh doch mal zum Arzt.

– **Prinzip Gleichschaltung,** am Beispiel Finanzkrise: Eine Kaste verantwortungsloser Banker agiert straffrei in der vom Gesetzgeber geschaffenen Grauzone, ruiniert auf Jahrzehnte die Staatsfinanzen, aber die Kanzlerin entdeckt das Wir-Gefühl: *Wir alle,* sagt sie, hätten über *unsere* Verhältnisse gelebt. Wieder einmal müssen *wir alle* mit anpacken, den Karren aus dem Dreck ziehen – durch persönlichen Verzicht, durch Kleinere-Brötchen-Backen, durch Einschränkungen auf allen Ebenen. Ein in seiner Leistungsfähigkeit bereits weit heruntertransformiertes Land wird jetzt auch noch herabgewürdigt: *Wir* waren eben zu gierig, *wir* müssen das Maßhalten wieder lernen. Wir sind das System, aber systemrelevant sind wir nicht.

– **Prinzip Verunsicherung,** am Beispiel Datenschnüffelei: Die allgegenwärtige Durchleuchtung der Bürger und die damit verbundene Zerstörung des privaten Schutzraumes dienen, neben kommerziellen Interessen, vor allem der Einschüchterung. Datenwillkür ist eine der stärksten Meinungs-Abwehrwaffen. Um sich nicht »angreifbar« zu machen, sieht man besser zu, im öffentlichen Raum, namentlich im Internet, nicht weiter aufzufallen, am besten ganz unsichtbar zu bleiben – unsichtbar etwa durch die Vermeidung von namentlich gekennzeichneten Meinungsbeiträgen. Der gläserne Bürger, das sind wir alle, und der Staat will, dass uns das bewusst ist.

– **Prinzip Abschreckung,** am Beispiel Rechtsprechung: De facto gibt es in Deutschland Lynchjustiz für Bagatellsünder (»Getränkebon-Affäre«), aber Daueramnestie für Edelsünder vom Schlage Klaus Zumwinkel. Wo aber Kleinvergehen mit alttestamentarischer Härte geahndet werden, jedoch smart lächelnde Wirtschaftsverbrecher mit Geldstrafen oder Bewährung davonkommen, verkümmert jeglicher »Mut vor Fürstenthronen«.

– **Prinzip Aufwiegelung,** am Beispiel Ökologie: Die in den Achtziger- und Neunzigerjahren wichtigste politische Strömung, eigentlich ein deutsches, ein »grünes« Markenzeichen, verkommt immer mehr zu einer religionsähnlichen Büßerbewegung. Mithilfe beliebiger apokalyptischer Szenarien lassen wir uns jeden Unsinn als dringend erforderlich verkaufen, etwa die sogenannte Umwelt-/Abwrackprämie. Im Dauerstreit CO_2, Klimakatastrophe, Pfand, Atom verbieten die Deutschen sich gegenseitig den Mund. Der private Lebensbereich wird zur Brutstätte von Intoleranz und Radikalität.

– **Prinzip Selbstverblödung,** am Beispiel Medien: Selbst Leitmedien wie *Spiegel, Süddeutsche Zeitung* und *F. A. Z.* kapitulieren inzwischen vor der Oberflächlichkeit, indem sie ganz einfach miterzeugen: In den meisten deutschen Zeitungen und Zeitschriften, in

Radio, Fernsehen, Internet geht nichts mehr ohne lauwarme »Servicethemen« und ohne geschwätzigen »Boulevard«. Volkes Stimme wird abgedrängt in elektronische, mithilfe der »Netiquette« zensierte Meinungsreservate (Blogs, Foren, Polls), feigenblattartig versteckt zwischen Sportmeldungen und Börsenticker. In der Krise haben eben andere Dinge Priorität (*Spiegel-Online* am 4. Januar 2010: »Ungepflegte Füße: Sarah Jessica Parker schnitt Hugh Grant die Zehennägel«). An die Stelle besonnener Berichterstattung ist hektischer Verlautbarungs-Journalismus getreten, eine Seuche namens Kolumneritis breitet sich aus (nochmals *Spiegel-Online:* »Mattusseks Kulturblog«, »Thomas Tuma meint«, »Verstehen Sie Haas?«). Uns fliegt der Globus um die Ohren, aber keine Angst, die Menschheit ist nur eine einzige Freakshow, denn der *Unispiegel* deckt auf: »Jungstar Miley Cyrus: Knutschen verboten«. Rudolf Augsteins »Sturmgeschütz der Demokratie« hat sich ohne Not umgepimpt zum Spaßmobil der Klatsch-und-Tratsch-Gesellschaft, und die meisten seiner Mitbewerber eifern ihm nach: Fast alle haben dieselben Themen, die gleiche Herangehensweise, fast identische Meinungen.

– **Prinzip Abstumpfung,** am Beispiel Schulbildung: PISA, PISA über alles, und trotzdem stehen Heerscharen von Hauptschülern, angeführt von einer Phalanx bestens ausgebildeter Akademiker, auf der Straße. Galt früher noch »Augen zu und durch«, gilt heute »Klappe zu und weg«. Widerspruchsgeist gegenüber Lehrern, Professoren und Mitschülern beziehungsweise Mitstudierenden? Ist nicht mehr opportun. Die Geschwister Scholl haben pflegeleichte Nachfahren hinterlassen: Vom Kindergarten an lernen wir »zielgerichtet« und »teamorientiert« zu denken und zu handeln. Für Zivilcourage, Mitgefühl oder Zweifel ist da wenig Platz.

– **Prinzip Aufsplitterung,** am Beispiel Kultur: Der Rückbau jeglicher gemeinsamer Kulturerfahrungen (Ersatz Massensport) lässt ein Einheitsgefühl quer durch alle Bevölkerungsschichten nicht mehr aufkommen. Deutschland war geteilt, Deutschland ist geteilt und wird es auch bleiben: Ihr da drüben im Osten, wir hier im Westen. Außer den wechselnden Sportstars in Fußball-Sommern und Jahrhundert-Wintern kriegt das Volk nur noch die ewig gleichen Protagonisten zu sehen. Kein Wunder, dass Günther Jauch (*Wer wird Millionär?*) zu »Deutschlands klügstem Menschen« gewählt wurde. Die Gleichmacherei nach dem Motto »Für jeden etwas« zergliedert Leser, Hörer, Zuschauer und Nutzer in immer kleinere Ziel- und Meinungsgruppen. Die Bildung buchstäblich »kritischer Massen« wird so unmöglich gemacht.

1.
Die schwerste Frage zuerst:
Was ist Demokratie?

Keine Sorge, die Revolution
wird nicht kommen.
Wir Deutschen neigen nicht zu
Aus- und Aufbrüchen.

NORBERT WALTER, ehemaliger
Chefvolkswirt der Deutschen Bank

Gefahr im Verzug: Unsere amtierenden Ober-Demokraten treiben es
zu bunt. Beweis: Selbst unsere verstummt geglaubten Intellektuellen melden sich wieder zu Wort. Mehr noch, neuerdings sind sie bewaffnet mit Büchern, die wir gerade von ihnen nicht erwartet hätten.
Und sie verkaufen diese Bücher sogar, weil es vielen Menschen ähnlich geht wie ihnen: Guck dir *das* mal an, da stimmt doch was nicht.

Unsere Intellektuellen, sie tragen noch immer, wie gewohnt, Nickel-
brillen, aber sie tragen auch, wie ungewohnt, schwarzlederne Schaftstiefel: Michael Jürgs und Juli Zeh. Der eine – Nickelbrille – zählt
zu unseren besten Biografen (Romy Schneider, Axel Springer). Die
andere – Schaftstiefel – gehört zu unseren besten Literatinnen (*Ad-
ler und Engel, Schilf*).
  Doch was ist das? Statt sich weiteren porträtwürdigen Deutschen
zu widmen, genug davon gäbe es, wettert Jürgs plötzlich gegen die
Seichtgebiete unserer Kultur. Er reibt sich an TV-Proll-Vorbildern
wie Mario Barth und warnt, Klappentext, »vor den Folgen einer ver-
ödenden demokratischen Kultur«. So sehr ärgert sich der Ex-Chef-
redakteur (*Stern, Tempo*) über die Frage, »warum wir hemmungslos

verblöden«, dass er sich in der Branche künftig der Nestbeschmut-
zung zeihen lassen muss: Kein Berufsstand wird so ungern kritisiert
wie der der Journalisten.

Ähnlich Juli Zeh. »Eigentlich« ist sie Juristin, schon Vater Wolfgang war Direktor beim Deutschen Bundestag. Als Schriftstellerin
könnte Juli Zeh langweiligen Mandanten-Meetings und noch lang-
weiligeren Gerichtssitzungen als glücklich entronnen gelten, als
rechtzeitig in die Gefilde der Schöngeistigkeit Gerettete. Aber was
passiert? 2008 zieht sie vors Bundesverfassungsgericht und legt sich
mit Otto Schily (SPD) an, dem unter Schröder und danach nie anders
als im Dreiteiler gesehenen Ex-Bundesinnenminister. Schilys windel-
weiche Begründung für den von ihm durchgedrückten biometrischen
Reisepass – mehr *Sicherheit* gegen terroristische Anschläge – will
sich die Bürgerin Zeh nicht bieten lassen. Dieser »sinnlose Grund-
rechtseingriff« sei »ein grundsätzliches Problem in einer freiheitlichen Gesellschaft«.

Damit nicht genug. Zusammen mit ihrem Schriftstellerkollegen
Ilija Trojanow veröffentlicht Juli Zeh im Sommer 2009 das Buch
Angriff auf die Freiheit. Darin warnen die beiden Autoren vor dem
immer mächtiger werdenden Überwachungsstaat: »Wenn wir Angst
haben, raschelt es überall«, zitieren sie gleich eingangs Sophokles.
Richtig: Was da raschelt, sind die Membranen unserer Lautsprecher.
Die Kakofonie der Einflüsterer, die uns zu ihrem Gefangenenchor
degradieren, macht diese Angstgeräusche, erzeugt dieses Rascheln,
und wir hören es wirklich, bilden es uns nicht ein.

Grass und Walser und Handke haben anderes zu tun, Hochhuth
hat schon genug getan, Herr Schätzing und Frau Funke sind ander-
weitig beschäftigt. Aber Michael Jürgs und Juli Zeh. Alarmiert sehen
wir sie von Dummschwätzern, aufgerüttelt durch das Rechtsgedreh
von Schily, Schäuble, de Maizière. Abgehalten sind sie von ihren Do-
mänen, weil die Einflüsterei der Regierenden, um die es geht, auch
in ihren Ohren klirrt. Wie andere Autoren, die lieber als Romanciers
glänzen oder mit ihrem Töchterchen Ponyreiten gehen würden, legen
sie darum die Edelfeder beiseite und holen den ganz dicken Edding
raus: *Vorsicht, wir sind dabei, den Großen Bruder lieben zu lernen!*

Die Einflüsterer wollen, dass wir auch noch gut finden, was sie uns seit Jahr und Tag zumuten – Leute, wir sind in G-e-f-a-h-r!

Lieber Kollege Jürgs, liebe Kollegin Zeh, lieber Kollege Trojanow, es gibt nur noch zwei Möglichkeiten. Entweder sehen wir uns auf dem Lastwagen, der uns Journalisten, Autoren und Schriftsteller, wie immer, als Erste ins Lager bringt. Oder wir feiern gemeinsam, mit Millionen unserer Landsleute, ein Fest, das mindestens so angebracht wie großartig sein wird, so wie damals, als der Osten es diesen verdammten Menschenkleinkriegern gezeigt hat. Jetzt sind wir dran, die Demokratie zu retten, ausgerechnet wir aus dem kapitalistischen Westen. Dafür kann man Romy Schneider und das Schilf und das Pony schon mal warten lassen.

Stell dir vor, es ist Krieg, und keiner kriegt es mit

Wir Normalsterblichen, wir Abermillionen, die wir uns zu glauben weigern, das Leben könne tatsächlich so niederträchtig und entmutigend sein, wie es uns jeden Tag dargestellt wird, wir ganz normalen Menschen wünschen uns Berechenbarkeit. Ob uns die Addition, Subtraktion, Multiplikation oder Division unserer ganz privaten Verhältnisse immer zum Vorteil gereicht oder nicht, ist dabei unerheblich. Wir wollen uns – wir müssen uns – darauf verlassen können, dass die Rechnung fair aufgemacht wird. Dieses Fairplay ist Grundlage unseres Daseins. Sonne, Wind, Regen, Schnee, die vier Jahreszeiten und die 24 Stunden eines jeden Tages halten sich daran.

Einige Menschen jedoch tun das nicht. Um ihres eigenen Vorteils willen und zur Durchsetzung uns kaum begreiflicher Ziele – seien sie politischer, religiöser, kommerzieller oder ideologischer Natur – sind sie bereit, ihre Völker in immer neue Kriege zu hetzen. Jetzt haben sie einen neuen Dreh entdeckt: Als friedlich konsumierende Vasallen sind wir Abermillionen ihnen nützlicher. Ohne Kriege bleiben die Häuser stehen und die Autos fahren weiter. In Zyklen kann man das eine wie das andere, die beiden teuersten Anschaffungen unseres Lebens, dennoch ersetzen, ganz ohne Blutvergießen und mit mindestens denselben abnorm hohen Gewinnspannen.

Dennoch mehrt sich der Vorteil besagter Menschen in der von ihnen gewünschten Weise, denn wir bezahlen, so oder so, laufend den jeweils von uns geforderten Preis, regelmäßige,»inflationsbedingte« Anhebungen inbegriffen. So gründlich haben sie uns diesen Tribut eingeredet, dass es uns unnatürlich vorkäme, müssten wir ihn ab morgen nicht mehr entrichten: Nicht der Preis für den uferlosen Konsum, ohne den das»moderne Leben« angeblich undenkbar wäre, ist gemeint, auch nicht der Preis für die fragwürdige Freiheit, unser Einkommen an jedem Ersten ganz selbstverständlich unter den vielen Abgreifern des Alltags aufzuteilen: Steuern, Sozialabgaben, Miete, Energie, Kommunikation, Versicherungen, Lebensmittel plus ein paar Kleinigkeiten.

Gemeint ist unser Vertrauen, unser ganz kindliches, naives Vertrauen auf eben jene Verlässlichkeit, auf jenes Stück Ehrlichkeit, ohne das wir nicht auszukommen glauben. Denn immer noch hoffen wir, in einer Demokratie wäre, bei allen auch hier vorkommenden Gaunereien,»das Gute« letztlich die Wesensart dieser Staatsform; schließlich sagen wir»Vater Staat« nur in der Demokratie, und nur in ihr meinen wir ihn auch so. Niemandem würde es einfallen, denselben Begriff in einer Diktatur oder auch nur in einer Monarchie zu verwenden.

Jetzt jedoch, inmitten der Umwälzung unserer sämtlichen Lebensumstände, müssen wir erfahren, dass es den Schutz und die Güte, die wir etliche Jahrzehnte lang mit diesem warmen Begriff verbunden haben, nicht mehr gibt. Vater Staat hat sich davongemacht, mit all seinen glücklich machenden Eigenschaften: Gerechtigkeit, Gleichheit, Zuverlässigkeit, Schutz.

Demokratie, was bedeutet das plötzlich nur noch? Definiere »Demokratie«!

Also: Demokratie ist der Unterschied zwischen Politikerversprechen und Hartz-IV-Leistungsverweigerungsbescheid. Demokratie ist Dieter Bohlen als Udo-Jürgens-Double. Demokratie ist ein Film von

Alfred Hitchcock, der von Quentin Tarantino umgeschnitten wurde. Demokratie bringt Hunderte Menschen in Sicherheit, aber Millionen andere in Gefahr.

Demokratie ist das Jenny-Packham-Abendkleid, das zu einer Küchenschürze verwurstet wird; das Manolo-Blahnik-Schühchen, das als Badelatsche dient. Demokratie, das sind Politiker, die jedes zweite Wort nach »Schlaf« klingen lassen und jedes dritte nach »Tablette«. Demokratie ist der unter falschem Namen eingezogene Nachbar, der noch auf dem Umzugswagen versprochen hatte, nachts die Musik nicht so laut zu stellen. Demokratie ist der Grass'sche Blechtrommler, dem man die Sticks geklaut hat. Demokratie ist, wenn August Baron von Finck, Milliardär und Miteigenentümer der Mövenpick-Gruppe, der FDP 1,1 Millionen Euro spendet und diese darauf hinwirkt, dass der Mehrwertsteuersatz für Hotel-Übernachtungen von 19 auf 7 Prozent gesenkt wird. Demokratie ist, wenn Schwarz-Gelb lachende Erben um 400 Millionen Euro entlastet, aber duldet, dass Hartz-IV-Empfänger als Schmarotzer diffamiert werden.

Demokratie wird immer häufiger totgeflüstert. Zu Demokratie fällt uns viel zu häufig viel zu wenig ein.

Dabei braucht Demokratie Visionen, selbst wenn man als Visionär von Helmut Schmidt persönlich in die Raucherabteilung der nächsten Nervenheilanstalt eingewiesen wird. Demokratie wird erst wieder möglich sein, wenn Pflichtverteidiger den Ex-Vorständen von Hypo Real Estate und HSH Nordbank beibiegen müssen, dass »lebenslänglich« nun mal lebenslänglich bedeutet. Bis dahin ist Demokratie, wenn Arbeiter zu Leistungsempfängern gemacht werden, weil ihre Chefs sich selbst zu lange als Leistungsträger bezeichnet haben. Demokratie ist auch, wenn kein Finanzhai Angst um seine Flossen haben oder wenigstens dieselben heben muss. Demokratie ist nämlich, wenn die Staatsanwaltschaft Bochum Klaus Zumwinkel mit dem neuesten Modell der S-Klasse abholen kommt statt mit der Grünen Minna. Demokratie ist das semantische Kunststück, dem Volk jede nur denkbare Freiheit in die Verfassung zu schreiben, aber alles

Weitere im Kleingedruckten von Bundesgesetzen zu regeln. Darum ist Demokratie unter allen anderen Staatsformen die weiße Weste, die sich schon im Kosovo, im Irak, in Afghanistan, so gut wie überall auf der Welt im Dreck gewälzt hat.

Demokratie ist ein Wort aus Orwells Neusprech. Sie ist das Privileg, Nichtwähler als Nicht-Demokraten bezeichnen zu dürfen. Demokratie ist, wenn die unübersehbare Armut im Lande umgetauft wird in »Prekariat«, womit eines der drängendsten Probleme auf einen Schlag gelöst ist. Demokratie ist die blonde Schauspielerin, die von ihrer notorischen Talentschwäche ablenkt, indem sie sich starkmacht für Elitekindergärten. Demokratie ist dieser erfolgreichste deutschsprachige Sänger, dem seit 40 Jahren die richtigen Worte für ein deutschsprachiges »This Land Is Your Land« nicht einfallen wollen. Demokratie ist, wenn ein Teil der Gesellschaft gerade mal ein Prozent aller Kinder als Hochbegabte vergöttert und ihnen Eiskugeln spendiert, während er den restlichen 99 Prozent nur eine Finanzierung für gebrauchte Eiswaffeln bietet.

Demokratie ist maßlos.

Denn Demokratie ist ja auch, Hartz-IV-Empfängern mit 150 Euro pro Monat den Mund zu stopfen, damit deren Ruf nach mehr Kindertagesplätzen nicht all die Prinzchen und Prinzessinnen stört, für die dann mehr Plätze freibleiben. Demokratie hieß früher mal Raider, dann Twix, dann kurzzeitig wieder Raider, ehe es dem Postzusteller zu blöd wurde und er einfach auf jede Sendung schrieb: unbekannt verzogen. Demokratie ist der kollektive Zwang zur individuellen Freiheit, selbst wenn diese Freiheit Arbeitsplatzabbau bedeutet, Lebens(t)raumvernichtung, Zerstörung der Umwelt, ja der Nachwelt. Demokratie ist der zerschundene Körper eines Balletttänzers, der nur noch seine Ellbogen gebrauchen kann. Demokratie ist die Freiheit, als Politiker lügen, stehlen und betrügen zu dürfen, ohne dafür je im Gefängnis zu landen – oder kennt irgendwer einen aktuell einsitzenden Ex-Innenminister, Ex-Finanzminister, Ex-Ministerpräsidenten, geschweige denn einen Ex-Bundeskanzler?

Demokratie ist ein Missverständnis in unzähligen Fortsetzungen. Demokratie ist, wenn rechte Spitzfindigkeiten höher ragen dürfen als Minarette und die gesamten Schweizer Alpen. Demokratie ist die Unerbittlichkeit, die Köpfe von Kindern und Jugendlichen so sehr mit Unfug vollzustopfen, bis diese einen Sheriffstern nicht mehr von einem Judenstern unterscheiden können. Demokratien sind Gesellschaften, denen egal ist, was aus fünf Prozent ihrer Bürger wird; so groß ist der Anteil sogenannter Lernbehinderter, die als Reservearmee von ungelernten Arbeitskräften angesehen werden, solange man sie in »Förderschulen« genannten Sonderschulen parken kann. Demokratie ist, wenn Verwaltungsgerichte blitzentscheiden, dass ein verstorbener Neonaziführer von seinen Anhängern in einer als Trauerzug getarnten Kundgebung verherrlicht werden darf. Demokratie sind 30 Fernsehchefs, die jeden Abend mit dem Gefühl einschlafen, morgen früh Quotensieger zu sein, weil ARTE, 3sat und der ZDF-Theaterkanal das wahre Programm unter Ausschluss der Öffentlichkeit senden müssen. Demokratie ist, wenn verunfallte Ex-Landeshauptmänner lauter beweint werden als die Tragik, sich mit einem Surrogat als Kanzler zufriedengeben zu müssen. Demokratie ist, wenn man seine Bankkunden zu Tausenden den amerikanischen Steuerbehörden zum Fraß vorwirft, nur um ein paar Monate länger seinen Status als ehemals sicherster Finanzplatz halten zu können.

Demokratie ist manchen Leuten schon wieder viel zu demokratisch: Wie wär's mit einem Salto rückwärts? Denn vielleicht ist Demokratie nur eine unfrankierte Postkarte, auf der geschrieben steht: Liebling, es ist aus. Und übrigens, ich habe dich nie geliebt.

2.
Wer sind die Einflüsterer,
und was wollen sie erreichen?

Was dieser Tage in Washington herumhängt,
könnte Amerika nicht einmal
aus einer Papiertüte herausführen.
Es geht einzig ums Plündern
und um persönliche Bereicherung.
Berufspolitiker sind die Kriminellen der Moderne.

KINKY FRIEDMAN, US-Musiker und Schriftsteller

Jetzt seine Siebensachen zu packen und für ein paar Jahre, sagen wir, auf eine einsame Insel zu entschwinden, ist keine gute Idee. Wer nämlich seine rau gewordene Heimat verließe, könnte Schwierigkeiten haben, jemals in sie zurückzukehren. Dass die Einflüsterer so vehement flüstern, hat ja viele Gründe. Der wichtigste: Es kündigen sich große Veränderungen an. Ob wir wollen oder nicht, unsere Vorstellung von Privatheit wird sich in den nächsten fünf Jahren dramatisch wandeln. Der Bürger Robinson Crusoe braucht künftig einen elektronisch lesbaren Personalausweis, um zu reisen auch einen ebensolchen Reisepass. Die Gesundheitskarte, oft angekündigt, wird über uns kommen, ebenso die Invasion des RFID-Funkchips. Ohne elektronische Selbstentblößung wird sich in ein paar Jahren kaum mehr ein Mensch *frei* in Europa bewegen können, »ohne« gibt es ihn nicht oder nicht mehr, denn für die ständige Rückkommunikation mit den diversen Datennetzen wird das digitale Spurenlegen des Individuums Pflicht. Das größte Gut des Menschen aber, persönliche Autonomie, wird zum kaum noch erschwinglichen Luxusgut.

Natürlich haben wir uns gegen die Ausspähung unserer Lebensgewohnheiten zur Wehr gesetzt. Manche von uns sind Bürgerinitiativen beigetreten, haben Petitionen unterschrieben, sich an Demonstrationen beteiligt, vielleicht einfach nur auf die unschärfste Form des Bürgerprotestes gesetzt und bei einem Wahlgang ihr Kreuz an anderer Stelle gemacht. Die Einflüsterer haben trotzdem die besseren Karten: Sie können sich Zeit lassen. Sie kriegen uns mürbe, es dauert höchstens ein bisschen.

Allein das Thema Sicherheit – aus den Medien ist es nicht mehr wegzudenken. In Dutzenden Variationen begegnet es uns jeden Tag in den Zeitungen, im Fernsehen, im Radio, im Internet. So viel Penetranz zeigt Wirkung: Rund 39 Millionen Einträge verzeichnet Google für dieses Stichwort. Aus dem simplen Menschenbedürfnis nach Schutz und Geborgenheit ist ein Politikum geworden – *gemacht* worden. Fast jede Einschränkung unserer Freiheit lässt sich mit »Sicherheit« erklären. Sicher aber ist nur, dass wir gegen immer mehr verordnete »Sicherheit« immer weniger Chancen haben. Den diffusen Widerstand der Masse aufzuweichen ist eines der Kernziele der Einflüsterer. Sie haben das Schlüsselwort durch gefühlte 10 000 Talkshows, Artikel und Fernsehbeiträge dekliniert, es so lange und intensiv penetriert, dass wir es eigentlich schon nicht mehr hören können. Das ist dann der richtige Zeitpunkt zum Handeln: Also gut, unseretwegen; wenn es nicht anders geht; wenn es also unbedingt sein muss. Auf diesen Abnutzungseffekt kann man Wetten abschließen: Irgendwann ist jeder von uns so weit. Kapitulation durch Resignation. Der Rest ist Alltag – siehste, *wir* beißen dich doch nicht.

Ein paar kleine Etappensiege lassen sich noch rausholen, von den Demokratieentwertern allerdings als Sägespäne fest eingeplant: hier eine kleine Änderung, dort eine kleine Änderung. Erst nach ungefähr fünf oder zehn Jahren, zurück von besagter einsamer Insel, reiben wir uns verwundert die Augen: Was denn, schon fünf Minuten *nach* zwölf?

Stichwort Blutsauger. Ehe die Zecke ihre Mundwerkzeuge in die Haut des Wirts – Mensch oder Tier – senkt, sondert sie ein Sekret ab, das als Gerinnungshemmer für guten Blutfluss sorgt, aber auch als Betäubungsmittel wirkt. Nun kann die Zecke sich nach Herzenslust bedienen. Der Wirt wird das Abzapfen erst bemerken, wenn es schon zu spät ist. Mücken, die noch viel zahlreicheren Plagegeister, machen es genauso.

Man kann den Einflüsterern Aggression, Profitgier und vieles mehr vorwerfen, aber nicht, dass sie mit ihren Absichten hinterm Berg hielten. Wer von ihnen »Nacktscanner« sagt, will ihn auch installieren, bundesweit und sofort, mindestens demnächst. Wer »Elena«, den elektronischen Entgeltnachweis, auf den Weg gebracht hat, macht wegen ein klein wenig Bürgergeschrei nicht schlapp. Wer Vorschläge für eine Pkw-Maut macht, hat seine Partei längst den entsprechenden Gesetzesentwurf formulieren lassen – es gibt nicht viele Einbrecher, die ihre unerwünschten Besuche derart präzise ankündigen. Man müsste nur besser und genauer hinhören. Man müsste *überhaupt* hinhören. Wir sind einfach zu bequem, zu unseren Gunsten gesagt: zu gutgläubig. Ein Pfund, mit dem man wuchern kann.

Was haben wir uns in unserer Gutgläubigkeit vom Staat nicht alles einflüstern lassen: Telekom-Aktien sind super. Kaufen, kaufen! Die zweite Tranche ist sogar noch superner. Noch mehr kaufen, kaufen – bei einer Volksaktie gibt es nichts zu verlieren. Und wir? Mit unseren Zeigefingern haben wir das »T« gebildet, T wie T-Aktie, die Geste dieses freundlichen Schauspielers aus dem Fernsehen nachgeäfft, den wir vor dem Börsengang als Manfred Krug einmal sehr, sehr gerne hatten, aber nachher, als der Kurs partout nur fallen wollte, nicht mehr ganz so gern. Von wegen, bei der Telekom steckt der Staat dahinter, der lässt seine Anleger-Bürger nicht verkommen. Dieses war der erste Streich.

Als Nächstes haben wir uns einflüstern lassen, Gerhard Schröder sei absolut gegen den Irak-Krieg, aber voll und ganz für die Mitarbeiter des Holzmann-Konzerns – ein derart sozialer Kanzler wie »der Gerd« würde doch nie mitansehen, wie eine ganze Nation Muffensausen kriegt bei dem Wort Hartz IV, oder? Der Kanzler-Pazifismus entpuppte sich als Wahlkampfgedöns, genau wie die wundersame Holzmann-Rettung auf Zeit. Der Zeigefinger wies aufs Volk: Aber Kinder, ihr dürft nicht immer alles glauben, was der Weihnachtsmann euch sagt.

Wir haben uns einflüstern lassen, Angela Merkel würde, gemeinsam mit Schröders vormaliger rechter Hand, Frank-Walter Steinmeier, tabula rasa machen mit dem »Reformstau«, nur bedürfe es dazu einer Großen Koalition, »der Kräfte aller«. Prompt stieg die Mehrwertsteuer um drei Punkte, von 16 auf 19 Prozent. Wieder war ein Stück des Damms herausgebrochen. Von da an ging's immer schneller mit den Einflüsterungen, und sie wurden immer heftiger und immer zahlreicher: Die Bundeswehr *muss* mit immer mehr Soldaten ins friedensbewegte Afghanistan, für immer längere Zeiträume und für immer mehr Geld, *give peace a chance!* Das Heil der Arbeitslosen liegt nun einmal im Ein-Euro-Mini-Zeitarbeits-Job, seht es doch endlich ein, aber das exakte Gegenteil, der gesetzliche Mindestlohn, bedeutet garantiert das Ende unserer Wirtschaft. Und ja: Die Banken sind systemrelevant, die Bürger sind es nicht; die Hauptschule schadet der Allgemeinheit, aber die Abwrackprämie nützt der Umwelt; wer für übermorgen eine »Schuldenbremse« ins Grundgesetz montiert, kann heute noch munter aufs Gas steigen und Miese in nie geahnter Höhe anhäufen.

Kurz nach Neujahr 2010 zeigte die ARD Dieter Wedels Zweiteiler *Gier.* Aus dem gewohnt langatmigen Szenen-Gewedel konnte man zumindest eines lernen: Wer einmal anfängt zu lügen, kommt aus dem Behumsen nicht mehr raus. Mit jeder neuen Lüge steigt aber auch das Tempo, in der die nächste Lüge fällig wird. In dieser Situation sind wir jetzt. Die Laienspielschar der Bundesregierung inszeniert das große Steuersenkungs-Epos und hofft, das Schäuble'sche Stichwort »Geht ja gar nicht, wir haben kein Geld« möge rechtzeitig fallen, auf dass dem Chargieren ein Ende bereitet werde: Wer will denn ernsthaft Steuern senken, Wahlversprechen hin, Wahlbetrug her? Die Kanzlerin nämlich kann – pille-palle, reingefallen – das Schmierenstück dann nur noch abmoderieren: Tja, wenn der Herr Bundesfinanzminister sagt, der Kühlschrank ist leer, dann fällt die Party leider aus. Angela Merkel taugt eben nicht zur aufopferungsbereiten Johanna von Orleans, genauso wenig wie ihre Vorgänger zum aufrichtigen Gerhard oder zum ehrlichen Helmut taugten. Immer dreister werden wir belogen, immer öfter zugeflüstert, und uns schwirrt längst der Kopf von all dem Gesumse: dringend erforderlich – unumgänglich – Gebot der Stunde – unerlässlich – einfach kein Geld da. Soll heißen: Sie haben uns weichgeklopft mit ihren Lügen, wir kennen uns nicht mehr aus.

Vor lauter Einflüsterungen von allen Seiten kommen wir nicht mehr zur Ruhe. Wie Dieter Wedels Hauptdarsteller Ulrich Tukur in *Gier,* so lassen auch die Einflüsterer immer mehr die Masken fallen. Wozu das Volk noch umschmeicheln, wenn man es auch glatt verhöhnen kann: »Niedriglöhne, Zeitarbeit und Hartz IV sind ein Segen«, kommentiert ein Herr Stefan von Borstel am 13. 01. 2010 in der *Welt,* auf dass nur ja niemand glaube, die Einflüsterer könnten nur leise und klammheimlich. Borstel: »Zwar ist der Druck auf den Einzelnen gewachsen, auch schlecht bezahlte Arbeit anzunehmen. Aber: Menschen, die arbeiten, sind glücklicher als Menschen, die arbeitslos sind. Selbst wenn es nur ein Ein-Euro-Job ist – sie werden wieder gebraucht.«

Der arbeitende Mensch, glücklich im Ein-Euro-Job – das ist kein kühn geschwungenes Florett mehr, das ist derbes Draufhauen mit dem schweren Säbel. Im Leserforum von *Welt Online* geht es denn auch rund. Zumindest verbal fliegen – ab genau 19.08 Uhr – die Fetzen: Brunnenvergifter, Agitator, Brandstifter, Traumtänzer, Extremkapitalist; Bullshit, Mist, Stuss, Armutszeugnis; perfide, unwürdig, unterirdisch, peinlich, und der Forist »Richter gnadenlos« urteilt: »Hier sind Verbrecher und Abzocker am Werk. Sie wollen uns sagen, dass die Menschen mit wenig zufrieden sind, sie aber denken anders und können den Hals nicht voll kriegen.«

Der Autor von Borstel indes, ausgerechnet an einem 17. Juni geboren, dem Tag des Volksaufstandes 1953 in der DDR, sagt und schreibt in seinem Kommentar: »Jeder Job ist zumutbar. Wenn er zum Leben nicht reicht, stockt der Staat auf. Zumal es ja nicht für immer bei dem schlecht bezahlten Job bleiben muss. Wer einmal den Einstieg in den Arbeitsmarkt geschafft hat, kann sich an den Aufstieg machen.« Statt an den Aufstieg macht sich daraufhin die *Welt-Online*-Redaktion an den Ausstieg. Um 21.41 Uhr, keine drei Stunden nach Freischaltung, wird es dem Blatt zu bunt: »Liebe Leser, aufgrund ständiger Verstöße gegen die Netiquette wurde die Kommentarfunktion für diesen Artikel abgeschaltet« – halt's Maul, Deutschland.

Vier Tage später, Roland Koch hat gerade die Einführung einer »Arbeitspflicht« – vulgo: Zwangsarbeit – für Hartz-IV-Empfänger gefordert, ist Herr von Borstel mit einem weiteren Kommentar zugange. »Wer Hartz IV bekommt, muss zur Arbeit bereit sein«, lautet die Überschrift – gleich zu Beginn wird unterstellt, Hartz-IV-Bezieher seien gerade dies nicht. Kochs Forderung, ist weiter von Herrn Borstel zu erfahren, »beweist eine Menge Mut«. Es brauche Rückhalt aus der Politik: »Es ist deshalb gut, wenn ein Politiker wie Roland Koch Klartext spricht.« Anderntags wird bekannt werden, dass die Deutsche Bahn Gleisbauarbeiter für 1,50 Euro pro Stunde malochen lässt.

Wenn nichts mehr in Deutschland funktioniert, die Einflüsterei tut es.

Früher waren die Verhältnisse klar: Ich Plantagen-, Minen-, Fabrikbesitzer – du Arbeiter, Tagelöhner, Sklave. Wir Fürsten, Könige, Kaiser – ihr Bauern, Volk, Untertanen. Ich Diktator – du Dissident; du Widerruf, sonst Gulag. Klingt nach lange her, wird aber gerade wieder aktuell.

Früher waren die Verhältnisse so: Herrscher, denen es im eigenen Land zu eng wurde, zogen aus auf Raubzüge, zettelten Kriege an. Doch ein paar Jahrtausende und etliche Erfindungen später ist das Kriegeanzetteln eine höchst bedenkliche Sache geworden. Der nukleare Overkill tut ein Übriges, dass konjunkturbelebende Weltkriege heute als nicht mehr führbar gelten: Sein Dasein als Sieger in einer zerstörten, radioaktiv verseuchten Umwelt zu fristen ist – wir klopfen auf Holz – kein lohnendes Kriegsziel mehr.

Politiker: schamlos und charmelos

Die meisten europäischen Spitzendemokraten sind nicht besonders »sexy«. Sie sind klein wie Berlusconi und Sarkozy oder geschlagen mit der Figur von Meat Loaf wie Sigmar Gabriel. Sie sind zerknittert im Gesicht wie Gordon Brown oder sie wirken noch im fünften Lebensjahrzehnt bubihaft wie Guido Westerwelle. Sie verkörpern die Panzerhaftigkeit eines Frank-Walter Steinmeier oder sie sind ganz große Blender, wie der sechseinhalb Jahre für menschenfreundlich gehaltene Gerhard Schröder. Doch hat man je einen Diktator mit gewinnendem Lächeln gesehen? Und gibt es – seit Bill Clinton – einen demokratischen Politiker, der auch noch Charme hat, gerne auch eine Politikerin? Jemanden, der Optimismus und Zuversicht ausstrahlt? Jemanden, der unter »Reform« keine weitere Verschlimmbesserung versteht? Jemanden, dem man abkauft, dass er keinen Brass auf Menschen hat?

Aktuell sind die Damen und Herren über uns dies alles nicht: charmant, optimistisch, sympathisch, liebenswürdig. Als ob man gerade als Politiker keine dieser Eigenschaften haben dürfte. Überall nur Hardliner: verkniffene, schmale Münder. Kalte, unbewegte Augen, Permafrost-Politiker. Wenn sie lächeln, dann krokodilhaft und nur für Sekundenbruchteile – was man nicht hat, kann man nicht zeigen, zum Beispiel ein freundliches Gefühl. Gibt es irgendwo in Berlin, Wien, Rom, in Bern, Paris, London, Stockholm einen Raum, wo die Netten, Warmherzigen gleich aussortiert werden: geprüft und für zu menschlich befunden?

Und immer diese Verbote – wann hätten deutsche Politiker zuletzt etwas ausdrücklich *erlaubt, gestattet?* Immer dieses »Tu dies, tu jenes«. Bußgeldkatalog, Sicherheitsmaßnahmen, Ordnungswidrigkeit. Wer will von solch autoritären Leuten ins dritte Jahrtausend geführt werden, und vor allem: wohin dort?

Beim Fernsehen, in vielen Chefredaktionen, in der Industrie – überall das gleiche Bild. Lauter abgeklärte Cheftypen, stolz wie Bolle auf ihre Coolness. Kein einziges brennendes Herz; Schweinehälften könnte man kühlen in der Gegenwart dieser Leute. Derart »cool« sieht auch, wenn's nach ihnen geht, unsere Zukunft aus: Diese Eisberge warten schon auf die Titanic, und sie sind nicht aus Styropor. Die bringt auch keine Klimaerwärmung mehr zum Schmelzen, keine Céline Dion. Und die Art, wie sie uns auf immer neue Katastrophen zusteuern, sorgt bei den Bürgern auf und unter Deck für Albträume: *Every night in my dreams, I see you, I feel you ...*

Die selbsternannten Eliten sind gescheitert. Leute, ihr hattet eure Chance. Jetzt brauchen wir neues Personal, wenigstens *ein* wirkliches politisches Genie. Vielleicht nicht gerade Napoleon Bonaparte, der war bekanntlich kein Demokrat. Aber einen neuen Willy Brandt – hallo, Norwegen? Eine neue Regine Hildebrandt, wenigstens auf Landesebene, eene Mutta von det Janze. Eine Physikerin haben wir schon. (Die Hildebrandt war Biologin, vielleicht lag's daran. Biologie hat ja mit Leben zu tun.)

Wenn die Regierung nur Mumm besäße. Wenn die in Berlin und sonst wo sich zu sagen trauten, was sie wirklich vorhaben, dann wären wir ja ein Stück weiter. Aber nein. Einflüsterer müssen flüstern, weil ihnen die Traute fehlt, Klartext zu reden. Jeder handelsübliche Diktator ordnet an, und gut ist. Jeder Demokrat sagt, was er denkt? Von wegen! Längst nicht ein jeder, schon gar nicht »an der Spitze«. Die säuseln, drucksen herum. Die Dreckarbeit lassen sie die Medien machen. Dieses tägliche ununterbrochene Aufwiegeln, dieses Hin und Her zwischen Weltbewegendem und So-was-von-Banalem, man kriegt die Motten. Jedem Autofahrer, der so führe, würde sofort der Führerschein entzogen.

Der große Plan der Einflüsterer

Alles muss man sich mühsam zusammenpuzzeln: Abbau der Bürgerrechte – klar, darauf läuft das ganze Sicherheitsgedöns hinaus, darum geht es auch. Aber was ist »es«? Wozu dient »es«? Was ist der eigentliche Plan? Wenn wir erst einmal alle durch und durch gläsern sind, durchleuchtet, gescannt, kontrolliert und überprüft, wenn man uns Bestie Mensch, uns zig Millionen potenzieller Terroristen erst einmal ordentlich am Wickel hat, wie geht es dann weiter mit uns? Es müssen doch auch in Zukunft immer neue Gesetze beschlossen, immer neue Gemeinheiten ausbaldowert werden. Was bleibt denn noch zu tun, wenn, um das alte Greenpeace-Motto abzuwandeln, die letzte Überwachungskamera installiert, das letzte Röntgengerät in Betrieb genommen, der letzte Chip unter die Haut gespritzt worden ist? Macht dann der Letzte im Kanzleramt das Licht aus: Frau Bundeskanzler, melde gehorsamst, *alle* unter Dach und Fach, hinter Schloss und Riegel?

Wie, das klingt unrealistisch, vollkommen übertrieben?

Übertreibungen im Zusammenhang mit Zukunftsängsten kann es kaum mehr geben. Spätestens seit George Orwell ist der Begriff »Schwarzmalerei« ungültig gestempelt. Denn wie sich jeden Tag zeigt, ist unseren Politikern im Grunde wenig, ansonsten aber *alles* zuzutrauen. Vor etwas mehr als 20 Jahren, 1987, musste man als Volkszählungs-Blockwart noch Angst vor Teerfässern und Hühnerfedern haben, wenn man mit seinen albernen Erfassungsbögen durch die Hausflure pilgerte: Darf ich mal Ihre persönlichen Daten erheben? Und noch vor zehn Jahren, anno 2000, hätten Bundeswehrgeneräle glatt geputscht, wenn man ihre Truppen nach Afghanistan geschickt hätte. Deutsche »Bürger in Uniform«, abgetreten an die US-Alliierten wie weiland Herzog Karl Eugen von Württemberg seine Bauernlümmel für die Kolonialkriege – Stauffenberg, die Ledertasche!

2005, beim Amtsantritt des ersten weiblichen Bundeskanzlers, hätte Angela Merkel doch noch tausend Eide geschworen, neben der Würde gefälligst auch die Körper ihres 82-Millionen-Volkes unangetastet zu lassen. Jetzt lässt sie ihren Innenminister, Thomas I., von der Leine, der genauso lebensunfroh in die Welt blickt wie sie selbst: Deutsche, macht euch nackig, ihr werdet jetzt gescannt!

Die Presse schweigt (vom Fernsehen erwartet man ohnehin nichts mehr). Warum fragt beispielsweise beim *Spiegel* keine einzige Titelstory mal nach:»Deutschland – wohin?« Sag uns, *Spiegel,* wozu dient das alles? Sag es, ehe *Focus* doch noch die erste Enthüllung seiner Blattgeschichte zustande bringt. Mehr Sicherheit, Terrorgefahr, das ist doch Mumpitz, das glaubt doch keiner mehr. Die Bundeswehr im Inneren und im Äußeren, Totalüberwachung all jener, die für den Murks jetzt und in Zukunft zahlen müssen, Hinterfotzigkeiten und Ausplünderung am laufenden Band – Brian De Palma und J. J. Abrams hätten aus diesem Stoff längst einen Erste-Klasse-Verschwörungsthriller gemacht. Mit Tom »Graf Stauffenberg« Cruise in der Rolle des – ja, wessen, *Spiegel, Focus, Bäckerblume,* wessen? Und wen haben sie in Hollywood, der Angela Merkel ähnlich sieht?

Aus dem demokratischen Dialog ist ein diktatähnlicher Monolog geworden. Der Staat schafft an, und wir Bürger haben zu gehorchen. Die Kassen sind geplündert, die Zukunft hoch beliehen. Aber trotzdem dieser Jubelsprech aus Berlin: Sicherheit! Wachstum! Aufschwung!

Wer will denn allen Ernstes bis in die letzte Körperöffnung gefilzt werden, wer möchte ständig terroristischer Umtriebe verdächtigt werden? Mein Bauch gehört mir, skandierten 1971 die Frauen – zu Recht – gegen den Abtreibungsparagraphen; ohne zivilen Ungehorsam geht es anscheinend nicht. Bleibt dem Volk, jedem Einzelnen von uns, wirklich nur, sich Wampe und Backen anzufressen wie der US-Politfilmemacher Michael Moore (*Bowling for Columbine, Kapitalismus – eine Liebesgeschichte*) und auf eigene Faust loszuziehen? Sollen wir uns, wie er, ein Niki-Lauda-Käppi auf den Schopf drücken und mit Kamera und Richtmikro losziehen: Frau Merkel, bitte wenigstens *eine* ehrliche Antwort – was soll die verdammte Einflüsterei?

Man kann nur hoffen, dass Michael Moore nie einen Film über die Verlogenheit deutscher Demokraten macht. Die DVD-Ausgabe der *Heimat*-Trilogie von Edgar Reitz umfasst 3217 Minuten Spielzeit, satte 53 Stunden. Die bräuchte Moore allein für Ronald Pofalla.

Demokratur – und was kommt danach?

Auch den Demokraten werden ihre Länder gelegentlich zu eng. Gerade denen, deren Kassen notorisch leer sind – und deren Gier entsprechend groß ist. Demokratie macht ja nur Spaß, solange man im Überfluss lebt. Ludwig Erhard hatte für die Verkörperung des Wortes »Aufschwung« genau die richtige Figur. Aber Rainer Brüderle?

In dauerrezessiven Zeiten werden die Geldgeber der Regierung unruhig. Die Geldgeber, das sind die Banken, die dem Staat *unser* Geld leihen, damit der auch noch in drei Generationen Zinsen zahlen kann – der Staat, also *wir*. Nach fast sieben Jahrzehnten Frieden, den wir einzig zahllosen Stellvertreterkriegen verdanken, haben sämtliche westlichen Länder dasselbe Riesenproblem. Es klappt nicht mehr so recht mit dem Wachstum. Alle Häuser sind gebaut, eingerichtet, renoviert und saniert. Die Kleiderschränke sind voll. In der Garage steht mindestens ein Auto, in der Schublade liegen die Handys der letzten drei Modellgenerationen, gleich neben all den Notebooks und den Laptops, die allesamt noch funktionieren, aber längst durch neue »ersetzt« sind. Nicht mal die Unterhaltungsbranche funktioniert mehr richtig: Fast alle großen deutschen Filmproduktionen hängen von der Filmförderung ab, und auch Popmusik baut die Bilanz nicht auf, wenn sie kostenlos runtergeladen wird.

Weil wir also schon alles haben, haben wir immer weniger Arbeit, aber immer mehr Arbeitslose, so wird es uns jedenfalls eingeflüstert. Viele gute Gründe, die Arbeitsmoral zu steigern, indem man die Erwartungen senkt: runter mit den Löhnen, rauf mit den Überstunden. Setzt den Arbeitslosen eine Gruselmaske auf, dann haben die Ein-Euro-Jobber mehr Grund, sich zu freuen.

Wirtschaftskrise, früher mal Konjunkturflaute genannt – auf einmal erweisen sich die Demokratien als Wachstumsbremsen. Alles zerdeppern und noch einmal von vorne anfangen, wie im 20. Jahrhundert, das ist heute nicht mehr drin. Fürsten, Könige, Kaiser gibt es immer noch, aber außer in *Bunte* und *Gala* haben sie nichts mehr zu melden. Auch Plantagen und Minen sowie Tagelöhner und Sklaven gibt es noch, es gibt sogar demokratische Länder, die mit der Ausbeutung der einen und der Unterdrückung der anderen weiterhin glänzende Geschäfte machen. Aber eigentlich sind die westlichen Nationen längst Gefangene ihres eigenen Systems, des demokratischen.

Schuld daran sind wir Bürger. Um sich zu legitimieren, müssen unsere Politiker in regelmäßigen Abständen gewählt werden. Das kriegen die jeweiligen Parteien untereinander auch immer einigermaßen hin, seit Jahrzehnten schon, in manchen Ländern bereits seit Jahrhunderten. Mal sind die am Ruder, mal jene. Wenn nur die Wirtschaft nicht wäre. Während man von Politikern Namen und Gesichter oft genauer kennt, als einem lieb ist, bleiben die der meisten Wirtschaftsfürsten, -könige und -kaiser oft verdächtig unbekannt. Ließe sich nicht gelegentlich eine deutsche Milliardärin von einem Gigolo reinlegen, man erführe nicht einmal, dass es Menschen gibt, die sich Schweigegelder in zweistelliger Millionenhöhe leisten können.

Noch schwieriger verhält es sich in Demokratien mit den Managern. Die ganz eitlen spreizen ihr Gefieder laufend in der Wirtschaftspresse, aber das sind normalerweise nur die Vorstandsvorsitzenden. Ihr *ticket to ride* kriegen diese Leute jedoch stets von anderen, und diese anderen sitzen im Aufsichts- oder Verwaltungsrat von Fonds und Banken, und sie hüten sich, allzu viel Kontakt mit der Öffentlichkeit herzustellen. Man ist besser unter sich, wenn man Länder und Menschen unter sich aufteilt.

Nichts anderes passiert ja in unseren für so fortschrittlich gehaltenen Demokratien:»Man« teilt sich oder streitet sich um die Ergebnisse *unserer* Arbeitskraft, um das, was wir, fälschlicherweise, für unser Eigentum halten. Fast unser gesamtes Einkommen – bei manchen von uns ist es tatsächlich das gesamte – geht drauf für das, was wir Leben nennen. Essen, Trinken, Wohnen, Mobilität und Kommunikation, das Zwangs-Pay-TV der GEZ – selbstverständlich alles erst nach Abzug sämtlicher Steuern, Versicherungen und tausenderlei Abgaben. Wie frei sind wir»Freien« überhaupt noch, wenn wir wählen, wen wir wählen sollen?

Tyrannen einst und jetzt

Die Despoten früherer Zeiten brauchten nur zu schreien, und wir gehorchten.
Die Demokraten unserer Tage schreien nicht, sie reden, palavern, und zuletzt flüstern sie. Kurzum: Sie tun so, als ob sie den ganzen Tag lang wahnsinnig beschäftigt seien mit unserem Wohlergehen. Notfalls schlagen sie sich ganze Nächte um die Ohren mit hochdramatisch inszenierten Krisengipfeln: »die Kanzlerin brachte zum Ausdruck …«,»der Präsident warnte …«,»die Polizei sprach von 10 000 Demonstranten, die Veranstalter von 50 000 …«.

Den Bürgern immer neue Schikanen als deren ureigenste Sehnsüchte zu verkaufen, diese »Überzeugungsarbeit« leisten indes nicht sie, unsere Politiker. Dafür haben sie die Prätorianergarde ihrer Einflüsterer: Menschen, die gerne etwas werden wollen; solche, die bereits etwas sind und gerne noch mehr wären; jene, die es nie zu etwas bringen werden, aber sich als nützliche Idioten nicht zu schade sind; ansonsten jede Menge Wichtigtuer, Interessenverbändler und Lobbyisten, professionelle Schreihälse und auch, leider, die gefährlichste Sorte von allen: die Ideologen.
Sie alle sitzen als unsere Meinung, als Überzeugung gewordene Vorurteile mit am Stammtisch. Sie sorgen dafür, dass wir uns, scheinbar grundlos, mit eigentlich recht sympathischen Menschen in die Wolle geraten. Sie beunruhigen uns, ängstigen uns, lassen uns genau das Gegenteil von dem tun, was richtig wäre, zumindest weniger falsch, vielleicht gerade noch angemessen. Sie lassen uns gut oder wenigstens akzeptabel finden, was nicht mehr hinnehmbar ist: *Deutschland ist noch immer eines der freiesten Länder der Welt.* Ja, aber nur, wenn man gerade aus einem kongolesischen Passagierjet steigt.

Die Einflüsterer manipulieren uns, rund um die Uhr.
Wenn sie ihre Arbeit richtig tun, merken wir es nicht einmal. Ihre Ziele sind dann plötzlich auch die unseren: Ja, sagen wir tagtraum-

umnachtet, die Bundeswehr soll getrost weiter in Afghanistan »helfen«. Ja, stammeln wir, der Staat braucht mehr Datenkontrolle über uns Geldwäscher, Schwarzgeldritter, Steuerhinterzieher. Ja, seufzen wir, wir können pro Monat auf ein weiteres Stück Freiheit verzichten, damit wir uns den immer kleiner werdenden Rest bewahren können, alles der »Terrorgefahr« wegen. Und ja, rufen wir aus, wer arbeitslos ist und Stütze bezieht, der soll gefälligst jede zumutbare Arbeit annehmen müssen und von 3,40 Euro am Tag »leben«. Was zumutbar ist und wie sich Drei-vierzig auf Eins-achtzig verteilen, braucht uns nicht zu kratzen: *Mir schenkt auch keiner was.*

Doch jedes Ja, liebe Politiker, liebe Einflüsterer, ist immer auch ein Nein.

Nein – das durch zwei Weltkriege und eine jahrzehntelange Trennung noch immer zerrüttete deutsche Volk lässt sich besser nicht auf Kampfhandlungen in uns völlig fremden Ländern ein. Schon gar nicht zugunsten von undurchschaubaren Interessen, für die unsere eigene Regierung uns fortwährend belügt. Nein – wir geben unsere Privatheit nicht zugunsten eines Wesens namens »Staat« hin, das fast schon sämtliche seiner Hoheitsaufgaben an kommerzielle Firmen abgetreten hat: Energie, Sicherheit, Personenverkehr, Kommunikation, Geldwesen – was gehört uns denn noch, wo haben wir denn noch die Hand drauf? Nein – wir sehen nicht mit an, wie in anderen Ländern und in unserem Namen Lebensumstände erzeugt werden, welche die Menschen dort geradezu zu einer Radikalisierung zwingen. War Georg Elser, waren die Geschwister Scholl, waren Stauffenberg und die vielen unbekannt gebliebenen Nazi-Bekämpfer auch alles »Terroristen«? Die französische Résistance, die russischen und jugoslawischen Partisanen? Was bringt Menschen dazu, sich Sprengstoff um den Leib zu binden, um andere in die Luft zu jagen – das angebliche Koran-Versprechen auf 72 Jungfrauen im Paradies? Leute, es gibt auch *weibliche* Selbstmord-Attentäter. Töten die auch um all der Jungfrauen willen?

Nein – weder im Interesse eines abstrakten Sicherheitsgefühls noch einer herbeiregierten Bedrohung darf der Staat – unsere Verwaltungseinheit, mehr soll es doch gar nicht sein – uns selber terrorisieren und ausforschen. Und nein – es darf nicht geschehen, dass ganze Teile der Gesellschaft sich entsolidarisieren, nur weil jedem Geld abgeknappst wird: Der Staat soll die Menschen gefälligst einen, nicht auseinandertreiben. Genau das aber geschieht, wenn Habende gegen Nichthabende aufgehetzt werden, wie Arbeitnehmer gegen Hartz-IV-Bezieher und Rentner.

Wie viel lassen wir uns noch bieten?

Die Einflüsterer lassen sich Zeit. Sie verfolgen die Strategie des weichen Wassers, das den Stein bricht. Sie führen einen beständigen Krieg nach innen, indem sie uns, über die Medien, ihre Einflüsterungen ganz allmählich zuteilwerden lassen. Immer wieder, Tag für Tag, auf allen Kanälen, an jedem Kiosk, in sich immer dichter überlagernden Themenschichten. Diese Woche Datenskandal, nächste Woche neue al-Qaida-Drohungen, es folgt die Angst vor Arbeitslosigkeit und Einkommensverlust oder, bevorzugt unmittelbar vor Wahlen, neue Jubelmeldungen über das fröhlich steigende Konjunkturbarometer. Dazwischen Promiklatsch und Sportgesülze: Volksverhetzung im Sound von André Rieu.

Wieso lassen wir uns derart einseifen? Wie funktioniert dieses Eingeflüster?

Wie kann es sein, dass wir in dem einen Herbst einen Politiker für wahnsinnig charismatisch und dynamisch halten, ihm allerhöchste Erneuerungskräfte zutrauen, ihn aber schon im nächsten Herbst als einen Zauderer ansehen, als hilflos, eitel, untätig empfinden? Welche »Geheimwaffen« sind da im Einsatz, gegen uns, die doch wohl aufgeklärteste Gesellschaft seit Menschengedenken? Ja, richtig: Wieso hören wir immerzu »Frieden«, bekommen aber immerzu nur Krieg zu sehen?

3.
Auf der Gefühlsachterbahn:
Friedensfreund Barack,
Kriegsherr Obama

»Republik« – ich höre sehr gern dieses Wort.
Die Menschen in einer Republik
können frei reden, frei sprechen,
sie können mit ihrer Zeit machen, was sie wollen;
sie können nüchtern bleiben
oder sich betrinken, wie's ihnen beliebt.
Es gibt Worte, die ein ganz bestimmtes Gefühl auslösen.
»Republik« ist eines dieser Worte.
JOHN WAYNE als Davy Crockett in *The Alamo* (USA 1960)

Der mächtigste Mann der Welt ist zugleich der verwegenste. Wenige Tage nachdem Barack Obama, der Präsident und Oberbefehlshaber der letzten Supermacht der Erde, weitere 30 000 Soldaten in zwei parallel laufende Kriege geschickt hat, nimmt er in Oslo den Friedensnobelpreis entgegen. Doch was er in den Wochen seit Bekanntgabe seiner Nominierung mit »Demut« bezeichnete, seine angeblich vorherrschende Gemütsempfindung ob dieser allerdings unerwarteten Ehre, ist spätestens am 10. Dezember 2009 einem an Überheblichkeit grenzenden Selbstbewusstsein gewichen. Bereits im vierten Satz seiner *acceptance speech* sagt Obama ja das Ungeheuerliche: Ohne Krieg sei Frieden »manchmal« nicht möglich.

Diesem Satz der Obama'schen Friedenslehre folgen noch weitere vom selben Kaliber: Ja, sagt der Friedensstifter, Krieg darf wieder die Fortsetzung der Politik mit anderen, mit gewaltsamen Mitteln sein. Dass hier einer die Abwehr von aufgezwungenen Angriffskriegen – wie Hitlerdeutschlands Zweitem Weltkrieg – mit einem kraft erlogener und gefälschter »Beweise« ungerechtfertigten Krieg verwechselt, macht frühere Preisträger geradewegs zu Memmen: Willy Brandt, Michail Gorbatschow, Nelson Mandela, wo waren eure Kriege? Wem habt ihr etwas von Krieg und Kampf und Tod für jenen Frieden geflüstert, ohne die es »manchmal« leider nicht zu gehen scheint? Aber das Nobelkomitee hat in der Vergangenheit schon ganz andere Böcke geschossen. Hielt es nicht 1973 auch Henry Kissinger für den Friedensbringer von Vietnam, und war nicht auch Kissinger nichts zu peinlich, um sich im Glanz von Oslo zu sonnen? (Der mit ihm nominierte nordvietnamesische Politiker Le Duc Tho lehnte für sich die Ehrung damals ab, weil eben noch kein Frieden war.)

20 Jahre nach Beendigung des Kalten Krieges bangt die Menschheit wieder um Frieden. Deshalb hat sie ja – überwiegend jedenfalls – so sehr gejubelt, als Anfang 2009 mit Barack Obama ein neuer, den Frieden wirklich zu lieben scheinender Geist ins Weiße Haus einzog. Diese Friedensliebe darf bei ihm noch immer vermutet werden, und doch tritt jetzt, Ende 2009 in Oslo, ein Umstand zutage, der höchst verstörend wirkt: Weshalb lobt Obama neuerdings den Waffengang als Friedensmittel, statt schlicht zu erklären: Wir korrigieren die von der Regierung George W. Bushs erbten entsetzlichen Fehler, indem wir die Kämpfe in beziehungsweise die Besetzung von Afghanistan und dem Irak schleunigst beenden? Auch mit einer solchen Erklärung ließe sich bis auf Weiteres der Verbleib von US-Truppen in beiden Ländern der Weltöffentlichkeit erklären. Doch Obama sagte etwas ganz anderes: Leute, gewöhnt euch wieder an den Krieg – wir wissen nicht, wie wir aus den aktuellen Abenteuern wieder herauskommen sollen, und wir erinnern schon einmal daran, dass der nächste Kriegsschauplatz bereits wartet: der Iran.

Wer hat aus dem Visionär vom Januar 2009 den »Pragmatiker« vom Dezember 2009 gemacht; wer hat dem »mächtigsten Mann der Welt« eine solche Haltung eingeflüstert, die er jetzt uns, den staunenden bis sprachlosen Beobachtern dieser bizarren »Friedensehrung«, als »vernünftig« einzuflüstern versucht? Mensch, Obama, möchte man ihm im Gegenzug zuflüstern, sieh dich vor! Mit Hope und Change bist du beim deutschen *Spiegel* unten durch; dessen Washingtoner Korrespondent, Gabor Steingart, bemitleidet dich schon (»Das Größte an ihm ist derzeit seine Ohnmacht«). Wenn erst Peter Scholl-Latour den Daumen senkt, bist du endgültig geliefert.

Denn der erste US-Präsident afrikanischer Herkunft lässt die Freiheit anderer Menschen auch weiterhin bekämpfen, so wie seinerzeit der Vietnamkrieg nach Kissingers Auszeichnung noch für zwei weitere blutige Jahre fortgesetzt wurde. Wie damals lässt »Gottes eigenes Land«, das diesen wie die neuen Kriege vom Zaun gebrochen hat, um sich exklusiv sowohl geostrategischen Einfluss als auch Rohstoffe zu sichern, der Welt kundtun, dass Krieg nun einmal zum Menschsein gehöre; wir lachen und singen ja auch gern, wir tanzen und spielen, warum nicht auch »manchmal« einander berauben und ermorden? Wenn einem dafür schon der Nobelpreis gebührt, wie dann erst denjenigen ehren, der diesen Wahnsinn einst wirklich beendet?

Die Welt hört Obama zu, und viele finden: ein mutiger Nobelpreisträger, eine mutige Rede. Die vielen haben tatsächlich recht. Die Chuzpe, als Kriegsherr die bedeutendste Friedensauszeichnung unserer Zeit entgegenzunehmen, muss man erst einmal haben. Der Falke, der als Friedenstaube in Norwegen eingeflogen ist, besitzt genau diese Unverfrorenheit: »Skol!«, prostet er, im Smoking und mit bei ihm ungewohnter Fliege um den Hals, dem »sehr verehrten Nobelpreiskomitee« sowie Kronprinzessin Mette-Marit zu. Die zerfließt derweil in Freudentränen ob des historischen Moments: Ein zum Krieg getriebener Friedensfreund kriegt den Friedensnobelpreis! In Norwegen! Wahnsinn!

Obamas düstere Botschaft vom »manchmal« notwendigen Angriffskrieg ist das Produkt seiner Einflüsterer. Uns diese Botschaft – und weitere – als unsere ureigenste Überzeugung einzutrichten ist Aufgabe seiner und anderer Einflüsterer – weltweit. Als im Oktober 2009 das Erstaunen der Welt über die Bekanntgabe schon fast in Protest umschlagen wollte – was soll das, Friedensstifterlob auf Vorschuss? –, da begann die Arbeit der vielen Unsichtbaren, der vielen Unbekannten, der vielen Klugen und Schlauen. Dass auf allen Seiten sogenannte Spin-Doktoren Wahlkämpfe konzipieren und an der Wirklichkeit »drehen«, dass Redenschreiber und nicht die politischen Lautsprecher selbst ihre »richtigen« Worte finden, daran haben wir uns, obwohl wir es nicht sollten, schon gewöhnt. Dass sich aber die öffentliche Meinung über Kontinente hinweg binnen weniger Wochen fast vollständig wenden lässt, das ist eine neue Qualität. In der Disziplin »Massenbeeinflussung« sind die Einflüsterer ein großes Stück vorangekommen: Der US-Präsident verwechselt absichtlich *Freiheitskriege* wie den gegen Hitler mit *Wirtschaftskriegen* wie die der USA und der NATO gegen den Irak und gegen Afghanistan. Welche Verdrehungen wird man uns erst einflüstern, damit wir den drohenden Krieg gegen den Iran, der den gesamten Nahen Osten in Brand setzen kann, gutheißen?

Marcel Reich-Ranicki wäre das nicht passiert. Der Mann hat in seinem Leben nicht nur viel erlebt, er hat auch noch viel mehr gelesen. Goethe, Mann, Fallada, Kafka, »seine« Deutschen von vorne bis hinten. So viel, dass er jedenfalls weiß, wann es genug ist und wann bereits zu viel. Man kann jahrelang auf etwas gehofft haben und trotzdem Nein sagen, obwohl man doch nur noch zuzugreifen bräuchte. Sehr ungewöhnlich in einer Welt, die nur auf Wachstum, auf schnellen Profit aus ist. Man kann stundenlang zwischen A-, B- und C-Prominenz gesessen und auf die Verleihung eines Preises gewartet haben, aber dann wird es einem doch zu dumm, und der schöne Preis und das ganze Brimborium drum herum erscheinen einem plötzlich nur noch ziemlich öde, man möchte nur noch heim und all die aufgedonnerten Wichtigtuer nicht mehr sehen. Was hat man denn schon groß geleistet; was leisten so viele Namenlose, ohne auch nur ein Dankeschön zu kriegen? Und überhaupt: Ehrungen!
»Ich nehme diesen Preis nicht an!«, donnerte Marcel Reich-Ranicki dem verdutzten Publikum beim Deutschen Fernsehpreis 2008 entgegen. Natürlich war er ursprünglich gekommen, um genau das Gegenteil zu tun; wer weiß, wenn man den armen Mann nicht hätte

Stunden warten lassen, vielleicht wäre Thomas Gottschalk eine Sondersendung erspart geblieben, und Elke Heidenreich könnte noch immer einmal im Monat Bücher in die Kamera halten und imperativ von uns fordern:»Lesen!«

Aber es kam eben anders. Der»Literaturpapst« hatte die Achtzig hinter sich gelassen und damit auch seiner berüchtigten Eitelkeit bereits Lebewohl gesagt. Unterfünfzigjährige US-Präsidenten haben, mögen sie das Wort»Demut« noch so oft im Munde führen, da noch einen weiten Weg vor sich.»I'm sorry, I have to refuse this award« – ein entschiedenes»No I can't« Obamas wäre ein noch viel größeres»Yes we can« geworden. Chance verpasst, Hintertür zum nächsten Krieg weit geöffnet:»Ohne Krieg ist Frieden manchmal nicht möglich …«

Der Friedennobelpreis für Barack Obama – gegessen.

Ihn angenommen statt ihn abgelehnt zu haben – vergessen.

Ihn aber mit der Begründung anzunehmen, Kriege wie im Irak und in Afghanistan seien»manchmal« notwendig, und sich für derlei Zynismen auch noch als mutig und ehrlich loben zu lassen, das ist eine Entzauberung, wie man sie seit Gerhard Schröders Friedenskanzlerei nicht mehr erlebt hat*: Wie man der Welt ein X für ein U vormacht und einen, zugegeben, in einem Dilemma steckenden Kriegsherrn als Friedensfreund bevorschusst, dieses Kunststück haben Obamas Einflüsterer eindrucksvoll hingekriegt.

Ludwig van Beethoven bewunderte ursprünglich Napoleon, den doch als Feind gegen seine deutsche Heimat aufgetretenen Usurpator. So weit ging seine Verehrung, dass er als musikalisches Genie dem militärisch-politischen Genie seine 3. Sinfonie,»die Heroische«, widmen wollte: Hatte jener nicht versprochen, die Forderungen der Revolution in die Tat umzusetzen, und beileibe nicht nur in Frankreich,

---

* Schröder verweigerte 2002 wählerwirksam»jegliche Beteiligung« an der Invasion des Irak, gewährte aber den Alliierten unter der Hand weitreichende logistische Hilfe sowie den Beistand von BND-Agenten in Bagdad.

nein, in ganz Europa? Freiheit, Brüderlichkeit, Gleichheit – möglich schien dies den Menschen jener Zeit nur durch harte Gesetze und lange Kriege zu sein, aber bitte, wenn es dem großen Endziel diente! Dann aber, 1804, wurde der Übermensch Bonaparte übermütig. Er krönte sich selbst zum Kaiser – Blasphemie in den Augen aller Freiheitsliebenden, Anmaßung, Größenwahn! Wutentbrannt über diesen seiner Meinung nach Verrat an der zuvor propagierten »Gleichheit« nahm Beethoven seine Widmung zurück und notierte: »Ist der auch nicht anders als ein gewöhnlicher Mensch! Nun wird er auch alle Menschenrechte mit Füßen treten, nur seinem Ehrgeiz frönen; er wird sich nun höher wie alle anderen stellen und ein Tyrann werden!«

Der große Komponist und Pianist – war er auch ein Deuter der Vorzeichen?

4.
Wir wollen Information,
aber die Einflüsterer
schicken uns Keinohrhasen

Wir brauchen Berichterstattung und Kommentierung
der Wirklichkeit, nicht der Unwirklichkeit.
Wir müssen sagen, was ist.
Bemühen wir uns also um Offenheit.
Wir brauchen Glasnost für den Kapitalismus –
auch und gerade für den Kapitalismus.

ALFRED HERRHAUSEN, ehemaliger
Chef der Deutschen Bank, ermordet 1989

Deutschland zu Beginn des Jahres 2010. Das Statistische Bundesamt wartet mit Horrorzahlen auf. Von Januar bis September 2009 ist bei Bund und Ländern ein Rekorddefizit von fast 97 Milliarden Euro aufgelaufen, eine Versechsfachung, die drei Gründe hat: die aberwitzig teure Rettung der Banken, die üppigen Geschenke namens Konjunkturpakete sowie die Quersubventionierung der Löhne, genannt Kurzarbeitergeld. Bundespräsident Horst Köhler, der ehemalige Direktor des Internationalen Währungsfonds, wünscht trotzdem allen Deutschen ein gutes und frohes neues Jahr.

Die Statistiker aber zählen weiter: Über acht Millionen Deutsche leben von sogenannten Transferleistungen der sozialen Mindestsicherungssysteme, also von Hartz IV oder Sozialhilfe. Zwölf Millionen Deutsche sind verarmt oder stehen kurz davor. Die Agenda 2010 ist ein voller Erfolg – für alle, die ihre Pfründe in der Politik haben oder in Positionen als unkündbare Spitzenbeamte. Ingrid Schmidt etwa, die Präsidentin des Bundesarbeitsgerichts, verteidigt die in Mode gekommenen sogenannten Bagatell-Kündigungen, die 2009 für so viel Aufsehen gesorgt haben: »Wie kommt man eigentlich dazu, ungefragt Maultaschen mitzunehmen? Oder eine Klo-Rolle, oder stapelweise Papier aus dem Büro?«

Wie bitte? Schlimme bis schlimmste Daten, miese bis katastrophale Neuigkeiten und so gar kein Verständnis oder gar Gnade seitens von »denen da oben«? Können die hohen Herrschaften links und rechts nicht mehr auseinanderhalten, machen sie dem sechzehnten Benedikt zu Rom das Pontifikat streitig und urteilen päpstlicher als eben dieser?

Medien wie die *Süddeutsche Zeitung, Welt* und *Spiegel* springen den Einflüstereien jener Frau Schmidt bei, huldigen ihren Aussagen wie einer Verkündung von Justitia persönlich: »Auch wenn es unpopulär klingen mag: Sie hat recht. Zerstörtes Vertrauen ist schwer wiederherzustellen.« Kein Wunder, dass bei so viel konservativer Schützenhilfe kaum ein Fleckchen Print oder Online freibleibt, von dem aus die ihrerseits in Mode gekommenen sogenannten Milliarden-Abgriffe angeklagt werden könnten: Wie kommt man eigentlich dazu, ungefragt Volkswirtschaften zu ruinieren? Oder Boni einzustreichen, wenn längst der Steuerzahler dafür geradestehen muss, der Maultaschen klauende, Klo-Rollen und Papier – stapelweise! – mopsende?

Man kann Diebereien von Mitarbeitern nicht gutheißen. Aber vor dem Hintergrund der bislang ungesühnten zwölf- und dreizehnstelligen Kapital-Diebereien unter unser aller Augen wirken solche Moralappelle obszön. Und dann diese Zahl: 96 900 000 000 Euro. Schlanke hundert Milliarden zusätzliche Schulden, in nur einem einzigen Jahr! Die Schuldenbremse ist eine weitere Einflüsterei, ein Besserungsschein ohne Wert. Der Staat verhält sich wie ein Alkoholiker, der seiner Familie erklärt: Lasst Papa noch ein paar Jahre weiter saufen, dann werd' ich trocken, ich versprech's! Aberwitzige Summen, an denen noch die übernächste Generation zu knappsen haben wird, aber dennoch zürnt, zwischen Weihnachtsgans und Neujahrskarpfen und von den Medien weitgehend unwidersprochen, Deutschlands höchste Arbeitsrichterin »dem kleinen Mann«. Ausgerechnet.

Denn auch so funktioniert Einflüsterei: durch Perspektivverschiebung. Bei den einen werden Rechtsverfehlungen auf den Millimeter genau gemessen. Bei den anderen darf's gern ein Meter sein. Oder gleich ein ganzer Kilometer.

Deutschland zu Beginn des Jahres 2010, und wir blicken zurück auf den Untergang von jahrhundertfest geglaubten Marken wie Quelle, Hertie, Karstadt, Schiesser, Märklin, Rosenthal, im Grunde auch Opel. Den mittelständischen Unternehmen geht es nicht viel besser. Jedes vierte plant für 2010 weiteren Stellenabbau, wobei es vor allem ungelernte Arbeiter treffen soll. Mehr als 34 000 Firmen mussten 2009 Insolvenz anmelden, eine Steigerung um 15 Prozent. Allen Gesundbetereien der Analysten zum Trotz werden für 2010 sogar 40 000 Pleiten erwartet.

Und die Kanzlerin? Was macht die Kanzlerin?

Herbst 2009.
Kaum vier Wochen mit Schwarz-Gelb im Amt, hält Angela Merkel das Ministerkarussell in Schwung. Aus Karl-Theodor zu Guttenberg, dem Ex-Wirtschaftsminister der Großen Koalition, wird der neue Verteidigungsminister, aus dem Ex-Verteidigungsminister Franz Josef Jung der neue Arbeitsminister. Die Familienministerin Ursula von der Leyen soll in ihrem Ressort verbleiben, doch dann tritt Jung zurück. Er hatte einräumen müssen, als Verteidigungsminister Informationen über Zivilopfer bei dem Angriff auf zwei Tanklastzüge in Afghanistan zurückgehalten zu haben, und nun verharrt das Bundeskabinett im Bäumchen-wechsel-dich-Modus. Das Arbeitsministerium kriegt Frau von der Leyen, auf deren aufgegebene Position wiederum ein Fräulein aus dem CDU-Talentschuppen rückt. Kristina Köhler, Supertalent der Generation Internet, kommt auf die Showbühne von Angela Merkel getwittert. Die neue Familienministerin ist CDU-untypisch jung (Jahrgang 1977), CDU-untypisch kinderlos, CDU-untypisch unverheiratet, doch sie trägt – durchaus CDU-typisch – einen just erworbenen Doktortitel,

den ihr sogar *Bild* umgehend streitig zu machen versucht. Weitere Qualifikationen fürs neue Amt? Als Protegé des hessischen Ministerpräsidenten Roland Koch ist Frau Köhler bislang hauptsächlich als »Extremistenexpertin« ihrer Partei in Erscheinung getreten. Mit harscher Islamkritik und rotzigen Fragen an Frank-Walter Steinmeier im BND-Untersuchungsausschuss hat sie sich am CDU-typischen Biss versucht. »Grillen« wollte sie damals den politischen Erzfeind – so hessisch, ja gehässisch muss eine geistige Tochter Roland Kochs sich nun einmal anhören.

Ihrer politischen Heimat entsprechend, gibt Frau Köhler aber nicht nur in grammatikalischer Hinsicht zweifelhafte Sätze von sich: »Wir stellen fest, dass es in Deutschland auch zunehmend eine Deutschen-feindliche Gewalt von Ausländern gegenüber Deutschen gibt, weil das Deutsche sind« (Interview in der ARD-Sendung *Panorama* vom 24.01.2008). Da stellen wir fest: viel »deutsch« drumherum, aber wenig Deutsch darin. So verwundert es kaum, dass für die Nebenher-Doktorandin (fünf Jahre bis zur Dissertation) Links- und Rechtsextremismus so ziemlich das Gleiche sind. »Gerechtigkeit als Gleichheit?« fragt der Titel ihrer Doktorarbeit und verspricht »eine empirische Analyse der objektiven und subjektiven Responsivität von Bundestagsabgeordneten«.

Kein Zweifel: Die Dame schreibt, wie sie spricht.

Frau Köhlers politische Ziele, was weiß man davon?

Noch gar nicht im 650 Mitarbeiter starken Amt, sorgt die designierte Bundesministerin für Familie, Senioren, Frauen und Jugend bereits für Empörung. Allzu folgsam betet die Koch'sche Personalreserve das Credo ihrer Amtsvorgängerin in Sachen Betreuungsgeld nach: Ab 2013 sollen Eltern, die ihre Kinder nicht in einen der knappen Kindertagesplätze geben, eine monatliche Entschädigung von 150 Euro pro Kind erhalten – »gegebenenfalls«, wie der Koalitionsvertrag ahnungsvoll formuliert, nicht in bar, sondern in Form von Gutscheinen. Die Formulierung »gegebenenfalls« gelte auch für sie, lässt Köhler, jüngste angehende Ministerin seit Bestehen der Bundesrepublik, die Öffentlichkeit in ihrem ersten ARD-Interview wissen – ein klares Ja zu noch mehr staatlicher Bevormundung von sogenannten sozialschwachen Eltern, insbesondere Beziehern von Arbeitslosengeld II oder Sozialgeld: Roland Koch flüstert ein, Kristina Schröder plärrt es nach.

Pünktlich zum ersten Adventssonntag 2009 wüten denn auch Internet-Foristen über so viel christliche Nächstenliebe:»Null Berufspraxis, aber altkluges Geschwafel«,»Lacher des Tages«,»Praktikantinnencharme«,»Gruselkabinett«. Tenor der Empörung: Erst die Kinder ärmerer Familien von den Kitas fernhalten und dann noch die Eltern brüskieren mit der Unterstellung, sie könnten nicht mit Geld umgehen. Als Konsequenz ziehen viele die Schlussfolgerung: Weil gerade die Regierung nicht mit Geld umgehen könne und jedes Jahr Milliarden verschwende, sollten künftig doch deren Mitglieder – allen voran die angehende Familienministerin – ihre Bezüge in Form von Gutscheinen erhalten.

Eisig ist es geworden in Deutschland für Menschen mit Kindern, namentlich für Menschen mit Kindern und wenig Geld. Und dann drehen auch noch die in Milch und Honig gebadeten Schützlinge der Einflüsterer das Kaltluftgebläse auf. Vielleicht ist es gerade der Hohn hinter all diesen Demütigungen, der den Menschen so sehr Angst macht.

Denn noch einmal Roland Koch: Ein Ministerpräsident verberlusconisiert das öffentlich-rechtliche Fernsehen, übrigens an demselben Tag, an dem die Nominierung der neuen Familienministerin verkündet wird. In einer mit Spannung erwarteten Sitzung des ZDF-Verwaltungsrats bringt Koch, zusammen mit seinen Kollegen von CDU und CSU, den langjährigen ZDF-Chefredakteur Nikolaus Brender zu Fall.

Die Nachrichten beispielsweise von RTL, argumentiert Koch, hätten höhere Quoten als die von dem ZDF-Mann verantworteten Sendungen – ei ja, Simpel, aber dafür gibt es in Köln auch nur»Infos« statt Informationen. Was also soll dieser Sturmangriff durch die Hintertür?

Natürlich kann ein Chefredakteur nach neunjähriger Dienstzeit auch Verschleißerscheinungen zeigen, und genauso natürlich kann ein noch so nett dreinlächelnder Schnauzbartträger durchaus Talent zum

Kotzbrocken haben. Im Fall Brenders jedoch geht es allein um die Art, wie sich die vom Gesetzgeber gewünschte »Staatsferne« als eine für die Meinungsfreiheit bedrohliche Staatsnähe entpuppt. Nicht der Intendant des Senders bestimmt, mit welchen Führungskräften er seinen Sendeauftrag erfüllt, eine Riege von Berufspolitikern rund um Roland Koch tut das, unter der zurückhaltend klingenden Bezeichnung »Verwaltungsrat«. Man denkt da spontan an Büroklammernzuteilung oder Festlegung von Spesensätzen. Aber an direkte Einflussnahme?

Das ZDF darf den Arbeitsvertrag seines bisherigen Chefredakteurs also nicht verlängern, was sein direkter Chef, der Intendant Markus Schächter, tief bedauert. Sich ob solcher Willkür solidarisch zu zeigen, derb auf den Tisch zu hauen oder, widrigenfalls, sein Schicksal mit dem Geschassten zu verknüpfen und Koch & Co. den Bettel hinzuschmeißen, also notfalls zurückzutreten, so weit geht das Demokratieverständnis dann doch nicht, die Solidarität schon gar nicht.

Ein schwarzer Freitag ist dieser 27. November 2009.

Der für Subtilitäten nicht zu habende Roland Koch hievt Kohls »Mädchen«, der Kanzlerin Angela Merkel, sein ganz eigenes »Mädchen«, nämlich Kristina Köhler, ins Kabinett. So viel Hessen in Berlin muss sein. Gleichzeitig setzt Koch in Mainz den Radiergummi an. Er entfernt einen Chefredakteur, der ihm gerade wegen seiner Parteilosigkeit ein Dorn im Auge ist, ihm und auch seinem Ex-Ministerpräsidentenkollegen Edmund Stoiber, der getrost zu den Brender-Gegnern gezählt werden darf und mit eben diesem auch noch eine Rechnung offen hat: Der Mann war nicht nett zu ihm, als der Bayer einmal Kanzler werden wollte, und nun jubeln sie, die Einflüsterer, die Rausschmeißer, die Radikalinskis, die wahren Herren des Zweiten Deutschen Fernsehens.

Vieles kann man Roland Koch nachsagen, aber dass er ein Leisetreter ist, gewiss nicht. Einer wie Koch, den in seinem Bundesland nur die Dummheit seiner politischen Gegner im Regierungssessel hält, flüstert halt zu gerne, noch lieber raunt er dem Volk seine Wünsche zu. In seltenen Momenten – es gibt sie durchaus – ruft und bellt und schreit er sie auch hinaus. Manch anderer unter den 15 restlichen

Landesregierungschefs, mit denen die Kanzlerin sich herumschlagen muss, hat ebenfalls Mittel und Wege, Eigensüchtigkeiten auf Bundesebene durchzusetzen. In puncto Unverfrorenheit freilich schlägt Roland Koch so schnell keiner.

Eingeflüstert und massenmanipuliert wird beileibe nicht nur in der Bundesrepublik. Auch bei unseren Nachbarn ist zu verfolgen, wie die öffentliche Meinung durch gezieltes Soufflieren auf Linie gebracht wird: Wenn Christen sich mit Domspitzen und Zwiebeltürmen ihrem Gott entgegenrecken, soll das noch lange nicht anderen Religionen erlaubt sein, jedenfalls nicht, wenn sie dabei von lieblichen Tälern und steilen Bergeshöhen umschlossen sind.

Einflüstereien in der Schweiz

2009 ist kein gutes Jahr für die Schweiz. Ihr monetäres Nationalheiligtum, die UBS, wankt. Unbegreifliche Leichtsinnigkeiten haben auch beim größten Vermögensverwalter des Landes dazu beigetragen, den Nimbus fast über Nacht abzuschaben: 20 Milliarden Franken Verlust allein für 2008, tiefrote Quartalsergebnisse im Jahr 2009, 10 000 Stellen vernichtet, und die Anleger ziehen ihre Einlagen ab, allein 40 Milliarden Franken im zweiten Quartal 2009.

Der internationale Kampf gegen Steuersünder lässt zusehends auch die helvetische Steueroase versanden. Unter dem Druck von verbalen Kraftmeiern wie dem ehemaligen deutschen Finanzminister Peer Steinbrück (SPD), noch mehr auf Geheiß der US-Finanzbehörden, knicken die Älpler ein. Die Schweiz schafft faktisch ihr Bankgeheimnis ab. Die Daten Tausender ausländischer Kontoinhaber werden offengelegt, auf dass die Tage notorischer Steuerhinterzieher, Schwarzgeldwäscher, organisierter Krimineller, Waffenschieber und Drogenbosse gezählt seien.

So viel Finanz-Glasnost lässt die einheimischen Einflüsterer beinah das Flüstern vergessen. Sie werden laut: Die Entscheidung des Schweizer Bundesrats, den internationalen OECD-Standard, den

Auskunftsaustausch für Besteuerungszwecke, zu übernehmen, kritisiert die Schweizer Volkspartei (SVP) volltönend als »Verrat an Bürgern und Bankkunden«.

Solch drastischen Klartext kannte man bisher nicht von den vermeintlichen Erfindern der Betulichkeit. Wind von vorn – ein Land dreht auf.

Der Regisseur Roman Polanski (*Tanz der Vampire, Chinatown, Das Piano*) kriegt den neuen Geist als Erster zu spüren. Arglos reist er zum Filmfestival nach Zürich, in die *neutrale Schweiz,* um einen Preis für sein Lebenswerk in Empfang zu nehmen. Doch statt des »Goldenen Auges« gibt es ein dunkelblaues, statt knallender Champagnerkorken nur klickende Handschellen: Die Schweizer Justizbehörden sehen sich bemüßigt, einen US-Haftbefehl *aus dem Jahr 1978* zu vollstrecken – aufgrund einer drohenden Gefängnisstrafe wegen Vergewaltigung einer Minderjährigen hatte sich Polanski damals nach Europa abgesetzt. Inzwischen französischer Staatsbürger, erhält der kleine große Mann mit der zweifelhaften Vergangenheit nun Schützenhilfe von Künstlern aus aller Welt. Selbst Frankreichs Regierungspolitiker gehen für »ihren« Starfilmemacher auf die Barrikaden. Vom Kulturminister über den Außenminister bis hinauf zum Staatspräsidenten eröffnet die Grande Nation das Feuer auf die eben noch unabhängig gewesene Schweiz, die nun als Büttel der Amerikaner dasteht.

Doch Polanskis Aufgriff ist nur der Trailer für den Mega-Schocker, den die Schweiz für Europa bereithält. Ein ganzer Chor von Einflüsterern hat sich zusammengetan, um den passenden Soundtrack zu liefern: 400 000 in der Schweiz lebende Muslime sollen künftig auf neue Minarette und jegliche Muezzin-Rufe verzichten. So will es – so soll sie es wollen – die Mehrheit der Eidgenossen, die in einer Volksabstimmung gegen die Bauerlaubnis von weiteren Türmchen für die Gebetsrufer auf Schweizer Boden votiert. Vier Stück gibt es bereits, das soll nun genug sein.

In Gang gebracht hat das Referendum eine religiöse rechte Gruppierung, das sogenannte Egerkinger Komitee. Die Schweizerische

Volkspartei unterstützt das Begehren, und 22 von 26 Kantonen stimmen im Sinne der Initiatoren – selten hat eine demokratische Gesellschaft eine Religionsgruppe deutlicher diskriminiert, selten hat sich ein Land in der Weltöffentlichkeit derart gründlich als Gegner einer bestimmten Religion diskreditiert. Hat nicht die Schweiz sich stets als Urmeter der modernen Demokratie verstanden, als Musterland der Freiheit inmitten einer Welt voller Kriege? Sind nicht Rotes Kreuz und Neutralität immer ihre weltweit bewunderten Markenzeichen *gewesen?* Ärgern sich nicht fast die Hälfte der Schweizer, die gegen das Minarette-Nein gestimmt haben, darüber, plötzlich nicht mehr als liberal und tolerant angesehen zu werden? Nun also soll das Minarettverbot in der Bundesverfassung festgeschrieben werden, mehr noch, auch noch ein Schleierverbot.

Die Schweizer insgesamt reiben sich verwundert die Augen: Über Nacht hat sich ihr Land verändert. Rechte Stimmen haben ihnen eine Islamphobie eingeflüstert, haben mit Libyens Geiselnahme zweier Schweizer Staatsbürger gewuchert, während kritische Stimmen zunehmend verstummten. Mag sein, dass 2010 der Europäische Gerichtshof den Schweizer Bürgerentscheid als unvereinbar mit der Menschenrechtskonvention erklären wird; möglich auch, dass die UNO das Schweizer Votum verurteilt, was soll's. Bis auf Weiteres haben die Einflüsterer einen Sieg davongetragen. Die Rechten in ganz Europa jubeln; Thilo Sarrazin, als Bundesbanker eigentlich zu Zurückhaltung verpflichtet, schlägt sich gewohnt populistisch auf die Seite der eidgenössischen Integrationsgegner.

Doch nicht zu früh gefreut. Das Ansehen der legendär freiheitlichen Schweiz hat empfindlich gelitten – ebenfalls europaweit. Die französische Regierung übt Kritik (»Ausdruck von Intoleranz«), Istanbul ruft alle Türken auf, ihre Guthaben aus der Schweiz abzuziehen, der Chefredakteur der Vatikanzeitung, Giovanni Maria Vian, spricht von »schlechten, giftigen Früchten«.

Besonnene Menschen, gleich welcher Religion oder Staatsangehörigkeit, fühlen: Dieses Kopftuch- und Minarettverbot ist erst der Anfang. Die SVP hat ja nicht nur Muslime auf dem Kieker. Schwarzafrikaner sind genauso verzichtbar, wenn es nach den Einflüsterern der Rechtspopulisten geht, ebenso Einwanderer aus den Balkanländern. Alles keine Minarettebauer. Und erst die deutschen Nachbarn! Deren Immigranten sollen der Schweiz erst recht gestohlen bleiben: »Deutscher Filz macht sich breit! Deutsche stellen vor allem Deutsche an, an der Uni und in den Spitälern!« SOS. Hirnschmalz: Bei 7,7 Millionen Einwohnern kann man sich mit 200000 bestausgebildeten Deutschen in der Nachbarschaft – »ausländischen Ellböglern« – schon mal überfremdet fühlen.

Dem Schritt die Treppe hinunter wird schon bald der nächste folgen, vielleicht nimmt man auch mal gleich zwei Stufen auf einmal. Dann wird aus Intoleranz blanker Hass, schließlich Gewalt.

Hassmorde in der Bundesrepublik

Vielleicht passieren dann auch in der Schweiz Dinge wie in Deutschland, im Fall des 28-jährigen Russlanddeutschen Alex W. Dieser hatte im Juli 2009 im Dresdner Landgericht die Ägypterin Marwa El-Scherbini mit 18 Messerstichen ermordet und ihren Ehemann schwer verletzt. Später fletschte er seinen Richtern entgegen, er habe genug von dem »Multikultischeiß«; Muslimen sollte verboten werden, Kinder zu kriegen, sie seien keine Menschen.

»Ehrenmorde« kannte man bereits. Aber regelrechte Hassmorde, »zelebriert« in aller Öffentlichkeit, unter den Augen des Gesetzes, in einem Gerichtssaal, das war neu.

Da hilft auch das Urteil »lebenslänglich« wenig: Deutschland, die Schweiz – Europa ist im Begriff, sich ein neues riesiges Hassproblem einflüstern zu lassen.

Mit bei ihm nicht ungewohnter Überheblichkeit etwa applaudiert der Journalist Henryk M. Broder dem Schweizer Referendum. Der Sohn jüdisch-polnischer Eltern und Autor unter anderem des *Spiegel* schreibt in der *Welt*: »Ab jetzt werden Geschäfte nur noch nach dem

Tit-for-tat-Prinzip gemacht. So wie zwischen den Regierungen *slots* für die Fluggesellschaften ausgehandelt werden, werden jetzt auch ›Landerechte‹ für den Bau von religiösen Einrichtungen vereinbart.« Wie bitte? Landerechte für den Bau von religiösen Einrichtungen? Waih geschrien, wie man auf Jiddisch sagt, au weia, Herr Broder! Hier tuschelt wahrlich ein ganz großer Einflüsterer und Eiferer, und er tuschelt in einer der größten deutschen Tageszeitungen, einem sich selbst als Leitmedium bezeichnenden Springer-Blatt: *Tit for tat* – sollen wir auch gleich noch die Todesstrafe wieder einführen, sollen wir politische Gegner wieder foltern und uns auch sonst nicht mehr um die mühsam erkämpften Menschenrechte scheren, frei nach der Devise:»Die anderen tun's ja auch«?

Broders *»Tit for tat«*, Sarrazins »Kopftuchmädchen«, das Schweizer Minarettverbot – einflüsternde Scharfmachereien wie diese tragen dazu bei, dass sich die Ängste vieler Menschen vor Entlassung und sozialem Abstieg zu einer generellen Abneigung gegen den Islam bündeln.»*Tit for tat«:* Schon wieder muss ein Sündenbock her für alle Lebensmisslichkeiten, als ob man nicht aus der jüngeren Geschichte gelernt haben könnte, wie so etwas zu enden pflegt. Vor allem junge Menschen glauben nun wieder öfter, die Dinge sprichwörtlich auf eigene Faust regeln zu dürfen. Die Gewaltspirale rotiert wieder schneller, die sich selbst erfüllende Prophezeiung vom islamischen Terror allüberall soll sich, so scheint es, ausgerechnet an den Toleranten selbst erfüllen.

Eine ganze Generation Europäer wird heranwachsen, für die nach »dem Juden« und »dem Russen« nun eben »der Muslim« der Angstgegner, der Buhmann ist.»*Tit for tat«* – mit solchen Sprüchen wird Gewalt nicht reduziert. Schon sprechen Kriminologen von einer spürbar gestiegenen generellen Gewaltbereitschaft, von »diffuser Fremdenfeindlichkeit«. Die Einflüsterer verweisen ja allzu konkret auf Nichteuropäer (»Das Boot ist voll«), auf Muslime (»Tit for tat«), immer öfter auch auf Alte (*Das Methusalem-Komplott*), auf Obdachlose, auf junge »schamlose« Frauen und, natürlich, auf Schwule – der wahre Terror droht uns von den Einflüsterern.

5.
Wird Ruhe wieder
erste Bürgerpflicht?

Die Heuchelei ist ein privilegiertes Laster,
das mit seiner eigenen Hand
aller Welt den Mund verschließt
und in Ruhe seine Straflosigkeit genießt.

MOLIÈRE, französischer Dramatiker (1622–1673)

Er kommt, er kommt! Er ist fast schon da!

Er kommt, und wenn er erst einmal da ist, wird er nie mehr von
uns weichen, wir werden ihn nicht wieder los: Deutschland kommt
mehr unter die Lupe denn je, die Deutschen müssen durch den Nacktscanner, und mit ihnen wohl sämtliche Flugreisende innerhalb Europas. Erneut haben sich CIA und FBI als zu dumm erwiesen, einen ein-
schlägig aufgefallenen Extremisten abzufangen. Deshalb wird jetzt
jeder Flughafen zum FKK-Gelände:»Sicherheit« geht vor!

Wovon Hugh Hefner nicht mal im *Playboy* träumte, wird Wirklichkeit: Nicht der gläserne Bürger ist die vorläufig letzte Ausbaustufe
in der Sicherheitsarchitektur der Bundesrepublik, sondern der nackte Mensch, und wer etwas gegen den E-Strip auf Reisen hat, der hat
eben Paranoia.

Der Held der sogenannten Sicherheitsindustrie, die in Wirklichkeit nur Unsicherheit und Unfrieden produziert, der Held hört auf den
Namen Umar Faruk Abdulmutallab. Klingt sperrig und wenig ein-
prägsam, wird uns aber schon bald leicht von der Zunge gehen. Denn
dank dieses 23-jährigen Nigerianers, des »Detroit-Attentäters«, hat
Angela Merkels neuer Bundesinnenminister noch im alten Jahr 2009

eine weitere seiner vielen Schubladen aufgezogen. Darin fanden sich, längst ausgefüllt und freigemacht, die Bestellscheine für den neuesten Staatsterror: Thomas de Maizière (CDU), Ex-Kanzleramtschef, erweist sich als würdiger Nachfolger von Wolfgang Schäuble. Wieder einmal versucht ein deutscher Innenminister, das Volk zu blenden. Denn nicht zu wenig oder unzureichende Kontrollen haben dafür gesorgt, dass in Amsterdam ein den Geheimdiensten längst bekannter Mann an Bord eines Passagierflugzeugs gelangen und dort mit Sprengstoff hantieren konnte. Die Versäumnisse der Geheimdienste waren es, die für eine Beinahe-Katastrophe, noch mehr für viel erwünschten Wirbel sorgten: Hilfe, wir brauchen mehr *Sicherheit!*

Wer in Europa wissen will, wie man weitestgehend bombensicher durch die Welt fliegt, braucht nur bei der wohl meistbedrohten Nation der Welt nachzufragen, den Israelis. Am Flughafen von Tel Aviv geht es nicht darum, Bomben im Gepäck, am oder im Körper der Reisenden zu finden. Es geht allein darum, Attentäter erst gar nicht an Bord zu lassen. Diese gänzlich andere Perspektive führt tatsächlich zu mehr Sicherheit. Der frühere Sicherheitchef des Flughafens, Rafi Ron, hält darum auch nichts von der europäischen Suche nach der Nadel im Heuhaufen, noch weniger von Nacktscannern. »Das ist alles großer Humbug, eine lächerliche Sicherheitsshow«, sagte er in einem Interview mit der *Welt.* »Bei uns wäre Abdulmutallab gar nicht ins Flugzeug gelassen worden.«

Nicht, dass dem deutschen Bundesinnenminister die israelischen Sicherheitskonzepte nicht bekannt wären. Umso deutlicher wird, gegen wen sich die angebliche Terrorismusbekämpfung wirklich richtet: gegen das eigene Volk. Derweil fehlt der Polizei das Geld für die eigentliche Verbrechensbekämpfung: organisierte Kriminalität, Drogenhandel, Gewaltverbrechen, die zunehmenden Übergriffe in öffentlichen Verkehrsmitteln.

Thomas de Maizière kann noch so viel von »innerem Frieden« flüstern, wie im November 2009, bei seinem Amtsantritt. Er wird, wie schon Wolfgang Schäuble, wie Otto Schily, wie Manfred Kanther, wie Friedrich Zimmermann, die Daumenschrauben noch weiter anziehen, mit dem Einsatz der Durchleuchtungsapparaturen eben ein ganz großes Stück auf einmal. Der Umstand, dass zu Anfang des Jahres 2010 noch keine Rechtsgrundlage für den Einsatz solcher Scanner besteht, schreckt ihn nicht. Es gilt lediglich, die Durchführungsbestimmungen der EU-Luftsicherheitsverordnung zu ändern. Ein Klacks. Wen wundert's, dass Demokratie für viele Menschen nur noch aus Kreuzchenmachen besteht.

Keine zwei Tage nach dem »Detroit-Bomber« ist der Nacktscanner das beherrschende Thema in den Medien. Die Aufregung ist – wie erwartet – groß, aber was ein rechter Politiker, der stört sich nicht an Volkes Zorn. CDU-Lautsprecher Wolfgang Bosbach, Vorsitzender des Union-Innenausschusses, reißt das Thema an sich. Mit magischen Augen kennt er sich aus: Videoüberwachung im öffentlichen Raum ist sein ganz persönliches Ding, schon seit der Jahrtausendwende – *Sicherheit,* wie er sie meint. Der Fahrplan, jetzt, da das inkriminierte Ding schon einmal in der Welt ist: Ende Januar 2010 soll die Bundespolizei dem Innenminister einen »überarbeiteten« Scanner präsentieren, der die »Intimbereiche der Bürger« unkenntlich macht. Sechs Monate später sieht Bosbach die Technik bereit für einen Testlauf an ausgewählten Flughäfen. Anschließend: bundesweiter Einsatz. Bosbach: »Wenn alles glattläuft, könnte einige Monate später der Normalbetrieb beginnen.«

Der Normalbetrieb. Alles ganz normal. Wozu auch groß diskutieren in einer Demokratie? Wer viel fragt, geht viel fehl. Diese neuerliche Nachrüstung, zu ihrem Nachteil und auf ihre Kosten, das schlucken die Deutschen schon, das stecken sie weg. Was bleibt ihnen anderes übrig? Eingeflüstert, beschlossen, verkündet und zack. *Die Partei, die Partei, die hat immer recht.*

Sechs Monate, das geht flott. Bis dahin terrorisiert man die Reisenden eben weiter mit verstärktem Abtasten per Hand. Das wird die Vorfreude auf die neue elektronische »Erleichterung« nur vergrößern, zumal die Geräte bis dahin dann ganz neutral »Bodyscanner« heißen. Das spart den Aufreger »nackt« und klingt zudem herrlich international. Und Bosbachs nicht minder extrastrammer Kollege von der CSU, der »Innenexperte« Hans-Peter Uhl, sekundiert: »In Zeiten des Massentourismus können wir auf Körperscanner nicht verzichten, um Terroristen aus dem Strom der Fluggäste schnell herauszufischen.« Man braucht sie nämlich bloß herauszufischen, die Terroristen. Dann kann es für alle anderen im Massentourismus gleich weitergehen. Einflüstern kann so einfach sein. Nur schade, dass es keinen Preis für Profi-Heucheln gibt.

So macht die Politik das heutzutage: Thema aufwerfen, »Lösung« anbieten, und gar nicht erst lange auf die Verfassungsrichter aus Karlsruhe warten. Lieber dem Volk Antworten auf Fragen geben, die man sich, der Einfachheit halber, nicht nur selber gestellt hat, sondern auch gleich noch selber beantwortet.

Demokratie im Ausverkauf

Seit Anfang der Siebzigerjahre, seit dem Aufkommen der Rote Armee Fraktion (»Baader-Meinhof-Bande«), wurde erst Deutschland-West, später die gesamte wiedervereinigte Nation in einen Hochsicherheitstrakt umgebaut. Bewährtes Totschlagsargument für allzu bedächtige Demokratiefreunde: Man müsse der »Terrorgefahr« begegnen. Um ihr aber gerade nicht zu »begegnen«, den geradezu sehnsüchtig erwarteten Terror niemals kennenlernen zu müssen, ist das Hoheitsgebiet der Bundesrepublik heute ein einziges gigantisches Stammheim.

Neidisch wäre die Stasi auf ihre bundesdeutschen Rechtsnachfolger: Da gibt es Delikatessen wie Rasterfahndung und Schleierfahndung, diese Fusselrollen der Demokratie. Es gibt Späh- und Lauschangriff, elektronisch einsehbare Konten und Verbindungsdaten, Leckerbissen wie Vorratsdatenspeicherung, Bundestrojaner, Ausweise mit biometrischen Daten und Funkchips. Und es gibt natürlich »Elena«, Abkürzung für Elektronischer Entgeltnachweis, das neueste Spielzeug der mit Grundmisstrauen geschlagenen Arbeitsministerin Ursula von der Leyen. Mit diesem Datenpool der Deutschen Rentenversicherung können die gut 40 Millionen deutschen Arbeitnehmer etwa auf ihr Streikverhalten ausgeforscht werden, praktischerweise ohne jedes Widerspruchsrecht der Betroffenen. Wohlgemerkt, alles zum Zwecke des »Bürokratieabbaus«, alles zum *Schutz* der inneren *Sicherheit*.

Die Zeiten des geradezu volkstümlichen »Gönnse v'lleisch mal d'n Gofferraum oofmachen« sind vorbei. Herrn de Maizières innerer Frieden bedeutet für den Bürger, sich künftig in wirklich jeder Hinsicht freizumachen für sein Land. Warum nicht endlich auch körperlich, auf Reisen, warum nicht im Ganzkörper-Nackt-Body-Scanner? Es beginnt am Flughafen, kann sofort weitergehen bei der Deutschen Bahn und muss auf öffentlichen Plätzen, zum Beispiel bei Großveranstaltungen, im Theater, an Schulen (Amokläufe!) noch lange nicht zu Ende sein – die staatlich verordnete Peep-Show, ein weiterer Großangriff auf die Freiheit, der mit einem mückenkleinen Anlass beginnt.

Doch selbst wenn die Mannschaften an den Monitoren die *private parts* der Reisenden nicht explizit zu sehen bekommen, wie lange – und bis wie weit – soll diese Verpixelung der Menschenwürde noch weitergehen? Zumal dem Volk seitens der Medien nicht allzu viel Unterstützung zuteil wird. Der Innenminister will scannen, seine »Innenexperten« scharren mit den Hufen, doch *Spiegel-Online* ist schon wieder ein Stück weiter: »Genug Kinder: Seal will keine Kinder mehr.« Und: »Trennung zum Jahrestag: (Lothar) Matthäus nimmt Auszeit« – ach was, der Nacktscanner. Alles doch nur halb so schlimm. Solange es Seal gibt und den Loddar und die vormals linke Kampfpresse, braucht uns nicht bang zu sein.

Erst auf die Kiste, dann in den Scanner

Es gibt da ein schreckliches Bild, das im Frühjahr 2004 um die Welt ging: Ein Mann, eine schmutzige Decke am Leib und eine Kapuze über Kopf und Augen, steht wie schicksalsergeben, mit weit ausgestreckten Armen auf einer Holzkiste – er wird gerade gefoltert. Seine amerikanischen Peiniger haben ihm gesagt, der Stromkreis würde geschlossen, sobald er von der Kiste spränge oder fiele.

Das Bild zeigt den – unter anderem – mit Elektroschocks gefolterten Satar Jabar im US-Lager von Abu Ghraib (Irak): Wenn Angehörige eines demokratischen Staates auf diese Weise mit politischen Gefangenen umgehen und ihre Brutalitäten nicht einmal mehr, wie unter Folterknechten einst üblich, zu verbergen versuchen, ja diese geradezu lüstern fotografieren, was haben dann die Bürger dieses Staates, solcher Staaten, zu erwarten?

Der »Nacktscanner« – man kann ihn nicht einfach durchschreiten wie eine gewöhnliche Detektorschranke. Der Scanner sieht aus wie eine moderne Duschkabine. Man wird darin gebraust von Röntgenstrahlen, doch dazu muss man aufrecht stehen und die Arme ausbreiten, schicksalsergeben. Man kann sie auch einfach nur heben, wie in tausend Actionfilmen vorgemacht und eingepaukt. Nur dann kann die Terahertz-Technologie ihre Wirkung entfalten. Nicht nur diese Technik, allein die Forderung nach ihrem Einsatz ist ein weiterer Angriff auf die Menschenwürde, der nun, ganz unverhohlen, nicht mehr nur politischen Gefangenen in Foltercamps gilt, sondern, kaum ein halbes Jahrzehnt nach »dem Mann auf der Kiste«, uns allen, den Frauen und Männern und Kindern im Scanner, den angeblich um *Sicherheit* barmenden Menschen.

Noch im Oktober 2008 ließ Wolfgang Schäuble verkünden, die Geräte würden in Deutschland nicht zum Einsatz kommen: »Da kann ich Ihnen mit aller Klarheit sagen, dass wir diesen Unfug nicht mitmachen.« Wohlgemerkt, Schäuble ließ eine Sprecherin reden. Er selbst sagte zum Thema – nichts. Nichts, worauf man ihn festnageln könnte.

Ein Jahr später, im Dezember 2009, ist der Unfug dann kein Unfug mehr. Amtsnachfolger Thomas de Maizière sagt in aller Klarheit, dass er *für* das elektronische Durchleuchten der Menschen ist. *Dem Volk ist nicht zu trauen.*

»Verachtung ist der wahre Tod«

Das Volk – lässt es wirklich alles mit sich machen? Tausend Zumutungen sind anscheinend nicht genug, um den Kaltlächlern im Kanzleramt die Rote Karte zu zeigen. Thomas de Maizière ist Jahrgang 1954. Sein Abitur legte er auf dem katholischen Aloisiuskolleg in Bad Godesberg ab, einer Einrichtung der Jesuiten. Da wird, in der Internatsbibliothek, der kleine Thomas vielleicht auch mal – zur Entspannung, zur Erbauung – im *Lieben Augustin* des Schriftstellers Horst Wolfram Geißler geblättert haben. Und vielleicht hat er dabei folgende Zeile verinnerlicht: »Ein Staatsmann, der die Menschen nicht verachtet, wird keinen Erfolg haben.«

Frage: Braucht der nunmehr große Thomas de Maizière, brauchen deutsche Innenminister wirklich so viel Erfolg?

Denn in Wirklichkeit geht es doch nicht mehr um *Sicherheit*. Es geht um noch mehr Kontrolle der Bürger, vom Kleinkind mit persönlicher, überlebenslanger Steuernummer bis zu Greis und Greisin. Diese totalen Kontrollmöglichkeiten werden per Gesetz verordnet, wenn die Mehrheit der lieben Schäflein eingesehen hat, dass *es ja gar nicht anders geht*. Furcht und Schrecken vor dem Monster »Terror« sollen uns nach dem Schutz vieler weiterer elektronischer Schäferhunde geradezu verlangen lassen. Erst wenn das Rudel der Wachhunde um uns herum unüberschaubar geworden ist, werden die Einflüsterer vielleicht zufrieden sein.

»Wer seinen Nächsten kennenlernt«, heißt es übrigens noch bei Geißler, »kann nicht anders als ihn zu verachten. Deshalb tragen alle diejenigen, die wirkliche Herren sind, immer den gleichen Zug der Verschlossenheit und Verachtung um den Mund. Sehen Sie den Alten Fritz, sehen Sie Bonaparte an: Diese Köpfe wissen, warum sie die Menschen nicht anders denn als Herde behandeln. Trotzdem bemühen sie sich um sie, obwohl sie sich darüber klar sind, dass es sich nicht lohnt.«

Man wird kaum umhinkönnen, Thomas de Maizière als einen wirklichen Herrn zu betrachten. Ihn und auch seine Chefin, Angela

Merkel, denn gelten Geißlers luzide Worte – sein Roman erschien 1921 – nicht auch für Politikerinnen, für *wirkliche Damen?* Zum gleichen Thema hätte der spätere Bundesinnenminister Schiller lesen können. Dessen Worte sollten ihm noch heute Mahnung und Lehre sein:»Verachtung ist der wahre Tod.«

Nun also die Plünnen runter! Schuhe aus, das gilt schon lange, ebenso Gürtel weg, Plastiktüten für Zahnpasta und Intimspray, ansonsten keine Flüssigkeiten im Bordgepäck! Aber das alles ist immer noch nicht genug. Das Volk will noch mehr Sicherheit, und wer sind wir, ihre wirklichen Herren, dem Volk seinen Nacktscanner zu versagen?

Ach, will man seufzen, gäbe es nur einen *Charakter*-Scanner für Politiker! Manche kennen einfach kein Maß mehr, keine Schamgrenzen. Ihre Einflüsterungen sind ein dauergenudelter Faschingssong von vor zehn Jahren. Die Unwucht in der ewig gleichen Argumentation (»Terrorgefahr!, Sicherheit!«) spüren die Menschen. Die Wut über so viel Staats- und EU-Willkür ist da, aber sie verpufft auch jedes Mal ganz schnell. Schon anderntags scheint es jeweils Dinge zu geben, die noch viel wichtiger sind als diese permanenten Verletzungen von Würde und Persönlichkeitsrechten, als der laufende Verrat an unserer Verfassung, als die nackte Heuchelei mit Nacktscannern und allem anderen.

Kein Minister macht sich nackt

Der nackte Mensch muss her, wenn's ums nackte Überleben jener geht, die schon aus dienstlichen Gründen nie durch den Scanner müssen: Bundestagsabgeordnete, Ministerpräsidenten, deren Sicherheitskräfte und, natürlich, Bundespräsident und Kanzlerin. In einem Interview mit Heribert Prantl von der *Süddeutschen Zeitung* (30. 12. 2009) log darum de Maizière, als er auf die Frage, ob er sich künftig selber »elektronisch entkleiden lassen« wolle, sagte:»Wenn es ein entsprechendes Gerät gibt, das die Persönlichkeitsrechte wahrt, hab ich damit kein Problem.«

Danke, Herr Minister, danke für diese weitere Einflüsterung. Denn das eine zumindest stimmt: Sie haben tatsächlich kein Problem mit dieser weiteren Grenzüberschreitung. Sie haben, scheint es, nicht mal ein Problem mit Ihrem mangelnden Respekt gegenüber »Ihren« Bürgern. Als oberstem Sheriff der Nation bleibt Ihnen, wir haben es bereits gehört, jede Art von Visitation erspart, Glückwunsch.

Umgehend kritisiert denn auch Josef Scheuring, der Chef der Gewerkschaft der Polizei (GdP), seinen höchsten Dienstherrn in der *Neuen Osnabrücker Zeitung:* »Die Diskussion um Nacktscanner ist eine politische Luftnummer, um von den Versäumnissen der vergangenen Jahre abzulenken.« Scheuring weiß, wovon er spricht: Gerade mal 50 Stunden Ausbildung durchläuft ein Bundespolizist, ehe er erstmals eingesetzt wird. Die Gründe: zu wenig Geld, zu wenig Ausbilder. Zu den unzufriedenen Bürgern gesellt sich also auch noch eine unzufriedene Polizei: »Wenn Hartz-IV-Empfänger, Leiharbeiter und Billiglöhner im Auftrag privater Sicherheitsfirmen für die Sicherheit an Flughäfen sorgen sollen, kann das nur schiefgehen.« Das kommt davon, wenn der Staat Hoheitsaufgaben in kommerzielle Hände legt, und beileibe nicht nur, was Sicherheitskontrollen an Flughäfen betrifft.

Politiker sollen nicht, aber sie *können* natürlich lügen, heucheln, beschwichtigen; vielen von ihnen, *wirklichen Herren,* macht das nichts aus. Denn lange vor dem neuesten Schrei, dem Nacktscanner, hat doch bereits ein ganz anderes Disziplinierungsinstrument Einzug gehalten, das vielleicht subtilste, weil älteste »Sicherheitsmittel« der Welt: Brot und Spiele. Sie sind der ganz alltägliche Maulkorb für die Massen: Iss und guck und halt den Mund.

Deutschland hält die Klappe

Die Gedanken sind frei? Vielleicht.

Wort, Schrift und Bild sind frei, eine Zensur findet nicht statt? Graue Theorie.

Längst haben uns Politik, Wirtschaft und Medien einen Maulkorb verpasst. Mit der Sprachdiktatur der »politischen Korrektheit« fing es an, mit Werbe- und Propaganda-Blabla (»Du bist Deutschland«, »Geiz ist geil«) ging es weiter, mit dem Unwesen von »Anstands-Moderatoren« oder vielmehr Zensoren im Internet (Filter, Netiquette) ist noch lange nicht Schluss: Proteste und Demonstrationen haben sich weitgehend aus dem öffentlichen Leben verabschiedet. Kaum jemand wagt sich mehr aus der Reserve, kaum jemand begehrt noch auf, sei es gegen den fortschreitenden Abbau von Bürgerrechten, den heraufdämmernden Staatsbankrott oder die vielen alltäglich gewordenen Ungerechtigkeiten. Wer »motzen« will, soll bloggen gehen. Oder Komasaufen. Wie konnte die freie Meinungsäußerung, das höchste demokratische Gut, derart ins Hintertreffen geraten?

Die Maulkorb-Lobby reibt sich die Hände. Lautstarker Unmut, Straßenzorn à la française oder wie in Reykjavik, London, Athen? In der Bundesrepublik herrschen valiumartige Zustände. Weil uns Bürger scheinbar gar nichts mehr aufregt, entsetzt, schockiert, verkommt unsere Demokratie zu einer Mehlschwitze aus Bevormundung und Zynismus. Staat und Bürger haben sich immer weniger zu sagen: Wir schweigen uns mitten hinein in eine »Demokratur«. Obrigkeitsdenken, Angst vor sozialem Abstieg, ein Trommelfeuer von Krisen- und Katastrophenmeldungen – in einem solchen Klima gedeihen Sprach- und Meinungslosigkeit wie Bakterien auf der Türklinke.

Politiker, Wirtschaftsführer nebst den ihnen sehr ergebenen Lobbyisten wissen sehr genau, wie man ein Volk zum Schweigen bringt. Ihre Mittel sind mal subtil, mal raffiniert, gelegentlich auch ziemlich plump, jedoch immer äußerst wirksam. Da spionieren beispielsweise Post, Telekom, Lidl, Bahn und Deutsche Bank ihre Mitarbeiter und Kunden aus, und was geschieht? Nichts. Deutschland schweigt. Die Große Koalition erhebt den anrüchigen Hinterzimmer-Deal im Strafprozess zum Gesetz, und die Bürger? Bleiben überwiegend stumm. Klinsmann trainiert den FC Bayern in Grund und Boden, und das Fußballvolk? Es tobt: *So* nicht, Jürgen! Unser Kompass spielt verrückt, denn er wird manipuliert – von Profis.

Die Bürgerrechte: zusammengestutzt. Der Sozialstaat: demontiert. Die Medien: praktisch gleichgeschaltet. In Deutschland ist eine schleichende Entmündigung im Gange. Allzu viel wird von seinen Bürgern erwartet: Geschmeidig sei der deutsche Mensch, risikoscheu, opportunistisch und brav. Vor allem aber: schweigsam. Warum lassen wir uns das bieten? Wieso hält Deutschland »freiwillig« die Klappe? Weshalb schweigen überwiegend seine Arbeiter, seine Jugendlichen, seine Rentner, seine Künstler und Denker? Hat man uns schon wieder kleingekriegt und weichgespült?

Dissens als Konsens – eine klassische Methode der psychologischen Kriegsführung. Wer wollte etwa gegen »humanitäre Hilfe« (Bundeswehr in Afghanistan, der Krieg im Kosovo) argumentieren, wer anreden gegen Zukunftsvorsorge und Umweltschutz? Der Bevölkerung wird zu jeder Zeit ein Cocktail aus Aufputsch-, Betäubungs- und Beruhigungsmitteln verabreicht. Herz und Kreislauf rasen, der Gefühlshaushalt spielt verrückt, es geht drunter und drüber: Opel gefährdet / pleite / gerettet / schon wieder in Gefahr. Konjunktur im Aufwind / auf dem absteigenden Ast / überraschend gebessert / schwer am Abrutschen – was stimmt denn nun? Wenn alles zugleich zutrifft, kann nichts mehr richtig, aber auch nichts mehr falsch sein. Also geht das Gefühl für oben und unten verloren, kurzum: die Orientierung. Wer derart richtungslos herumirrt, ist umso mehr auf Führung angewiesen, egal um welchen Preis.

Deshalb nutzen die Einflüsterer so gerne Begriffe wie Sicherheit und Zukunft, Jobgarantie oder Klimaschutz – Worthülsen, in die sich viel »Meinung« packen lässt. Die Deutschen reden noch immer, aber eben nicht mehr so, wie ihnen der Schnabel gewachsen ist. Mit dem Schweigen von Millionen erkaufen sich Politik und Wirtschaft noch ein wenig Zeit, ehe uns ihre virtuellen Billionen endgültig zugrunde richten.

Somit verdanken wir den massiven Rückbau unserer Freiheit einer Wechselwirkung: Die Politik sanktioniert die Einflüsterungen der Wirtschaft, indem sie unser Leben immer weiter durchreglementiert, unsere Freiheiten beschneidet und uns unserer Mündigkeit beraubt.

Wir Bürger hingegen – abgelenkt, verwirrt, gleichgültig gemacht – üben uns in Fatalismus. Am Ende fällt unsere Sprachlosigkeit auf uns selbst zurück: Unser eigenes Schweigen hilft dabei, uns stumm zu halten.

Was schiebt als Aufreger jeden Nacktscanner beiseite?

Eines der wirkungsvollsten Maulkorb-Modelle ist das Modell »Quassel« aus dem Hause Klatsch & Tratsch. Passt auf jede Meckerschnauze, ziert jeden Kritikermund, sieht sogar wie eine Sprechhilfe aus (daher der Name), bewirkt aber genau das Gegenteil: Wer »Quassel« trägt, bringt keine vernünftige Kritik mehr zustande. Ob am Kiosk, vorm Bildschirm, im Radio oder im Internet, »Quassel« ist überall erhältlich, kommt ungefragt und gratis durch Luft und Glasfaserkabel, schmiegt sich schnell und fast unmerklich fest an alle Münder, bis sie fest verschlossen sind, aber wie geöffnet aussehen: *Es darf gelacht werden.*

Was wir noch für Meinungs- und Medienvielfalt halten, ist in Wirklichkeit längst nicht mehr als ein kollektiver, elektronischer Maulkorb: zugespitzt wiedergegebene Realitätsausschnitte, nach Gusto eines beliebigen (Chef-)Redakteurs formuliert. Wir sprechen ja kaum mehr über gesellschaftliche Themen, wir quatschen nur noch davon. Wir lassen talken und werden betalkt, hauptsächlich im Fernsehen. Wir denken fremd, in vorgestanzten Meinungs- und Verlautbarungshülsen, die wir irgendwann für unsere Überzeugung halten. Zugunsten selbsternannter Experten räumen wir widerstandslos jenen Raum, den einstmals »Volkes Stimme« beanspruchte: Die Gleichschaltung tarnt sich als freie Meinung.

Folge: Schon viel zu lange regen wir uns kaum mehr auf, sondern regen uns – Pawlow'scher Effekt – viel zu früh wieder ab, sobald ein Thema auch nur umrissen ist: Der und die ist dafür, die und der dagegen, wozu sich also noch aufregen? Worüber auch, über wen? Die tun doch sowieso, was sie wollen.

Die gewünschte Absicht der Einflüsterer: Das solchermaßen »informierte« Volk raunt und raunzt, aber es handelt nicht. Die Revolution findet nicht statt. Wozu also sich für oder gegen etwas engagieren? Politik und Wirtschaft setzen auf diesen »Taxifahrer-Effekt«: Lass nur die Fahrgäste reden und fahr, wie du es für richtig hältst. Da wird gebaut, da ist um diese Zeit Stau, aber da oder da gibt es eine Abkürzung.

»Yes we can« vs. »Keene Lust zu jar nüscht«

Barack Obama hat 2008 für seine, zugegeben, meisterhaft organisierte Wahl zum US-Präsidenten das Internet in bislang ungekannter Weise mobilisiert. Es gelang ihm und seinen Einflüsterern, mit der *»Yes we can«*-Kampagne Millionen junger Leute buchstäblich an sich zu fesseln. Aufbruchsstimmung, neuer Mut, kollektive Zuversicht: Ja, wir können *es* schaffen! Versuche das einer mit europäischen Bürgern – jeder *Spin Doctor,* jeder Wahlstratege wird an einer solchen Aufgabe scheitern. Nirgends mehr in der europäischen Politik sind Klarheit und Emotionen oder gar Begeisterung zu haben. Vor allem in der Hauptstadt der Bundesrepublik ist sie raus, die Berliner *Luft-Luft-Luft.* Dagegen war der von den 68er-Studenten bekämpfte »Muff unter den Talaren« der reinste Ozon.

Woher diese Mattigkeit, diese Unlust auf beiden Seiten, bei Regierenden und Regierten? Warum sind die Straßen voll von Ex- und Noch-Konsumenten, aber wie leergefegt von Jungen und Alten, von Frauen und Männern, die sich die vielen offensichtlichen Zumutungen »eigentlich« schon lange nicht mehr gefallen lassen wollen?

Ab hier wird der Autor zum Nestbeschmutzer. Er holt aus zur ganz großen Medienschelte. Denn er sagt: Weil im Blätterwald nicht einmal mehr geraschelt, sondern nur noch mit buntem Konfetti gerieselt wird, kriegen wir immer mehr von Heidi Klum und Lady Gaga zu hören, zu lesen, zu sehen.

Sicher, im Internet tummeln sich Millionen von »Meinungen«.

Man kann ihnen hinterherspüren oder seine eigenen, dafür gehaltenen ins Netz stellen. Doch gegen die Einflüsterer im Gewande demokratischer Meinungsgrundversorger ist schwer anzukommen. Zu professionell gemacht und getarnt blinkt und poppt es unaufhörlich auf unseren Bildschirmen. Weil es im Fernsehen, zumal dem öffentlich-rechtlichen, nicht einmal mehr zu ordentlichem Theaterdonner reicht, ist die Urgewalt klug gemachter, kritischer Sendungen wie einst *Das Millionenspiel* (1970), *Smog* (1973) oder *Contergan* (2007) nur noch selten anzutreffen. Käme es nicht zu gelegentlichen medienwirksamen Ausrastern wie Marcel Reich-Ranickis Fernsehschelte im Herbst 2008 (»Ich nehme diesen Preis nicht an!«), wir sähen überhaupt keine Überraschungen mehr.

Ach, könnte doch auch der Fernsehzuschauer die Annahme jenes Preises, den ihn alljährlich Miss- und Vetternwirtschaft im Lande kosten, verweigern!

Und das Radio, unsere einstige Stimme der Welt?

Auch dieses vormals so zuverlässige Medium ist den Einflüsterern mehr untertan denn je. Indem es überhaupt nicht mehr flüstert, sondern nur noch plärrt, ist es vom Informations- und Unterhaltungsmedium zum Störfaktor geworden. Unser Radio trägt jetzt den Vornamen »Format«. Es hat aber keines mehr. Nein, es trällert und kommerzt jeden nur halbwegs vernünftigen Gedanken sofort ins Aus: Die schnelle, unmittelbare und damit schwer zu fälschende Information, aber auch das sorgfältig durchdachte Feature, das über Monate hinweg produzierte Hörspiel, die ergreifende Lesung, der von einem Durchblicker pointiert verfasste und gesprochene Kommentar, dies alles ist fast gänzlich dem Computer geopfert worden. Er diktiert den Redakteuren und Moderatoren Sendeinhalte und -abläufe. Dazwischen: ödes Werbegeschrei.

Die Österreicher hatten mal das witzigste Radio Europas – na ja, südlich der Alpen. Sogar ihre Werbespots waren kleine, sogar große Funk-Kunstwerke: Ob Eisenwarenhändler mit kaum aussprechbarem Firmennamen (»Ich mach mir solche Sorgen um den *Zgonc*«), koffeinhaltiger Szene-Saft (»Red Bull verleiht Flügel«), die Schuhe

von Humanic (»Wir zerrrfrrranzen uns«) oder das angeblich einzigar-
tige Preis-Leistungs-Versprechen der angeblich einzig wahren Foto-
und Optikerkette (»Hartlauer – tigern Sie zum Löwen«) – fast jeder
Ösi-Spot hatte seinen Schmäh, einen eigenwilligen humoristischen
Klang, und dieser Klang war ein einziger großer Spaß.

Eisenwarenhändler und Szene-Plörre gibt es in Österreich zwar
noch immer. Aber den Spaß, das Unverwechselbare, hat eine Rund-
funkreform nach der anderen nicht nur aus den Werbespots gezwängt,
und leider nicht nur in Österreich.

Heute muss man, in welchem europäischen Land auch immer, das
Wirrwarr namens Medienvielfalt genau absuchen, um wie Aschenputtel wenigstens ein paar gute Linsen ins Töpfchen zu kriegen. Im
Kröpfchen landen meist die unzähligen schlechten Nachrichten, die
vielen nutzlosen »Infos« und »Service«-Teile, der immer gleiche mu-
sikalische Einheitsbrei, gewürzt mit etwas Terror im Irak, in Pakistan
und Afghanistan. *Rucke-di-gu, Blut ist im Schuh,* im Schuh und eigentlich auch überall sonst an den zerfetzten, vernachrichteten Kör-
pern. Es klebt an den Schlagzeilen und an den täglichen Totenziffern:
Nicht Video, *Madness killed the Radio Star.*

Unsere Zeitungen und Zeitschriften werden gedruckt wie immer und
erscheinen wie immer. Was das darin enthaltene Quantum an Banali-
tät und Brutalität betrifft, so gilt noch immer der zwar arg verstaub-
te, aber auch arg zutreffende »Graf Bobby«-Spruch: Komisch, dass
jeden Tag genau so viel passiert, wie in eine Zeitung passt. Und es
passt fast nur noch das Durcheinander aus vermeintlich Weltbewegendem und ziemlich Unsäglichem hinein, in der Aufmachung fast
europaweit kopiert von den Vorbildern der deutschen *Bild* und der
britischen *Sun* – Zeitungen, bei denen die Gattinnen der Chefredakteure jeweils sehr viel schlauer, witziger und charmanter rüberkommen als diese selbst.

»Infos« statt Informationen, »Promis« statt Persönlichkeiten

Die Programme *unserer* Radio- und Fernsehsender werden von Hunderten, Tausenden von Mitarbeitern produziert, aber auf Linie gebracht werden sie von ganz wenigen. Was dabei herauskommt, sozialisiert zugleich die weltweite Freibank des Informations- und Unterhaltungsgewerbes, *unser* Internet. Wir sollen denken, die Verwurstung von Wahrheit zu Info-Häppchen sei ein besonders moderner, gar exklusiver Vorgang – wieso eigentlich? Als Verbreitungsmedium ist das Internet im Grunde genauso spannend wie eine Druckmaschine oder eine Satellitenschüssel. Und warum sollten 140 Twitter-Zeichen die Welt mehr und schneller bewegen als die 160 einer SMS? Wo es doch nicht aufs Tempo, sondern auf den Inhalt ankommt – ankommen sollte.

Was Inhalt wird und wie dieser sich darstellt, bestimmt nicht »das Internet«. Mögen Millionen von Usern noch so sehr bloggen und twittern und mailen, die Tonne von Rupert Murdoch, Springer, Burda, Holtzbrinck und Weiteren wiegt schwerer als das Pfund der Unzähligen.

Nicht aufgeklärt, nur noch abgeklärt sind die Medien unserer Tage. *Der Spiegel* spiegelt nicht länger die Wirklichkeit, er zerspiegelt sie vielmehr in Larmoyanz und Eigensüchtigkeit seiner eitlen namensgenannten Autoren, die sich als Gastgeber ihrer wöchentlichen (online natürlich täglichen) Party für wichtiger halten als ihre zahlenden Gäste.

News, laut Eigenwerbung »Österreichs größtes Nachrichtenmagazin«, sind »Rihannas neues Album« und Katy Perrys neue Kleider (»Was man hat, soll man auch herzeigen«) wichtiger als die Chance, von seinen Lesern und Online-Besuchern ernst genommen zu werden. Wie auch anders, wenn es immerzu nur haidert, dörflert und daxbachert und sich der Rest des Weltgeschehens in »Nachrichten« um Teenagermorde oder direkt aus *Bild* importierte »Sensationen«

dreht:»Sarah Connor leidet an Schweinegrippe.« So viel Ernsthaftigkeit hat freilich nicht nur Hamburger, sondern vor allem Gütersloher Hintergrund: 56 Prozent der Verlagsgruppe News gehören der Bertelsmann-Tochter Gruner + Jahr.

Die Schweiz mag weißer waschen, aber sie informiert nicht besser. Nach dem Kiosktod des Magazins *Facts* ist *Die Weltwoche* eines der einflussreichsten Printmedien im deutschsprachigen Teil des Landes. Aus seiner Sympathie für bestimmte Politiker wie den rechtskonservativen Christoph Blocher von der Schweizerischen Volkspartei (SVP) macht das Blatt, anders als vergleichbare deutsche Medien, keinen Hehl. 2003 unterstützte es sogar dessen Wahlkampf mit einem Wahlaufruf.

Ob Zuwanderung, Reizthema Muslime, Freiheit der Märkte, Verfehlungen beim »nördlichen Nachbarn« (nach *Weltwoche*-Lesart ist das die Bundesrepublik) – in der Wochenzeitung von Chefredakteur Roger Köppel, Print wie Online, zählt Meinung mehr als Information, aber stramm muss sie sein.»Datenschutz heißt immer auch Zensur«, meint etwa Autor Alex Baur in seinem Artikel »Zensur im Namen der Freiheit« (47/2009), und Inland-Redakteur Peter Keller wünscht sich nach der Trauerfeier für den deutschen Nationaltorwart Robert Enke,»die Deutschen möchten wieder preußischer werden: mit etwas mehr Pflichtgefühl, Härte gegen sich selbst und Disziplin«.

Pflichtgefühl, Härte, Disziplin – sogar die Schweizer lassen sich einflüstern, sie sollten die besseren Deutschen sein.

Die Medien, ob deutsch, österreichisch, schweizerisch, sie quasseln unaufhörlich, nur wir Bürger halten in der Überzahl den Mund. Der real existierende Unmut, die genauso real existierende Kritik an Staat und Wirtschaft, der Protest und sein großer Bruder, der zivile Ungehorsam, schließlich die Königsdisziplin, der Widerstand gegen Unrecht und Ungerechtigkeit, sie alle finden kaum mehr statt in den Medien. Lieber kreisen in jedem Blatt, in jedem Sender, auf jeder Website mindestens zwei Redakteure pro Anbieter um sich selbst, in Glossen, Kolumnen in ihrer jeweils mit dem eigenen Namen benannten »Welt«. So verkommen einst eherne demokratische Grundrechte wie die freie Meinungsäußerung zum Gegenstand von Sonntags- und Jubiläumsreden: O ja, so war das einmal, vor Urzeiten, mit Georg Elser, dem Ein-Mann-Gegner Hitlers und seinem Attentatsversuch, mit der Weißen Rose und den Geschwistern Scholl und ihren Anti-Nazi-Freunden, so war es mit dem 20. Juli und dem Grafen von Stauffenberg und vielleicht, wenn's hochkommt, noch mit dem roten toten Polit-Clown Rudi Dutschke und den schrillen Mustern auf seinen Pullovern. Politik in den Medien ist unsagbar langweilig geworden, unfassbar träge, so sehr mutlos, so sehr ratlos. Nicht Opium, Valium ist das fürs Volk.

Da aber setzen die Kollegen zur Gegenattacke an. Niemand hasst es mehr, kritisiert zu werden, als Journalisten: Der Bürger, der Leser, der Hörer, der Zuschauer, der Nutzer, sie alle sind doch selbst schuld an dem Dilemma! Der Grund: Sie wollten ja diese Art der Information und Unterhaltung, sie forderten ja immer mehr Zerstreuung, weil die Zeiten so schwer sind, weil »man« neben den *hard facts* eben auch die fröhlichen Seiten des Lebens nicht vernachlässigen darf – Werbekunden stehen so ungern neben, über oder unter Flugzeugabstürzen, und was der Zeitung die Auflage, dem Fernsehen und Radio die Quote, das ist dem Internet die Währung der *page impressions,* die bloße Anzahl der Seitenaufrufe pro Tag, pro Monat. Und überhaupt: Ohne die Medienvielfalt wären die Medienkonsumenten doch sehr viel ärmer.

Gesprächspartner statt Einflüsterer

Frage: Wie wird man Bundeswirtschaftsminister einer *ehemaligen* Exportweltmeister-Nation, sagen wir, der Bundesrepublik Deutschland?

Früher war das so: Man sollte und musste die Materie kraft entsprechenden Studiums oder Berufserfahrung wenigstens ein bisschen kennen. Man musste sich in seiner Partei als Fachmann ausgewiesen oder wenigstens hervorgetan haben, und man musste ein Verständnis für die Zurückhaltung haben, die naturgemäß gegenüber Ressortkollegen zu üben war. Kein Kanzler, keine Kanzlerin wünschte sich je Selbstdarstellungseskapaden einer ihrer Minister.

Ludwig Erhard, später selbst Bundeskanzler, und Karl Schiller waren solche Fachmänner. Nicht mit ihrem – durchaus vorhandenen – *Corporate Image* prägten sie Amt und Ära. Erhard als Zigarre schmauchender »Maßhalten«-Visionär, Schiller als »Plüsch« der Großen Koalition unter Georg Kiesinger, undenkbar ohne seinen »Plüm«, den in diesem Fach kongenialen Finanzminister Franz Josef Strauß.

Das war in der Nachkriegszeit, in den Wirtschaftswunderjahren, in der Zeit der 68er, der APO, RAF und der »Grünen«-Gründung. Wer etwas zu sagen hatte, saß nicht in einer dieser Werbeveranstaltungen namens Talkshow, sondern wurde, im Fernseh-Einzelgespräch, von Günter Gaus, einst Chefredakteur des *Spiegel,* einvernommen (*Zur Person*). Ruhig, eindringlich, ausführlich und ohne unterbrochen zu werden. Guido Westerwelle wäre glatt nach fünf Minuten fertig.

Es kamen die Zeiten des ersten »Macintosh«, flankiert von *Miami Vice,* hochgekrempelten Sakko-Ärmeln und George Michael. Es wurde leichter bis einfach, der größten Wirtschaftsnation Europas *keine* Impulse zu geben, oder erinnert sich jemand an etwaige Großtaten der drei Wirtschaftsminister in den vier Regierungsperioden Helmut Kohls, nämlich Martin Bangemann (1984–1988), Helmut Haussmann (1988–1991) oder Jürgen W. Möllemann (1991–1993)? (Politschnack: Wann schickt die FDP endlich mal einen *Fach*mann?)

Heutzutage genügt es, beispielsweise als Grundqualifikation für das Amt des Bundeswirtschaftsministers, »in die Leitung der familieneigenen Beteiligungsgesellschaft (…) eingebunden« gewesen zu sein, wie Wikipedia verschämt zu dem Mann vermerkt, um den es – und nur in dieser Eigenschaft – geht, nämlich um Karl-Theodor Freiherr von und zu Guttenberg, welcher, wie man inzwischen weiß, garantiert keinen Wilhelm unter seinen immerhin acht weiteren Vornamen führt.

Es mag so sein, dass mit Amt, Würde und Bürde sich auch Reife, Fachkenntnis und Durchblick einstellen, ja dass im Verlauf und gegen Ende der Ministertätigkeit die anfangs kaum glaubhafte Qualifikation in eine respektable, vielleicht sogar herausragende Professionalität ausschlägt. Minister und Republik wäre es jeweils zu wünschen. Doch da sind wir, die Bürger, die leider ziemlich ahnungsvollen, wenn auch im Detail bedauerlicherweise ahnungslosen. Niemand von uns wäre in der Lage, ein Ministeramt im Husarenstil eines geborenen Von und Zu zu übernehmen. Der Grund: Wir sind überqualifiziert, alle miteinander. Es ist Teil unseres Dilemmas als Leid- und Maulkorbtragende, dass wir, ähnlich dem klischeehaft zu beseitigenden Zeugen im Krimi oder Thriller, »zu viel« wissen – und damit gar nichts.

War das Fernsehen früher besser?

Wer wissen will, wie einfach Politik einmal zu verstehen war, der schalte, so schwer das heutzutage fallen mag, den Fernseher ein und sehe – täglich in EinsExtra sowie einigen Dritten – die »Tagesschau vor 20/25/30 Jahren«. Fehlerfrei vom Blatt statt vom Teleprompter lesende Nachrichtensprecher und -sprecherinnen sieht man da, statt nervösen, computergenerierten Einspielungen nur ein paar statische Schautafeln. Wenige bewegte Bilder von händeschüttelnden Politikern – was anderes tun sie denn? – sind ferner zu sehen, knarztrocken, aber eben auch unaufgeregt reportierende Korrespondenten aus aller Welt zu hören, und am Schluss der zuverlässig piepsende Morsecode der Wettervorhersage, QAM (Q-Schlüssel für Wetterbericht), statt weltuntergangsheischendem SOS (»Schneechaos«, »Hitzewelle«, »Starkregen«).

Nachrüstung, Bundestagsdebatten, Mauerfall und Wiedervereinigung, das alles war zu verstehen und zu durchschauen. Heute muss, wer Nachrichten hört, sieht oder liest und ihre Bedeutung einigermaßen verstehen will, in einem guten Dutzend Sättel sitzen können. Die Themen einer ganz normalen *Tagesthemen*-Sendung oder des *Heute-Journals:* Finanzkrise, Kreditklemme, Boni-Raffkes, Bun-

deswehr am Hindukusch, Aufbau Ost, Niedergang West, Klimakatastrophe, gestiegene Gas- und Rohölpreise, Grippen der Handelsklassen Schwein und Vogel sowie deren Bekämpfung, das Jo-Jo
der Arbeitslosenzahlen, diverse Auf- und Abschwünge, IFO-Insti-
tut, Wirtschaftsweise, Lebensmittelpreise, G8 (mal als Gipfel, mal
als Bildungs-Turbo), Dürrekatastrophen und Feuchtgebiete, ein paar
Einsprengsel Afrika und ansonsten viiiel Sport-Sport-Sport sowie ein
bisschen Madonna, Heidi, Robbie. Es folgt: Das Wetter von morgen.

Die Bürger als »Experten«

Das alles passt nicht zusammen. Kann es auch nicht, wird es nie und
soll darum auch kein Bild geben von der Welt oder auch nur von
dem Land, in dem wir leben. Wir möchten aber, bitte schön, verstehen, was vor sich geht in unserer Maulkorb-Republik, und darum
müssen wir selbst alle sein: Bundesminister im Auswärtigen Amt,
Bundesminister des Innern, der Justiz, der Finanzen, weiterhin für
Wirtschaft und Technologie, für Arbeit und Soziales, für Ernährung,
Landwirtschaft und Verbraucherschutz, für Verteidigung, aber auch
für Familie, für Senioren, Frauen (*Männer?*) und Jugend, sodann für
Gesundheit, für Verkehr, Bau und Stadtentwicklung, für Umwelt, Naturschutz und Reaktorsicherheit, und nicht zuletzt für Bildung und
Forschung sowie für wirtschaftliche Zusammenarbeit und Entwick-
lung – wer ruft da bereits Overload, wer vermisst hier Einordnung
und Analyse?

Wir sind noch lange nicht so weit.

Zur Abrundung der individuellen Medienkompetenz benötigen wir
ferner Sachkenntnis in folgenden Berufen und Tätigkeiten: Sportre-
porter, Fernsehkommentator, Astrologe / Astrologin (überhaupt: Eso-
terik), Börsen- und Anlageprofi, Professor oder Doktor oder sonst
wie gearteter Experte (»von der Uni Sowieso«, »vom Institut XY«).
Wir müssen sein: Modeschöpfer, Klatschkolumnist / Promifriseur, Autotester, Literatur-, Film- und Musikkritiker, Immobilienfachmann,
Nahost- / Fernost- / Mittlerer-Osten-Experte. Wir fungieren als Reise-

guru, Sterne- und Prominentenkoch, als Wahlforscher, Wetterfrosch und als Jörg Kachelmann – hat der Autor ein Fachgebiet übersehen?

Diese alltägliche, unaufhörliche Kakophonie von »Informationen« ist kein Zufall. Sie ist gewollt. Nein, nicht Dan Browns Illuminaten schwingen hier das Zepter. Auch das grundschwarze Opus Dei entfaltet hier nicht seinen Weltbeherrschungsplan, nicht einmal die Freimaurer, die Rosenkreuzer oder diverse zionistische Geheimbünde. Selbst die altböse CIA schweigt, ebenso der stets unsichtbare Mossad oder der wie vom Erdboden leider doch nicht verschluckte Osama bin Laden. Einzig den Chefredaktionen sämtlicher großen und kleinen Medien im Land obliegt es, sich nicht vor den Karren der Einflüsterer spannen zu lassen, nicht selbst zu Einflüsterern zu werden. Gerade die sich selbstgefällig als »Leitmedien« rühmenden Öffentlich-Rechtlichen, der *Spiegel*, die *Süddeutsche Zeitung*, der *Stern*, die *F.A.Z.*, die *Welt*, die *Zeit*, der *Focus* und natürlich *Bild*, sie alle sollten ihre Nutzer in einer Weise informieren und unterhalten, die verstanden werden kann.

Sie sollten – tun oder wollen oder können sie aber immer öfter nicht, nicht mehr.

Tatsächlich werden wir Medienkonsumenten im industriellen Maßstab zugemüllt mit Nichtigkeiten und Aufgeregtheiten, die den Blick aufs Wesentliche verstellen. Dazwischen verbergen sich Schätze, leider auch die Ideologien der Einflüsterer. Bleibt uns als einzige Alternative wirklich nur die Rückkehr zu Dagmar Berghoffs Schrifttafeln oder zu Friedrich Nowottnys *Bericht aus Bonn*-Hintersetzer mit der Abbildung des Bundes- beziehungsweise Reichstags? Stecker raus bei Merkel, Guttenberg, Lafontaine und Gysi?

Demokratie ohne Demokraten

Wir wollen und wir müssen wissen, was um uns her vorgeht. Wie sollten wir uns sonst Demokraten und »frei« nennen dürfen? Wir müssen die Möglichkeit haben (die Fähigkeit ohnehin) zu begreifen, was in unserer Gesellschaft passiert, um unser Leben entsprechend einzurichten, um Entscheidungen zu treffen. Zum Beispiel bei Wahlen. Und wir wollen mitreden können, ohne mitplärren zu müssen. Wir wollen nicht denken, wir lebten in einem demokratischen Staat, wenn dieser uns nur noch plaudern, aber nicht mehr reden lässt.

Wir wollen weiterhin nicht glauben, die Demokratie sei bereits verwirklicht, wenn man uns die Speisenfolge von Oli Pochers und Sandy Meyer-Wöldens Verlobungs-/Hochzeits-/Scheidungsparty wissen lässt. Mag ja sein, dass Silvio Berlusconi reif ist für die Sex-Klinik. Möglich auch, dass der Milliardenbetrüger Bernard Madoff eine Geliebte hat, welche die Telefonnummer eines Verlags und eines Ghostwriters kennt – aber wer will, muss das wissen? Gibt es nicht Wichtigeres, und wenn es um Unterhaltung geht, nicht wirklich Unterhaltsames?

Aus der Medienflut ist längst ein Medien-Tsunami geworden. Er wogt und rauscht und wallt ohne Unterlass auf uns ein, dass einem zwar nicht Hören und Sehen verloren gehen, wohl aber Verständnis und Durchblick. Verleger in der gesamten westlichen Welt beklagen sich über Auflagenschwund (bezeichnenderweise in ihren eigenen Medien), sie rufen etwa nach dem ultimativen Erlösmodell für Inhalte im Internet und sehen nicht, wie nah die Lösung all ihrer Probleme ist.

Liebe Verleger – also Frau Springer, Herr Burda, Herr von Holtzbrinck, und natürlich auch Sie, Mister Murdoch: Die Wurst auf Ihrem Brot scheint vielen etwas zu sehr gepfeffert und versalzen zu sein. Für diese Art von Genuss auch noch Geld zu fordern, ist einfach zu viel verlangt. Nicht kosmopolitische XXL-Burger vom Fleisch jener Sau, die Sie alle jede Woche aufs Neue durchs Dorf treiben, sind die Bringer. Die Menschen (*also known as* »Konsumenten«) verlangt es nach ehrlicher *und* verdaulicher Kost. Backt endlich wieder kleinere Brötchen, aber richtig echte, keine vorgefertigten Teiglinge für die Mikrowelle. Ganz normales, wohlschmeckendes Backwerk wollen wir:

Schrippen, Semmeln, Weckle, Schusterjungen, Rundstück und Wasserweck, hergestellt nach solider Hausmacherart, also 'ne Bemme, 'ne Schnitte, 'ne Stulle, und nicht totgarniert mit Unwesentlichem, sondern klar und überschaubar belegt, und vor allem: mit deutlich weniger Senf und Scharfmachern zu allem und jedem.

Wenn der Currywurststand an der Ecke nur Würze und Sauce auf die blanke Pappe schmiert, darf sein Inhaber sich nicht wundern, wenn die Kundschaft Bögen um ihn zieht. Wer als Medien- und Meinungsmacher seine Nutzer wie Idioten behandelt, braucht nicht Bauklötze zu staunen, wenn niemand mehr Geld dafür bezahlen will.

Also, Herr Döpfner, Herr Diekmann: Machen Sie McKinsey und Roland Berger arbeitslos, bevor sie Sie arbeitslos machen. Herr Markwort! Der ehemals Erste Journalist im Hause Burda könnte statt Fakten, Fakten, Fakten und einem in letzter Minute gestrickten Relaunch von *Focus* doch auch auf Substanz setzen. Einfach mehr an die Leser denken und ihnen bieten, was sie wirklich wollen. Wie das geht? Heidi Klum Hausverbot erteilen. Die Von und Zus in Politik und Wirtschaft an ihren Taten messen, nicht an Saumlänge und Dekolleté-Tiefe. Fußball und Formel 1 nicht wichtiger nehmen als Arbeitslosigkeit, Tickermeldungen nicht immer gleich mit Wirklichkeit verwechseln.

Klimaforscher fordern die Diktatur

Doch das sind alles falsche Hoffnungen. Klum & Co. reüssieren ja nicht auf allen Kanälen, weil ihnen tatsächlich Bedeutung beigemessen würde. Der uns täglich verabreichte Schreckensmeldungen-Klatsch-Cocktail hat System, und dieses System ist fast schon kein demokratisches mehr. Suchen nicht selbst Klimaforscher, die Apokalyptiker unserer Tage, ihr und unser Heil in autoritären Systemen? Der *Spiegel* zitiert die australischen Autoren des Buches *The Climate Change Challenge and the Failure of Democracy* (Die Herausforderung des Klimawandels und das Scheitern der Demokratie), David

Shearman und Joseph Wayne Smith, mit der Aussage:»Wir benötigen eine autoritäre Regierungsform, um den Konsens der Wissenschaft zu Treibhausgasemissionen zu implementieren.«
Zack – das haut rein. Da muss man sich erst mal setzen.
In Demokratien groß gewordene und von ihnen finanzierte Wissenschaftler fordern die Rückkehr der Diktatur? Neo-Nazis und Alt-Kommunisten können aufatmen: Unter Hitler wären also Maßnahmen zur Eindämmung der Klimakatastrophe ein Klacks gewesen. Stalin hätte sie alle in den Gulag verfrachtet, die Zauderer, die Bedenkenträger. Saddam Hussein hätte sie bei lebendigem Leibe im Wüstensand verscharren lassen, die uneinsichtigen Demokraten, die mit ihrer dummen Angewohnheit, über Wohl und Wehe erst zu diskutieren, ehe sie sich für eines von beidem entscheiden, unser aller Klima ruinieren. Die Freiheit der Wissenschaft – nur in Unfreiheit zu verwirklichen?

Sie lernen einfach nicht dazu, die Damen und Herren Wissenschaftler. Einst waren sie im Begriff, Adolf Hitler die Atombombe an die Hand zu geben, ehe die wichtigsten von ihnen sich Richtung USA dünnmachten. Die, welche den braunen Machthabern treu ergeben blieben, durften in Peenemünde ihre Fähigkeiten spielen lassen, dem Diktator»Vergeltungswaffen« ausbrüten und für ihre Herstellung Zehntausende KZ-Häftlinge verheizen. Als der Spuk vorbei *schien,* kollaborierten die einen mit den amerikanischen Alliierten, die anderen mit den russischen. Zum Mond zu fliegen und weit darüber hinaus war angenehmer, als für den Rest seiner Tage in einem Strafgefangenenlager zu sitzen.

Der Mensch stört: Er behindert den Lauf der Wissenschaft, die unser Klima heilen, retten, wiederherstellen könnte, wenn man sie nur ließe. Der Typus Doktor Mabuse sieht sich fähig und in der Lage, die gesamte Menschheit zu retten, wenn man ihn nur ließe – früher, als Kinofilme-Produzieren noch geholfen hat, steckte man solche Typen in die Handlung eines James-Bond-Thrillers. Heute würde schon helfen, solchen Dummköpfen die Leviten zu lesen.

Ruhe wird wieder erste Bürgerpflicht: *Cool down,* wir müssen etwas gegen die globale Erwärmung tun. Die Erde retten, deinen

Enkeln etwas Gutes tun, das wird mit Parteiengezänk und Vielmeinungsstaaterei nicht möglich sein. Komm schon, nimm einen Schluck aus der braunen Pulle – *du willst es doch auch, dummes Ding!*

Wir haben die Wahl:
Diktatur light oder Demokratie forte

Die Einflüsterei erreicht eine neue Ebene. Wenn sämtliche von Politikern und Medien geschürten (Über-)Lebensängste darauf hinauslaufen, dass wir uns alle wieder einen starken Mann herbeiwünschen, einen, der braunes Licht für unsere Zukunft gibt, dann kann der, nebenbei, auch mal ordentlich aufräumen. All das arbeitslose Gesocks, die Ausländer, diese fremdartigen Leute mit Schleiern und Schnurrbärten, die *Terroristen,* die Andersdenkenden und Andersmeinenden. Erinnern wir uns an Robert Oppenheimer, den »Vater der Atombombe« – Wissenschaftler betonen stets, nur ihre Pflicht zu tun, nämlich allein für die hehre Wissenschaft, für das Fortkommen der Menschheit. Als ob sie nicht wüssten: Politikern sind Menschen oftmals schnurzegal. Und gibt es nicht auch Ärzte, die sich dafür hergeben, frisch Gefolterten den Puls zu fühlen, ob nicht noch ein bisschen mehr drin ist? *Nicht schuldig, hohes Gericht: Ich habe nur meine Pflicht getan, die Befehle gaben andere.*

So propagieren die Medien mit jedem neuen unreflektierten Bericht über die »Klimakatastrophe« auch diese Bestrebungen, sich demnächst, in einer Diktatur gewordenen Klimarettungsgesellschaft, selbst abzuschaffen. Natürlich wird es nicht so weit kommen. Wozu Demokratie *forte,* wenn man auch Diktatur *light* haben kann?

Nicht vieles, *alles* deutet darauf hin:

- die massive Einschränkung der Bürgerrechte in den letzten zehn Jahren;
- die flächendeckende Überwachung des Individuums in nahezu sämtlichen Lebensbereichen;

- der geifernde Ton, die Unerbittlichkeit, das hohe Tempo der Regierenden beim Durchdrücken immer neuer Einschränkungen;
- der demonstrativ praktizierte Sicherheits- und Kontrollwahn an Flughäfen (als ob sich spektakuläre Anschläge nur mit Verkehrsmitteln wie Flugzeugen anrichten ließen);
- die jederzeitige Durchleuchtung der finanziellen Möglichkeiten des Einzelnen;
- seine lückenlose Erfassung mithilfe biometrischer Daten;
- die De-facto-Gleichschaltung der Medien;
- die zunehmende, unübersehbare Spaltung der Gesellschaft in Arm und Reich;
- die ebenfalls unübersehbare Ungerechtigkeit;
- die geradezu absichtsvoll wirkende Verschwendung von Staatsgeldern zur »Rettung« von Banken, die nur den Staatsbankrott zur Folge, wenn nicht zum Ziel haben kann.

Paranoia könnte man kriegen, zum Weltverschwörungstheoretiker könnte man werden – auch diese Regung lösen die Einflüsterer in einem aus. Wir demokratischen Bürger, wir Dummerles können natürlich nicht wissen, sollen es auch gar nicht, welches die wahren Absichten unserer politischen Führer sind; zum Wesen der Unterdrückungsmechanismen zählt, dass sie aus dem Verborgenen heraus auf uns einwirken: *Niemand beabsichtigt, eine Mauer zu bauen!* (Walter Ulbricht, DDR-Staatsratsvorsitzender zwei Monate vor dem Mauerbau).

Im 19. Jahrhundert versuchte die Kolonialmacht England, ganz China kleinzukriegen mit der massenhaften Einfuhr von Opium. Das winzige England wollte sich das Reich der Mitte unter den Nagel reißen, indem es die Nation sprichwörtlich unter Narkose setzte: »Opium fürs Volk.« Ehe das ausgebeutete Land, unmittelbar vor der Selbstzerstörung, sich selbst befreite, waren bereits 45 Millionen Chinesen, damals ein Zehntel der Einwohner, süchtig gemacht worden. 200 Jahre ist das her, die Briten haben längst genug mit sich selbst zu tun. Aber wir sollen glauben, der tägliche Info-Promi-

Sport-Gewalt-Mischmasch in unseren Medien diene allein unserer *Unterhaltung?* Denn immer wieder sind es die Medien, denen bei Erhalt oder Abbau der Demokratie eine Schlüsselrolle zukommt. Sie sind die Lautsprecher und Bildschirme der Mächtigen. Was sie auf ihre Seiten setzen, wird wahrgenommen; was nicht, fällt höchstwahrscheinlich durch den Rost. Längst hat die gewollte Zertrümmerung des Mittelstands auch die Journalisten erreicht. Kaum einer der Verlagsmanager, der *Entscheider,* war oder ist selbst Journalist. Einem Fernsehsender vorzustehen bedarf mitunter keiner bedeutsameren Qualifikation, als zuvor Pharma-Manager gewesen zu sein: *Halt die Klappe, Bürger, du siehst doch, was hier los ist.* Hier – nimm zwei von diesen und drei von denen, ein paar von den Blauen und eine von den Roten. Dann wirst du dich bald sehr viel besser fühlen ...

Vielleicht ist es unsere letzte Wahl, unser Schicksal nicht länger Politikern zu überlassen. Millionen Menschen spüren es schon: Was soll ich noch an der Urne? Die, die ich wählen soll, tun beziehungsweise unterlassen alles, um mich möglichst schnell in eine solche reinzubringen! Ja, es könnte sein, dass *irgendwann* ein jugendlicher Bill Gates (Microsoft) der Online-Dienste auftaucht, oder *irgendwann* ein Steve Jobs (Apple) des Zeitungswesens, oder es kommen *irgendwann* zwei ungestüme Sergey Brins und Larry Pages (Google) des Fernsehens oder Radios oder eines ganz neuen Mediums und machen das Garagentor auf, um sich selbst mit Herz und Hirn auf die wartende Menschheit loszulassen, damit unser Schweigen ein Ende findet.

Oder wir warten nicht länger und tun das Unerhörte: Wir reißen die Klappe auf und zeigen selber Präsenz. Sonst könnte es sein, dass uns statt der Einflüsterer bald wieder die Einpeitscher von einst beherrschen.

6.
Unser Weg in den
Maulkorb-Staat

Ich will auch zeigen, wie die
Fünfzigerjahre die Menschen
der Sechzigerjahre geprägt haben,
dieser Zusammenprall der
Etablierten mit den Engagierten,
die in die Abnormität des
Terrorismus gedrängt wurden.

RAINER WERNER FASSBINDER über seinen Film
Die Sehnsucht der Veronika Voss (1982)

Seit 2002 kämpft und schießt und tötet die Bundeswehr in Afghanistan. Unsere Soldaten werden vom Gegner, den Taliban, wiederum bekämpft, beschossen, getötet. Doch in Sachen Rechtfertigung herrscht im Kabinett Merkel noch immer das Gesetz der Omertà: »Nicht einmal das Wort ›Krieg‹ darf ein Mitglied der Bundesregierung sagen, wenn er über Afghanistan redet«, schreibt der *Spiegel* und spricht von einer »Schweigespirale« (Ausgabe 49/2009). Nicht einmal flüstern durfte man von Angst und Tod.

Einflüstern hingegen schon: Franz Josef Jung, der im November 2009 über seine Beschwichtigungen gestürzte Verteidigungsminister, log die Beteiligung der Bundeswehr zeit seines Amtes auf einen simplen »Stabilisierungseinsatz« herunter – bloß nicht ein 82-Millionen-Volk gegen sich aufbringen. Um den »Aufbau vernetzter Sicherheit« gehe es fern der Heimat, was irgendwie nach Telekom und Schwarzen Sheriffs klingt. Würde nicht »stabilisiert«, so Jungs Tenor jedes Mal, kämen eben weiterhin Angst und Tod übers terrorgeplagte afghanische Volk. Feigling müsste man sein oder Memme, wollte man da nicht, wenn auch zähneknirschend, den Einsätzen zustimmen.

Doch nach sieben Jahren Kriegsbeteiligung hat die Politik mit diesem Herumgeeiere das Gegenteil von Glaubwürdigkeit bewirkt. Für die Bürger sind die Kriegsgründe immer weniger nachzuvollziehen; das Gefühl, dass Leib und Leben der Soldaten ganz anderen Interessen geopfert werden, überwiegt.

Die USA erwarten von ihrem Verbündeten Deutschland vasallenartigen Gehorsam – und der Verbündete gehorcht. Zwar nicht aufs Wort, denn ein bisschen Zaudern und Zögern, um nicht als allzu eilfertig dazustehen, hat sich seit Gerhard Schröder noch jede deutsche Regierung ausbedungen. Aber dann sind die Soldaten doch losmarschiert und sind geblieben, und immer mehr Kameraden sind ihnen gefolgt. Etliche sind im Zinksarg zurückgekehrt.

Jahr für Jahr wurden die Ursachen dieses Krieges, der keiner sein soll, heruntergespielt, immer wieder wurde beschwichtigt und beschönigt, die Bundeswehr geradezu mit dem Roten Kreuz gleichgestellt, bei dem die Sanitäter eben bewaffnet sind – alles nur der Abschreckung halber. Mandatsverlängerung folgte auf Mandatsverlängerung; seufzend nickten Bundestag und Bundesrat alles ab, alle Jahre wieder. Frühstücksdirektoren haben mehr zu melden.

Nun sitzen Regierung und Bundeswehr, aber auch die Opposition erst recht in der Klemme. Die Regierung hat gelogen und vertuscht, die Bundeswehr hat sich um klare Worte nicht minder herumgemogelt, die abgewählte SPD muss erst recht die Klappe halten – war bis vor Kurzem nicht Ex-Außenminister und Vize-Kanzler Frank-Walter Steinmeier selbst ein großer Schweiger und, wenn's drauf ankam, ein noch größerer Einflüsterer? Auch er redete bei jeder Gelegenheit die Rolle der deutschen Streitkräfte auf Samariterniveau herunter. Und jetzt will der Mann die im Abwehrkampf stehende Kanzlerin attackieren?

Abzug auf eigene Faust, noch dazu ohne Gesichtsverlust gegenüber den Verbündeten, das geht schon lange nicht mehr. Erst muss die »Stabilisierung« durchgesetzt werden, ungeachtet der Kosten in menschlicher wie finanzieller Hinsicht. Wer zuerst den Kriegsschauplatz Afghanistan räumt, ist blamiert vor der Welt – oder befindet sich ganz einfach auf der Höhe der Realität: In Sachen Hindukusch haben die Regierungs-Einflüsterer auf ganzer Linie versagt, auch gegenüber der *kämpfenden* Truppe.

Die römischen Imperatoren versprachen ihren Legionären jeweils ein Stück Land für 25 Jahre Dienst in der Legion. Hitler plante, jeden Ritterkreuzträger in der Deutschen Wehrmacht mit einem Rittergut im Osten zu belohnen, wenn erst der Krieg gewonnen sein würde. Befestigte »Wehrsiedlungen« sollten die unendlich weiten Räume der Sowjetunion befrieden helfen.

Anders die Bundesrepublik Deutschland. Ihre Soldaten und Offiziere müssen gewärtig sein, im Fall einer Fehlentscheidung seitens der Hardthöhe Kopf und Kragen auch in der Heimat zu riskieren. Oberst Georg Klein, der im September 2009 den Angriffsbefehl auf jenen Tanklastzug gab, ist im Grunde schon durch die massive Berichterstattung über sich selbst erledigt – Lippenbekenntnisse nachrückender Minister wie zu Guttenberg ändern daran auch nichts mehr: Uns wird gerade beigebracht, wie man sich einen Maulkorb so umbindet, dass er passt und gut sitzt, aber möglichst nicht wehtut.

Ein Vorstellungsgespräch, wie Einflüsterer es sich wünschen

Unter der Rubrik »Bewerbungen meistern« veröffentlicht die Online-Ausgabe der *Zeit* am 6. November 2009 den Artikel »Worauf es ankommt, um im Interview zu punkten, und wie man Fehler vermeidet«. Die Bewerbungstrainerin Ursel Stief will Jobanwärtern mittels einer »Vielzahl von Verhaltensregeln« behilflich sein. Sie sollen die »Konventionen« im Berufsleben kennenlernen: »Irgendwann ist der Zeitpunkt erreicht, an dem der Bewerber gefragt wird, ob er selbst noch Fragen hat. Diese Chance sollte man ergreifen – aber bitte mit konkreten, inhaltlichen und relevanten Fragen. (…) Fragen wie ›Wie hoch wäre mein Gehalt, wie viel Urlaub bekomme ich?‹ zeugen eher von Schmerzfreiheit statt von Taktgefühl.« Zitat:»Eigentlich ist es Sache des Arbeitgebers, dem Bewerber mitzuteilen, wann mit einer Entscheidung zu rechnen wäre. Tut er dies nicht, darf nachgefragt werden – aber höflich.« So denkt sich die sonst so kritische *Zeit* die Fehlervermeidung beim Vorstellungsgespräch: duckmäusern und immer hübsch höflich bleiben. Vulgo: die eigenen Ansprüche zurückschrauben. Wieso liegt in Fragen nach Gehalt und Urlaub ein»schmerzfreier«Affront, wieso diese und weitere Empfehlungen, gegenüber einem potenziellen Arbeitgeber wie ein Bittsteller aufzutreten? Bewirbt man sich auf diese Weise etwa auch bei der Redaktion der *Zeit*?

Wie so oft im Online-Alltag findet sich der spannendere Teil des Themas im Forum. Im Fall des»perfekten Vorstellungsgesprächs« gehen die *Zeit*-Leser/Nutzer jedenfalls auf die Barrikaden:»Alles Schauspiel und Heuchelei«,»Bloß kuschen und nicht unangenehm auffallen«,»Klack-klack-klack: Ich bin ein belangloses Nichts!«sind noch die sanfter formulierten Kommentare. Die Menschen spüren: Die mehr oder weniger subtilen Aufforderungen zur Unterordnung (manche sagen bereits: zur Unterwerfung) kommen mittlerweile aus jedem Lebensbereich. Statt an das Selbstbewusstsein und die Qualifikation von Bewerbern zu appellieren, die ihr eigentliches Kapital sind und doch wohl ausschlaggebend sein sollten, statt auf Authentizität und Menschlichkeit zu setzen, soll der Leser sich bereitmachen zur Selbstdressur: Nur ja keine Fragen nach Gehalt oder Urlaub! So etwas verstößt mittlerweile bei bundesdeutschen Arbeitgebern gegen das *Taktgefühl*.

Deutschlands große überregionale, *liberale* Wochenzeitung, das Leib- und Magenblatt von Akademikern und Bildungsbürgern, Reichweite: über zwei Millionen Leser pro Ausgabe (2008), eine Zeitung, die ihren Drang nach Unabhängigkeit seit über zehn Jahren durch eine eigene *Hausorthographie* demonstriert, um den Diktatoren der Rechtschreibreform eine Nase zu drehen – diese letzten Aufrechten leisten, ausgerechnet, der Unterwürfigkeit Vorschub? Trommelwirbel und Paukenschläge müssten derlei Forderungen nach Unterwerfungsgesten begleiten; die besten Investigatoren des Blattes müssten wallraffen, ob wir nunmehr endgültig in Sklavenverhältnissen angekommen sind.

Die freien Medien hängen sich selbst den Maulkorb um

Die Medien und immer wieder die Medien – klar, sie sind in unserer Gesellschaft der Anlaufpunkt der Bürger, aber das Sprachrohr der Mächtigen. Noch vor knapp zehn Jahren verhielt es sich so: Die Chefredakteure von Wochenzeitschriften (*Spiegel, Focus, Stern*) oder Tageszeitungen (*F. A. Z., Welt, Süddeutsche*) klaubten die besten Texte und Fotografien ihrer Mitarbeiter im Erscheinungsrhythmus zusammen und brachten sie als Druckerzeugnis auf den Markt. Damit hatte das Medium gesprochen – bis zur nächsten Woche, bis zum nächsten Tag.

Mit der gestiegenen beziehungsweise selbstverordneten Wichtigkeit des Internets reichte dieser Input jeweils nicht mehr aus, um die doch aktuell sein sollenden Websites zu füllen. Attraktiv wollte man zudem aussehen und auf der Jagd nach möglichst jungen, am besten auch noch einkommensstarken Nutzern vorderste Plätze belegen. Da half nur, eigene Online-Redaktionen zu gründen. Diese wurden wiederum mit möglichst jungem Personal besetzt, denn wer verstand schon das Internet, und wer könnte, so das Kalkül, mit jungem Publikum besser kommunizieren als junge Leute? (Dieser Logik zufolge müsste Politik für junge Menschen am besten von jungen Menschen gemacht werden, desgleichen der Unterricht an Schulen und Universitäten. Warum nicht auch möglichst junge Ärzte für junge Leute, wozu Erfahrung?)

Seitdem herrscht Chaos.

Munter mischt sich Weltpolitisches mit Weltbanalem, erhellende Information mit düsterem Szene-Chichi aus den Rotlicht-Bezirken der Popkultur:»Festakt ohne den Kanzler der Einheit«, aber auch:»Beate Uhse: Die Aktionäre der Erotikprimadonna verlieren die Lust« (*focus.de*);»Mauerspecht Sarkozy zieht Spott auf sich« und zugleich:»Aerosmith: Steven Tyler will raus«. Und bei *welt.de:*»Das Fest der friedlich erkämpften Einheit« im Kontrast zu»Lifestyle: Wie es ist, im Rolls-Royce bei McDrive vorzufahren«, denn wenn schon Jubiläum, dann am besten im Doppelpack.

Sesamstraße und Pariser Platz, alles das Gleiche

»20. Jahrestag: Berlin und die Welt feiern den Fall der Mauer 1989« – passt das nicht bestens zu»40 Jahre *Sesamstraße:* Auch das Krümelmonster muss Kohlrabi essen«? Die Kollegen von *stern.de* titeln am selben Tag»Freiheit muss erkämpft werden«, bieten aber zugleich, etwa für weniger freiheitsversessene Leser,»50 Fakten über Robbie Williams« sowie einen knallharten Report über»Wurstfest in Texas: Knackiges zum Anbeißen«. Nicht zu vergessen die Verona Pooth des Schönheitsgewerbes:»Heidi Klum: Model-Mama kehrt als Laufsteg-Engel zurück.« (Die *Welt* plappert, kaum zehn Tage später:»Heidi Klum will noch neun Kilogramm abnehmen.«) Selbst die *F.A.Z.,* die an Tagen wie dem 9. November so gern die schwarzen Anzüge und Kostüme heraushängt (»Deutschland und die Welt feiern ein rauschendes Freiheitsfest«), kommt nicht aus ohne eine durchaus verzichtbare Albumbesprechung der US-Band The Black Eyed Peas (»Los, ab auf die Tanzfläche«) oder geradezu göttliche Autotests (»Mazda: Nur der Himmel kennt die Grenzen«).

Entpolitisierung durch Boulevardisierung, Geschwätzigkeit statt Ernsthaftigkeit,»Bombenjournalismus« (Kollegenkritiker Ulrich Wickert) statt Investigation, Verschleierung von Tatsachen statt ihre Enthüllung, Aufregung statt Aufklärung – die Medientröster haben vergessen, wofür Journalismus einmal gedacht war. Jede Woche, jeden Tag, in nahezu allen Blättern, auf allen Kanälen und online so-

wieso dieselbe Verwurstung von Info-Häppchen und Showbiz-Ges-
eiere. Ab und zu ein Blick übern Zaun der Schönen und Betuchten,
warum nicht? Aber Mauerfall und Sex und Pop – was bleibt da noch
von der Erinnerung an den Tag, als die Deutschen »das glücklichs-
te Volk von der Welt« waren (Walter Momper)? Nur ein Tag aus 365
weiteren. Fragt da noch jemand, warum die Deutschen, gelinde gesagt, immer so einen abgehetzten Eindruck machen?

Geiz ist geil: Maulkorb und Gehirnwäsche
zeigen Wirkung

Die Deutschen, ein zu kurz gekommenes Volk? Lassen sich von einem Elektronikdiscounter einreden, Geiz sei geil – und geben doch,
statt »geizig« zu sein, also jeden Cent eifersüchtig zu horten, Milliarden für Unterhaltungsschnickschnack aus.

Die Deutschen – verschrotten kurzerhand ihre abbezahlten, vielfach noch einwandfreien (und relativ wertvollen) Altautos, nur um in
den Genuss der staatlichen »Abwrackprämie« in Höhe von 2500 Euro
zu kommen – plus jahrelanger Abzahlungsverpflichtungen für die
kostspieligen Neuwagen. Die Deutschen – wie hypnotisiert kaufen
sie die insolvente Quelle im Rekordtempo leer und sorgen damit für
ein Hochgefühl bei der vom Insolvenzverwalter bereits geschassten
Belegschaft, leider viel zu spät. Die Deutschen und ihr Umgang mit
Logik – ein Phänomen, das nur die Einflüsterer erklären könnten.

Dem Verstummen folgt das Verkriechen, dem Verkriechen das Verschwinden in der Stille. Es gibt uns nicht mehr, es hat uns nie gegeben. Stumm gemachte, aber kaufende Menschen sind das Ideal einer
wachstumsversessenen Wirtschaft sowie ihrer Verwaltungsabteilung,
genannt Staat. Die vielgepriesene soziale Marktwirtschaft, wir treiben von ihr weg wie ein Floß vom Festland. Was wir haben, ist eine
rein kapitalistische Marktwirtschaft. Großes Ensemble, aber einfache
Rollen: Wir produzieren – ihr kauft. Wir statten euch aus – ihr ordnet
euch ein. Und natürlich unter.

Auf dem Kasernenhof oder auf dem Schlachtfeld gibt es keine Diskussionen: Einer hat das Sagen, und alle anderen tun, was dieser eine befiehlt. In einer Demokratie – im Zivilleben ohnehin – sollte es zwar anders sein, doch in keiner der westlichen Demokratien ist derzeit irgendetwas anders: Die Wirtschaft sorgt für die Musik, und alle müssen mitspielen. Ausschließlich die Wirtschaft gibt Takt, Tempo, Rhythmus, Tonart und Instrumentierung vor. Sie bestimmt auch den Sound, die Lautstärke, Dynamik und Dauer der Darbietung. Den Bürgern bleibt nur, danach zu tanzen, ganz gleich, was gespielt wird. Wir bestimmen eben nicht mehr, was vorgeht. Wir stimmen auch nicht mehr an der Kasse mit dem Geldbeutel ab, noch nicht einmal mit den Füßen – wer hier nicht kauft, muss seinen Bedarf woanders decken. Im Zeitalter der Multi-Konzerne kommt irgendwie doch immer alles dort an, wo es ankommen soll. Demokratie und gleiches Recht für alle in Kommunismus, Sozialismus, Kapitalismus – dreimal eine Illusion.

Demokratie ohne Bürger, Volkes Wille ohne Volk

Illusionen macht sich auch der Bürger, der angeblich »die Regierung« wählt. Bei Landtags- oder Bundestagswahlen wird für Parteien votiert, also nur sehr indirekt für Personen, Minister, Ministerpräsidenten oder Kanzler, egal ob weiblich oder männlich. Wer etwa hat sich Wolfgang Schäuble (CDU) als Finanzminister gewünscht, geschweige denn ihn »gewählt«? Karl-Theodor von und zu Guttenberg (CSU) binnen eines Jahres vom Wirtschaftsminister zum Verteidigungsminister? Dirk Niebel (FDP) gar zum Entwicklungsminister?

Niemand hat sich das gewünscht, keiner wurde gefragt. Der Bundeskanzler, männlich oder weiblich, bestimmt die Bundesminister und die Richtlinien der Politik, punktum. An der direkten Willensbildung ist der Bürger ausdrücklich nicht beteiligt. Es braucht niemand gefragt zu werden, weil die Willensbildung eines Regierungschefs sich der Einsichtsfähigkeit der Bürger nicht zwangsläufig zu erschließen braucht. Kabinettsbildung ist immer auch ein Stück Alchemie: Man wünscht Gold hervorzubringen und ist bereit, sich notfalls auch mit Porzellan zu begnügen. Es zerbricht sich leichter.

Nun sind wir Deutschen, West und Ost, alles in allem bisher ja nicht schlecht gefahren mit diesem System, blickt man in unsere Wohnzimmer, Schlafzimmer, Kinderzimmer, Bäder, Gärten und Garagen. Doch ohne den ausufernden Konsum, ohne die kaum vorstellbare Summe von 1,7 Billionen Euro Staatsschulden (plus Verpflichtungen des Bundes für Renten und Pensionen)? Ohne die, alle vier Jahre wieder, an die Hauptwählergruppe, die Rentner, gemachten Geschenke (der »Geldregen« sei ihnen gegönnt)? Ohne die immer ungenierter bei Armen und Arbeitslosen, bei Kindern und Schülern weggeknappsten Milliarden, ohne dieses alberne Linke-Tasche-Rechte-Tasche-Spiel mit Steuererhöhungen und Steuersenkungen? So sehr in Fleisch und Blut übergegangen sind uns diese Spielchen, dass wir sie für normal halten, sogar für unabdingbar, sie sogar als notwendigen Bestandteil einer funktionierenden Demokratie ansehen – und damit Staatsform und Wirtschaftssystem verwechseln. Genau wie die Einflüsterer es sich wünschen.

Aber täuschen wir uns nicht: Unsere Landsleute in der damaligen DDR, sie drängte es damals nach mehr Freiheit, gewiss, aber eben auch nach der D-Mark, nach Golf und Kadett, nach Levi's und Benetton, nach McDonald's und Burger King, nach Aldi und Edeka, nach Stereo-HiFi und Videorekorder nebst frei empfangbarem Westprogramm. Helmut Kohl ohne Portemonnaie und Einkaufswagen, beide prall gefüllt? »Helmut, Helmut« – Hand aufs Herz, liebe Brüder und Schwestern, hättet ihr euch auch in einen dürren Habenichts-Wessi verknallt?

Gut, dass ihr da seid. Schade, dass wir uns nun alle gemeinsam ans Klappehalten gewöhnen mussten. Nicht nur, dass wie im Flug zwei Jahrzehnte seit dem Mauerfall beziehungsweise der Wiedervereinigung vergangen sind, wir haben auch kaum gemerkt, wie sehr uns

Wirtschaft und Politik erst immer professioneller, in den letzten Jahren allerdings auch immer unverschämter eingewickelt haben. »Wir sind das Volk!« – wie könnten wir diese wohl wichtigsten deutschen Worte der Nachkriegszeit vergessen? Doch bitte keine Eitelkeit – so wenig war der wichtigste Satz aller Deutschen wert, dass er bis zum Erscheinen dieses Buches in keiner Form als Internetdomain geschützt war. Noch einmal: Keinem einzigen Domain-Grabber weltweit (!) ist es in den 20 Jahren (!!) seit dem 9. November 1989 eingefallen, mit diesem unserem obersten, schönsten, *wirkungsvollsten* Autoritätserinnerungssatz Geschäfte zu machen. (Übrigens auch nicht mit www.die-mauer-muss-weg.de oder .com.)

Die deutsche Wirtschaft und ihre freischärlenden Epigonen interessieren sich eben keinen Deut für die Freiheit »ihrer« Konsumenten. Ihnen und den ihnen angeschlossenen Politikern ist es am liebsten, wenn wir einfach unser Geld abliefern, bar oder unbar, uns aber ansonsten still verhalten.

Halt's Maul, Bürger

Bellt nachts am Gartenzaun ein Hund, antwortet ihm reihum ein ganzes Rudel. Nur der Mensch soll die Klappe halten, soll »vernünftig« sein oder ausschließlich »vernünftig« reden: Bitte bleiben Sie sachlich! Nach dem Ansinnen, sich jede wirtschaftliche Bodenlosigkeit bieten zu lassen, ist es ein noch größeres, zu Unverschämtheiten wie der Finanzkrise auch noch den Mund halten zu sollen. Nicht dass es jemand ausdrücklich von uns forderte – Subtilität bei der Massendressur ist eine letzte Rücksichtnahme auf die einstigen Grundsätze unserer Verfassung. Das gewünschte Ergebnis – murrende, ansonsten ruhiggestellte Bürger – erzeugt ein Instrumentarium von Methoden zur Volksbeschwichtigung. Ziel: Das Schweigen der Massen. Männer, Frauen, Arbeitnehmer, Arbeitslose, Sozialgeldempfänger – ein paar Tausend schreien immer. Hauptsache, das Gros des Volkes ist still, bleibt still, hält still.

Helmut Kohl pflegte Unangenehmes auszusitzen, Gerhard Schröder bevorzugte die »ruhige Hand«, Angela Merkel kann sich noch immer nicht zwischen diesen beiden Methoden entscheiden. Kommt, Kinder, geht fernsehen, geht surfen im Internet, schiebt euch 'ne Fertigpizza in die Mikrowelle, macht ein Nickerchen. Aber schön ruhig sein, hört ihr?

Bisher können Politik und Wirtschaft ganz auf uns zählen, bisher. Alles im Land ist wohlorganisiert, selbst der Protest. Wozu gibt es Parteien, und seien sie noch so sehr rechts und unverboten, seien sie noch so sehr links und totgeredet? Wir haben die Gewerkschaften und ihre Streiks, Transparente und Trillerpfeifen, wir haben Jugendpolitorganisationen wie die Jungdemokraten, die Jungsozialisten, die Jungliberalen, und wer sich da nicht wiederfindet, dem bleiben Gruppierungen wie Greenpeace, Amnesty International oder Attac. Nur bitte hier nicht herumstehen und herumschreien, ja? Alle sind sie wichtig, manche von ihnen unentbehrlich. Aber Freestyle-Protest, wild und unorganisiert, aus der Kehle herausgeschrien oder sorgsam formuliert? So war doch Demokratie ursprünglich gemeint, bei den alten Griechen, die Arm und Reich sehr wohl bereits kannten, aber eben auch ein Dazwischen, vor allem dieses Leben und Lebenlassen, was nichts mit der Gleichgültigkeit ruhiger Hände, aber sehr viel mit Toleranz und Kritikfähigkeit zu tun hat.

»Sicherheit«, der Köder an der Angel

Nie kannten wir Deutschen Sicherheit, sie ist uns verordnet worden, antrainiert, gleich nach dem Zweiten Weltkrieg, in Ost und West. In den König- und Kaiserreichen unserer Vorgeschichte, selbstredend in den Fürstentümern, lebten die Untertanen (zu Bürgern umgewidmet wurden wir erst später) in ständiger Unsicherheit: Wie wird die Ernte, wird es über den Winter reichen? Kommen die Schweden, die Dänen, die Türken, die Franzosen, die Bayern oder die Preußen und verheeren die Stadt, plündern das Land? Müssen die Männer »zu den Waffen«, sterben die Frauen im Wochenbett? Und die Seuchen,

Pocken, Pest und Cholera, die ewigen Landkriege, Weltkriege Eins und Zwei? Unsicherheit, Jahrhunderte hindurch, und dann das: Demokratie *und* Wohlstand, noch dazu »für alle« (Ludwig Erhard). Und: »Wohlstand durch Wettbewerb« – nicht »Monopole durch Wettbewerbsvermeidung«.

Und die Sicherheit, sie kam, in Ost und West. Ohne sie, das ahnten die Ordner der Nachkriegszeit, wäre hüben wie drüben kein Staat zu machen gewesen. In der Bundesrepublik waren es die D-Mark, Volkswagen und Persil (beider Slogan: »Da weiß man, was man hat«), in der DDR das Recht und die *Pflicht* auf Arbeit, dazu die billigsten Lebenshaltungskosten in ganz Europa, allerdings auch das graueste Einheitsgrau von Plaste und Elaste. Man wusste wirklich, was man hatte, freilich auch, was nicht.

Über allen Köpfen zugleich schwebte das Damoklesschwert eines jederzeitigen Atomkriegs. In derselben Angst davor hätte man sich bereits wiedervereinigt fühlen können, aber was den einen das Hinleben auf die »sichere« Rente war, war den anderen das Gefühl, in der wirklich »sicheren« Welt von Gleichheit und Gerechtigkeit zu leben: Der Unterschied schuf die Unsicherheit, und die Unsicherheit verstärkte den Unterschied. Kuschelweiche Lenor-Wäsche, aber Puschkin und Kosakenkaffee für harte Männer und den Mann, der meilenweit ging für eine Camel-Filter.

Zum Vergleich: Kein König, kein Bismarck, kein Wilhelm Zwo, schon gar kein Adolf Hitler sprach je von *Sicherheit.* Sie alle verließen sich lieber auf ihre Armeen. Angriff galt jahrhundertelang als die beste Verteidigung. Darum: »Nie wieder Krieg!« Das war der Slogan, der die Deutschen ab der Mitte des 20. Jahrhunderts in die Zeit der Sicherheit führte, nochmals: dies- *und* jenseits der Mauer. Die löbliche Formel wurde hüben umgesetzt als »Sicherheit durch Dividende«, und wenn es doch mal im Herzen pochte, so war es gewiss nur das schlechte Lenor-Gewissen oder eine freundliche Ermahnung von Clementine, der rustikalen Ariel-Maid. Drüben klang es ebenfalls wie eine Gewissensfrage: »Sag mir, wo du stehst«, sang die Band Team 4. Obwohl doch selbstverständlich war, dass als Antwort ausschließlich »Nu glor, onner Seidde vonner SED« gemeint sein konnte. Bei den einen war die Welt so eben und sauber abgezirkelt wie eine Tafel Milka, bei den anderen war sie rund und klebrig wie eine Halloren-Kugel. (Achtung: mit Betonung auf dem O, liebe Nicht-Ossis.)

Norbert Blüms »Die Rente ist sischä« stimmte noch, jedenfalls für kurze Zeit.

Der Hochmut des Westens gegenüber dem Osten, das war nicht nur die Aprilfrische in weich und weiß zugleich gewaschenen Hemden, das war auch das größte Staatsversprechen von allen, nämlich dass der Wohlstand »sicher« sei, gerade im Alter, dass also selbst im späteren Leben noch Grau raus- und Weiß reingezwungen würde. Und im Osten galt beziehungsweise sollte gelten: Kollektive Freiheit (in kollektiver Unfreiheit) ist wichtiger als reaktionäre Reisegelüste, als Südfrüchte, als Westgeld.

Besser nicht so viel vom Schweigen reden, es lieber praktizieren – das haben die Menschen in beiden Deutschlands gelernt, weil es in beiden Systemen gelehrt wurde, die einen in Bunt, die anderen in Grau. Reden, wählen, in Freiheit schwelgen: Lieber den Golf Plus oder gleich den Variant? Stoff oder Leder, Finanzierung oder Leasing, Händler- oder Werksauslieferung – wie gut, wenn man die Freiheit hat zum Wählen, sich frei entscheiden kann für das, was man wirklich will. Wir sind so frei, unsere Sehnsüchte auf Produkte zu fixieren, unser Verlangen nach Schönheit, Spaß, Abenteuer und natürlich nach »souveräner Sicherheit« (VW-Werbedeutsch): Front-Airbags, Seiten-Airbags, Kopf-Schulter-Knie-Airbags, ABS, ESP, DCC. Dagegen kommt selbst Frau Merkels Friede-Freude-Eierkuchen-Koalitionsmotto nicht an: »Wachstum. Bildung. Zusammenhalt.« Wir gähnen später.

Und die *Sicherheit,* derentwegen die Ossis gekommen und die Wessis geblieben sind, wo ist die? Kann nicht mehr garantiert werden, konnte sie zu keiner Zeit, aber nie wurde das deutlicher als heute, wo die Leistungsträger jene sind, die von der Leistung der vielen am meisten profitieren, und die Systemrelevanten nicht die sind, die für das System relevant sind, sondern wiederum jene, deren Relevanz sich erst aus dem System ergibt. Davon zu schweigen ist unsere vordringlichste Pflicht geworden. Wir erfüllen sie, indem wir tatsächlich entweder den Mund halten oder über alles Mögliche reden, beispielsweise über die Notwendigkeit einer »Rear-Assist-Rückfahrkamera« beim Golf oder über den »Parklenk-Assistenten Park Assist« – was könnte wichtiger sein im Leben? Ansonsten bleiben uns Milliarden von Wahlmöglichkeiten im Internet. Wir können, überwacht von Microsoft, Google und jedem Polizei- und Geheimdienst der Welt, »diskutieren«, mit wem wir wollen.

Natürlich beschränken wir uns jedes Mal auf eine Handvoll Kontakte statt auf die potenziell unzähligen. Aber wir entscheiden uns ja auch bei Wahlen immer wieder für dieselben Parteien, oder? Und wir freuen uns, dass wir unsere relativ komfortabel ausstaffierten Tage jenseits der alten, überwundenen Diktatoren (Mussolini, Stalin, Hitler, Franco, Ceauşescu, Mao, Honecker) genießen können, erscheinen doch die neuen, bei aller Brutalität, nur noch wie Abziehbilder der »Großen« (Kim Yong Il in Nordkorea, Ahmadinedschad im Iran, Lukaschenko in Weißrussland, al-Bashir im Sudan), und sie sind weit weg.

Wir lächeln – aber das gegenseitige Ausspionieren, die Allgegenwärtigkeit des Großen Bruders, die sich emsig voranschiebende Datenkrake, das ist zum Lachen. Wer braucht eine unsympathische Diktatur, um das Volk zu beherrschen, wo es doch das Internet gibt? Mag seine Vielfalt noch so faszinierend sein, seine dunkle Seite ist umso bedrohlicher: unsichtbare, schwer fassbare Kriminalität, die jederzeitige Möglichkeit von Massenbeeinflussung durch gezielte Desinformation, die zeitlich unbegrenzte Aufzeichnung von Daten und Datenwegen. Was am meisten fehlt, hochauflösenden Kameras und Echtzeitübertragung zum Trotz, ist der menschliche Kontakt. Was sind zwei chattende Politisierer gegen zwei direkt nebeneinander flüsternde Verschwörer?

Zielgruppe: die schweigende Mehrheit

Reden ist Silber, Schweigen ist Gold. Genau so, als schweigende Mehrheit, sind wir goldrichtig für Politik und Wirtschaft – und Gold wert. Doch wenn wir schweigen, reden und schreien eben andere für uns – andere, die womöglich besser die Klappe hielten, weil sie noch weniger von Freiheit und Gerechtigkeit halten als andere. Wenn wir schweigen, verschließen wir bald auch die Augen vor dem vermeintlich Unerträglichen, und wir hören weg, wo immer Klartext gesprochen wird. Dann schweigen wir endgültig, wenn Ungerechtigkeiten geschehen; dann schließen wir endgültig die Augen, wenn etwa auf unseren Flughäfen – in Ramstein oder Frankfurt/Main – CIA-Flugzeuge zwischenlanden und Gefangene in europäische *black sites,* in geheime Foltergefängnisse verfrachtet werden, zum mutmaßlichen Weitertransport nach Polen, Litauen, Rumänien, Ungarn, Kosovo. Dann hören wir wirklich weg, wenn etwa vor den Gefahren neuer Finanzspekulationen gewarnt wird. Wir hoffen, dass uns keine der modernen Plagen treffen wird. Möge Sankt Florian unser Haus schützen und andere anzünden.

Wenn wir schweigen, stimmen wir den fast schon normal gewordenen Ungeheuerlichkeiten beinahe zu. Gut, Herr Zumwinkel kommt mit Bewährung davon; durch eine »Unachtsamkeit« der Staatsanwaltschaft ist leider die Verjährung in einem möglichen weiteren Anklagepunkt eingetreten. Im Anschluss an das Urteil »im Namen des Volkes« begleicht der Ex-Oberpostler seine Geldbuße, eine gnädige Euromillion. Gleichzeitig holt er sich seine Rente ab: das 20-Fache, *das steht ihm zu.* Seine Raubritterburg in dem Ort Tenno am Gardasee ist eben eine nicht ganz billige Altersbleibe.

Falls Dr. Klaus Zumwinkel in Deutschland überhaupt Zeichen gesetzt hat, dann dieses: Ja, man kann mit Gaunereien davonkommen, wenn man nur genügend Kohle hat, und ja, die Staatsanwaltschaft ist eine sehr höfliche Behörde. In manchen Fällen rückt sie nicht mit der Grünen Minna zur Razzia an, sie fährt in zwei S-Klasse-Limousinen vor, weil man ja nicht bei Hempels, sondern bei Zumwinkels unters

Sofa zu schauen hat. Jahrelange Steuerhinterziehung im großen Stil, Lug und Trug und Mauschelei sind möglich und führen nicht automatisch zu mindestens genauso langem Aufenthalt in gesiebter Luft, vorausgesetzt – vorausgesetzt, man hat während seiner Amtszeit genügend Gaunereien seiner ganz hoch angesiedelten Vorgesetzten erlebt, auf Staatsebene, die nun wechselseitig zum Schweigen verpflichten.

Wir lernen: Manche Groß-Zumwinkeleien gebären viele Klein-Zumwinkeleien, eine Unkultur der Alltags-Gesetzesübertretungen, mag deren Ausgang vor Gericht auch nicht für jeden Nachahmer der gleich glimpfliche sein. Verfahrenseinstellung, Verjährung, Bewährung – manchmal ist es einfach zu viel der Zumutungen. In einer Diktatur geschehen die Ungeheuerlichkeiten im Verborgenen – alle wissen, dass etwas faul ist, aber alle halten den Mund. In Demokratien moderner Prägung geschehen die Ungeheuerlichkeiten unter den Augen der Öffentlichkeit; die Gesellschaft feiert sich sogar für ihre vermeintliche Offenheit; sie sieht bei den handelsüblich gewordenen Skandalen mal kurz hin, aber gleich wieder weg.

Journalisten, die Lärmschutzbeauftragten der Demokratie

Nächstes Thema, nächster Skandal: An der Kinokasse würden Robert Redford und Dustin Hoffman mit ihrem Watergate-Thriller *Die Unbestechlichen* (USA 1976) heute kaum mehr einen Stich machen. Erst schweigen wir, dann lachen wir – diese Banker, diese Politiker, lasst sie doch; sie machen ja sowieso, was sie wollen! Auf diesen Gewöhnungs- und Abnutzungseffekt setzen die Mächtigen: Wer jahrelang neben einer Großbaustelle wohnt, hört irgendwann den Lärm nicht mehr, ja er fehlt sogar, wenn wieder einmal Sonntag ist.

Umso wichtiger ist die Rolle der »Lärmschutzbeauftragten« der Demokratie, der Journalisten. Als Enthüllungsarbeiter, als Privatdetektive des Zeitgeschehens sind sie unverzichtbar – denn wieso, mag der Bürger denken, soll ausgerechnet er, der in jeder Hinsicht Abhängige, den Mund aufmachen, wenn selbst investigative Berichterstattung in Deutschland rar geworden ist wie ein unbefristeter Arbeitsvertrag?

Selbst unser einziges Nachrichtenmagazin (das angeblich zweite ist und bleibt eine Servicezeitschrift) hat vor lauter Selbstdarstellung etlicher seiner Autoren und Redakteure (wie Henryk M. Broder, Matthias Matussek, Gabor Steingart) keine Zeit oder keine Lust mehr zum Aufdecken wirklicher Schweinereien. (Michael Schumachers Enthüllung der eigenen Midlife-Crisis passt ja wohl eher zum *Stern* als aufs berühmte orangegerahmte Titelblatt.) Wären da nicht die einfühlsam-klugen *Spiegel*-Seelenforscher (wie Gisela Friedrichsen, Dirk Kurbjuweit, Cordt Schnibben), wir müssten glatt unser US-Englisch aufbürsten und dürften montags nur noch *Time Magazine* lesen.

Die Anlässe, da Deutsche im 20. Jahrhundert das Maul aufrissen, lassen sich an den Fingern einer Holzfällerhand abzählen:

– Februar 1943. Die Studenten Hans und Sophie Scholl sowie mehrere ihrer Kommilitonen betreiben, was man heutzutage »Guerilla-Marketing« nennt. Sie verfassen und verteilen in München sowie an ihrer Universität regimekritische Flugblätter, worin sie zum Widerstand gegen die Nazis auffordern. Aufgrund einer Denunziation des Uni-Hausmeisters werden sie verhaftet und wenige Tage später enthauptet.

– Am 7. November 1968 ohrfeigt die deutsche Journalistin Beate Klarsfeld auf dem CDU-Parteitag den damaligen Bundeskanzler Kurt Georg Kiesinger, der wegen seiner Karriere während der NS-Zeit im Kreuzfeuer steht, und schleudert ihm entgegen: »Nazi, Nazi!« (Standgerichtsartig wird Klarsfeld *noch am selben Tag* zu einem Jahr Gefängnis auf Bewährung verurteilt.)

– Herbst 1989. Die Menschen in der DDR haben das Leben im rostigen Käfig satt. Sagen dürfen, was man denkt, reisen dürfen, wohin man will, Zukunft haben ohne Angst, das muss doch möglich sein. Leipzig, Dresden, Plauen – die Staatssicherheit erkennt ihre bislang so zuverlässig unterdrückbaren Bürger nicht mehr. Sie krönen ihre nun regelmäßig stattfindenden Montagsdemonstrationen mit der unmissverständlichen Klarstellung »Wir sind das Volk!«. (Glück für alle, Besonnenheit auf beiden Seiten: kein einziger Schuss fällt. Die Deutschen Ost befreien sich von der Gewaltherrschaft der SED.)

Die Einflüsterer quatschen uns nicht nur in die Ecke, sie erschweren uns auch die Gegenwehr. Ihre Argumente sind buchstäblich erschöpfend. Trotzdem wirkt die tägliche Dosis Ideologie wie ein einziger großer Werbespot, rasant geschnitten und donnernd wie ein Kampfjet auf alle Sinne einwirkend: »Maulkorb ist geil!« Derart wirkungsvoll ist diese Gehirnwäsche, dass wir noch nicht einmal mitkriegen, wie sich die »freie Marktwirtschaft« längst eingebunkert hat. Nicht wir bestimmen, was wir kaufen. Andere tun das für uns. Sie flüstern uns sogar, wann der richtige Zeitpunkt dafür ist.

7.
Planwirtschaft Reloaded

Hundert Prozent Stabilität
heißt null Risiko.
Null Risiko heißt null Innovation,
mit entsprechend negativen
Folgen für das Wachstum.
Ein gewisses Risiko müssen
wir immer in Kauf nehmen.
JOSEF ACKERMANN,
Chef der Deutschen Bank im
SZ-Interview vom 20. 11. 2009

2010 – 20 Jahre Wiedervereinigung. Sieg der Demokratie über die Diktatur, Sieg des Kapitalismus über den Sozialismus, Sieg der Planwirtschaft über die freie Marktwirtschaft.

Wie bitte, wie war das? Sieg der *Planwirtschaft* über die *Marktwirtschaft?*

Aber ja: Nicht der Bürger – »der Konsument« – sagt, was er kaufen will, die Politik bestimmt, was sie ihn kaufen lässt. Den Rest erledigt in der Demokratie die freie Wirtschaft, denn nur sie ist in ihrem Planen und Handeln wirklich frei. Wer's nicht glaubt, gehe in den nächstbesten Supermarkt.

Supermarkt – das ist einer jener Orte, an denen kein herkömmlicher Kalender gilt. Hier hält der Nikolaus lange vor dem Ende der Sommerzeit Einzug, traditionellerweise um die letzte Augustwoche herum. Palettenweise warten die rot-weiß cellophanierten Schokoladenhohlfiguren auf uns Käufer, ebenso die ersten Lebkuchen und Weihnachtsstollen.

Ende September: Der Weihnachtsmann kämpft heftig mit den Horrorwesen von »Halloween«, einer Marketing-Erfindung der Spielwarenindustrie, um die besten Verkaufsplätze. (Der Weihnachtsmann ist im Handel jener Coca-Cola-Klon, dem zu Lasten des Christkindes Vorrang gewährt wird.)

Oktober: Aus den Supermarkt-Lautsprechern schrillt es zunehmend »weihnachtlich«. Aktionsware will in die Einkaufskörbe gepackt werden: als Weihnachtsgeschenke umverpackte Nichtigkeiten, vom Bettwäscheset über Alkoholika sämtlicher Preisklassen bis hin zum »Weihnachts«-Flachbildschirm. Schildchen dran und Bäumchen daneben, und der Gabentisch darf als gedeckt gelten.

November: Die stille Nacht beginnt schon jetzt. Es gibt kein Entrinnen mehr vor der »weihnachtlichen« Dauerbeschallung. Gäbe es jetzt keine extralange haltbaren, weil bestrahlten Erdbeeren und Steinkirschen, wir müssten uns vollends wintermüde fühlen. Dabei haben wir doch an Christbäume zu denken, die es, den Halbmeteran den Wies'n-Bierpreis gekoppelt, schon weit vorm Totensonntag zu kaufen gibt.

Anfang Dezember: Schade, Weihnachten ist nur noch Nebenthema. Silvester / Neujahr wirft seine Schatten mit Industrie-Lukullischem voraus, weil Feuerwerk erst nach der Weihnachtswoche verkauft werden darf. Also gibt es Langusten aus gepressten und gefärbten Krebsfasern, Kaviar aus künstlicher Züchtung, Festtagsbraten für Singles im aufreißschnellen Alupack, dazu Discounter-Champagner, den taube Testerzungen als mindestens ebenbürtig mit »echtem« Champagner bezeichnen. Wenigstens die Pfirsiche sind taufrisch, also exportgelb und trocken und hart und kostspielig.

Januar. Die Karnevalssaison erreicht ihren Höhepunkt, denn der Februar sieht bereits die Osterhasen in die grünwollenen Regale hoppeln, lange *vor* Beginn der Sommerzeit. Dieser ist der Handel stets voraus und hinterher zugleich.

Und so fällt Kalenderblatt um Kalenderblatt, unzuverlässig wie Bauernregeln in der Wüste: Im Märzregen sollen wir bunte Badelatschen kaufen, Strandtücher und aufblasbare Gummiboote, im April Som-

mergemüse und holzigen Spargel. Zwischen Mai und Juli rettet sich
der Handel mit Wurst-, Fleisch-, Käse- und anderen Italienwochen
über urlaubsbedingte Konsumdellen, ehe Ende August das Spiel von
Neuem beginnt.

Bekanntlich hat die Kulinarik in einer Planwirtschaft besonders
zu leiden. In jedem zweiten deutschen Haushalt wird auf Tütensup-
pen zurückgegriffen, in nur noch jedem dritten gekocht. Deutschland
taut lieber auf (Tiefkühlkost) und lässt abladen (Fertigessen beziehungsweise Heimservices). In einem Interview hielt sich der Spaß-
moderator Oliver Pocher für einen Koch, weil er sich, wie er erklärte,
öfters Pizza nach Hause bringen lasse und diese dann noch einmal
aufwärme: Die Nahrungsmittelindustrie hat ganze Arbeit geleistet,
indem sie den Menschen über Jahrzehnte eingeflüstert hat, was »ge-
sund« und »schmackhaft« sei: Lang haltbar bleibe die Fertigsauce.

Planwirtschaft auch in der Autoindustrie: Volkwagen – der Name
ist noch immer Programm – beherrscht das Spiel mit sogenannten
Ausstattungspaketen am besten. Beheizbare Vordersitze ja, aber bitte
nur im Winterpaket mit Scheinwerferreinigungsanlage und breiteren
Alufelgen. Sportpaket auch ja, aber nur mit »GTI«-Dekorstreifen und
roten, aufpreispflichtigen Bremszangen. Dies mit jenem kombiniert
und jenes mit diesem? Nein, bitte nicht, da vom Werk nicht vorgesehen. Der Kunde als Bittsteller, als Bettlerkönig, als Koofmichel, weil
»der Markt« eben nicht sich selbst reguliert, sondern, umgekehrt, seine Abnehmer: Planwirtschaft in Schmuckverpackung.

Die Buchhandlungen verschwinden, die Buchhandelsketten treten
an ihre Stelle, bevorratet mit »Bestsellern«, deren Titel und Auto-
rennamen uns von »Bestsellerlisten« eingeflüstert werden. In den
Häusern unserer Fußgängerzonen wohnen keine Menschen mehr,
sondern »Marken«: Von Ost nach West, von Süd nach Nord schle-
ckert, müllert, telekomt es, donaldisiert die H&M-Gleichmacherei
das Stadtbild. Dessen Ränder wiederum sind eingefasst von Bau- und
Einkaufsmärkten, vom Strich des Autohandels, von Billig-Zapfstel-
len und dem Textilgroßhandel. Sie alle flüstern uns, wann wir was

zu welchem Preis zu kaufen haben. Kundenwünsche werden für gewöhnlich abgemeiert, denn aus dem Fachverkäufer seligen Angedenkens ist die Leichtlohnkraft, der Zeitarbeiter, die Aushilfe, die Kassentippse geworden. Im Westen ist der Osten nicht zurück, denn er war ja nie weg: Nimm es oder lass es, neudeutsch für »Ham wa nich, kriegen wa ooch so bald nich wieda rin«-Planwirtschaft.

Die Industrie, heißt es, sei unser Schrittmacher. Gesellschaftlich, kulturell, politisch, in eigentlich jeder Hinsicht. Doch weil auch sie nicht in die Zukunft sehen kann, plant sie eben voraus und bestimmt selbst, wie die Gesellschaft sich zu entwickeln hat: Soundso viele Ingenieure im Jahre 2020 bedingen soundso viele Studenten entsprechender Fachrichtungen in den Jahren 2015 bis 2019. Heißt für die Gymnasien, für die Hauptschulen ... man muss eben nur rückwärts rechnen können, wenn man nach vorne sehen will. Künftige IT-Spezialisten, Techniker, Produktionsplaner, Firmenanwälte, Ärzte, Lehrer – die Industrie verplant uns beizeiten. Dabei bestellt sie bei den Kultusministerien, und diese verplanen und liefern – eben uns, eben unsere Kinder und, wenn wir nicht aufpassen, dereinst eben auch unsere Enkel. (Nur Geisteswissenschaftler braucht, mangels Bestellung, keiner zu liefern. Die sind seit jeher arbeitslos oder schreiben Bücher, die dann niemand kauft.)

Käse und Wurst, Milch und Butter, Reifen und Autoersatzteile, Wohnungsbau, Zinspolitik, Energiepreise, Arbeitsplätze, die Zukunft – der Bürger bestimmt gar nichts, die Wirtschaft praktisch alles. Was wir wollen *sollen,* gibt die Konsumforschung vor, denn nach so ziemlich allen »Innovationen« der letzten zehn Jahre, nein: schon der letzten 20 Jahre hat kein Mensch, kein Verbraucher, schon gar nicht der mündige Bürger gerufen: Wer hatte anno 2000 zwei, drei Handys herumliegen, mit oder ohne Internetanschluss? Wer mailte schon oder faxte noch? Wer hätte mit E-Medien-Esperanto wie »Flatrate« und »Roaming« etwas anfangen können, mit »Feeds« und »Tweets« (*Treets?*), wer hätte für »Apps« und »Games« oder gar »Klingeltöne« bezahlt, sich um »Multitasking« und »Nachhaltigkeit« geschert? Und wer hätte den Lehman Brothers oder der Kaupthing Bank in Island sein Geld anvertraut, wenn nicht die säuselnden »Bankberater« es einem eingeflüstert hätten? Wer hätte bei den »Fernsehgewinnspielen« von 9Live und den entsprechenden »Nachtshows« von Sat.1, kabel eins und ProSieben nicht schon öfters »Betrug!« gerufen? (Die für die »Aufsicht« der Sender zuständigen Landesmedienzentralen tun es bis heute nicht.)

Wer hätte anno 1999/2000 gedacht, dass einmal die gesamte Belegschaft eines Autoherstellers ihren Vorstandsvorsitzenden beweinen würde, weil der – mitten in der größten Finanzkrise der Wirtschaftsgeschichte – mit schlappen 50 Millionen Euro Abfindung gefeuert wurde? (Zur Erinnerung: Wendelin Wiedeking hat Porsche in den Neunzigern zwar saniert, sich 2009 aber mit dem Aufkauf von Volkswagen derart verspekuliert, dass Porsche jetzt eine von vielen Wolfsburger Marken ist.)

Als Kinder haben wir mit der ganzen Kraft unserer Fantasie an die Wesen aus den Märchen geglaubt. All die chiffrierten Dramen haben wir durchlitten, etwa mit dem um seinen Lohn geprellten Rumpelstilzchen, dem in seiner Unmündigkeit von einem Königssohn weggeheirateten Aschenputtel, dem Ränkeschmied namens Gestiefelter Kater. Nur der kleinen Rotznase, die den Einflüsterer-Schwindel um einen modeversessenen Kaiser und seine unsichtbaren neuen »Kleider« auffliegen ließ, ausgerechnet der haben wir nicht zugehört. Dass nämlich der Kaiser nackt war, hat die Rotznase nicht geflüstert, nicht einfach dahingemurmelt und schon gar nicht verlautbart.

»Aber er hat ja gar nichts an!«, sagte endlich ein kleines Kind. »Hört die Stimme der Unschuld!«, sagte der Vater, und der eine zischelte dem anderen zu, was das Kind gesagt hatte. »Aber er hat ja gar nichts an!«, rief zuletzt das ganze Volk. Das ergriff den Kaiser, denn das Volk schien ihm recht zu haben, aber er dachte bei sich: »Nun muss ich aushalten.« Und die Kammerherren gingen und trugen die Schleppe, die gar nicht da war. (aus: Hans Christian Andersens *Gesammelte Märchen*)
Wo steckt es bloß, jenes kleine Kind? Es wird Zeit, dass es wieder mal den Schnabel aufmacht.

8.
Wollen wir die totale Einflüsterung?

Nichts ist eines Kulturvolkes unwürdiger,
als sich ohne Widerstand von
einer verantwortungslosen und
dunklen Trieben ergebenen
Herrscherclique »regieren« zu lassen.

Aus dem Flugblatt Nr. 1 der Weißen Rose

Der kleine Mann in der senfbraunen Uniformjacke und den schwarzen Hosen schreitet ans Rednerpult. Merklich zieht er das rechte Bein nach, doch darauf besonders zu achten oder ihm gar »Humpelstilzchen« nachzuraunen ist für keinen der 3000 »Volksgenossen« ratsam, die ihn dabei beobachten. Graue Gesichter haben sie, diese Volksgenossen, und beladene Schultern, und doch glänzen ihre Augen wie bei Kindern zu Weihnachten, nein: zum »Julfest«, wie man als eingefleischter Nazi sagt. Später, in Wochenschauen und Erinnerungen, wird man die vielen nur als schwarz-weiße Masse mit vereinzelt herausgegriffenen Mienen wahrnehmen – anders will jener kleine hinkende Mann auch nicht auf das Volk von Herrenmenschen sehen, hier, im Berliner Sportpalast, am 18. Februar 1943, wo statt des Sechs-Tage-Rennens nun eine Zwei-Stunden-Rede auf dem Programm steht – und was für eine.

Dr. Joseph Goebbels, engster Gefolgsmann Hitlers seit Mitte der Zwanzigerjahre und dessen oberster ideologischer Einpeitscher als »Reichsminister für Volksaufklärung und Propaganda«, steht hinter seinem Pult und geiert die Sitzreihen ab. Mit einer Gelassenheit, die Stärke und Unerbittlichkeit signalisieren soll, blickt er auf Menschen herab – solche, die von ihm aus ihrer kaum verhohlenen Angst hinauf in die Höhen neuer, so lange entbehrter Ekstase gehoben werden wollen, und solche, die an den Zauber der berüchtigten Goebbels'schen Verführungskraft glauben wollen wie an das Märchen von den Wunderwaffen. Freilich, ein solcher emotionaler Aufschwung kann sich nur durch Antworten vollziehen, durch Antworten auf die immer drängender werdenden Fragen, die das verunsicherte Herrenvolk an IHN, seinen »Führer«, nicht offen zu stellen wagt. Dass in Diktaturen Fragen stets nur durch immer neue Fragen – oder eben durch den Tod – beantwortet werden, ist den meisten Anwesenden noch immer nicht klar, selbst zweieinhalb Wochen nach der Stalingrad-Niederlage nicht.

Goebbels also spricht: »Ich habe heute zu dieser Versammlung nun einen Ausschnitt des deutschen Volkes im besten Sinne des Wortes eingeladen. Vor mir sitzen reihenweise deutsche Verwundete von der Ostfront, Bein- und Armamputierte, mit zerschossenen Gliedern, Kriegsblinde, die mit ihren Rote-Kreuz-Schwestern gekommen sind, Männer in der Blüte ihrer Jahre, die vor sich ihre Krücken stehen haben. Dazwischen zähle ich an die 50 Träger des Eichenlaubes und des Ritterkreuzes, eine glänzende Abordnung unserer kämpfenden Front. Hinter ihnen erhebt sich ein Block von Rüstungsarbeitern und -arbeiterinnen aus den Berliner Panzerwerken. Wieder hinter ihnen sitzen Männer aus der Parteiorganisation, Soldaten aus der kämpfenden Wehrmacht, Ärzte, Wissenschaftler, Künstler, Ingenieure und Architekten, Lehrer, Beamte und Angestellte aus den Ämtern und Büros, eine stolze Vertreterschaft unseres geistigen Lebens in all seinen Schichtungen, dem das Reich, gerade jetzt im Kriege, Wunder der Erfindung und des menschlichen Genies verdankt. Über das ganze Rund des Sportpalastes verteilt sehe ich Tausende von deutschen Frauen. Die Jugend ist hier vertreten und das Greisenalter. Kein Stand, kein Beruf und kein Lebensjahr blieb bei der Einladung unberücksichtigt. Ich kann also mit Fug und Recht sagen: Was hier vor mir sitzt, ist ein Ausschnitt aus dem ganzen deutschen Volk an der Front und in der Heimat – stimmt das?«
Und Goebbels wiederholt: »Ja oder nein?«

Ja oder nein, in Wirklichkeit lässt diese Frage keine Wahl, sie ist nur eine rhetorische. Das Nein scheidet von vornherein aus. Damit sind die an diesem Donnerstag besonders eng gesteckten Grenzen der Goebbels'schen Semantik bereits markiert: Er wird die Fragen stellen, nicht etwa das »Volk«. Und dessen massenhafte Antworten werden jeweils nur ein Ja sein dürfen, gerne umflort mit Jubel und Verzückungsrufen.

Denn nicht etwa Adolf Hitler, der »Führer«, ist gekommen, um die für die Nationalsozialisten wohl entscheidendste Rede im bisherigen Krieg zu halten. Übel nimmt der Diktator der Vorsehung, dass sie ihm die schon sicher geglaubte Stadt seines sowjetischen Erzgegners nicht gegönnt hat. So sehr schmollt der große Feldherr, dass er gar den Feiern zum zehnten Jahrestag seiner Machtergreifung fernbleibt. Aus den Wankelmütigen und Untergangsahnenden wieder Begeisterte zu schmieden, »seine« Deutschen in jeder Hinsicht wieder auf Linie zu bringen – Goebbels muss das für ihn hinkriegen. Ihm, seinem obersten Einpeitscher, dem kleinen Mann, der seine Ungeheuerlichkeiten in jovialstem rheinischem Singsang daherzuplärren pflegt, ihm überlässt Hitler die gründlichste aller nur denkbaren Gehirnwäschen.

Und der kleine Mann hat sich alles ganz genau überlegt.

Zehnmal wird er Forderungen an die Deutschen stellen, die jeweils in rhetorische Fragen münden und darum nur mit Zustimmung zu beantworten sind. Es ist wirklich ganz leicht: zehnmal Ja, vieltausendfach gerufen – ein Volk, ein Reich, ein Führer. Diese Arithmetik hat das Dritte Reich 1933 begründet. Jetzt, in dem täglich wachsenden Trümmerhaufen namens Reichsdeutschland, darf von diesem Reich nur noch als dem Tausendjährigen gesprochen werden; einem dritten Reich könnte ja durchaus ein viertes folgen, dann aber ohne Hitler, ohne Goebbels und ohne all die anderen Einpeitscher mit Namen Göring, Himmler, Speer, das ist mittlerweile auch dem kleinsten Nazi aufgegangen.

Goebbels: »Ich frage euch: Seid ihr und ist das deutsche Volk entschlossen, wenn der Führer es befiehlt, zehn, zwölf und, wenn nötig,

14 und 16 Stunden täglich zu arbeiten und das Letzte herzugeben für den Sieg? (…) Ich frage euch: Wollt ihr den totalen Krieg? Wollt ihr ihn, wenn nötig, totaler und radikaler, als wir uns ihn uns überhaupt erst vorstellen können?«

Totaler Krieg –»dodahler« singsangt Goebbels in seinem rheinischen Dialekt, ungewollt sein eigener Parodist. Aber die Botschaft seiner Worte ist natürlich eine *dodahl* ernste. Vor allem ist sie eine unmissverständliche: Totaler Krieg – so etwas haben die Deutschen, hat die Menschheit noch nie gehört. Seit Ende Januar werden die deutschen Städte rund um die Uhr gebombt, bei Tage von amerikanischen Luftstreitkräften, bei Nacht von englischen. Ist das nicht längst total genug?

Und dann Casablanca.

Keine vier Wochen ist es her, seit sich die Alliierten auf Deutschlands bedingungslose Kapitulation als ihr oberstes Kriegsziel geeinigt haben. Die Schlacht um Stalingrad – schmählich verloren. Nordafrika – seit El Alamein kein Thema mehr: Rommels Truppen jagen die Engländer vor sich her. Sogar der 7000 Kilometer entfernte Irak hat »dem Reich« jüngst den Krieg erklärt. (Der Iran wird sechs Monate später folgen.) Bagdad gegen Berlin – nicht zu fassen. Wirklich, die ganze Welt steht jetzt gegen Deutschland, aber der kleine Mann dort oben, in Braun-Senf-Schwarz, er heischt wie ein Besessener um die Zustimmung der Menschen, den für »das Reich« nicht mehr zu gewinnenden Krieg gefälligst noch *dodahler und rahdigahler* zu führen.

Totaler und radikaler – eine doppelte Steigerung von Tod, aber für einen professionellen Menschenverächter wie Goebbels als Gewaltkomparativ durchaus vorstellbar, weil vor dem Tod ja erst noch das Sterben kommt. Warum also den in einen Weltbrand gehetzten Menschen nicht auch das zweifache, ja vielfache Sterben abverlangen?

Goebbels weiter: »Wollt ihr, insbesondere ihr Frauen selbst, dass die Regierung dafür sorgt, dass auch die deutsche Frau ihre ganze Kraft

der Kriegsführung zur Verfügung stellt, und überall da, wo es nur
möglich ist, einspringt, um Männer für die Front frei zu machen und
damit ihren Männern an der Front zu helfen?«»Ja!«, rufen die Drei-
tausend, was stellvertretend klingen soll für die Millionen Deutschen
an den Volksempfängern (»Goebbelsschnauzen«), an den Fronten in
der Sowjetunion und in Afrika, in den besetzten Gebieten Europas.
»Ja, ja, ja!«

Goebbels:»Billigt ihr, wenn nötig, die radikalsten Maßnahmen
gegen einen kleinen Kreis von Drückebergern und Schiebern, die
mitten im Kriege Frieden spielen und die Not des Volkes zu eigen-
süchtigen Zwecken ausnutzen wollen? Seid ihr damit einverstanden,
dass, wer sich am Kriege vergeht, den Kopf verliert?«

Kein Zögern, kein Überlegen.»Ja!«, donnert es durch den Sportpalast. Rübe ab, soll das heißen, mitleidlos. Wer sich am Krieg »vergeht«, wenn man sich selbst schon am Leben vergangen hat, der soll
sterben, keine Frage.

Zehnmal hat sich Goebbels nun von der bestellten Masse das bestellte Ja zur Selbstzerstörung des deutschen Volkes geben lassen.
»Ja, ja, ja!« haben die Massen ihm zugerufen, und die Leute von der
Wochenschau und vom Reichssicherheitsdienst haben alles genau-
estens gefilmt, fotografiert, aufgezeichnet. Der Teufelspakt ist geschlossen.

Die neue Geschäftsgrundlage zwischen Volk und Reich und Führer
fasst Goebbels mit dem diabolischen Lob zusammen:»Ich habe euch
gefragt, ihr habt mir eure Antworten gegeben. Ihr seid *ein* Stück Volk;
durch euren Mund hat sich damit die Stellungnahme des deutschen
Volkes manifestiert. (…) Der Führer hat befohlen, wir werden ihm
folgen. (…) Das ist das Gebot der Stunde. Und darum lautet von jetzt
ab die Parole: Nun, Volk, steh auf, und Sturm, brich los!«

Und ein einziges Mal, wirklich nur ein einziges Mal, hat Goebbels, der Einpeitscher aller Einpeitscher, dem Volk nichts verschwiegen. Er hat nicht gelogen und er hat nicht übertrieben: Der Sturm
bricht wirklich los, allerdings weniger der bei Parteiveranstaltungen
wie dieser gewohnt frenetische, sondern der Sturm der Nazi-Deutsch-

land in jeder Hinsicht überlegenen Feinde. Sie werden ihre eigene Unerbittlichkeit, ihr Bestehen auf »bedingungslose Kapitulation« beantwortet und noch übertroffen sehen von einem Fanatismus, der weitere Millionen Menschen auf allen Seiten Gesundheit, Besitz, das Leben kosten wird.

Doktor Joseph Goebbels, im 46. Lebensjahr stehend – von jetzt ab hat er selber keine 25 Monate mehr zu leben. Noch einmal hat er die meisten Zweifel besiegt, zuvorderst seine eigenen, indem er sie wegfantasiert hat, wegbeschwichtigt, weggemonstert. Mit seinem Schicksal hat er das von Millionen Menschen Dutzender Nationen verknüpft, sie der Vernichtung preisgegeben mittels einer »Legitimation«, die nur ein billiger Verkäufertrick ist. Was man später Marketing nennen wird, liegt dieser Dialektik bereits zugrunde: Der Kunde oder Wähler soll sich angeblich selbst überzeugen, indem man ihn, ganz simpel, mehrmals hintereinander Zustimmung äußern lässt. Dann fehlt nur noch der schräg in seine Richtung gehaltene Auftragsblock, auf dem der Kugelschreiber direkt in seine Hand rollt: Genau *hier* unterschreiben, genau *dort* das Kreuzchen machen.

Die vertanen Chancen unserer »größten Stunden«

Goebbels hat gesprochen.

Es ist der 18. Februar 1943, 16 Tage nach der Kapitulation der deutschen Wehrmacht in Stalingrad, derselbe Tag, an dem in der Ludwig-Maximilians-Universität in München die Geschwister Scholl und weitere Mitglieder der Weißen Rose verhaftet werden. Seit Monaten haben sie in ihren Flugblättern zum Widerstand gegen die Nationalsozialisten aufgerufen. Wahnsinn und Widerstand könnten enger nicht beieinanderliegen: Der eine will den Krieg noch länger und totaler, die anderen wollen ihn schnellstens beendet sehen. Dem einen geht es um den Untergang, den anderen ums Überleben. Verachtung gegen Respekt, Erbarmungslosigkeit gegen Mitgefühl, so sehr ringen, wenn auch sehr ungleich verteilt, die deutschen Kräfte miteinander.

Zwei Tage in der deutschen Geschichte, welche die stärksten Kontraste aufzeigen, die diesem Volk unauslöschbar eingegeben sind: Wahnsinn und Erlösung. Jener 18. Februar in Berlin und München. Und der 9. November 1938, die Pogrome gegen die Juden in Deutschland, sowie, am gleichen Tag und ein halbes Jahrhundert später, der 9. November 1989, der Fall der Berliner Mauer. Gleich zwei solcher doppelgesichtiger Tage haben die Deutschen in ihrer Geschichte. In beiden Fällen werden ihre Regierenden es nicht verstehen, wenigstens einen davon zu einem ebenso doppelgesichtigen Gedenktag zu machen, ist doch der Weg von »Führer, befiehl, wir folgen dir!« über »Ja, ja, ja!« bis zu »Wir sind das Volk!« ein so unglaublich steiniger gewesen, und beileibe nicht nur für die Deutschen allein.

Der 18. Februar 1943 – den Teufelspakt mit den braunen Weltverderbern hat das Volk fast auf den Tag genau vor zehn Jahren geschlossen, hier im Berliner Sportpalast, an exakt demselben Ort, vor genau den gleichen Mikrofonen. Jetzt hat dieses Volk, in Vorahnung seines Untergangs, sich selbst dessen »dodahlen« Vollzug versprochen, »Ja, ja, ja!«, und der Appell »Totaler Krieg – kürzester Krieg« ist gnädig erhört worden.

Einpeitscher und Einflüsterer –
ein unerhörter Vergleich?

Einst haben die Einpeitscher das Volk dominiert, heute sind es die Einflüsterer: Wollt ihr dies, wollt ihr das? Glaubt ihr etwa, dies oder das *nicht* zu wollen? Wer selbst die einzigen Wahlmöglichkeiten vorgibt, kann mit jeder Antwort manipulierter Menschen zufrieden sein. Sie wird, je nach gewünschtem Ergebnis, immer »Ja, ja, ja« ausfallen oder »Nein, nein, nein«.

Deutsche Soldaten »*out of area*« – der Bundestag hat das entschieden und entscheidet es jedes Jahr, mit der Mandatsverlängerung, aufs Neue. Mit Somalia fing es an, Kambodscha, Kosovo, anfangs alles noch nachvollziehbar. Die Deutschen nicht als Mörder, sondern als Retter, als Sanitäter der Weltgeschichte. Zugleich fand, über die Distanzen der neuen Kriegsschauplätze hinweg, die dringend nötige Frontgewöhnung für die Heimat statt: Deutsche in Uniform, und es wird geschossen, und es wird gestorben. Alles für den Frieden, flüsterte es 1992, alles für die Freiheit anderer Menschen, flüsterte es 1993 weiter. Alles »für unsere Sicherheit und unseren Wohlstand«, flüstert die Kanzlerin 2009 in ihrer Neujahrsansprache: Sag nicht »Krieg«, wenn du auch »Frieden« sagen kannst; sag »Terror«, sag »Sicherheit«, wenn du willst, dass dein Volk im Nebel tappt.

Die Deutschen haben ihre Chance, ein »auserwähltes« Volk zu werden, verspielt. Das Volk Luthers, Bachs, Beethovens, Goethes, Schillers und ungezählter anderer wird ja für immer auch das Volk Hitlers, Himmlers, Goebbels' bleiben. Aber es hätte sich, ein für alle Mal, lossagen können, sogar müssen von jedweder künftigen Kampfbeteiligung, die definitiv nichts mit Landesverteidigung zu tun hat: Peter Strucks Formel von der Verteidigung Deutschlands am Hindukusch ist so plakativ wie grundfalsch. Bereits Helmut Kohl, später Gerhard Schröder, allerspätestens Angela Merkel hätten dem »Ja, ja, ja!« ein einfaches »Nein!« entgegensetzen müssen. Frieden und Gerechtigkeit, das sind die Säulen erfolgreicher Politik. Stattdessen haben die Kanzlerin und ihre Einflüsterer entschieden, Krieg zu führen, aber dieses Wort so weiträumig zu umgehen wie Hitler 1940 die französischen Truppen an der Westfront. Ein argumentativer Blitzkrieg: Die Vereinten Nationen, getäuscht und belogen von der Regierung George W. Bushs, beschließen die Intervention internationaler Truppen in Afghanistan. Kein deutscher Kanzler, keine deutsche Kanzlerin wäre verspottet worden, hätte er oder sie das Mantra aller Nachkriegsdeutschen gesprochen: Von deutschem Boden darf nie wieder Krieg ausgehen. Reicht es nicht, dass von deutschem Boden, von den Luftbasen der US-Streitkräfte, sehr wohl Krieg ausgeht, sogar in alle Welt?

Es reicht nicht: 10000 Bundeswehrsoldaten stehen im rollenden Einsatz: 10000 an den diversen Fronten (verharmlosend »Einsatzgebiete« genannt), noch einmal 10000 stehen zur Ablösung der zurückkehrenden Verbände bereit, weitere 10 000 werden derweil auf ihren Einsatz vorbereitet. Rechnet man die Logistik für die *kämpfende* Truppe hinzu, Faktor acht bis neun, sind weit über 100 000 deutsche Soldaten und Bundeswehrangehörige in *unsere* neuen Kriege verwickelt.

Ja, die britische *Sun* würde sehr gelästert haben, wenn die Deutschen Nein zu Tony Blair gesagt hätten. Aber die *Sun* lästert bekanntlich immer und aus weit geringeren Anlässen über die Deutschen. Ja, die Amerikaner wären stocksauer gewesen, die Franzosen und Russen schon etwas weniger: Aus der eigenen Geschichte gelernt und darum Nein gesagt – wie könnte man einer solchen Nation grollen? Es ist ja so gar nichts Ehrenhaftes an diesem Afghanistan-Krieg für die Bundeswehr: Ihr Oberst Klein lässt durch US-Jets zwei Tanklastzüge nebst sämtlichen sie umgebenden Zivilisten zu Staub zerbomben. Dafür steht er jetzt im Kreuzfeuer und muss sich selbst verteidigen. Mit ihm sind auch seine sämtlichen Offizierskollegen unter Beschuss geraten: Rechtssicherheit im Krieg? Für die steht kein deutscher Verteidigungsminister gerade. Die drängendsten Fragen bleiben weiter unbeantwortet: Wann darf der deutsche Soldat auf den Knopf drücken, den Finger am Abzug krümmen, den Todesbefehl aussprechen? Die deutschen »Friedensmission«-Regierungen waren in ihrer Kaltschnäuzigkeit eben schon viel weiter als die Bundeswehrführung, weiter als das Volk sowieso.

Das Jahr 2010 ist noch keine vier Tage alt, da zündelt bereits der *Spiegel:* »Deutschland diskutiert noch über die Afghanistan-Mission«, heißt es im Online-Dienst des Magazins, »die USA dagegen handeln.« So stellt das deutsche Leitmedium Nummer eins seine Landsleute dar, als Zauderer und Angsthasen.

Ja, man lässt sich nicht gern feige schimpfen. Ja, wir wollen doch helfen, dass anderswo Menschen nicht unterdrückt werden, und ja, die Nazi-Barbarei liegt nun fast sieben Jahrzehnte zurück: »Ja, ja, ja!«, aber diesmal mit umgekehrten Vorzeichen. Die Einflüsterer haben geflüstert, von Belet Huen in Somalia bis an den Kunduz, aber Begeisterung beim deutschen Volk haben sie bis heute nicht hervorgerufen, die kollektive Erinnerung sitzt, zum Glück, tief.

Es geht auch gar nicht um den Hindukusch. Es geht um die vielen anderen Orte, deren Namen wir noch schmerzlich kennenlernen werden, weil Kohl, Schröder und Merkel aus dem Sanitätskorps eine Legion Condor werden ließen. Die ganze Welt hätte uns verstanden, wenn gerade wir, ausgerechnet wir, Nein gesagt hätten: Denkt an den totalen Krieg, hätten wir unseren Verbündeten entgegenhalten müssen, und da hätten Begriffe wie Auschwitz, Herrenrasse und Endlösung noch gar nicht zu fallen brauchen. Was wäre passiert? Wäre Deutschland aus den Vereinten Nationen geworfen worden? Hätten US-Streitkräfte den Deutschen Bundestag besetzt? Wären jeweils Kohl, Schröder, Merkel für so viel »Feigheit« abgewählt worden?

In Oslo wären sie gelandet, mindestens einer von ihnen. Den Friedensnobelpreis hätte es gegeben für so viel Schneid, für die unübersehbare Hinwendung zum Frieden. Das deutsche Volk wäre nicht belogen worden wie die USA und der ganze Rest der Welt von George W. Bush, von Donald Rumsfeld, von Dick Cheney. Die Bundeswehr hätte endlich zu einer eigenen Identität und zu einem echten Selbstbewusstsein finden können: Der »Bürger in Uniform«, ja, er wehrt sich, wenn er auf *eigenem Territorium* angegriffen wird, aber er greift nicht, um keiner noch so dreisten »Terror«-Lüge willen, andere Bürger auf deren Territorium an, und er unterstützt auch nicht Soldaten anderer Nationen dabei. Macht eure Kriege künftig ohne uns Deutsche aus, wir haben genug Unheil angerichtet – hätte uns eine solche Haltung wirklich zu einem Volk von Deserteuren der Weltgeschichte gemacht?

Afghanistan ist nicht das Ende aller Einflüstereien.

Nicht nur das Leben, auch der Krieg geht weiter. Der Junge, der mit seinem ersten Ladendiebstahl durchgekommen ist, versucht sich nächstens vielleicht an etwas Größerem. Kriegen sie ihn, lügt er vor Gericht. Damit kommt er einmal durch, zweimal, ein drittes Mal. Dem Jugendarrest folgt die erste Bewährungsstrafe, dann kommt der erste Knastaufenthalt. Kehrt er jetzt nicht um, geht die Lügenkarriere weiter, aber vielleicht weiß ein erfahrener Knacki mehr von Wahrheit, als Bundestagsabgeordnete von Parteidisziplin und Fraktionszwang wissen dürfen. Unsere Regierung hat uns viele Male belogen, zuletzt eierten gleich zwei Verteidigungsminister durchs Bild, ein Ex und ein Beinahe-Ex. Zum Schießen! Dass die Politik ihre Einflüstereien überhaupt nötig hat, spricht Bände. Mehrheitlich wünschen die Deutschen keine Kriegsbeteiligung, und weiß Gott, es haben sich da in Mitteleuropa nicht 82 Millionen Feiglinge zusammengekauert. 69 Prozent finden, die Bundeswehr sollte schleunigst aus Afghanistan abziehen. Die Menschen spüren, dass dieser Krieg kein gerechter ist, ja dass es noch nicht einmal um diesen Krieg im Speziellen geht, auch nicht um die Millionen – in summa Milliarden –, die er den Steuerzahler kostet. A wie Afghanistan ist das A wie Anfang von weiteren zu erwartenden Großlügen, schließlich ist der ganze Mittlere Osten ein Pulverfass: Pakistan, Jemen, Iran.

Fast vier Wochen lang, genau bis über die Bundestagswahl, haben Merkel/Steinmeier das Volk über die wahren Hintergründe der »Tanklastzug-Affäre« im Unklaren gehalten. Vielleicht haben sie sogar – von wegen »Staatsräson« – selbst gelogen oder andere lügen lassen, weil jeder von ihnen einen Wahlkampf zu bestehen hatte: Alles für den Frieden; die Wacht am Kunduz dient unserer Sicherheit. Der Rest ist ein weiterer Untersuchungsausschuss, sind widersprüchliche Aussagen, ist ein windelweicher Abschlussbericht.

Einflüsterung als Showgeschäft

1945 haben sich die Deutschen nicht selbst von den Nazi-Einpeitschern befreit; sie wurden einfach mit ihnen zusammen in Grund und Boden gebombt, bis ihnen keine Kriegshandlungen mehr möglich waren. Dann wurde Deutschland besetzt, aber nicht »befreit«. Die sogenannte Entnazifizierung, vorangetrieben von den US-Behörden, war denn auch die erste Bekanntschaft der Besetzten mit dem uramerikanischen Wort *show business:* Überwiegend fing und hing man jetzt die Kleinen, die Großen ließ man laufen, wie später, bei der Wiedervereinigung. Die Großen wurden weiter gebraucht als Juristen, als Wirtschaftslenker, als Politiker bis rauf in Spitzenämter.

Nach 1945 wollten die Deutschen mehrheitlich keine Demokratie, weil sie Sorge hatten, diese könnte genauso schwächlich ausfallen wie die Weimarer Republik. Die Demokratie wurde ihnen trotzdem verpasst, indem man ihnen ihre Vorteile einflüsterte, mit CARE-Paketen, Marshall-Plan und Rosinenbombern. Und siehe da, sie fühlte sich gut an, die neue Staatsform. Für das Wohlgefühl sorgten nämlich 15 Jahre Wirtschaftswunder, danach eine jahrzehntelang leidlich stabile Sinuskurve, stabil gehalten von regelmäßigen Wahlkampfgeschenken an Rentner, Arbeiter und Beamte: Die westdeutsche Demokratie hat sich die Zustimmung ihrer Bürger jeweils erkauft. Jetzt, wo das Geld dahin ist, werden andere Saiten aufgezogen. Die Wohlfühldemokratie ist, bis auf Weiteres, Geschichte. Die Amerikaner brauchen bald selber CARE-Pakete, wenn möglich sofort einen eigenen Marshall-Plan. Die gesponserte Volkszurückhaltung ist ebenfalls dahin. Wahlkampfgeschenke à la Union und FDP beschränken sich auf Augenwischereien wie Steuersenkungen, die nur bei gleichzeitiger Erhöhung der Sozialabgaben möglich sind – linke Tasche, rechte Tasche. Jeden Varieté-Zauberer würde man von der Bühne pfeifen für solche Tricks. Wie Robespierre während der Französischen Revolution, so unterminieren auch deutsche Spitzenpolitiker unsere Begriffe von Freiheit, Gleichheit, Gerechtigkeit. Churchills Wort vom zentimeterweisen Sterben der Demokratie, es bewahrheitet sich im Zeitraffertempo. Wer's nicht glaubt, buche ein Flugticket oder fahre mit Bargeldbeträgen über 10 000 Euro im Grenzgebiet umher.

Gelogen, dass sich die Balken biegen, wird noch immer, Einpeitscher hin, Einflüsterer her. Noch stehen die Buchstaben der Verfassung ehern, aber das Papier darunter weicht jeden Tag mehr auf – unserer *Sicherheit* halber, um des *Wohlstands* willen. Die gute alte Tante Demokratie, mit ihren fast 70 ist sie schwer in die Jahre gekommen, und ihre Enkel machen sich einen Jux daraus, ihr immer öfter die Brille zu verlegen. So sieht sie die Gefahren immer erst, wenn es schon fast zu spät ist. Wenn sie erst noch auf einem Auge erblindet – gar nicht auszudenken.

Helmut Kohl und seine Glücksverheißung

Anfang 1943 waren Nazi-Deutschland alle Ausgänge versperrt, außer einem: bedingungslose Kapitulation. Der kleine Doktor Joseph Goebbels belog das deutsche Volk, indem er ihm im Berliner Sportpalast seine zehn »Thesen« einpeitschte. Nur die eigene Vernichtung schien noch ein gangbarer Weg zu sein: Auf in den totalen Krieg! Mehr als 40 Jahre später hatte die Politik ihre Lektion gelernt. Mit Einpeitscherei kommt man in der Demokratie nicht weit. Subtilere Mittel tun not. Wer seine Vorstellungen durchsetzen will, braucht statt der ultimativen Forderung die ultimative Glücksverheißung. Nicht »wollt ihr«, sondern »da habt ihr«: Helmut Kohl fand für den Blitz-Anschluss der DDR an die BRD die Formel von den »blühenden Landschaften«, anders hätte er die Wiedervereinigung nicht binnen kaum zehn Monaten durchziehen können. Wieder wurde das Volk nicht wirklich gefragt; seine Antwort hüben wie drüben konnte doch nur »Ja, ja, ja!« lauten. Natürlich steht außer Frage, dass Helmut Kohls geflügeltes Versprechen nicht gleichzusetzen ist mit Goebbels' Zerstörungsrhetorik. Doch nicht selten sind jene, die sich heute am glühendsten in die schwefelsaure DDR-Luft zurückwünschen, auch jene, welche damals am lautesten »Helmut, Helmut« geschrien haben. Prominente Kritiker der Einheit, wie damals Kohls Herausforderer Oskar Lafontaine (SPD) oder der frühere *Spiegel*-Chefredakteur Erich Böhme, wurden für ihre Widerworte fast gesteinigt. Sie wollten »nicht wiedervereinigt« werden, nicht sofort, nicht so schnell, nicht zum Umtauschkurs 1:1.

Der kleine Rheinländer und der dicke Pfälzer, ist das nicht ein bisschen stark? Durchaus nicht. Hat doch »Helmut, Helmut« einst höchstpersönlich den Vergleich mit Goebbels gezogen, kaum vier Jahre vor seiner »größten Stunde«. 1986 äußerte der deutsche Bundeskanzler in *Newsweek* über den frisch angetretenen Sowjetführer: »Das ist ein moderner kommunistischer Führer, der war nie in Kalifornien, nie in Hollywood, aber der versteht etwas von PR. Der Goebbels verstand auch was von PR. Man muss doch die Dinge auf den Punkt bringen.«

So also brachte Helmut Kohl die Dinge auf den Punkt. So sprach er über Michail Gorbatschow, seinen späteren besten, klügsten, großzügigsten sowjetischen Freund. Es war das letzte Mal in seiner politischen Karriere, dass der damals bereits zweifache Kanzler sich eine solche Einpeitscherei herausnahm. Seine später noch folgenden verbalen Entgleisungen (»Deutschland – ein kollektiver Freizeitpark«) fallen eher schon unter die Rubrik Altersstarrsinn.

Etwas mehr als zwei Jahre nach Goebbels' Sportpalastrede lag Deutschland in Trümmern. Dass man sich gegen Verführer aller Art beizeiten den Rücken stärken sollte, gehörte nicht zu dem Lernprogramm, das anschließend die zu »Befreiern« verklärten Bezwinger den Deutschen verpassten. Was übrig gebliebene wie nachgeborene deutsche Politiker jedoch verinnerlichten, war, dass man seine Ziele und Absichten genauso verführerisch, aber in einem neuen, dezenten Tonfall vorbringen konnte. Mit dem Schutt verschwanden die Einpeitscher, mit dem Wiederaufbau, dem »Wirtschaftswunder« gar, kamen die Einflüsterer; Uniform und Hakenkreuz waren perdu, schlichte Anzüge und blütenweiße Nyltest-Hemden »in«: Warum schreien, wenn man auch sprechen, noch besser: einflüstern konnte? Wenn sich das Volk auch weiterhin – bitte, ganz im Rahmen demokratischer Gesetze! – manipulieren ließ?

Goebbels' Tagebucheintrag vom 19. Februar 1943, einen Tag nach seiner berüchtigten Rede, ist ein bezeichnender. Über die Wirkung seiner hinausgedonnerten »Fragen« an die Deutschen und ihre ihm eindeutig zurückgeworfenen Antworten ist der große Verführer selbst perplex. Er schreibt: »Diese Stunde der Idiotie. Hätte ich gesagt, sie sollen aus dem dritten Stock des Columbus-Hauses springen, sie hätten es auch getan.«

Der große Menschenverführer staunt, wie sehr Menschen sich verführen lassen. Die Einflüsterer staunen auch – und flüstern weiter jeden Tag.

9.
Die Knute namens Sicherheit

Ich bin immer ein Anarchist gewesen.
Wenn ich einen Polizisten in Uniform sah,
verspürte ich spontan Lust,
ihm in den Hintern zu treten.
Macht ist stets etwas
Fremdes für mich gewesen.
Ich war dagegen regelrecht allergisch.

TIZIANO TERZANI, italienische
Journalistenlegende (1938–2004)

Die Fünfzigerjahre, die Sechziger, Siebziger, Achtziger, die Jahrtausendwende – Erinnerungen an vermeintliche Zeiten der Ruhe, die keine waren.

1955: Bundeskanzler Konrad Adenauer wirft sein ohnehin nur lau verteidigtes Credo, von deutschem Boden dürfe nie mehr Krieg ausgehen, endgültig über Bord. Bundestag und Bundesrat peitscht er die Wiederbewaffnung Deutschlands ein: Die Westalliierten wollen es so, die Neudemokraten der blutjungen Bundesrepublik sollen es genauso wollen. Diese protestieren heftig – die Bundeswehr kommt. Von Einflüsterei noch keine Spur.

1969: Das Wirtschaftswunder ist Vergangenheit. Wachstumsdellen, Ende der Vollbeschäftigung und erstmals die Bildung einer Großen Koalition haben den Traum vom ewigen »Weiter so!« platzen lassen. Nun suchen Politik und Wirtschaft ihr Heil in verstärkten Außenhandelsbeziehungen – und in nochmals verstärkten Gefälligkeiten gegenüber den USA, die wegen ihres brutalen Vorgehens im Vietnam-Krieg sowie ihrer Unterstützung des persischen Schah-Regimes weltweit in die Kritik geraten sind.

Als deutsche Studenten beim Berliner Besuch des Schahs und seiner »bunten« Gattin von »Prügel-Persern« – scharenweise eingeflogenen Agenten des Geheimdienstes Savak – attackiert werden und der Polizist und mutmaßliche Stasi-Agent Karl-Heinz Kurras den Studenten Benno Ohnesorg niederschießt, ist es endgültig vorbei mit Ruhe und Ordnung: Die Keimzelle des Links-Terrorismus, der späteren Rote Armee Fraktion (RAF), entsteht.

In Folge ziehen deutsche Medien nun weitgehend an einem Strang, indem sie die vom Bundeskriminalamt aufgebrachte Bezeichnung »Baader-Meinhof-Bande« übernehmen. Nicht als politische, und wenn noch so verblendete Kämpfer soll die selbsternannte Stadt-Guerilla in der Öffentlichkeit dastehen, sondern grundsätzlich als Terroristen, mindestens als Kriminelle. Diskussion zwecklos. Der neue BKA-Chef, Horst Herold, lässt sich sein Ermittlungsbudget verfünffachen und sein Personal verdreifachen. Und er erwägt allen Ernstes, gefangen genommene RAF-Mitglieder in »entwürdigenden Posen« fotografieren zu lassen, um deren hohe Sympathiewerte namentlich in der jungen Bevölkerung zu konterkarieren. Als »Kommissar Computer« und Erfinder der »Rasterfahndung« findet Herold vor allem eines: den überlegen-souveränen »Sound« staatlicher wie behördlicher Verlautbarungen zur RAF, die dagegen mit ihren albern-verquasten »Manifesten« ins Hintertreffen gerät. Die Einflüsterei, ungeachtet ihres Wahrheits- oder Lügengehalts, wird endgültig zum Werkzeug des Polit-Marketings.

1977: In die Mündung einer Maschinenpistole zu blicken kann jetzt jedermann passieren. Die Entführung des Arbeitgeberpräsidenten Hanns Martin Schleyer sowie der Landshut, eines mit 82 Passagieren besetzten Lufthansa-Ferienfliegers, tun ein Übriges: Deutschland befindet sich dauerhaft im Ausnahmezustand. Ausweis- und Verkehrskontrollen, schärfere Gesetze – »Sicherheit« ist nicht länger nur eine finanzielle oder wirtschaftliche Größe. Einer damaligen Studie zufolge soll jeder vierte Deutsche unter 30 Jahren Sympathie für die Umsturzziele der RAF hegen. So zurückhaltend sich die Behörden zu geben versuchen, der Staat holt doch die Peitsche raus: Noch mehr als bisher ist jetzt jeder Einzelne verdächtig, Mitläufer, Unterstützer oder selbst Mitglied der »Baader-Meinhof-Bande« zu sein. Das Einflüstern übernehmen in den langen Schicksalsmonaten die Medien. Ungeniert diskutieren sie die Wiedereinführung der Todesstrafe, lassen sich dazu einspannen, die Öffentlichkeit »auf Kurs« zu bringen. Wer etwa, wie der Schriftsteller Heinrich Böll, öffentlich über mögliche Erklärungen für die Motive der RAF-Führungsmitglieder nachdenkt, wird unverzüglich als geistiger Brandstifter diffamiert. Selbst Jahrzehnte später ist der Umfang der damaligen Staatswillkür noch immer nicht in vollem Ausmaß bekannt. Nur sehr allmählich kommen neue Einzelheiten ans Tageslicht. So soll seinerzeit der Verfassungsschutz dem RAF-Mitglied Verena Becker Strafmilderung zugesichert haben, obwohl diese als mutmaßliche Mörderin des damaligen Generalbundesanwaltes Siegfried Buback gilt – ein bis heute nicht vollständig geklärter Fall.

1981: Der im Umgang mit Bürgerunwillen eigentlich so erfahrene wie abgeklärte Bundeskanzler Helmut Schmidt (SPD) zieht blank: Um jeden Preis will er die sogenannte Nachrüstung durchsetzen, die Aufstellung neuer Pershing-Mittelstreckenraketen auf deutschem Boden. Die Angst vor einem möglichen neuen, endgültigen Krieg drängt Hunderttausende auf die Straßen. Doch die Entscheidung zur Vervielfachung des potenziellen Overkills fällt nicht auf der Straße, sondern in den Hinterzimmern der Parteigrößen: Der bisherige Koalitionspartner FDP lässt den ehemaligen Wehrmachts-Leutnant Schmidt fallen und bildet mit dessen Widersacher Helmut Kohl (CDU) eine neue Regierung. Dem ist die eigene Einflüsterei schließlich schnurz: Kaum im Amt, gibt Kohl sein Plazet für die massenhafte Stationierung der zusätzlichen amerikanischen Raketen.

2001: »Nine-eleven«, der 11. September 2001, verändert die Welt. Islamistische Fanatiker in entführten Passagierjets köpfen geradezu die Doppeltürme des World Trade Centers in New York City und attackieren das Pentagon. Es ist die größte Bewährungsprobe für die Großmacht USA, zugleich die größte Bewährungsprobe für einen demokratischen Staat – die USA scheitern. Die Regierung von George W. Bush bricht Kriege mithilfe von Lügen und bewussten Übertreibungen vom Zaun, foltert, wenn auch auf fremdem Territorium, politische Gefangene und steigert sich und seine Verbündeten in einen Dauerzustand der Paranoia.

Gerhard Schröder mimt den Friedenskanzler, indem er den USA eine direkte militärische Beteiligung im Irak-Krieg zwar verweigert, aber insgeheim den Bundesnachrichtendienst Agentenhilfe leisten lässt. Er gewährt großzügig Überflugsrechte und stellt US-Militär wie US-Behörden logistische Hilfe zur Verfügung. Sein Vize und Außenminister, Joschka Fischer, lässt Schröder gewähren. In einer jahrelang währenden Kampagne wird versucht, der deutschen Bevölkerung einen ehrenwerten Sinn der Kampfhandlungen, ja der Foltermaßnahmen einzureden. Auch hier führen Enthüllungen nach und nach zu erheblichem demokratischem Flurschaden.

2009: Die Bundesrepublik ächzt unter den Folgen der weltweiten und nationalen Finanzkrise. Der Paragraph 1 des Grundgesetzes verkommt zum Konjunktiv-Paragraphen, zur Kann-Bestimmung: Die Würde des Menschen, die bisher als unantastbar galt, aber von Staatsorganen oft genug angetastet wurde, sie *würde* auch künftig unangetastet bleiben, *zwänge* den Staat nicht die Sorge um die Sicherheit der Bürger zu einem Wust von immer neuen Gesetzen und Verordnungen. Wäre da nicht das Bundesverfassungsgericht, das die Regierung immer wieder in die Schranken weist, das Wort vom Unrechtsstaat wäre nicht länger nur Behauptung.

Zur besten Herbst- und Regenzeit, am vorletzten Novembersonntag, strahlt die ARD den von Bernd Eichinger geschriebenen und produzierten Kinofilm *Der Baader Meinhof Komplex* als Fernsehzweiteiler aus. Doch die reichlich krawallig nachgestellte RAF-Realität erreicht nicht einmal *Tatort*-Spitzenwerte, muss sich gar Seichtem geschlagen geben. Das ZDF lullt mit *Inga Lindström: Sommermond*

7,01 Millionen Zuschauer ein, während sich »nur« 5,3 Millionen Deutsche von der RAF-Saga aufrütteln lassen.

Die Menschen in der Bundesrepublik sind politikverdrossen geworden, denn vielen geht es, nie für möglich gehalten, mittlerweile selbst an den Kragen. Arbeitgeberkündigungen wegen Bagatellvergehen sind an der Tagesordnung. Massiv versucht die konservative Presse, solche Kündigungen namentlich unter Hinweis auf »Gerechtigkeit« zu rechtfertigen. Doch regelmäßig überspannt sie den Bogen: Es schwirren einfach zu viele offenkundige Einflüstereien gleichzeitig durch die Republik. Die ungenierte Selbstbedienung von Politikern und Wirtschaftsbossen tut ein Übriges: Das Vertrauen der Bürger in den Staat und in seine Unabhängigkeit ist schwer erschüttert.

2010: Weiterhin schwingt der Gesetzgeber die Sicherheitspeitsche, die Einflüsterer haben Konjunktur. Themen und Tonalität geraten oftmals durcheinander (zum Beispiel Einsatz von Nacktscannern bei Sicherheitskontrollen, Bundeswehr-Auslandsmissionen, Notwendigkeit von Steuererhöhungen beziehungsweise -senkungen). Aber die Methode funktioniert: Irgendein Medium bringt per Interview ein bestimmtes Thema auf, die meisten anderen steigen darauf ein. Das Fernsehen dekliniert die bekannt werdenden Fakten in seinen Talkshows durch, die Wochenmagazine bringen längere »Hintergrundberichte«. Dann, wie von Zauberhand, verschwindet der Zankapfel wieder in der Versenkung. Zurück bleiben »Meinungen« und »Stimmungen«, spätrömische Dekadenz, wie Guido Westerwelle chefflüstert.

Wie Eltern, die ihre Kinder präventiv ohrfeigen, um sie von Straftaten abzuhalten, so wirkt sich der legislative Verfolgungswahn auf das Privatleben jedes einzelnen Bürgers aus: Im Jahr 2000 war es noch undenkbar, dass der Staat einmal jeden zu jeder Zeit ausforschen würde.

Jetzt, nur zehn Jahre später, ist jegliche Privatheit so gut wie abgeschafft. Aus der inneren Sicherheit ist die innere *und* äußere Unsicherheit geworden. Maßlos in der Wahl ihrer Mittel gegen *mögliche* Terroranschläge hat erst Rot-Grün, sodann die Große Koalition und schließlich Schwarz-Gelb die Menschen in ein gigantisches elektronisches Gefängnis gesteckt. Demokratie bedeutet jetzt vor allem, dass der Staat seinen Bürgern ganz offen misstraut.

Wieder macht sich ein großer Teil der Leitmedien zu Kämpfern für diese Geisteshaltung. Unablässig flüstern sie den Bürgern ein, das gesamte Gebiet der Bundesrepublik könne »jederzeit« Ziel eines terroristischen Angriffs sein.

Doch erstmals seit Jahren sieht man auch eine Bevölkerungsgruppe aufmüpfig werden, welche die Politik kaum mehr auf der Rechnung hatte: die Studenten. Anfangs, im November 2009, nur in eigener Sache (sogenannte Bologna-Reform, Studiengebühren), richten sich ihre Proteste schon bald auch auf andere gesellschaftliche Themen.

Erwacht, nach langem Schlaf, im zweiten Jahrzehnt die deutsche Intelligenzia, den Einflüsterern zum Trotz, zu neuer Kraft und neuem Leben?

10.
Die »Elite« will Ja-Sager
von Kindesbeinen an

Der lange Arm Hitlers hindert uns
noch immer daran,
Disziplin selbstverständlich einzufordern.
Doch die Zukunft Deutschlands
hängt von der Rückkehr zur Disziplin ab.

BERNHARD BUEB,
ehemaliger Schulleiter von Schloss Salem

Das ging aber fix: Im November 2009 zogen Zehntausende deutsche Studenten durch die Straßen, demonstrierten in 50 Städten gleichzeitig, ach was: sie rebellierten, wie es in nahezu sämtlichen deutschen Medien sogleich hieß. Von München bis Kiel protestierte die angehende Geistes-Elite des Landes gegen die Verschulung des deutschen Hochschulsystems. Sie wehrte sich gegen die PISA- und Bologna-hörige Politik, gegen den neuerdings wahnwitzigen Leistungsdruck, gegen mangelnde oder zu niedrige staatliche Unterstützung, gegen Studiengebühren (Forderung von Berliner Studenten: »Reiche Eltern für alle!«), gegen den mitunter bedenklichen baulichen Zustand vieler Universitäten – die Liste der staatlichen Versäumnisse ist lang.

Und siehe da: Der »heiße Herbst des bundesweiten Bildungs-streiks« zeigte ganz rasch Wirkung. Schon wenige Tage nachdem dieser Herbst Einzug gehalten hatte, knickte die Bundesregierung ein, gefolgt von etlichen Landesregierungen. Die Studenten machten den Mund auf, und es war Sommer: Flugs versprach Bundesbildungsministerin Annette Schavan (CDU) eine Erhöhung des BAföG. Auf einmal schaufelten deutsche Landesminister Etatmittel für jahrelang aufgeschobene Renovierungsarbeiten frei. Der niedersächsische Wissenschaftsminister Lutz Stratmann (CDU) stellte schon für 2010 Reformen bei den Bachelor- und Master-Studiengängen in Aussicht, als würde die Ökonomisierung der Gesellschaft nicht schon seit Jahren von seinesgleichen vorangetrieben.

In Österreich waren es zur selben Zeit ebenfalls die Studenten, die als erste Bevölkerungsgruppe für die eigenen Belange in Streik traten. Bis zu 50 000 Demonstranten legten die Wiener Innenstadt lahm, verlangten von ihrer krisenproduzierenden Regierung »mehr Geld für Bildung statt für Banken und Konzerne«. Ob in Graz, Linz, Klagenfurt – den Studenten jenseits der Alpen brennen so ziemlich die gleichen Sorgen unter den Nägeln wie ihren deutschen Kommilitonen.

Nur die Schweizer Studenten ließen ihren Beitrag zur internationalen Aktionswoche überschaubarer angehen. Ein Flashmob in der Baseler Innenstadt brachte es gerade mal auf drei Dutzend Teilnehmer, eine Vollversammlung auf lediglich 70. Man war wohl noch zu abgelenkt mit dem Kampf für oder gegen das Minarett-Verbot.

Dennoch: Die studentischen Demonstrationen und Kundgebungen offenbarten in so gut wie allen europäischen Ländern die Schwäche der notorisch auf gute Schlagzeilen angewiesenen Politiker. Während die Achtundsechziger jahrelang als Krawallos und terroristische Zuchtbecken verunglimpft wurden, erzielen ihre Enkel erstaunlich rasche Erfolge. Einknickende Politiker, rasch verteilte Besänftigungsgaben – derart leicht lassen sich Rebellionen herbeitwittern? Oder handelt es sich am Ende doch nur um einen Pyrrhussieg?

Die rund eine Million Hauptschüler in Deutschland twittern nicht, kein einziger, wie es scheint. Anders ist es kaum zu erklären, weshalb nicht auch sie schon längst an die Öffentlichkeit gegangen sind, wenigstens ein paar Tausend. Auch sie hätten doch allen Grund zur Klage, sogar zu einer wirklichen Rebellion. Seit zwei Jahrzehnten sind sie das Stiefkind der deutschen Bildungspolitik. Während in Österreich und in der Schweiz Gesamtschulen in demokratischem

Geist – gleiche Chancen für alle – verwirklicht sind, schiebt das deutsche Schulsystem die gegenwärtig in der Wirtschaft nicht benötigten Arbeiter und Handwerker von Jugend an aufs Abstellgleis: Das eben noch Exportweltmeister gewesene Deutschland gibt Menschen mit Hauptschulabschluss kaum eine Chance. Auf Solidarität, beispielsweise von ihren bessergestellten Landsleuten auf Gymnasien und Universitäten, brauchen die Ausgegrenzten ebenfalls nicht zu hoffen. Eher verteilt der *Spiegel* noch mehr DVB-TV-Sticks als Gratis-Beigabe zu seinem Studenten-Abo (»mit fast 30 Prozent Preisvorteil«), als dass der als geistige Unterschicht abgeschriebenen Hauptschule Schützenhilfe zuteil würde. Wo bleibt eigentlich das *Spiegel*-Abo für aufgeweckte Hauptschüler?

Die Einflüsterer wollen, dass sich die Gesellschaft ganz auf Elite trimmt. Elite-Schulen, Elite-Internate, Elite-Förderung. Elite-Selbstbedienung an Steuergeldern, denn irgendwer muss für den Elite-Wahn ja bezahlen, nämlich alle, die leider nicht zur Elite zählen. Denn natürlich ist Elite ohne Geld nicht zu haben, das fängt neuerdings schon im Elite-Kindergarten an. Wer heute »Elite« sagt, muss in fünf, zehn Jahren keinem arbeitslosen Akademiker noch irgendetwas erklären. Dass er oder sie dann eben nicht zur Elite gehört, versteht sich dann von selbst.

Elite ist das eine, Disziplin das andere. G8-Gymnasium, Turbo-Studium – warum nur so unsportlich, liebe Studenten? Zeigt, was ihr draufhabt. Setzt eure Scheuklappen auf, vergesst das Links und Rechts im Leben, und dann durch, wär doch gelacht! Salem liegt am Bodensee, aber kann, wenn wir nur stur geradeaussehen, Salem nicht überall liegen – jedenfalls für einige von uns? Einige sehr wenige.

Es ledert und kruppstahlt wieder sehr in Deutschland. Da ist sie erneut, die in unserer *Demokratie* schon glücklich totgeglaubte Ideologie des Stärkeren, der eben »fitter«, überlebensfähiger ist als andere, *Schwächere*. Warum nicht so denken und reden, sagen sich die Einflüsterer, gerade im Darwin-Jahr 2009? Sie denken es sich, und dann sagen sie es uns, in der Hoffnung, dass wir auf dieses Argument hereinfallen: Den Besten gehört die Welt. Schon, aber was machen dann die Zweitbesten?

Die Stärkeren helfen den Schwächeren, üben Solidarität mit den vom Neoliberalismus am meisten Zusammengeknüppelten – eine solche Geste wäre eine schöne Ohrfeige im Jubiläumsjahr der Schröder'schen Agenda 2010. Aber den Studenten fällt es schwer zu erkennen, dass ihre eigene missliche Lage nur die Lage von Millionen anderer Mitbürger widerspiegelt. Die Akteure der jetzigen Regierung haben mit anderen, längst Abgetretenen, die Agenda 2010 in Bundestag und Bundesrat durchgewinkt. Sie alle sind verantwortlich für die Deformation der sozialen Systeme, für das nun auch äußere Auseinanderbrechen der einstigen Solidargemeinschaft. Jeder gegen jeden, und die Studenten nur für sich – dass jede Gesellschaftsschicht glaubt, sie selbst sei ganz besonders benachteiligt, ist wiederum das Werk der Einflüsterer.

Die Regierung Merkel-Westerwelle ficht das nicht an. Mit ein paar Zugeständnissen hier und da muss es getan sein. Was ist eine halbe Milliarde gegen unzählige Rettungsschirm-Milliarden? Auf Pump im großen Stil lebt der Staat nun einmal nur für den Selbsterhalt.

Dafür säuseln die Einflüsterer jetzt umso mehr von »Systemrelevanz« und »Bildungsoffensive«, wie sich überhaupt die politische Sprache zunehmend militarisiert. Schmeicheleien statt wirklicher Beseitigung von Missständen: Deutschland brauche die fähigsten Köpfe, rauscht es durch die Medien, um auch in Zukunft den Herausforderungen … Baggerte ein Student derart plump eine Studentin an, er hätte keine Chance, weder im späteren Berufsleben, noch bei ProSieben und seinem abgeblasenen Uni-TV-Flachsinn *50 pro Semester*.

Die Politik rechnet kühl: Hauptschüler, wozu? Unsere Studenten werden bald Geld verdienen und Steuern bezahlen, wenigstens ein Teil von ihnen. Sie werden für Nachwuchs sorgen und damit für den Erhalt des maroden Sozialsystems, Bachelor hin, Master her. Warum also nicht gelegentlich in die Spendierhosen schlüpfen? Lasst sie streiken, unsere Studiosi; junges Blut ist ungestüm. Vor ihnen taten das 2009 schließlich auch die Gebäudereiniger, das Fachpersonal der Krankenhäuser, die Bahngewerkschaft, die Erzieherinnen, die Opelaner sowieso. Die Entsolidarisierung der Menschen ist der stärkste Verbündete der Politik im Abwehrkampf gegen berechtigte Forderungen. Mit jeder Berufsgruppe einzeln werden die Einflüsterer gerade noch fertig. Mit dem Volk als Gesamtheit wären sie überfordert. Aber ruft da jemand »Wir sind das Volk«? Sind wir überhaupt noch »ein Volk«, sind wir nicht bereits zerflüstert in lauter separate Interessengemeinschaften, die kein Auge und kein Ohr haben für die Menschen der anderen »IG«?

Von wegen also »Revolution«, »Revolte«. Bislang ist nicht einmal ein Generalstreik der Massen, berufs- und gesellschaftsübergreifend, zu befürchten, weder in Deutschland noch in Österreich oder in der Schweiz, nicht einmal im traditionell zu Stunk aufgelegten Frankreich. Bis auf Weiteres kämpft jede Schicht ganz für sich allein, und deshalb verlieren wir alle miteinander.

Den Einflüsterern ist nur mit Lautstärke beizukommen.

Sie vom Flüstern in ihren Hinterzimmern, Lounges, Clubs und Lobbys zum Sprechen zu bringen, sie zum Klartext zu zwingen, das kann nur die Gesamtheit des Volkes erreichen, siehe Friedensbewegung, siehe Rüstungsgegner, siehe Umweltschutz, siehe Atomenergie. In den Siebziger- und Achtzigerjahren ging es doch auch: Millionen von Menschen zogen auf die Straßen, zum Teil an jedem Wochenende. Sonne, Regen oder Schnee, was kam es darauf an? Es ging doch jeweils ums Ganze. Die Freiheit, in welchem Bereich auch immer, war noch kein Lippenbekenntnis, sondern heißersehnte und heißverteidigte Selbstverständlichkeit. Kam gar der Staat spitzelnd ins Haus, wie bei der Volkszählung 1987, so verlegten sich viele auf zivilen Ungehorsam: Schon mal was von Privatsphäre gehört, Väterchen Staat?

Warum ist dieses kollektive Aufbegehren so selten geworden? Wer oder was hindert heutzutage Studenten, Gebäudereiniger, Krankenschwestern, Erzieher, Autobauer und all die anderen, *gemeinsam* gegen ein und dasselbe Problem zu protestieren, nämlich gegen den auf allen Ebenen betriebenen Versuch, uns mit tausend Zumutungen von Staat und Wirtschaft mundtot zu machen? Es hat etwas mit jenen Bildern zu tun, die sich uns Deutschen in die Netzhaut eingebrannt haben. Gemeint sind die Bilder von den Montagsdemonstrationen der DDR-Bürger, gefolgt von den Bildern des Mauerfalls:»Wir sind das Volk«, wurde damals gerufen. Bitte, mag ja sein, aber doch nur, als es um den Zusammenbruch des Arbeiter- und Bauernstaates ging. Der Westen hat damals den Osten annektiert – sieht irgendjemand einen neuen»Westen«, der uns alle miteinander»anschließen« könnte, selbst wenn es ihn gäbe und er uns wollte?

Sie sagen Disziplin, die Einflüsterer, aber sie meinen Unterwerfung. Plätze an der Sonne sind künftig nur noch für die Elite zu haben. Der Rest muss lernen, mit weniger auszukommen. All die Stänkereien gegen Sozialschwache, die Volksverhetzung in Sachen Migranten und Muslime, das Gegeifer der Ideologen – wenn die eben noch privilegierte Klasse der Studierenden ihren Protest nicht zum Protest aller Wissensstrebenden macht, werden wir am Ende alle verlieren.

11.
Das Ende der Privatheit

Warum ist da etwas in den Wahlen,
was eigentlich nur bedeutet:
Na ja, man geht halt an diesem Tag hin.
Es ist aber bedeutungslos
für den einzelnen Menschen, denn er weiß,
er entscheidet damit nicht
über das Schicksal dieser Nation.
Es hat eigentlich schon Ja gesagt zu diesem
Schwindel, weiß aber im Grunde,
dass es ein Schwindel ist.

Wir können es ändern.
Wir sind nicht hoffnungslose Idioten
der Geschichte, die unfähig sind,
ihr eigenes Schicksal in die Hand zu nehmen.
Das haben sie uns jahrhundertelang eingeredet.

RUDI DUTSCHKE

im Gespräch mit Günter Gaus, 1967

Was haben wir gelacht: Jedem Menschen ein Mobiltelefon, ein jeder seine eigene mobile Telefonzelle – du lieber Himmel, wozu? Okay, manchmal würde man schon auf die Schnelle jemanden anrufen wollen; auch Notfälle sind denkbar, in denen womöglich kein öffentlicher Münzfernsprecher zur Verfügung steht, zum Beispiel in einem Wald. Aber all diese aufgeblasenen Geschäftsmänner aus der Werbung mit ihren elektronischen Köfferchen an der Seite – das C-Netz reicht doch völlig aus, wozu auch noch ein D-Netz?

2010 lachen wir nicht mehr, wir telefonieren nur noch. Ansonsten simsen wir und surfen, twittern und fotografieren und downloaden rund um die Uhr. 1991 wurde in Deutschland das digitale, telefonieorientierte Mobilfunknetz nach GSM-Standard eingerichtet, ab Sommer 1992 konnte in diesem Netz telefoniert werden. Mit zehn Millionen Teilnehmern rechnete man damals für ganz Europa – allein 2007 kauften wir Deutschen 33 Millionen Mobiltelefone, die wir noch immer zärtlich »Handys« nennen. Die Milliarden, welche die Industrie binnen 15 Jahren in Werbemaßnahmen investiert hat, haben eine ganz enorme Wirkung gezeigt – sie haben schlicht die Gesellschaft verändert. Ohne die kommunikative Krücke will kaum mehr jemand sein. Seit das Internet auch noch die einstmals trüben LCD-Bildschirmchen erobert hat, dürfen wir uns gänzlich der Illusion hingeben, wir seien – zu unserem Vorteil – ständig in Kontakt mit der ganzen »Welt«.

Erweiterte Realität – das Monopol
auf unsere »Sicherheit«

Wir sind es auch: Inzwischen, sagen uns Soziologen, verbringen wir täglich genauso viel Zeit mit den Knöpfchen und Touchscreens unserer kleinen Helfershelfer wie früher vor dem Fernseher. News und Apps und Games und Infos und Mailboxen erfordern eben viel Aufmerksamkeit, und dazwischen rufen tatsächlich auch mal *Leute* an, sogar welche, die gerade in irgendeinem *Wald* unterwegs sind. Erst hat das Telefon unsere Privatsphäre erweitert. Dann hat es sie erobert. Gerade dringt das Internet für die Tasche in unser Innerstes vor. Einflüsterungen aller Art sind jetzt auch unterwegs immer nur ein paar Klicks von uns entfernt: Nachrichten, Meinungen, »Infos« – das Tor zu unserem Bewusstsein steht weit offen, und wir bezahlen sogar noch dafür.

Und unsere Abhängigkeit wächst weiter. Die Technik, der wir gegenüber allem Vorrang einräumen, sorgt dafür: *Augmented reality,* erweiterte Realität, ist im Kommen. Praktisch jeder Lebenssituation kann man dann – *soll* man dann – seine Multifunktionskiste namens Handy entgegenhalten, immer wird man »Infos« auf sein Gerät eingeblendet bekommen: Das Menüangebot des Restaurants, vor dem wir gerade stehen, den richtigen Weg durch das Gassengewirr der romantischen mittelalterlichen Kleinstadt, den Namen und Komponisten des Musikstücks, das wir gerade hören, Preis und Inhaltsstoffe des Lebensmittels, gegen das wir soeben »pointen« – und immer gibt es – potenziell – eine Rückmeldung an unseren Provider, denn was wer wie wo tut, wie oft und vor allem wann und wie lange, ist nicht nur für Datenausforscher vom Schlage Google oder Yahoo interessant. So wie wir anno 2010 glauben, nicht mehr ohne Handy auskommen zu können, werden wir uns in kaum zehn Jahren fragen, wie wir uns die Schuhe binden sollen, ohne vorher auf unserer Flüstertüte präzise »Infos« abzurufen über den Schnürsenkelhersteller und die möglichen Varianten der sichersten Schlaufe – jawohl, der sichersten.

»Sicherheit« wird schon bald das meistgebrauchte, das meist*miss*brauchte Wort unserer Zeit sein. Alles um uns herum, so scheint es, befindet sich in Auflösung. Wir selbst sind gefangen in einem einzigen Durcheinander aus virtuellen und tatsächlichen Realitäten: Beinahe-Attentäter in Flugzeugen, Selbstmord-Terroristen in Afghanistan, Schnee-Chaos und Hagel-Katastrophe, abwärts zeigendes Konjunkturbarometer, aufwärts zeigende Börsendaten, neue Jobs, Arbeitsplatzvernichtung, entsetzliches menschliches Leid hier, schwere Prominenten-Tränen dort – was stimmt eigentlich noch, wem und was soll man noch glauben?

Unserem Alleskönner, dem Handy, natürlich.

Become addicted – lasst uns süchtig werden auch nach dieser und jener »Anwendung«, es wird das neueste, geilste, tollste Zeug sein seit Erfindung der Unselbstständigkeit. Hätten sich etwa Captain Kirk und Spock und Scotty jemals von der Enterprise auf einen fremden Planeten beamen lassen, ohne ihre Tricorder? Wie vaporisiert werden wir uns fühlen anno 2020 ohne einen dieser Alleseinflüsterer, und wir werden hören, sehen und sogar fühlen können, was sie uns mitzuteilen haben. Fragen? Überflüssig. Nachdenken? Wozu, die Tricorder von Apple oder das Nexus One von Google werden uns schon sagen, was wir zu wissen *haben*.

Der Handy-Boom war nur der Anfang. Weltweit ist eine Generation herangewachsen, die es nicht mehr anders kennt: Handy, Notebook, iPod – wie anders sollte ein moderner Mensch in der Zivilisation zurechtkommen? Touché, liebe Einflüsterer: In weniger als zwei S-Klasse-Modellgenerationen habt ihr unsere Vorstellung von Unabhängigkeit durch den Begriff »Flatrate« ersetzt. Wir wollten nur mal eben zu Hause Bescheid sagen, dass es heute vielleicht später wird. Jetzt haben wir gar kein Zuhause mehr, denn in der Welt des Mobilfunks und des Internets sind wir selbst die »Apps«, leibhaftige, in fast unsichtbare Mikrofone dauerplaudernde Klingeltöne, Nervensägen auf öffentlichen Plätzen.

Man kann die Welt vielleicht nicht mit einem Song verändern. Aber nimm ein technisches Spielzeug, verändere es alle zwei Jahre, tu so, als sei so ein telekommunikativer Handschmeichler zärtlicher als jede echte Hand, zudem weichklingender als jede direkte menschliche Stimme – und du zwingst die Menschen, dir regelmäßig einen Teil ihres Einkommens abzutreten.

Ist da noch jemand, der die Wirkung von jahrelang betriebener Werbung und PR bezweifelt?

Die Killer-Applikation der Einflüsterer

Nein, keine neue Weltverschwörungstheorie. Die Einflüsterer standen nicht in weißen Mänteln in Labors, neben sich mundschutzbewehrte, willfährige Entwickler, vor sich erste Prototypen der neuen »Waffe«: *Macht schneller, Leute, damit wollen wir ab morgen die Welt beherrschen …*

Es war ganz einfach so, dass sich das als reines Nischenprodukt für Geschäftsleute gedachte Mobiltelefon als Millennium-Spielzeug für die Masse erwies. Dann aber wurde sofort zugepackt: das »Handy«. Hier kam die elektronische eierlegende Wollmilchsau. Voll rück-kopplungsfähig, seine Nutzer selbstüberwachend, ein Produkt mit Such- und Suchtfunktion – kein technisches Produkt der Neuzeit vereinigt so viele »Vorteile« in sich.

In den Achtzigern und Neunzigern hatten ein paar primitive Vorläufer den Markt bereitet: Wir drehten uns fummelig an »Rubik's Cube«, dem bunten vertrackten – oder, je nach Hirnschmalz, super-einfachen – »Zauberwürfel«. Wir hegten das virtuelle japanische Küken namens Tamagotchi und beweinten das dumme elektronische Ding sogar, wenn es, aufgrund mangelnder Zuwendung, den Geist aufgab und »sterben« musste. Dieses Elektronikspielzeug wäre noch einmal ein Alarmzeichen gewesen. Aber da war auch schon Nintendo mit seinem ersten »Handheld« auf dem Markt, dem »Game Boy«. Millionen von Vätern – es soll auch Mütter gegeben haben – raubten ihren Kindern heimlich diese moderne Entsprechung der Modelleisenbahn. Jetzt war der Industrie klar, wie man es machen musste: simple Massentechnik, so stark miniaturisiert wie möglich, eine unaufhörliche Marketing-Kanonade auf die Verbraucher weltweit, im Quartalsrhythmus abgesenkte Preise und laufend neue Updates.

Die Menschen lernten schnell: Klein ist fein ist gut. Her damit, in die Hosen- oder Handtasche, und dann bei jeder Gelegenheit in die Pfoten genommen: Lass mich, ich hab jetzt keine Zeit – wenn man nur auch telefonieren könnte mit dem Kästchen …

In grauer Vorzeit sandten die Mächtigen noch Herolde aus, dem gemeinen Volke kundzutun, was die jeweiligen Majestäten höchstderoselbst ihren Untertanen zu sagen hatten; nur sehr gelegentlich bemühten sich die Herrschaften persönlich.

Ab der Zeit der Französischen Revolution wurden Massenversammlungen modern. Zwar wurde dabei, zum Bedauern des Publikums, nicht immer ein Hunderterpack Revolutionsgegner vom Leben zum Tode guillotiniert, aber man traf sich und chattete, pardon: parlierte miteinander, erfuhr etwas Neues.

Mit den politischen Parteien kamen die Kundgebungen auf. Wer jetzt begriff, dass Bierkrüge und Steine eine buchstäblich durchschlagende Wirkung haben können, brauchte fortan über Langeweile nicht mehr zu klagen: Politik ist ein knallhartes Geschäft, aber es hebt den Bierumsatz und sorgt für Vollbeschäftigung in den Hospitälern.

Hitlers Lautsprecher schließlich, der finstergesichtige Propaganda-Doktor Joseph Goebbels, ließ, als erster Einflüsterer überhaupt, ein erstes universales Einflüster-Werkzeug entwickeln, ein »Volksempfänger« genanntes Radiogerät. Wie heute unsere Handys war dieses Gerät – für die damalige Zeit – kompakt, technisch einfach und vor allem erschwinglich, ein Massenprodukt, um damit in möglichst viele Stuben von Parteigenossen und solchen, die es werden sollten, vorzustoßen. Man konnte in Raten zahlen, wie ja auch Hitlers »Volkswagen«, der spätere »Käfer«, gleich sein eigenes Finanzierungsmodell mitbrachte, die 5-Mark-pro-Woche-Sparkarte.

Die neuen Diktatoren werfen ihre Schatten voraus – und verkaufen dem Volk Schnüffel-Spielzeuge.

Mit dem Radio namens »Volksempfänger« dürfen die Nazis als Erfinder der modernen politischen Massenkommunikation gelten. Die braunen Einflüsterungen, nein Einplärrungen drangen so bis in den letzten Haushalt vor, erzeugten ein trügerisches Gemeinschaftsgefühl, dem man sich als Einzelner nur schwer entziehen konnte: »Gruppendynamik« sagen wir heute. Nur eines war mit diesen Einweg-Talkboxen noch nicht zu machen: ein Geschäft. Hierzu bedurfte es nicht nur weiterer technischer Anstrengungen, auch mussten erst Konsumgewohnheiten geschaffen und beim kaufenden Volk etabliert werden. Denn zahlen »für nichts«, für unsichtbare Funkwellen?

Heute wissen wir es nicht mehr anders: Die Braunen sind mit Hitler ausgestorben, die Kuh ist lila und sorgt für leckere Schokolade. Der Strom kommt aus der Steckdose, und die hat irgendwo ein Interface mit der Sonne und dem Wind. Wir machen im Vier- beziehungsweise Fünf-Jahres-Turnus ein Kreuzchen auf dem Kaufvertrag namens Stimmzettel und dürfen dafür immer höhere Steuern zahlen und uns immer weniger herausnehmen. Vielleicht hätten wir gar nicht erst anfangen sollen, für so verrückte Dinge wie Funkwellen zu bezahlen?

Denn nicht uns gehört der aktuelle Stand der Mobilfunktechnologie. Wir gehören ihr. Thomas Alva Edisons primitiver Sprechapparat ist zum Monster mutiert. Steven Spielberg dachte, er drehe mit *Jurassic Park* (USA 1993) einen Film über außer Kontrolle geratene Technologien. Aber der Film war bereits Wirklichkeit, schon die ganze Zeit. Man kann darüber streiten, welche Erfindung das 20. Jahrhundert mehr geprägt hat und bis heute, ins 21. Jahrhundert, herüberwirkt: Elektrizität und damit etwa die Glühbirne, Mobilität und damit zum Beispiel das Auto, Datenverarbeitung und Kommunikation, also der Computer und seine vielen schoß- und reisetauglichen Ableger. Alle diese Erfindungen haben die Welt verändert und unser Leben beeinflusst. Doch nun verändert die Zusammenführung all dieser Erfindungen nicht nur die Welt und unser Leben, sondern erstmals den Menschen, unsere Persönlichkeit. Die Existenz von Google, Facebook, StudiVZ, Oracle und Sun bedeutet das Ende dessen, was wir einmal Privatheit nannten. Googles Bilderkennungsprogramm zum Beispiel kann schon heute Gesichter erkennen. Wenn erst ein paar lästige Datenschutzbestimmungen ausgehebelt sind, werden sich Heerscharen von Teenagern einen Spaß daraus machen, ihre Geräte vor die Gesichter von Freunden, aber auch von Fremden zu halten. Dann ziehen die Erwachsenen nach, die ja nicht als rückständig gelten wollen, und alle Nutzer zahlen mit der Weitergabe immer neuer Daten. Googles Algorithmen lernen schnell, viel schneller als Politiker, die noch immer glauben, man könne etwa mit albernen Stopp-Schildern Kinderpornographie im Netz eindämmen. Dank ihrer Schlafmützigkeit werden aus den Einflüsterern vielfach Ausspäher werden – Gegner unserer Freiheit, die wir uns selbst ins Haus holen.

Frank Rieger, Sprecher des *Chaos Computer Club,* beschrieb in einem *F.A.Z.*-Artikel im Januar 2010, was uns droht:»Der Mensch wird zum Datensatz«. Über die von Gesetzen ungehemmte Gier der Datenhyänen sagt Rieger:»Im schnöden Profitinteresse wollen sie uns einreden, dass es selbstverständlich ist, jedes Lebensdetail digital zu publizieren.« Und er kommt zu dem Schluss:»Die Algorithmen müssen auf Datendünger-Diät gesetzt und vergiftet werden. (…) Der alte Einwand, dass die Unternehmen abwandern und die Daten im Ausland verarbeiten, ist nichts weiter als ein Hinweis an den Gesetzgeber, dem vorzubeugen.«

Das Tempo dieser Entwicklungen ist atemberaubend. Nichts geht mehr schnell genug. Bald wird uns Echtzeit noch zu lange dauern. Filmregisseure beklagen den Druck, immer kürzere Sequenzen immer schneller hintereinander schneiden zu müssen. Musik im Radio zu hören ist eine Tortur, kein Vergnügen: Immer quatscht einer rein, Drei-Minuten-Stücke verkürzen sich zu 90-Sekündern, weil die nächste Wahnsinns-Super-Duper-Nummer schon auf uns wartet, und natürlich die Werbung, die Werbung, die Werbung.

Telefonieren, fotografieren, mailen, im Internet surfen – die Einflüsterer sind fast schon am Ziel. Sie haben es beinahe geschafft, in unserem Leben allgegenwärtig zu werden. Wir haben uns selbst in die Telefonzelle gesperrt – und zahlen auch noch dafür.

In kommerzieller Hinsicht kommen die Einflüsterer als Dauer-Quälgeister in Form von Werbung daher. Die Verleger beispielsweise beklagen sich, dass kaum jemand für ihre Online-Dienste bezahlen will. Ja, liebe Verleger, das stimmt. Leider habt ihr uns beigebracht, dass Zeitunglesen im Internet bedeutet, sich von einer Pop-up-Flut terrorisieren zu lassen. Dass ihr selbst bei bezahlten Inhalten vollständig auf Werbung verzichten werdet, glauben wir euch so wenig wie dem deutschen Pay-TV, das nicht mehr »Premiere«, sondern nur noch »Sky« heißen will.

Aber es geht ja nicht nur um Werbung, die Füße und Flügel bekommen hat. Es geht um knallharte Propaganda. Hitlers kleiner Hinkefuß hat doch noch gewonnen: Die Ideologie hat sich durchgesetzt. Zwar liegen sie alle miteinander im Krieg, die kreuz und quer durcheinanderflüsternden Stimmen, die uns mal links bis links-außen, mal rechts bis recht-außen, am liebsten »neoliberal«, also dummköpfig den Zwecken der Wirtschaft ergeben, sehen wollen. Aber *sie* sind da, und *sie* flüstern auf uns ein, in Permanenz und Impertinenz: Nachrichten, Infos, News, Feeds, Mails und Blogs und Apps. Der Volksempfänger ist ein Weltsender geworden, und dieser Weltsender hat uns verdammt am Kragen: Hör mir zu! Sieh mich an! Kaufe! Vote! Wähle!

Was sind wir Millionen Neunmalklugen, die *natürlich* mit der Technik umgehen können, die uns beherrschen möchte; was sind wir siebengescheiten Leser von Büchern wie diesem doch aufgeklärt – Milliarden von Menschen sind es nicht. »Einflüsterer«, pah. Wie hat Schalke gespielt? Welcher Scheich kauft wem Chelsea ab? Und warum sollte Angela Merkel nicht noch vor Kurzem die beste europäische Freundin von George W. Bush gewesen sein, dem als größter Kriegstreiber eines demokratischen Staates in die Geschichte eingehenden US-Präsidenten?

1973 verpasste die damals regierende SPD/FDP-Regierung der westdeutschen Bevölkerung ein paar autofreie Sonntage. Nicht, weil durch den »Ölschock« der OPEC plötzlich das Öl gar so knapp geworden war. Die leeren Straßen und Autobahnen sollten die Deutschen vielmehr an ihre Abhängigkeit von dem Rohstoff erinnern. Kaum zu glauben – es gab tatsächlich einmal eine Zeit, in der die Politik zu den Menschen nicht in Rätseln, sondern in Gleichnissen sprach, und diese Gleichnisse wurden sogar verstanden. Weil sie wahr und simpel waren.

Am besten verpassen wir uns selbst ein paar medien- und telekommunikationsfreie Sonntage. Ein paar sehr viele freie Sonntage. Nur mal so zum Ausprobieren. Nur mal so zum Wieder-privat-Leben, um zur Abwechslung mal nicht ständig Datenspuren im Netz zu hinterlassen, um uns mal keine Cookies einzufangen oder Viren oder Trojaner und Spam. Und wenn wir diese Sonntage erst schätzen gelernt haben, warum es nicht ab und zu auch mal unter der Woche probieren, ein paar sehr viele Wochen im Jahr: Kein Anschluss unter dieser Nummer. *Out of office and offline all the time.* Es gibt sie noch, die guten Dinge. Sie heißen Telefonzellen. Man braucht nicht einmal mehr Münzen, um damit zu telefonieren. Selbst das gute alte Festnetz gibt es noch, ja sogar Handys, die nur ein paar wenige Tasten haben und einen schmalen LCD-Streifen: Ruf doch mal an oder lass dich anrufen, sag dein Ding und dann schalt aus: *Ich bin doch nicht blöd!*

Downsizing in der Technik, erhöhte Aufmerksamkeit gegen Beeinflussung – möglicherweise rettet sich gerade eine Anti-Einflüsterer-

Avantgarde in ein Telekommunikations-Reservat: *Einflüsterer? Wir müssen draußen bleiben.* Das klingt verzweifelt, vielleicht sogar armselig: Handy-Enthaltsamkeit üben, nur um weniger »Stimmen« zu hören. Ist es dazu nicht ohnehin längst zu spät? Was sollen sich ein paar Hunderttausend Menschen in telekommunikativer Enthaltsamkeit üben, wenn ein paar Millionen, ein paar Milliarden »ohne« nicht mehr auszukommen glauben?

Solidarität ja, aber um Himmels willen nicht für alle

Film zurück – noch mal zu unseren Studenten, zu den Kommilitonen in Deutschland, in Österreich und in der Schweiz. Da sind sie wieder, zu Hunderten, zu Tausenden, wie sie auf die Straßen ziehen, sich auf öffentlichen Plätzen zu Kundgebungen zusammenfinden, gar Hörsäle besetzen, überall in den Universitätsstädten. Transparente, Plakate, Schriftbänder, bemalte Gesichter, betroffene Gesichter, besorgte Gesichter, gelegentlich Wut, aber stets voll aufgedrehte Mikrofone: Klar, es geht um die Welt, wie sie 2009 im Argen liegt.

Zuerst die USA.

Barack »*Yes we can*« Obama tut sich schwer mit dem Worthalten. Guantánamo – von wegen aufgelöst; erst mal bleibt das berüchtigte Gefangenencamp weiter in Betrieb. Die Dauer-Horrormeldungen in den Nachrichten – kein Tag, ohne dass im Irak, in Pakistan, in Afghanistan selbstmordgebombt wird. Kein Zweifel, die CIA hat wieder einmal die falschen Leute geschmiert.

Afrika brennt, wie stets, doch in den Kongo, in Simbabwe oder in den Sudan einzumarschieren, das bringt der NATO nichts: Die Konsumfreiheit exklusiv am Hindukusch zu verteidigen muss vorerst reichen. Sodann der Nahe Osten: Israel baut Mauern um seine Gegner, aber seine engsten Freunde, wiederum die USA, bringen darüber nicht mehr Kritik zustande als ein unmutiges Räuspern: Leute, muss das sein?

Der im Herbst 2009 frischgebackene deutsche Außenminister, Guido Westerwelle, erlaubt sich nicht einmal ein solches Räuspern. Ganz Staatsmann, steht er seinen Antrittsbesuch durch, indem er durchlächelt. Intervenieren oder einfach nur anderer Meinung sein sieht anders aus: Würde in Deutschland nicht ab und zu ein liberaler Spaßparteivogel Vizekanzler, man vergäße glatt in manchen Teilen der Welt, dass in ganz anderen Teilen einmal vier Jahrzehnte lang Kalter Krieg herrschte, aber in den Medien heißt es, das müsse so sein, dass die einen über den Fall einer Mauer jubeln, während die anderen nicht zögern, selber welche hochzuziehen.

Überhaupt, die Heimat: Ob in Berlin, in Wien, in Zürich oder sonst wo, die Banken haben sich mit den überall reichlich geflossenen Rettungsmilliarden sowie Zinssätzen im Mikrobereich selbst geheilt von Finanzkrise und Kreditklemme. Dank der freundlichen Bereitschaft der Regierungen, die lästige Realwirtschaft mit kräftigen Lohnsubventionen zu unterstützen, schleppt sich das zuletzt rezessive Wachstum wieder ein wenig über die Null-Prozent-Marke. Nur redet von Lohnsteigerungen oder Arbeitsplatzgarantien inzwischen niemand mehr: Seid froh, wenn euch eure Arbeitsagentur nicht zum Laubrechen oder Mülltüteneinsammeln abkommandiert.

Und die wenigen Glücklichen, die noch per richtigem Arbeitsvertrag im richtigen Arbeitsleben Stehenden, was ist mit denen? Warum haben unsere Regierungen über Nacht Milliarden frei zur Stabilisierung der Banken, die sie, die Regierenden, letztlich finanzieren und damit an der Macht halten; warum sind dafür immer neue, frisch gedruckte Milliarden da, aber nicht für Kindertagesplätze, für bessere Ausbildung, für menschenwürdige Sozialleistungen, für ein diskriminierungsfreies Miteinander? Was ist beispielsweise mit dem unwürdigen Job-Gezerre auf Kosten von 20 000 Opelanern plus Zehntausenden Arbeitern bei deren Zulieferern sowie den Familien sämtlicher Beteiligten? Was soll die Panikmache um die Schweinegrippe und ihr Allheilmittel, die Zwei-Klassen-Impfung? Was ist mit dem schwarz-gelben Kotau vor den Vermietern, neuerlich den Mieterschutz aufzuweichen, was mit den in SED-Manier geschönten Aufschwungmeldungen, was mit unserer Verknechtung als Datenlieferanten, was mit dem Tropf namens Kurzarbeitergeld, an dem bereits Millionen von Arbeitsplätzen hängen? Kurzum: Was ist los in Sachen Gerechtigkeit?

Die Medien berichten über alle diese Missstände, keine Frage. Aber wenn die Industrie fast zwei Jahrzehnte brauchte, um uns modern-aufgeklärte Menschen zu Handy- und Internet-Abhängigen zu machen, so ist es doch die Armageddon-Industrie der Einflüsterer, die uns – ab Stichtag 11. September 2001 – in nicht einmal zehn Jahren vollkommen verwandelt hat, von friedensverwöhnten Konsumenten in dauergeängstigte Würstchen: In nicht einmal zehn Jahren haben sie uns beinahe schon kleingekriegt. Schon wieder touché, liebe Einflüsterer.

So nämlich sieht sie aus, oder wenigstens ein sehr großer Teil von ihr, die krumme, schiefe Welt anno 2009/2010. Da muss unsere angehende geistige Elite ja rebellisch werden; Jugend erträgt Ungerechtigkeit bekanntlich am allerwenigsten. Da müssen sich, über die Jahrzehnte hinweg, die Studenten ja solidarisieren mit dem Geist der Widerstand-Cracks von damals, den Urvätern der studentischen Proteste. Ähnlich den Achtundsechzigern mit ihrem »Ho-Ho-Ho-Chi-Minh!« rufen im Herbst 2009 die deutschen, die österreichischen, die schweizer, die französischen Studenten »No-No-No-We-Can't!«

Listen up, Mister US-President! Dies ist ein unüberhörbares, dank Fernsehen und Internet auch unübersehbares kollektives Nein aus ganz Europa, das Ihnen da entgegenschallt, ein Nein gegen Ihre Taktik, die Menschen im Irak, in Pakistan, in Afghanistan und sonst wo mit Bürgerkriegen zu überziehen, wie es schon Ihr Vorgänger getan hat, während Rohstoffe aus diesen Ländern geschafft und Pipelines für die US-Wirtschaft gesichert werden. Den Einflüsterern aus Politik und Medien, die noch immer von »friedenssichernden Missionen« faseln, schallt ein entschlossenes »Von deutschem Boden soll nie wieder Krieg ausgehen!« entgegen, ja die Megafone der studentischen Jugend bersten schier vor Solidarität mit den Schwachen und Unterdrückten: Proteeeest!

Doch halt – dieser Film ist die reine Fiktion, so etwas gibt es doch gar nicht. Die Studenten von einst und von heute, die Bilder von damals und die Tonspuren von heute, das passt ja alles nicht zusammen, da muss erst Quentin Tarantino kommen und das Unmögliche wieder in den Bereich des Möglichen zurückholen, vielleicht in *Kill Bill Volume 3,* vielleicht mit Christoph Waltz als Bezwinger von Uma Thurman, so leid einem das täte.

Welt in Gefahr? Selber schuld!

Die Realität sagt: Unrecht auf allen Ebenen ist so normal und alltäglich geworden wie die Mobiltelefonie, ja es erscheint uns als genauso unverzichtbar, weil die Medien es an plausibel klingenden Erklärungsmodellen nicht fehlen lassen. Wir waren eben zu gierig, daher die Finanzkrise. Wir haben zu viel Gas gegeben, daher die dräuende Klimakatastrophe. Wir haben die Türken in unseren Städten nicht rechtzeitig wieder nach Hause geschickt, darum haben sich Muslime aus Dutzenden anderen Regionen angezogen gefühlt, und die werden wir jetzt nicht wieder los. Wir haben zu viele Schulden angehäuft in den letzten Jahrzehnten, zu viele Karlheinz Schreibers und Holger Pfahls, zu viele Starfighter, Phantoms, Tornados und Eurofighter finanziert, den Landsleuten-Ost die praktisch wertlose Honecker-Mark 1:1 in stabile Kohl-D-Mark umgetauscht und die Renten gleich mit dazu. Wir haben uns sehnlichst den Euro herbeigewünscht,weil das die einzige Währungsumstellung der Geschichte war, bei der weder Speisenkarten noch Kassenzettel geändert werden mussten: Eine Pizza kostete vorher 7,50 DM, also kostet sie auch heute 7,50 Euro, da gibt es nichts zu meckern. Wir haben unsere Massenarbeitsplätze massenhaft nach Asien verfrachtet, uns als Spitzenverdiener sogar noch an den dafür nötigen Containerschiffen beteiligt, sodass uns in Deutschland seit einem Jahrzehnt die entscheidenden fünf Millionen Arbeitsplätze fehlen. Fünf Millionen Menschen, die keine Steuern mehr zahlen, aber welche kosten, Monat für Monat. Ach

ja, und schließlich haben wir uns auch noch die Agenda 2010 gewünscht, dazu einen korrupten Volkswagen-Personalvorstand, der
uns, gemeinsam mit der Bertelsmann-Stiftung, die Rahmenbedingun-
gen diktiert für eine Zeit, in der es national nur noch den Rinnstein
hinuntergeht: Lernt leiden, ohne zu klagen – wir Deutschen haben's
doch mit dem Dalai Lama und seinem der Bedürfnislosigkeit verpflichteten Buddhismus, nicht wahr?

Im Herbst 2009 wäre Gelegenheit gewesen, für Zehntausende von
Studenten, sich gegen diese vielen Ungerechtigkeiten im Allgemeinen sowie gegen die sie speziell betreffenden Ungerechtigkeiten im
Besonderen starkzumachen. Denn sicher ist es richtig, sich gegen
die verfehlte europäische Hochschulpolitik zur Wehr zu setzen, und
es ist richtig, den Politikern und den vielen auf ihren Posten einge-
schlafenen Rektoren die Meinung zu geigen – aber es wäre noch
sehr viel richtiger, wenn die Intelligenz unserer Länder den Kraftschluss finden wollte für Solidarität mit *sämtlichen* dem Bürokra-
tiemoloch zum Fraß vorgeworfenen Bevölkerungsgruppen. Bologna
heißt eins tiefer ja PISA, und noch eins tiefer, zumal in Deutschland,
heißt es Hartz IV und Sozialgeld. Was Studenten heute ärgert, wird
sie morgen quälen, aber über diese Qual ärgern und grämen sich
schon heute Millionen von Nicht-Akademikern.

Doch die Einflüsterer waren nicht untätig.
Die einen haben uns Handys und das Internet als unverzichtbar
eingeflüstert, die anderen haben uns Angela Merkel und Guido Wes-
terwelle als einzige Alternative zu Frank-Walter Steinmeier einge-
redet; wieder andere machen uns gerade weis, wir könnten auch in
Zukunft die Straßen verstopfen, wenn nur erst Mild- und Voll- und
Plug-in-Hybride in unseren Garagen stehen und Begriffe wie Redox-
Flow und induktives Laden zu unserem Lebensalltag gehören wir
heute iPhone und Smartphone touch.
Die ganz hartgesottenen Einflüsterer aber halten die ultraharte
Botschaft für uns bereit: Wir leiden, weil zu viele Muslime und zu
viele Juden und zu viele Schwule und zu viele Arbeitslose den Pla-

neten bevölkern. Deshalb müssen wir schneller lernen, schneller studieren, schneller ins Berufsleben (oder das, was davon übrig ist); deshalb müssen wir uns einschränken lernen, uns auf *das Wesentliche* konzentrieren, und dieses Wesentliche ist *die Freiheit,* wie wir sie verstehen: arbeiten (oder so tun als ob), wählen und ansonsten die Klappe halten. Gequatscht wird am Handy, gesurft im Internet. Was wir denken, glauben und meinen, sagen uns andere, Berufenere als wir und unsere Lieben.

Darum kriegen weder Barack Obama noch Angela Merkel, schon gar nicht Roland Koch und auch nicht unsere unverzichtbaren, im Internet so schrecklich darbenden Medien die Meinung von uns gegeigt: Die Einflüsterer haben uns die Saiten von der Fidel gemopst, während wir nicht aufgepasst haben! Wie könnten wir da noch aufspielen?

Wer Annette Schavan und ihre Landesministerkollegen zum Einknicken bringen kann, sollte auch deren viele Ressortkollegen nicht vergessen. Was focht dereinst Rudi Dutschke & Co. an, für die vietnamesische Bevölkerung auf die Straße zu gehen, buchstäblich den eigenen Kopf hinzuhalten für das Ziel, sich neben seinen Scheinen auch noch für jene starkzumachen, die ihr Leben lang ganz andere Sorgen haben werden? Vielleicht lag es daran, dass die Einflüsterer damals noch als Garagencombo rockten und bei Weitem noch nicht über das Medieninstrumentarium mit all seinen Meinungssamples und -loops verfügten wie ihre Nachkömmlinge heute: kein Internet, kein Twitter, keine Blogs, keine 30 Fernsehkanäle. Ohren und Augen der Menschen waren offen, um frühzeitig aus der industriell produzierten Gewalt von »friedlich« bis »eskalierend« auf das eigene Schicksal zu schließen: erst die, dann wir.

Reden, rufen, schreien – und doch schweigen

Studentenproteste einst und jetzt: Mochte 1968 der Napalmqualm über den Wäldern Vietnams auch Tausende Kilometer entfernt sein, die Unfreiheit über dem gerade noch kriegsgebeutelten Europa konnte man bereits wieder sehr deutlich riechen. Zusammen mit dem

»Muff unter den Talaren«, dem tausendjährigen NS-Personal in der neuen deutschen Verwaltung, in seiner Justiz und an den Universitäten, ergab das einen Gestank, gegen den man gar nicht anders konnte als auf die Straße zu *flüchten*. Man wehrte nicht den Anfängen, sondern den schon sehr weit fortgeschrittenen Zuständen.

Und heute?

Die Einflüsterer mit ihren elitären »Exzellenz«-Programmen – haben sie es tatsächlich schon geschafft? Ist die Bastion der schichtenübergreifenden Solidarität schon glücklich geschleift? Ist der Kopf eines jeden Volkes, das Reservoir seiner Schlauen und ganz Schlauen, seiner Super-Durchblicker, schon ganz auf nur mehr ein einziges Ziel konzentriert, nämlich auf die eigene akademische Zukunft, und zwar nur auf diese? Selbst die Intelligenzia hat die Angst vor der sozialen Klimakatastrophe so sehr erfasst, dass sie nur noch das eigene Fortkommen vor Augen hat.

So waren 2009 die Protestwochen der europäischen Studenten ein voller Erfolg – für die internationalen Einflüsterer. Okay, liebe Studentinnen, liebe Studenten, nun habt euch mal nicht so. Wir schrauben ein bisschen hier und wir drehen auch ein wenig da, und dann hat die geistige Reserve bitte wieder Ruh. Ansonsten: Zerfasert euch bitte weiter in Streitereien um billiges oder teures Mensa-Essen, um die Frage, ob Studiengebühren angemessen sind oder nicht, lasst euch auseinanderdividieren, euch und den ganzen großen Rest der Gesellschaft. Das hält die Augen immer schön geradeaus gerichtet und verhindert erhellende Seitenblicke. Kümmere sich bitte jede Gesellschaftsschicht auch weiterhin nur um sich selbst.

Dann kann alles so bleiben wie bisher.

Wenn das zuträfe, wären sie fast schon am Ziel, die Einflüsterer.

Dann wäre es ihnen beinahe schon gelungen, die von ihnen unentwegt als »Elite« umschmeichelte Denkerschaft zu angehenden denkfaulen »Leistungsträgern« umzufunktionieren, sie vom Twenalter an von den zahllosen anderen Missständen in der Gesellschaft abzulenken. Auf dass wir bald alle völlig balla-balla sind.

Das einst so unspektakuläre Telefonieren haben wir uns angewöhnen lassen, als wäre es spannender und hormonstaulösender als tausend echte Küsse. Denn Netz und Leben – was stimmt denn noch? Uns Menschen des dritten Jahrtausends schrecken doch die zu Millionen als faul verunglimpften Arbeitslosen weniger, als Auswurf und Pestilenz die Menschen des Mittelalters entsetzen konnten. Freiheit heißt jetzt Flatrate und ist zum Ablasszettel der Moderne geworden. Das eine hat sich zurückgezogen, das andere hat sich breitgemacht. Wer weiß schon noch, dass man einst Münzen in einen Schlitz rumpeln lassen musste, um ein paar »Einheiten« lang fernsprechen zu dürfen? Vielleicht wissen wir in zehn Jahren schon nicht mehr, wie es sich anfühlte, am Telefon seine Meinung zu sagen.

Die Nullerjahre sind vorüber, aber die hohe Zeit der Einflüsterer hat erst richtig begonnen. Politik, Industrie, Ideologen – sie sagen uns, was wir zu wählen, zu kaufen und zu denken haben. Mit Fiktion und Wirklichkeit jonglieren sie in einem atemberaubenden Tempo, man kommt mit Gucken beziehungsweise Hinhören kaum mehr nach.

12.
Placebo-Rechte in der
Placebo-Demokratie

> *Es gibt keine Worte in unserer Sprache,*
> *die das beschreiben könnten,*
> *was diese Figuren mit uns abziehen.*
> *Dagegen war die Feudalherrschaft*
> *ja ein soziales Kaffeekränzchen.*
>
> Meinung des YouTube-Users Grosses
> zur »Pressekonferenz« des HSH-Nordbank-Chefs
> DIRK JENS NONNENMACHER
> am 20. 10. 2009

»Mehr Freiheit für die Freien: Die Bundespolizei verstärkt die Leibesvisitationen auf deutschen Flughäfen« – »Rechtfertigung von Bagatellkündigungen: Sturm der Empörung gegen höchste Arbeitsrichterin« – »Erfindung der Ostfriesenwitze: Wo die flachen Kerle wohnen« – »Gerüchte: Tiger Woods soll mit Geliebter feiern« (alle: *Spiegel-Online*, 29. 12. 2009).

Es sind ziemlich unerfreuliche Nachrichten, die das Bundesinnenministerium in der Woche zwischen Weihnachten 2009 und Neujahr 2010, für die Deutschen bereithält. Das just vereitelte Attentat des Nigerianers Umar Faruk Abdulmuttalab auf einen Airbus von Amsterdam nach Detroit liefert den Anlass, den Menschen in der freien Welt wieder einmal zu verdeutlichen, wie wenig frei sie wirklich sind. Während amerikanische Behörden unseren SWIFT-Zahlungsverkehr überwachen – wann und wie viel Geld überweisen wir an Amazon, an Microsoft und an Apple –, filzen unsere eigenen Behörden unsere Lebensgewohnheiten, unser Reisegepäck, unsere Körper. Mehr Kontrollen = mehr Sicherheit. Eine Gleichung, gegen die wohl nur aufbegehrt, wer Mord und Totschlag über den Wolken billigend in Kauf nimmt – halten uns die Einflüsterer entgegen.

Denn so sei das mit den totalitären Staaten der islamistischen Länder, sagen sie uns ebenfalls. Länder wie Abdulmuttalabs Jemen trieben ihre Bürger in den Terrorismus, der uns Westlern das Leben so schwer macht. Mit einem Fuß schon im Jenseits, harrten die Selbstmordattentäter den tausendundeinen Wonnen ihres Paradieses, in das sie sich durch Allah-gefällige Gewalttaten möglichst schnell hineinzubomben trachteten. Kein Wunder, dass die US-Regierung nur drei Tage nach den Ereignissen in den Lüften 70 Millionen Dollar bereitstellt, um al-Qaida nun auch verstärkt im Jemen zu bekämpfen.

Wir aber, wir Westler, wir könnten zufrieden sein, sogar glücklich. Wir lebten freier im Diesseits, bräuchten also kein Paradies. Denn wir leben in Demokratien. Was könnte dem Islam und seinen Terrorkriegern überlegener sein?

Westliche Freiheit – oder was die Nullerjahre davon übrig gelassen haben

In einer Demokratie ist der Wähler der *Souverän.*

Mündig, weil von scharfem Verstand und mit allen Aspekten sämtlicher politischer Themen vertraut, erteilt der *Inhaber der Staatsgewalt* via Wahlurne sein Votum. Dieses Votum ist geheim, auf dass keines Undemokraten Ungeist den Wert dieser Stimme beeinflussen kann. Denn der Souverän erteilt mit geradezu biblischer Wucht seinen Auftrag: Sei du mein Volksvertreter, regiere du als Kanzler oder Kanzlerin, als Ministerpräsident oder Bürgermeister, und führe du unser Deutschland / das Bundesland / die Stadt / das Dorf, nimm, wenn es sein muss, Platz im Europaparlament – du, Politiker, hörst du, in meinem, unserem, des Volkswillens Auftrag.

Tue, wie ich und wir dich heißen, und sei dir bewusst der Macht, die dir auf Zeit verliehen ist allein durch meine, unsere Stimme …

So viel zum Wellness-Feeling des Demokratiemarketings – hat es nicht etwas Poetisches, Göttliches gar, Heiliges an sich, Wähler sein zu dürfen in einer Demokratie, die nichts wichtiger zu nehmen scheint als gottesurteilartige Wahlergebnisse?

Allein dieser Satz am Tag nach der Wahl:»Das Volk hat entschieden …«

Für den vermeintlichen Hauptdarsteller im Olymp der Staatsformen sieht die Wirklichkeit leider anders aus. Ja, wir stimmen ab, doch ansonsten bleiben wir stumm: Der Bürger hat nichts zu melden. Sobald gewählt ist, interessiert sich bis knapp vor Ende der nächsten Regierungszeit kein soeben gewählter oder abgewählter Politiker mehr für uns. Kindergeburtstag oder Heiligabend ist eben nur einmal im Jahr. Hienieden ist der Souverän sterblich, ein Menschlein mit ziemlich schnell zerplatzenden Illusionen. Statt Herrscher über seine politischen Geschicke zu sein, bleibt der Bürger/Wähler zurück als ein verspotteter König, ein Frühstücksdirektor vor leerem Geschirr, ein Telekom-Kunde beim Anruf eines Telekom-Callcenters: keine Demokratie unter dieser Nummer.

Volksentscheide und Direktwahlen, wie in der Schweiz, sind für uns angeblich Teufelszeug. Was unmittelbar nach dem Zusammenbruch von Nazi-Deutschland nachvollziehbar war, wirkt heute schlicht unverständlich: Warum sollten die Deutschen Angela Merkel oder Frank-Walter Steinmeier nicht geradewegs ins Kanzleramt wählen? Keine Angst, für Oskar Lafontaine und Gregor Gysi wird's schon nicht zur Mehrheit reichen.

Gut 50-mal geht jeder Bürger in seinem bundesdeutschen Demokratenleben wählen. Im Schnitt 50-mal darf man als Wähler den Mund aufmachen, indem man ihn zulässt, aber sein Kreuzchen an der möglichst richtigen Stelle macht: Bundestag, Landtag, Kommune, Europa, mal im Vier-, mal im Fünf-Jahres-Rhythmus, jeweils mit Erststimme, Zweitstimme oder auch per Volksbegehren.

Bürger in einer Demokratie sein und mit abstimmen dürfen, da kommt schon was zusammen.

Auf dass wir in der Zeit dazwischen das Wählen und Abwählen nicht verlernen, bringen sich die medialen Wahlhelfer der Demokratie am besten dauerhaft in Stellung. Denn im 21. Jahrhundert ist der Bürger immer auch Medienrezipient, und als solcher kann er sich an jedem neuen Tag als Demokrat *fühlen* und seine Wahl treffen, seine Meinung kundtun, »etwas bewegen«, und wenn es nur der Kontostand etlicher Medienbetreiber ist.

Demokratie 2.0

Voten sollen wir, auf schlecht Neudeutsch: virtuell abstimmen, und zwar zu jedem beliebigen Thema, zu jeder beliebigen Person. Kein Mensch interessiert sich für solche elektronischen Stimmen, aber sie bringen Geld, und das wird in einer mit Demokratie verwechselten Kapitalismus-Demokratur gern verwechselt mit Meinungsfreiheit. Es kostet ja auch nicht viel, nur so zu tun, als ob man eine Meinung zu allem Möglichen hätte: Ob im Fernsehen, ob in den Zeitungen und Zeitschriften, »Ruf doch mal an« gibt buchstäblich dem »Wähler« das Gefühl, mit seinem Anruf oder seiner SMS etwas zu beeinflussen.

Dank der Mehrwerttelefonie, diesem Demokratieersatz.

Der »Mehrwert« ist freilich nicht das Votum selbst, sondern allein jene Gebühreneinheit pro Anruf, die sich die Telekom mit dem jeweiligen Diensteanbieter, also dem auf unsere Meinung angeblich so erpichten Demokratieermöglicher teilt. Zumeist 50 Cent pro Anruf aus dem Festnetz, »mobil viel mehr«, kassieren Deutsche Telekom und RTL, wenn beispielsweise ein Kandidat bei *Deutschland sucht den Superstar* rein- oder rausgewählt werden soll. Mit Demokratie hat *DSDS* zwar genauso viel zu tun wie eine Postagentur mit einem ehemals richtigen Postamt, aber warum nicht so tun als ob? Wir schieben ja auch einen Tiefkühlziegel für eine Dreiviertelstunde ins Backrohr und bilden uns ein, wir zögen ein »Schlemmerfilet à la Bordelaise« wieder heraus. Abgestimmt wird trotzdem, über anderer Leute Köpfe hinweg »entschieden«, wie in einer Demokratie – der unseren, »richtigen«.

50 Cent pro Anruf – das war mal eine gute Mark. Geschätzte 25 Millionen Anrufe pro *DSDS*-Staffel, geteilt durch Netzbetreiber und Serviceanbieter – erstaunliche Summen kommen zusammen in der Teledemokratie. Und so variabel wie die »echte« Demokratie ist die »interaktive« der Medien schon lange. Was in der Politik Anlässe wie Bundes-, Landtags- oder Kommunalwahlen, sind bei RTL & Co. eben eine Vielzahl von Quiz- und Castingshows, das Dschungelcamp, die Tanz- und Superlativ-Musikshows (»Die besten, schönsten, größten …«), nicht zu vergessen die zahllosen kleinen Anlässe, dem Zuschauer das Geld aus der Tasche zu ziehen, ob im RTL-Mittagsmagazin, bei *Exklusiv* oder auf der RTL-Website. Pay-TV durch die Hintertür ist das, nennen wir es ruhig: Verarsche – genau wie in der »richtigen« Demokratie.

Kein Wunder, dass sämtliche deutschen Fernsehsender dieses Geschäftsmodell nachzuahmen versuchen, wenngleich nicht in jedem Fall mit einem Hype um Quietsch-, Press- oder Schreistimmen. Im ZDF klingelt, wenn auch nicht ganz so laut, die Kasse, wann immer per Tele-Voting, etwa über den Wettkönig bei Thomas Gottschalk, abgestimmt wird. Die ARD lässt ihren volkstümelnden Florian Silbereisen die elektronische Kollekte herumreichen (»Das Advents-, Weihnachts-, Frühjahrs-, Sommer-, Herbst- und Hochzeits-, Wunsch- und Überraschungsfest der Volksmusik«). Die Nachrichtensender n-tv und N24 begehren nicht minder unsere Meinung beziehungsweise unser Umsatzscherflein, also flugs gevotet zu allen möglichen und unmöglichen Themen des Alltags: Soll der Minister oder die Ministerin zurücktreten, ja oder nein? Geplante Steuererhöhung – gut oder schlecht? Mehrwerttelefonie – nicht ganz fair oder schon legaler Betrug?

Dass sich die Öffentlich-Rechtlichen gewöhnlich mit Demokratiebeiträgen zwischen 6 und 29 Cent pro Anruf bescheiden, verdanken wir allein der GEZ: Wer regelmäßig seine Fernsehgebühren (sprich:

TV-Steuer) bezahlt, sollte eigentlich überhaupt nicht zusätzlich abkassiert werden. Mitbestimmung durch Mitfinanzierung, echtes Geld für Placebo-Entscheidungen – ursprünglich kennt das Wahlrecht keine Preisverordnung. Die Telekom kennt sie nicht nur, sie nutzt sie auch, selbst wenn sich so mancher Dauerwähler bis zum Monatsende ruiniert – für nichts.

Zerstreuung und Desinformation 2.0

Tatsächlich bestimmt inzwischen vor allem bei den großen Kommerzsendern die Telekom das Programm. *Audience participation,* Publikumsbeteiligung von zu Hause aus, ist ein Riesengeschäft. Würden bei den »Superstars«, den »Supermodels« oder den »Supertalenten« richtige Juroren abstimmen, Leute vom Fach und von Format, gäbe es RTL & Co. wohl schon gar nicht mehr. Ohne die Jahr für Jahr fest eingeplanten »Deckungsbeiträge« aus der Direktabzocke per Telefon sähe es in mancher Senderbilanz noch düsterer aus. Hollywood-Blockbuster sind teuer im Einkauf, auf DVD längst in jedem Haushalt, und die Konkurrenz programmiert heftig dagegen. Also Volksabstimmung zu völlig nichtigen, selbstgeschaffenen Anlässen, und wo die Anlässe ernst gemeint sind, wird trotzdem so getan, als repräsentierten per Telefon abgegebene Stimmen Volkes Meinung oder gar eine »Entscheidung«.

Vorbei die Tage, als Fernsehen einzig ernst gemeinter Information und gut gemeinter Unterhaltung diente. Vor lauter Voting überall fragt man sich, wie es im deutschen Fernsehen jemals abstimmungsfreie Zonen geben konnte, allenfalls erreichbar per TED (kostenpflichtig, aber kein Umsatzbringer für die Sender) oder per Postkarte (»… an Ihr Zätt-De-Eff, 65 Mainz 500«). Allein aus Fernsehgebühren und/oder Werbeeinnahmen wurde vor Urzeiten Fernsehen gemacht – keine zehn Jahre ist es her, wenngleich die wahren TV-Klassiker schon sehr viel älter sind. Keine Telekom, aber wir hatten Loriot und die Familie Hoppenstedt, einen Herrn Doktor Klöbner, einen Lottomillionär Lindemann (mit einer »Butikwe« in Wuppertal) oder

gar Lord und Lady Hesketh-Fortescue und deren Landsitz North
Cothelstone Hall nahe Nether Addlethorpe.
Bei RTL und Sat.1 und ProSieben kämpfen die Mitarbeiter längst
nicht mehr mit den Tücken des englischen Tie-äitsch, sondern mit
dem richtigen Setzen von möglichst vielen Spannungspunkten, mit
der Schaffung von Gelegenheiten, bei denen man wieder bundesweit
ein Fuffzgerl abgreifen kann. Zwischendurch klatschen Spaßgestal-
ten wie Atze Schröder, Mario Barth oder Cindy aus Marzahn Humor-
farben an die Wand, deren allzu grelle Töne man sich mit oder ohne
Jodel-Diplom kaum zu deuten weiß.

Propaganda statt Information

In einer Diktatur heißt die direkte Meinungsbeeinflussung Propaganda.
In kapitalistischen Demokratien ist die Sache komplizierter. Da
heißt Propaganda Information, und das klingt zunächst einmal gut.
Wo aber Information ist, da sind »Infomercial« und »Infotainment«
nicht weit, ach was: Schleichwerbung, Sponsoring, gekaufte Meinung. Wo sonst kämen sie sonst alle her – und nicht nur im Fernsehen –, die Servicetipps und Ratgeber-Sendungen, die »Immobi-
lienfürsten«, die »Autotester«, die Heerscharen von Köchen und
»Dinner«-Ausrichtern? Die Unter-Einflüsterer der Ober-Einflüsterer sind überwiegend adrett gekleidete junge Menschen, die leider
ganz normal finden, was sie tun: uns vollzudröhnen mit Produkten
und Handlungsweisen, die wir absolut nicht brauchen.

Tja, seufzen die Betondemokraten, es geht aber nicht anders, oder
wünscht man sich etwa Kommunismus und Sozialismus zurück?
Konsum ist nun mal Hauptbestandteil des Machterhalts – gemeint ist
freilich nicht der Machterhalt des Volkes über die Wirtschaft und ihre
Gönner, die sogenannten Politiker, sondern umgekehrt. Denn wehe!
Das Hamsterrad des Geldausgebens muss auf ewig in Schwung bleiben, und damit die Produktion, der Wirtschaftskreislauf, das Wachs-

tum. Sonst haben die Schwunggeber irgendwann keine Lust mehr auf Demokratie, wie schon einmal, in den Dreißigerjahren. Dann ist Schluss mit freier Meinung via Anrufzähler, und wir können im Supermarkt nicht länger wählen zwischen Fertigsuppen von Maggi oder von Knorr – wollen wir das?

Denn ob Fertigsuppen oder Fertighäuser, ob Autos, Kosmetika oder Lebensmittel, die meiste Kreativität des Volkes fließt schon lange nicht mehr in die Entwicklung oder Produktion. In die Vermarktung und Verteilung wird sie gepumpt, als bräuchten etwa die deutschen Lebensmittelhersteller wirklich rund 170 000 »verschiedene« Produkte, welche Werbemittel im Wert von jährlich 2,8 Milliarden Euro verschlingen, übrigens deutlich mehr, als die gesamte Autowerbung in Deutschland kostet.

Für den Gegenwert ganzer Fernsehspielfilme produzieren eben deren Regisseure Werbespots und Imagetrailer, selbst so renommierte Leute wie Helmut Dietl (*Schtonk, Kir Royal*) tun das; man muss schließlich von irgendetwas leben. Ohne mit der Wimper zu zucken, kaufen sich Hersteller Testimonials, bekannte Produktfürsprecher, und diese zucken ebenfalls mit keiner Wimper, sich dafür in den Medien starkzumachen – mit als Meinung getarnter Werbung.

Die Moderatorin des sonntäglichen *ZDF-Fernsehgartens,* Andrea Kiewel, lobte in der Sendung ihres ZDF-Kollegen Johannes B. Kerner ein bisschen zu sehr die Pfundverlustreligion der Weight Watchers. Auf Nachfrage wehrte sie ab: Alles ganz allein ihre Meinung, Geld bekomme sie nicht für so viel Sympathie. Als herauskam, dass »Kiwi« in der Tat gekauft war und live gelogen hatte, schmiss das ZDF sie raus – und holte sie übers Jahr gleich wieder zurück, denn Schleichwerbung hin, Lügen her, ohne die ehemalige Profi-Schwimmerin rutschten die Quoten am Sonntagmittag ins Minus, und schlimmer als Gemogel und Gemuschel kann für charakterfeste Senderchefs nur der Verlust von Marktanteilen sein.

Einst hatte Werbung – richtigerweise Reklame genannt – tatsächlich die durchaus ehrbare Funktion, die Menschen auf Produktneuigkeiten aufmerksam zu machen: Schon gehört? In Bonn macht einer

Fruchtgummi. Sollte man vielleicht mal probieren. Doch statt eines erträglichen »Ach, übrigens«-Auftrags erfüllt die Werbung nur noch einen »Jetzt und sofort«-Zweck. Sie soll weniger »informieren« als vielmehr zum Spontankauf anreizen. Weil dasselbe Ziel schon zu viele andere Hersteller verfolgen, sind unsere Städte zugekleistert mit Werbung; der berüchtigte ehemalige Osten wirkte schon deshalb so grau, weil in seinen Straßen zumeist das Grellbunte der im Westen als normal empfundenen Reklameflut fehlte.

In Fernsehrückschauen belächelt man gern die Massenaufmärsche in der ehemaligen DDR, den zackigen Politsprech von Honecker und Konsorten, die vermeintlich tumbe Folgsamkeit der Ossis. Und die Wessis damals, noch heute? Ohne die »freundliche Unterstützung« der Dresdner beziehungsweise Commerzbank erführen wir nach den *ARD Tagesthemen* nicht einmal, wie morgen das Wetter wird. Sportsendungen im gebührenfinanzierten, öffentlich-rechtlichen Fernsehen würden uns nicht länger »präsentiert« von Fitness-Plörre oder Turnschuh-Fabrikaten. Die Mattscheibe bliebe schwarz, wenn nicht ein großindustrieller Pillendreher oder Teepflücker sich erbarmte, und bei Gottschalk müssten Witz und Spannung regieren statt Mercedes-Stern und Audi-Ringen, und die Gäste auf seinem Sofa müssten ganze Sätze sprechen, statt fruchtige Stücke von Haribo zu kauen.

Über die Jahrzehnte hat sich ein milliardenschwerer Wirtschaftszweig herausgebildet, der seine Hauptaufgabe in der Ästhetisierung des überwiegend Nutzlosen, aber »Notwendigen« sieht. Mit einem Wust von alljährlichen Branchenpreisen umgibt sich diese dem schönen Schein selbst ausgelieferte »Industrie«. Menschen mit nachweislich vorhandenem Intelligenzquotienten vergewissern sich gegenseitig ihrer Existenz und Wichtigkeit mit wiederum gegenseitig verliehenen Auszeichnungen für die trickreichsten Hirn- und Gemütsmassagen der Verbraucher. Während ein junger Mensch, der heutzutage noch als Berufswunsch Investmentbanker äußert, schief angesehen wird, erfreut sich das Ausbildungsziel Werber noch immer sozialen Ansehens. Werbung, ah! Kunstgeneigte Zweier-Abiturienten kleiden sich in existenzielles Schwarz, tragen ihre Kaffeebecher durch fußballplatzgroße Lofts und raunen einander Geheimparolen zu, gespickt mit rätselhaften Worten wie *claim, impact* und *focus group*. Wer mit 25 genug *Briefings* und *Kampagnen* durchgehalten hat, steigt auf in Positionen mit nicht immer leicht zu erklärenden Tätigkeitsbeschreibungen. Er oder sie darf sich irgendwann vielleicht gar *Art Buyer* nennen oder *Art Director* oder *Creative Director.* Wer wiederum deren Arbeit überwacht, wird beispielsweise *Mediaplaner:* Zu bestimmen, welcher Spot am besten wo und wann und zu welchem Preis gesendet wird, lohnt jegliche Anstrengung auf dem Turbo-Gymnasium und rechtfertigt ganz sicher die Schnellabfertigung an den Universitäten. Nur Handwerk hat goldenen Boden. Aber das will ja keiner mehr glauben.

Werbung wird zur Ideologie

Dass ausgerechnet die Branche mit der Selbstbezichtigung »kreativ« eben dies am wenigsten sein darf, merken die wenigsten ihrer »Direktoren« im Verlauf ihres Berufslebens. Das Gegenteil von Demokratie halten sie für den Normalzustand: Den Menschen etwas aufs Auge zu drücken, seien es Kaffee-Pads oder Müsliriegel, erfordert mehr als nur Abitur – auf Produktnutzen wie den »SecureGard« getauften Auslaufschutz bei »Always«-Monatsbinden muss man schließlich erst mal kommen.

Früher war »alles« besser – ein oft gehörter Satz, aber es war früher auch »alles« besser. Besser im Sinne von: nicht so überdreht, nicht so hemmungslos-vulgär. Beschieden sich Werber und Auftraggeber in der guten alten Zeit der Achtziger und Neunziger noch mit reinen Produktanpreisungen sowie den üblichen Übertreibungen (»Gard«-gefestigtes Haar beispielsweise übersteht jeden Vielflieger-Marathon), so riecht es in den Kampagnen unserer Tage verdächtig nach Ideologie. Produkt und Produktname allein genügen nicht mehr. Ein »Spirit« muss her, ein Geist, und wenn's ein Ungeist ist.

Die »Geiz ist geil«-Parole trieb so lange ihr Unwesen, bis es wirklich ein paar Millionen Fans von Unterhaltungselektronik gab, die glaubten, im Media Markt würden sie regelrecht beschenkt. Und am liebsten hätten wohl Holger Jung und Remy von Matt, in deren Agentur diese Formel ausgebrütet wurde, gesagt: »Gier ist geil« – Hirn aus beim Einkauf, und Geldbeutel raus. Dass man für die Zuneigung des Handels sein Bestes, nämlich Geld, geben muss, wusste schon Richard Gere in *Pretty Woman* (USA 1990): »Läden sind nicht nett zu Menschen, Läden sind nur nett zu Kreditkarten.«

»Geiz ist geil« ist aber noch nicht tot. Ikea wirbt mit »Habenwollen-Wochen«, und das Jahr hat bekanntlich 52 Wochen. Die Nachrichten streichen die Gier einzelner Manager heraus, die angeblich zu der Weltfinanzkrise geführt hätte. Der Werbung ist das schnurz. Sie appelliert fröhlich weiter an niedere Instinkte; selbst das einst »etwas andere Möbelhaus« aus Schweden will in rezessiven Zeiten gar nicht mehr anders sein als die Haudrauf-Konkurrenz: »Wohnst du noch oder lebst du schon?« ist jetzt nur noch eine Frage von ein paar Her-damit-Stunden.

Das darf die Wirtschaft, weil die Politik es zulässt: ungehindert das Wertegefühl der Menschen manipulieren. Mit gar nicht mal so billigem Elektro-Schnickschnack den Einzelhandel plätten oder Holzabfälle in möbelhaften Plattenbau verwandeln, das reicht den Filialisten nicht mehr. Eine »Philosophie« muss her, und die kann nur lauten: totaler Konsum.

Die Zustände in der Werbebranche stehen stellvertretend für den Zustand unserer gesamten Gesellschaft: Von geistigen Schaffensprozessen zumeist unbeleckte Auftraggeber, rein umsatzgetriebene Vorgaben statt mehr oder minder vorhandene Produkteigenschaften, Vorgesetzte mit schwer zu hinterfragender Qualifikation, Selbstausbeutung als Primärtugend und über allen Köpfen das Damoklesschwert jederzeitigen Etat-Entzugs. Werber, ein Albtraumberuf für Menschen mit halbwegs ausgeprägtem Selbstbehauptungswillen.

Und trotzdem: Werbung wirkt. Mehr als 20 Milliarden Euro pro

Jahr wollen schließlich »verantwortungsvoll« ausgegeben sein. (Zum Vergleich: 2009 betrugen die Bundesetats für Umwelt und Naturschutz, für Gesundheit, für Familie, Senioren und Jugend, für Bildung und Forschung *zusammen* knapp 22 Milliarden Euro.)

Die Medien, allen voran die Fernsehsender, behaupten ja gern, Filme mit einem hohen Anteil an Gewaltszenen würden mitnichten zu einer Brutalisierung der Gesellschaft führen; gerade junge, heranwachsende Zuschauergruppen seien sehr wohl in der Lage, zwischen Realität und Fiktion zu unterscheiden.

Dass diese Schutzbehauptung eine glatte Lüge ist, beweisen in praktisch jeder Sekunde unseres Konsumentendaseins die Schönen und die Schlauen der Werbeindustrie. Wenn nämlich Agenturen für 30-Sekunden-Spots im Umfeld besonders frequentierter Sendungen (Fußball/Formel 1, Spielfilme, Shows) 100 000 Euro und mehr bezahlen, dürfen ihre Auftraggeber sicher sein, dass diese Investitionen sich direkt auf Umsatz und Gewinn auswirken. Kaum eine Branche verwendet schließlich mehr Sorgfalt auf die Dokumentation ihrer Eigenwirksamkeit als die Werbung. In ihrem Wahn, die Wirkung ihrer Werbung schematisch begreifbar, ja beweisbar zu machen, werden nahezu unsere gesamten Kulturhervorbringungen ausschließlich nach Marktanteilen und Einschaltquoten bewertet, und wir tun so, als sei das ganz normal.

Politiker als Meinungskiller

Binnen eines Vierteljahrhunderts, seit dem Sendestart 1984 von Sat.1 und RTL (damals noch RTL Plus), haben die Kommerzsender Information und Unterhaltung unter das Diktat der »Quote« gestellt. Selbst die öffentlich-rechtlichen Fernsehanstalten, aus den Zwangsmilliarden der Bürger rundum sorglos finanziert, messen den Erfolg ihrer Programme nicht an Zuschauerzufriedenheit oder Beliebtheitsgraden, sondern ausschließlich an Einschaltquoten und Marktanteilen, der Kommerzwährung der privatwirtschaftlichen Konkurrenz. Die Folge ist ein Kopf-an-Kopf-Rennen um die »publikumswirksamsten« Programme, sprich: um das ständige Übergipfeln des größten gemeinsamen Nenners namens Aufmerksamkeit.

An dieser Stelle kommen, wieder einmal, die Einflüsterer zum Zuge: Der Quoten-Wahnsinn spielt rechtskonservativen Politikern, die uns am liebsten den Mund verbieten würden, in die Hände. Sie sagen das nicht so, handeln aber danach. Etwa indem sie unliebsame Chefredakteure sprichwörtlich von der Bildfläche entfernen.

Hessens Ministerpräsident Roland Koch (CDU) beispielsweise, berüchtigt für »brutalstmögliche Aufklärung«, würde das *Heute-Journal* des ZDF wohl am liebsten ganz abschaffen, brutalstmöglichst schnell. Aus seiner Sicht mit gutem Grund, informieren sich doch, nüchternen Zahlen zufolge, sehr viel mehr junge Zuschauer durch die schwungvoll inszenierten Nachrichtensendungen etwa von RTL als durch die gute alte Tante ZDF mit ihrem hohen Qualitätsanspruch. Kochs vermeintlich unschlagbares Beweismittel: die Einschaltquoten. In der Tat besagen diese, dass RTL bei seinen Informationssendungen über mehr Zuschauer zwischen 14 und 29 Jahren verfügt als das ZDF. Dass RTL aber auch alles tut, um diese *werberelevante* Zielgruppe mit möglichst vielen »weichen« Beiträgen aus Sport-, Film- und Showgeschäft mehr zu unterhalten als zu informieren, wischt der rasende Roland schnell beiseite: Der vormalige Chefredakteur des ZDF, Nikolaus Brender, war einfach nicht sein Fall, die von diesem verantworteten Nachrichten noch weniger, also weg mit dem Mann, und seinem Nachfolger ins Stammbuch geschrieben: Memento mori – bedenke, du bist sterblich.

Der Einflüsterer Koch setzte sich durch.

Wäre da nicht der offene Brief von 35 (!) Verfassungsrechtlern gewesen, die hinter dieser Rochade einen unverhohlenen Angriff auf die Rundfunkfreiheit erkannten, man fragte sich, wie der hessische Landesfürst praktisch ungestört seinen Macchiavellereien frönen kann. »Es geht schlicht darum«, schrieben ihm die Staatsrechtler, »wer das Sagen, wer die Macht hat beim ZDF. Was geschieht, wenn es die Garantie der Staatsfreiheit nicht gibt, wird uns derzeit am Beispiel anderer europäischer Staaten vor Augen geführt.«

Fortschrittsbremse für die Kreativen

Doch nicht nur Kanzlerin und Bundespräsident erweisen sich als zaudernd, wenn es darum geht, Angriffe auf die Souveränität der Medien durch ein Machtwort zu vereiteln. Attacken wie die Kochs haben nun einmal Symbolfunktion – eine durchaus beabsichtigte Nebenwirkung. Kritiker aller Couleur reißen sich nun wohl noch mehr als bisher am Riemen, wenn es gilt, Klartext zu schreiben, zu sprechen oder zu senden.

Dabei liegt bereits seit der Jahrtausendwende die Hemmschwelle zum Verschweigen und Unter-den-Teppich-Kehren nicht nur bei den Öffentlich-Rechtlichen sehr viel tiefer. Seit die wirklichen Fernsehmacher in den Hintergrund oder, altersbedingt, ganz abgetreten sind, haben überall die Betriebswirtschaftler und Juristen das Ruder übernommen. Was in der Politik so einfach ist, kann beim Fernsehen nicht schwerer sein: führen – bestimmen, was dem Volke gefällt und was nicht.

Experimente wie neue Formate haben im deutschen Fernsehen heute eine Halbwertszeit von durchschnittlich zwei Sendungen. Was nicht von jetzt auf sofort Quote bringt, wird erst auf einen anderen Sendeplatz geschoben (siehe *Kerner* bei Sat.1) und fliegt, falls sich der Erfolg noch immer nicht umgehend einstellen will, gnadenlos aus dem Programm. Damit ist die berüchtigte Schere im Kopf eigentlich ein von ideologischer Hand bedienter Rechenschieber: Wie viele Zuschauer der und der Zielgruppe erreiche ich auf dem und dem Sendeplatz, um Roland Koch nicht zu vergraulen?

Maulkörbe für die Aufklärer

Politische Information, kritische Auseinandersetzung mit den Verhältnissen (*Monitor, Panorama, Zapp, Fakt, WISO*) – wozu? Warum der arbeitenden Bevölkerung abends nicht Ruhe gönnen, sie ausspannen lassen von der Last des Alltags? Kritische Magazine – *linke* Magazine! – bringen doch höchstens Ärger, aber »zu wenig« Zuschauer. Deshalb: mehr Doku-Soaps, mehr Schweden-Krimis! Sendet mehr Herzschmerz – pilchern soll es auf dem Schirm, menscheln muss es und schmeicheln, und derart unverbindlich sieht Fernsehen zur Hauptsendezeit auch aus.

Günther Jauch gehört noch immer nicht mehr als die Hälfte aller Häuser in Potsdam, also noch 'ne Million und noch eine: Nicht wer Millionär wird, ist die Frage, sondern wer es längst – gegönnt, gegönnt – seit mindestens den Neunzigerjahren ist. Das Tages- und Abendgefühl unseres Lebens bestimmen nicht unsere eigenen Erlebnisse; welcher Wochentag gerade ist, ob Montag oder Mittwoch, bestimmen Günther Jauch und seine um ihn herum betonfest programmierten Kollegen, ja er bestimmt sogar, wann das Jahr zu Ende ist, nämlich nicht in der Silvesternacht, sondern kraft seines alle Jahre wieder veranstalteten Jahresrückblicks schon Anfang Dezember: Liebe Tsunami-Wellen! Bitte nicht nach dem zweiten Dezemberwochenende fluten, wenn ihr bei RTL, Sat.1, in ARD oder ZDF noch vorkommen wollt! Liebe dahinsiechende Prominente, harrt aus bis ins andere Jahr oder nippelt deutlich vor der Zeit von Äpfeln, Nüssen und Mandelkern ab. Die Jahresrückblick-Mafia Jauch-Kerner-Gottschalk hält sonst keinen Sendeplatz mehr im Fernsehhimmel für euch frei.

Das wahre Methusalem-Komplott, Herr Frank Schirrmacher von der *F.A.Z.,* die wahre Verschwörung findet im Fernsehen statt, geschmiedet nicht von von Rentenangst besessenen Programmveteranen, sondern von ausschließlich auf Quote bedachten Jungredakteuren: In den Staub mit der Kinematografie, flüstert es allenthalben auf den Senderfluren.

Filmklassiker von Regie-Helden wie Alfred Hitchcock, Billy Wilder, Wim Wenders oder Wolfgang Petersen versendet das Fernsehen an sommerhitzigen Sonntagnachmittagen oder werktags grundsätzlich nur jenseits der Null-Uhr-Grenze, ganz so, als wären ein *Psycho*, ein *Manche mögen's heiß*, ein *Paris, Texas* oder *Das Boot* eine beliebig vertauschbare Helmut-Kohl-Neujahrsansprache von 1986, pardon: 1985.

Und die Einflüsterer vermögen auch zu schreien, und wie!

Kommt die Werbung, boostet die Senderegie den Ton von laut auf prügellaut: Nessun dorma, liebe Kulturbeflissene; auf dass ja keiner schlafe und ein jeder höre, was die Konsumgüterindustrie uns zu sagen hat. Werbezeit ist teuer, weshalb so gut wie jede Sendung im deutschsprachigen Fernsehen weniger an den Interessen der Zuschauer ausgerichtet ist als an den Wünschen der Werbeagenturen. Sie sind die Büttel der Wirtschaft, zwingen die Menschen zur Aufmerksamkeit. Es spricht: der große Diktator Kommerz!

Die Einflüsterer lassen ihre jungen Hunde von der Leine, und aus Dynamik wird Hektik, aus Spannung Stress, aus Vielfalt Beliebigkeit, aus Ernsthaftigkeit Klamauk, aus Information Faktenhuberei, aus Entspannung Anstrengung und aus Hingabe – im besten Fall – Verweigerung: jede Fernsehsendung eine Dauerwerbesendung.

Talkmaster interviewen Talkgäste zu ihren neuesten Talkshow-Produkten (Film, Buch, Platte, Lebensschicksal); schon im nächsten Moment sehen wir dieselben Gesprächsmeister in Werbespots und Zeitungsanzeigen. In den Nachrichten dominieren die Prognosen von für unverzichtbar gehaltenen »Experten« wie Hans-Werner Sinn vom Münchner ifo Institut. Es deuten die Zeichen der Zeit der vielgesendete »Wirtschaftsweise« Peter Bofinger oder der als arbeitgebernah geltende Michael Hüther von Institut der deutschen Wirtschaft in Köln. Alle zusammen buhlen sie um Aufmerksamkeit und / oder um lukrative Aufträge.

Unliebsame Bücher in die Grabbelkiste

Kulturmagazine – noch gibt es sie, wenigstens dem Namen nach, und auch nur noch im Staatsfernsehen. Freilich berichten sie immer weniger über wirkliche Kultur als über Kinostarts, Buchpremieren oder prämierte Werbespots: *Den Zuschauer dort abholen, wo er steht,* dummschwätzt es beschwichtigend in Redaktionskonferenzen. *Der Zuschauer soll sich im Senderangebot wiederfinden,* heißt es auch sehr gerne, weshalb ansonsten sympathische Kulturreferenten wie Dieter Moor (*Titel Thesen Temperamente*) oder Wolfgang Herles und Luzia Braun (*Aspekte*) sich immer öfter auf Kultur-Teleshopping einzurichten haben – und wir, das Fernsehpublikum, uns nicht minder. Andere sagen uns, was wir zu lesen, zu sehen, zu hören haben und was nicht. So viel Chuzpe leisten sich nicht einmal die Popmusik-Hitparaden von Viva und MTV.

Denn ohne erwiesene oder zu erwartende Massenverkäufe gibt es auch keine als Information verpackte Werbetrailer mehr. Das ganze Leben ist schon lange kein Quiz mehr, nur eine einzige Verkaufs-show. Der traurigste Beweis: die vielen »schräg« sein wollenden Bü-chersendungen. Denis Scheck, wie ein ungedeckter solcher für be-lastbare Werte nicht zu haben, leistet sich in der ARD-Büchersendung *Druckfrisch* den Jokus, ihn überflüssig dünkende Bücher einfach in den Müll zu werfen. Ob Hans-Olaf Henkels *Die Abwracker* oder Margot Käßmanns *In der Mitte des Lebens* – wozu braucht das deut-sche Fernsehen auch noch einen Buch-Enflüsterer? Weniger zurück-haltende Sachbuchautoren zögen womöglich die Nazikeule hervor und flüsterten Herrn Scheck zu: Mensch, Denis, Bücherverbrennung war 1933! Hab ein bisschen mehr Achtung vor den Leuten, denen du deine Gage verdankst.

Politiker haben der Menschheit immer etwas einzuflüstern, rund um die Uhr.

Also auf in die Medien, zuvorderst ins Fernsehen. Sei es das neue, uralte Wahlprogramm, der aktuelle Stand der jeweiligen Partei oder Regierung, notfalls auch nur die eigene, garantiert ideologiefreie Meinung. Selbst vermeintliche Stil-Ikonen wie Karl Lagerfeld, eigentlich eines der letzten Unikate unter lauter Kopien, verwechselt mindestens einmal im Monat – gefühlt: jede Woche – sein Wohnzimmer mit einem Fernsehstudio. Jeden Sonntag-, Montag-, Mittwoch- und Freitagabend finden sich auf dem Bildschirm die gleichen Gäste aus Politik und Showgeschäft ein, nur sehr gelegentlich angereichert von einem Neuzugang. Man kann Eckart von Hirschhausen durchaus sehr, sehr witzig finden. Aber muss man wirklich zu Tode »informiert« werden über seine vielen Auftrittstermine, Bucherscheinungen, Lesungen?

Dasselbe gilt für Richard David Precht, für Charlotte Roche, für Frank Schätzing, eigentlich alles leidlich kluge, verwegene, unterhaltsame Menschen – in dieser Reihenfolge. Aber sie jede Woche aushalten, beinahe jeden Tag? Und dann singen sie auch noch, so wie Barbara Schöneberger, wenn die Kollegin Ina Müller in ihren Dorfkrug bittet – haben wir wirklich keine eigenen Freunde und Bekannten mehr?

Und wieder: Satire als letzte Zuflucht der Wahrheit

Die Einflüsterer halten uns tunlichst fern von relevanten Informationen. Wirklich über Politik und Gesellschaft zu reden ist zum Privileg der modernen Hofnarren geworden. Die kreuznervösen Politikerimitatoren Matthias Richling und Florian Schröder arbeiten sich an Merkel/Köhler/Schäuble/Beckmann ab, fleddern ungeniert die *Tagesshow* des seligen Rudi Carrell von 1986, dieses ab 1993 bei *RTL Samstag Nacht* sowie um die Jahrtausendwende bei Sat.1 (*Die Wochenshow*) totgerittene Satireformat. Man sitzt vorm Fernseher, schmunzelt zu allem, lacht sogar zu manchem – aber wirklich erhellend ist das alles nicht: Die Merkel und lustig, Schäuble gar, der nach Gerd Fröbe und Karin Dor in jedem James-Bond-Remake als deutscher Edel-Schurke (*... jagt Dr. No*) brillieren könnte? Lacht kaputt, was euch kaputtmacht – gut gemeint gewesen, Rio Reiser, aber beim *Satire-Gipfel* der ARD flüstern zu viele Intendanten im Hintergrund, beim ZDF (*Die Anstalt*) wenigstens nur einer.

Die »Message« der Einflüsterer: Es gibt keine Menschen mehr, nur noch Absender von – mehr oder weniger wahren – Fakten und Daten. Beim Empfänger sollen sie eine einzige Reaktion hervorrufen: einen Kaufimpuls. Jetzt, gleich, sofort. Kauf mich, lies mich, hör mich, guck mich, *wähl mich:* Die Freundin, die immer nur anruft, wenn sie etwas braucht; der Freund, der Mails immer nur dann verschickt, wenn in seiner Kasse Ebbe herrscht; jeder will etwas von jedem, wie könnte es anders sein im einst als soziale Marktwirtschaft der Demokratie gedachten Wirtschaftssystem, das irgendwelchen verrückten Wissenschaftlern in irgendeinem verrückten Labor aus den Reagenzgläsern geflossen ist als Mutation, als brutalstmögliche kapitalistische Demokratur: Danke, Roland Koch, dass Sie mit Herrn Brender schon mal einen unliebsamen Chefredakteur weggeflüstert haben. Hören wir bald noch mehr von Ihnen?

Der voll und ganz zugeflüsterte Mensch

Millionen von Menschen tun es dem Fernsehen gleich. Sie begeben sich auf den Selbstvermarktungstrip. Lange genug ist ihnen vorgegaukelt worden, nur in völliger Öffentlichkeit könnte ein Leben Bedeutung erlangen: Sportler, die sofort nach vollbrachter Hunderstelsekundenleistung druckreif ins Mikro keuchen, Politiker, die nach soeben hinterbrachtem Wahldesaster lächeln, als müsste Angela Merkel zurück in die FDJ – wie könnte es da noch ehrliche Meinungen geben? Wer handelt überhaupt noch aus idealistischen Motiven: Tach beisammen, hab zwar nichts zu verkaufen und kandidiere für kein Amt, aber dies und das finde ich super oder scheiße. Wie könnte es, wenn alle sich gegenseitig manipulieren, noch Demokratie geben?

Ganze Völker orientieren sich an den Marketingwünschen der Beeinflussungsindustrie, Konsum als Leitstern eines »modernen« Daseins. Zugleich gehorchen sie den zum Zwecke der Beeinflussung geschaffenen Gesetzen. Das oberste davon lautet: Hör und sieh mir zu, jederzeit! Im Zusammenwirken mit *allen* werberelevanten Medien ist daher der Konsument, der Bürger, der *Mensch* einem Wahnsinns-Getröte und Geflimmere ausgesetzt: Kaufe, kaufe mehr, kaufe sofort! Maskiert sich die Werbung, dann kommt sie als »Öffentlichkeitsarbeit« daher, als »Sponsoring«, als »Guerilla-Marketing« – in Camouflage schreien oder flüstern diese Geheimagenten der Manipulation nicht mehr, sie hauchen nur noch, dafür umso untergründiger und verdeckter: He, wie wär's, wenn du sofort mal …?

Und das ist nur das Fernsehen. Gerade erlebt das Zeitungs- und Zeitschriftengewerbe seine bislang größte Umwälzung, angeblich geschuldet dem Diktat der Werbung und ihren nur noch stockend fließenden Milliarden – auf Diktatoren ist eben kein Verlass. Die wahren Nutzer müssen wieder ran, und zwar ran an die Kasse: Online-Inhalte sollen künftig wieder Geld kosten, aber diesmal so richtig. Gut, liebe Verleger, wenn ihr dafür wirklich Inhalte zu bieten habt?! Printausgaben sollen deutlich mehr Geld kosten, weil sie voraussichtlich weniger mitfinanzierende Werbung enthalten werden. Gut, wenn ihr die Preise wieder ebenso drastisch senkt, sobald die Konjunktur wieder anspringt?!

Haben wir also von »werbebereinigten« Medien tatsächlich wieder mehr Inhalt, mehr Ernsthaftigkeit, mehr Demokratie zu erwarten? Da seien die Einflüsterer vor: Mehr denn je wird künftig auch im Printbereich die Quote regieren, in diesem Fall die Auflage. Diese zu steigern, werden die Verlagsbosse kaum echten Enthüllungen überlassen. Wir dürfen uns also auf noch mehr Sex und Klatsch und Albernheiten gefasst machen, aber kaum auf mehr Wahrheit. Dieser nachzuspüren kostet Zeit und Geld. Beides soll – neues, einmütiges Branchencredo – künftig so knapp wie möglich gehalten werden.

Wenn uns also die Medien die wahren Sensationen und die wahren großen Gefühle vorenthalten, warum gehen wir dann nicht einfach ins Kino? Weil die Einflüsterer auch hier schon Quartier bezogen haben: Die Damen und Herren Regisseure liefern überwiegend nur noch, was als massenkompatibel erscheint, und sei es noch so abstrus gedacht und gemacht.

Die Einflüsterer besiegen Hollywood

Roland Emmerich, der Lieblings-Schwabe und Lieblings-Weltzertrümmerer der Amerikaner, zerdeppert nun schon zum dritten Mal das Weiße Haus, die Freiheitsstatue, ja ganz Hollywood. Sein im November 2009 gestarteter Film *2012* ist nicht etwa seiner Zeit um rechnerische drei Jahre voraus, er hinkt vielmehr der intellektuellen Leistungskraft seines Schöpfers um ein Erwachsenenalter hinterher – und um 200 Millionen Dollar Produktionskosten: Schon wieder der gleiche Film, noch mal die alte Leier; die Einflüsterer geben solche Mittel nur für die Abbildung *fiktiver* Katastrophen frei.

Nach Aliens und Kometen müssen bei Emmerich diesmal die Mayas als Vorwand für die Globalkatastrophe herhalten: Mit dem computergestützten Vernichtungshammer geht es sämtlichen berühmten Bauwerken an Ziegel und Zement, aber sich tricktechnisch an der Kaaba in Mekka zu vergreifen, das wagt der rasende Film-Roland dann doch nicht – Fatwa-Gefahr! Warum als Salman Rushdie enden, wenn man schon den nächsten Kassenschlager im Sinn hat? Also zerstört Emmerich einmal mehr die Welt, lässt Christen, Hindus, Buddhisten und sicher auch die Zeugen Jehovas über den Jordan gehen. Nur die muslimische Welt, sie darf bitte nicht gereizt werden, nicht einmal durch fiktionale Mittel: Wenn selbst ein millionenschwerer Regisseur vor seinen Einflüsterern kuscht, wenn er in einem lächerlich vorhersehbaren Film ein gutes Viertel der Menschheit ausspart, nur weil er diese Ausnahme für »politische Korrektheit« hält – *2012* soll schließlich auch in den Nahen und Mittleren Osten verkauft werden –, dann ist es nicht nur mit der künstlerischen Freiheit, sondern auch mit der geistigen nicht mehr weit her.

Und trotzdem kümmert so viel vorauseilender Gehorsam die Einflüsterer wenig.

Es ist ja keineswegs so, dass Sony Pictures, die Verleihfirma von *2012,* in wirklich jedem Medium Werbung für den neuen Emmerich bucht. Trotzdem fühlen sich landesweit – man kann ruhig sagen: weltweit – die Medien veranlasst, den Film großflächig zu besprechen: Drehberichte, Szenenfotos, Interviews. Sogar herbe Kritiken über die Dumpfmeisterlichkeit, mit der Emmerich seit Jahr und Tag immer wieder denselben Film abliefert, sind darunter. Macht nichts, lieber schlechte PR als gar keine.

Bleibt die Frage, warum nahezu jede Zeitung, jede Zeitschrift, jeder Fernseh- und Radiosender plus deren Online-Dienste sich bemüßigt fühlen, ständig über dieselben Filme zu berichten: *2012*, der neue Bond, der x-te *Die Hard*, Richard Gere als Hundefan (*Hachiko*), George Clooney als Ziegentöter (*Männer, die auf Ziegen starren*), Nora Tschirner als Til Schweigers – oder so ähnlich – Kindergärtnerin (*Zweiohrküken*) – zu viel vom Immergleichen, zu viel von dem, was die Einflüsterer uns gerade noch zugestehen.

Denn mittlerweile machen sich die Medien selbst nur zu gern zu Einflüsterern der Einflüsterer.»Im Seichten kann man nicht ertrinken«, befand einst RTL-Gründungsvater Helmut Thoma. Der um Bonmots nie verlegene Österreicher wollte uns damit sagen, man könne im Mainstream prima mitschwimmen, ohne eigene Energie aufzuwenden. Noch deutlicher: Wer unter seinesgleichen bleibt und stets das Gleiche macht, macht weniger Fehler. Dass auf diese Weise auch alles andere so bleibt, wie es ist, nämlich alles andere als in Ordnung, steht auf einem anderen Blatt.

Das freie Wort auf dem Rückzug

Die ersten zehn Jahre im neuen Jahrhundert sind vorbei, und wir reiben uns verblüfft die Augen: Mensch, zehn Jahre, und wir leben in einer neuen Welt – in jener»schönen neuen«, die uns George Orwell anno 1948 mit Entsetzen an die Wand gemalt hat: von Heuchlern regiert, die Demokratie sagen, aber Beherrschung meinen, die sich vermeintlich machtlos vor den»Bankstern« geben, die hemmungslos die westliche Hemisphäre ausplündern, die Milliarden-Jackpots auf ihre Spielertische knallen, zur gefälligen Selbstbedienung. Einer der Ober-Ausplünderer darf sich Geburtstagspartys im Kanzleramt wünschen und ungestraft von Zehn-Milliarden-Jahresgewinnen schwadronieren – Josef Ackermann plündert mit seinen Sprüchen und seinen Gesten (»Victory«) den letzten Vertrauensrest der Menschen in einen gerechten Staat.

Dass die Meinungsmache in den Händen von nur noch ganz wenigen Verleger-Oligarchen ist, kümmert die Spitzenpolitik nur insoweit, als sie, jeweils zu Wahlkampfzeiten, von der einen oder anderen Seite tatkräftig unterstützt wird. Bestellte Meinungen, herbeizitierte »Experten«, geknechtete Schreibhandwerker, die gehorsam ihr ideologisches Plansoll abzuliefern haben. Im Fernsehen herrschen intellektuelle Leichtlohngruppen; Franz Beckenbauer würde sagen: »geistige Nichtschwimmer«. Und tatsächlich: Statt gegen den Strom der Zeit zu schwimmen, suhlen sich die Dividendenbeschaffer der Medieninvestoren im selbstangerührten Dreck, oder sie planschen dumm-fröhlich im Seichten, wo man, der Thoma'schen Lebenserhaltungslehre zufolge, nicht ertrinken kann.

Auf der Strecke bleibt der von Kindesbeinen an manipulierte Mediennutzer, Staatsbürger, Wähler – Mensch. Dabei bräuchte man nur das Notebook runterzufahren, das Mobiltelefon abzustellen, die Aus-Taste auf der Fernbedienung zu drücken und dann das Fenster weit zu öffnen. Zu sehen wäre die wahre Welt, wenn auch nur die vor unserer Haustür, ob sie uns gefiele oder nicht. Aber wir wären endlich frei von allgegenwärtigen »Segelmädchen« (der holländische Wasserfex Laura Dekker), »Boxenludern« (Katie Price) und »Partyschlampen« (Namen aktuell nachzulesen in *Bild*), von den wie Götter verehrten Immer-nur-im-Kreis-Rasern der Formel 1, von den Profi-Gesichtsverkäufern des kommerziellen und öffentlich-rechtlichen Fernsehens, von den so dreist wie menschenverachtend erlogenen oder verbogenen Geschichten der Boulevard-Presse: Das aufgerissene Fenster brächte eine erste Linderung.

Wirkliche Heilung brächte nur, sich die eigene Meinung nicht länger von den politischen Medien konfektionieren zu lassen. Nur wenn wir die Schläuche des Tropfs, an den sie uns gehängt haben, selber abziehen, haben wir eine Chance, wieder klar im Kopf zu werden. Das geht ganz leicht: Politiker haben Gesichter, und die lügen, im

Gegensatz zu ihren Mündern, so gut wie nie. Jeder Wahlkampfmanager weiß, wie schwer es ist,»seinen« Kandidaten telegen zu machen. Fotogen – kein Problem; es wird einfach so lange fotografiert und mit Photoshop nachbearbeitet, bis das Wahlkampfplakat einen Helden zeigt. Im Fernsehen oder bei Veranstaltungen ist das so gut wie unmöglich. Wären in Talkshows nicht die gnädigen Bildmischer, die ihren Regisseuren ohnehin nur gnädige Bildangebote machen, viele Politiker entlarvten sich schon in den ersten Minuten einer Sendung: einfach mal den Ton abdrehen und nur die Physiognomie der Damen und Herren studieren, diese eingefrorenen Züge auf sich wirken lassen, welche die Coachs ihnen als»überzeugend« antrainiert haben.

Trau, schau, wem – unsere Demokratie verkommt zum Maulkorb-Staat mit Placebo-Effekt. Wie einst die SED ihren maroden Arbeiter- und Bauernstaat, so bejubeln unsere freien Marktwirtschaften *das freie Spiel der Marktkräfte*. Weil wir immer weniger echte Schweinereien zu sehen kriegen, sprechen wir immer weniger darüber. Das ganz große Gebolze überlassen wir denen, die am allerwenigsten damit zurechtkommen, den Politikern. Dafür erregen wir uns über Dinge, die wirklich nebensächlich sind: Sollen PolitikerInnen mit dem Dienstwagen in Urlaub fahren dürfen? – also bitte. Sitzen Ex-Stasi-Mitarbeiter nur in den Fraktionen der Linken und der SPD? Aber nein, die CDU hat ebenso reichlich Zulauf bekommen seit 1990 und auch später noch. Sollten wir in Zukunft nicht alle mehr mit elektrischen statt mit Benzin- oder Diesel-angetriebenen Autos fahren? Aber nein, sehr viel weniger sollten wir fahren, schon jetzt mehr den öffentlichen Verkehr nutzen, trotz der vielen Unannehmlichkeiten, um Flagge zu zeigen.

In den Sechzigerjahren formierte sich die Außerparlamentarische Opposition, die APO, deren Anhängern das Geklüngel in den Parlamenten zuwider war. Wer darüber heute schmunzelt, sollte bedenken, dass aus diesem Sammelbecken der Unbotmäßigen später die Grünen hervorgingen. Deren ursprüngliches Gedankengut – Ökologie als einer der Kerninhalte von Demokratie – ist heute selbstverständlicher Bestandteil im Parteiprogramm ziemlich aller anderen Parteien. Nicht schlecht für ein paar unorganisierte Chaoten, als welche die APO von Anfang an diffamiert wurde – von einem Großteil der damaligen Medien.

Das Spiel der »Etablierten« nicht mitmachen, bei dem wir nur Zuschauer sind, aber nie wirklich etwas mitzureden haben. Angesichts Finanzdiktatur und Klimawandel, um nur zwei der drängendsten Themen zu nennen, widerständig werden. Unser eigenes Schicksal und das unserer Nachkommen nicht von willfährigen Politikern verspielen lassen. Nicht länger den Einflüsterern, egal von welcher Seite, zuhören: Demokraten werden, die Demokratie festhalten, ehe sie uns vollends um die Ohren fliegt.

Während wir geduldig darauf warten, dass »die da oben« endlich handeln, schiebt sich der kollektive Maulkorb aus Überwachung (»Anti-Terrorgesetze«) und Bevormundung (»Fordern und Fördern«), aus Existenzangst (Hartz IV) und Gleichgültigkeit (»Meine Daten kann jeder haben«) über unsere Münder. Dieser kollektive Maulkorb sorgt für eine immer schnellere Entsolidarisierung der Gesellschaft: Gemeinsam die Klappe zu halten macht uns Bürger schwächer, aber die Starken noch stärker.

13.
Von wegen eigene Meinung:
Das zugeflüsterte Volk

Es mag Zeiten geben,
da wir gegen Ungerechtigkeiten
machtlos sind,
aber wir dürfen nie versäumen,
dagegen zu protestieren.

ELIE WIESEL, US-Schriftsteller
und Friedensnobelpreisträger

Kurzer Meinungs-Schnellcheck:
Hartz IV: Soziale Hängematte für asoziale Durchhänger oder sogar vom Bundesverfassungsgericht als unzureichend monierte Grundsicherung?

Türken und andere fremdländisch aussehende Migranten: Integrationsunwillige, allein auf den Verkauf von Obst und Gemüse fixierte Produzenten von »Kopftuchmädchen« oder bedauernswerte Objekte latenter Ausländerphobie?

Die Bundeswehr am Hindukusch: Friedenssichernde Aufbauhelfer oder kriegführende Expeditionstruppe?

Finanzkrise: Hervorgerufen durch die Gier einzelner Banker oder ganz legal ermöglicht durch vom Gesetzgeber geduldete Gesetzeslücken?

Wirtschaftskrise: Hervorgerufen durch einen der naturgesetzlich auftretenden Abschwünge oder durch die zügellose Wachstumsmanie von Regierung und Wirtschaft?

Vorratsdatenspeicherung: Zur Abwehr potenzieller terroristischer Gefahren sowie zur Bekämpfung allgemeiner Kriminalität unerlässliches Kontrollinstrument oder nur ein weiterer Versuch, die Bürgerrechte zurückzudrängen?

Komasaufen: Destruktive, aber vorübergehende Partymode unter Jugendlichen oder Ausdruck einer allgemeinen gesellschaftlichen Selbstzerstörung?

Veränderung des Klimas: Reine Panikmache, weil es Klimaveränderungen schon immer gegeben hat, oder objektive Gefahr für Milliarden von Menschen?

Elektroauto und Hybridantrieb: Hoffnung für S-Klasse-, Porsche-Cayenne- sowie Siebener-BMW-Fahrer, sich künftig auch noch als umweltfreundlich darstellen zu können, oder Riesenumsatzchance für Energieproduzenten, weil uns insgesamt weniger Verkehr besser täte?

Wir drücken aufs Tempo: Weihnachtsrummel ja oder nein, Rauchen in öffentlichen Räumen gut oder schlecht? Betreuungsgeld für Sozialschwache in bar oder nur als Gutschein, soziales Pflichtjahr für junge Männer und / oder auch für junge Frauen? Organ-»Spende« als gesetzliche Option oder grundsätzlich nur auf Freiwilligkeit? Mehr Geld für die Ausbildung »unserer« Eliten oder mehr Geld für die Ausbildung *aller* unserer Kinder? Menschenrechte, Zuwandererströme, Kinderregelsätze, Aufenthaltsgesetze, Förderung der Altersteilzeit, Eigentumsübertragung bundeseigener Seen – bitte geben Sie jeweils möglichst eindeutige und unwiderlegbare Antworten!

Was wir noch oder schon für unsere eigene Meinung halten, ist oftmals das Produkt einer ganzen Meinungsindustrie. PR-Fachleute, Medienberater, Lobbyisten, Wahlkämpfer und Interessenverbändler geben sich in den Medien die Klinke in die Hand, denn sie alle haben etwas zu verkaufen: ihre Meinung, ihren Kandidaten, ihre Partei, ihren Regierungsbeschluss, ihr Projekt oder auch nur Buch, Platte, Film oder Skandal.

König Heinrich II., englischer König, Lebemann und Vater des legendären Richard Löwenherz, hatte es im 12. Jahrhundert leichter als wir modernen Menschen im dritten Jahrtausend. Zwar musste auch ein König landauf, landab für Gerechtigkeit oder was danach aussah sorgen, aber solche Law-and-order-Tourneen durchs Land der Vasallen und Leibeigenen bedurften nicht allzu großer intellektueller Anstrengungen. Ein normannischer Hitzkopf, bewaffnet mit einem leeren Geldsäckel und einer Hanfschlinge, konnte mit allen Themen seiner Zeit zügig zurande kommen.

Glücklicher englischer König: Wir Heutigen könnten jeden Tag des Jahres damit zubringen, uns den Kopf über Probleme zu zermartern, deren »Lösung« ohnedies in die Hände anderer gegeben ist. Der Akt der Volksbestimmung entpuppt sich als Täuschungsmanöver einer Scheindemokratie: Alle sollen mitreden können, aber zu entscheiden haben nur ganz wenige.

Als Helmut Schmidt 1982 die rot-gelbe Koalition über die Nachrüstungsfrage platzen ließ, übernahm der eilfertige Helmut Kohl Ruder und Projektstand: ein paar Hundert Pershing-II-Atomraketen auf deutschem Boden, gerichtet gegen die russischen SS 20? Worüber Helmut I. stolperte, das brachte Helmut II. am allerwenigsten in die Bredouille. Mochten die Deutschen zu Zehntausenden eine Menschenkette bilden – Kohl soll von dieser »Geschichte« tatsächlich beeindruckt gewesen sein –, seinen Entschluss, der Reagan-Regierung dienstbar zu sein, konnte das nicht kippen. Sechs Tage nachdem der Nachrüstungsbeschluss den Bundesrat passiert hatte, rückten die Raketentransporter an. Deutschland wurde, wieder einmal, zum Pulverfass.

Monatelang hatten damals Kohls Einflüsterer den roten Teufel an die Wand gemalt; der Frieden könne nur mit einem neuen Gleichgewicht der Bewaffnung gesichert werden, so Kohl in seiner Regierungserklärung – spricht Friedensnobelpreisträger Barack Obama nicht heute ganz genauso?

Und noch einmal die Einflüsterer Kohls, noch einmal der barocke Feinsinn des Pfälzers für den Volkswillen – Stichwort Volkszählung. 1987 war es so weit, dass wie zu Zeiten des König Herodes »das Volk geschätzt werde« – nein, nicht wertgeschätzt und geachtet, nur durchgezählt, demoskopisch vermessen und ansonsten von saftigen Geldstrafen im Fall der Weigerung bedroht. Kohl schreckte keine Kla-

ge von Zensusgegnern vor dem Bundesverfassungsgericht, er sandte
600 000 Datenschergen aus, sein Volk zu »schätzen«. Wer sich in aller Deutlichkeit oder auch mit Subversivität dem Ausfüllen der »Erfassungsbögen« widersetzte, musste mit einer Anzeige rechnen. Wie
zum Hohn vermeldete die Regierung später, mehr als 98 Prozent aller
Bögen seien vollständig und ordnungsgemäß ausgefüllt worden – na
also, was wollt ihr denn? (Jahre später wurde bekannt, dass das Gros
der damals erhobenen Daten bereits zum Zeitpunkt ihrer Auswertung
unbrauchbar war, da veraltet oder nur bedingt zuzuordnen.)

Und heute? Bedeutet mehr Medienvielfalt – unter Helmut Kohl fiel
1984 der Startschuss für das Kommerzfernsehen – wirklich mehr
Meinungsvielfalt, gar mehr Meinungsfreiheit? Die Antwort lautet
leider: nein. Die Medien begnügen sich überwiegend mit der Aufgabe, die jeweiligen Befürworter und Gegner aufeinanderzuhetzen,
als Beschäftigungstherapie der angeblich aufgeklärten Art: Müssen
wir nicht »am demokratischen Prozess teilhaben«, wo es doch »um
unsere Freiheit« geht? Kommt es nicht sehr darauf an, bei aktuellen Themen mitreden zu können, sich auf dem Laufenden zu halten?
Unsere Meinung ist nicht gefragt, aufgrund der Manipulierbarkeit
von Zahlen noch nicht einmal ernsthaft für statistische Zwecke interessant. Es geht zumeist auch kaum um die einzelnen Sachthemen
an sich – sind wir alle Experten mit Fachreferenten-Qualitäten, um
jederzeit bei jedem Thema mitreden zu können?

Ein Mitglied der Fußballnationalmannschaft hält den Druck nicht
mehr aus und bringt sich um. Erst jetzt – und nur dann – entdecken
die Medien das Phänomen »Depressionen«. Für zwei Wochen wird
es durch sämtliche Kanäle gespült, zerfasert, aufgespalten, wieder-
aufbereitet – nur geklärt wird es nicht, wie auch?
Die Welt trifft sich zu einer internationalen Klimakonferenz, und
mit jedem Tag ungeduldiger wird die Verkündung eines Allheilbe-
schlusses erwartet: So und so kriegen wir das Dingens in den Griff,
hier die Milliarden, dort die Maßnahmen, und jetzt alle zum Grup-
penfoto vors Konferenzgebäude.

Ein Spätdreißiger mutiert binnen eines einzigen Jahres vom politischen Niemand erst zum Wirtschafts-, dann zum Verteidigungsminister. Als die bei Waffengängen üblichen Geheimmauscheleien aufzufliegen drohen, wetzen die Medien die Messer; der *Spiegel* bläst gar mit einer Titelstory (Ausgabe 51 / 2009) zum Halali: Dem »Entzaubern«, Karl-Theodor zu Guttenberg, bleibt nur das Mittel aller verzweifelten Belagerten, der Ausfall. In der Heimstatt aller Einflüsterer, nämlich im Loft von Reinhold Beckmann, immer wieder montags, darf der Aufsteiger zurückflüstern, bis die Flinte raucht. Denn eben diese wirft ein zum Verteidigungsminister – zu noch Höherem? – Geborener nicht so einfach ins Korn. Wie sich in solchem Pulverdampf eine Meinung bilden, letztlich auch: wozu? Können wir undemokratisch übergangenen, mit ein paar Tausend Mann des Afghanistan-Korps der Bundeswehr in einen Krieg geschickten Bürger wirklich eine Meinung, erst recht Gewissheit über die Vorgänge in Kunduz haben? Manchmal erinnert zu Guttenberg mit seiner Brille und seinen Anzügen, die wie seine Manieren tadellos sind, an Clark Kent. Dann wartet man und wartet, aber der gleich im ersten Jahr seiner beiden Ministerkarrieren so sehr Vorschusslorbeerenumkränzte tut und tut es nicht: Er reißt sich eben nicht Weste und Hemd auf, um darunter das blau-rot-gelbe Spandexkostüm des »Stählernen« zum Vorschein zu bringen. Täte er es, womöglich nicht mehr als eine nur durchschnittlich trainierte Brust käme zum Vorschein. Pech für Deutschland, Pech für Karl-Theodor: Zu Guttenberg ist auch nur einer von der CSU. Einer ihrer Besten, aber eben nicht Superman.

Die Medien freilich, als Erfüllungsgehilfen der Einflüsterer Tag und Nacht im Einsatz, lassen nicht locker. Lebensfrustration darf heutzutage nicht mehr nur aus persönlichen Enttäuschungen entstehen. Was ist der Einzelne samt seiner Gemütslage, wo es doch Dutzende, nein Hunderte von Problemen gibt? Natürlich kann eine Gesellschaft nicht ohne Diskussionen auskommen; natürlich ist es wichtig (und manchmal äußerst spannend), tief in eine bestimmte Materie einzutauchen. Das Problem ist, dass wir kaum noch den Punkt erkennen, an dem unsere Bereitschaft zur Aufnahme von Daten und Fakten umkippt in etwas, das wir für unsere eigene Meinung und bald auch für unsere Überzeugung halten: Würden die Medien sich auf ihre eigentliche Aufgabe besinnen, Vermittler von Tatsachen zu sein, statt sich von Politik und Wirtschaft als Einflüsterer missbrauchen zu lassen, wir könnten wirklich sachlich – und weit weniger emotional – miteinander sprechen.

Das deutsche Fernsehen, speziell das öffentlich-rechtliche, ist zugepflastert mit Gesprächsschauen. Beckmann, Plasberg, Illner, Will die Woche über, und am Freitagabend dann die ellenlange Talk-Leiste in den dritten Programmen: Ex-*Tagesschau*-Sprecher Jan Hofer (MDR) meldet sich vom *Riverboat* in Leipzig, Wieland Backes (SWR) kaffeekränzelt im Ludwigsburger *Nachtcafé,* Bettina Böttinger (WDR) parliert mit Gästen beim *Kölner Treff,* Giovanni di Lorenzo lädt in die *NDR-Talkshow* zu Bremen, sich abwechselnd mit Bettina Tietjen und Eckart von Hirschhausen (NDR) in der gleichnamigen Sendung, die aus Hannover gesendet wird – eigentlich bräuchte man nur auszuschalten, wenn einem diese Talkvielfalt nicht zusagt.

Man schaltet aber ein, wozu hat man sonst einen Fernseher? Es ist auch nichts dagegen zu sagen, mehr oder minder prominenten oder gar intelligenten Menschen beim Reden zuzusehen. Nur – warum gibt es am Ende all dieser Gespräche nie eine Zusammenfassung, den Versuch, einen gemeinsamen Nenner zu definieren? Es kann doch nicht sein, dass in den 60, 90 und manchmal noch mehr Minuten für immerhin sendenswert gehaltene Meinungen aufeinandertreffen, aber am Ende nicht mehr herauskommt als ein: »Wir sehen uns wieder, wenn Sie mögen, nächste Woche.«

Ob Frank Plasberg die größten Streithähne ans Panel stellt oder Anne Will sich regelmäßig das halbe Bundeskabinett einlädt, ob Karl Lagerfeld nun in Köln oder in Bremen oder im Schlösschen zu Ludwigsburg über Modesünden französelt, ob Bully Herbig seinen neuen Film vorstellt oder Frank Schätzing sein neues Buch – die Sendungen gehen zu Ende, und die Frage steht im Raum: Und jetzt? So geht das, im Fernsehen, Tag für Tag, Woche für Woche, im Internet sogar rund um die Uhr: hochkonzentrierte Datenpakete werden uns vor die Füße geschmissen, kurz aufgerissen, ein bisschen im Inhalt gewühlt.

Schon kommt das nächste Paket, und noch ein Päckchen, und noch eine andere Kiste. Wirklich ein Fass aufzumachen traut sich kaum mehr jemand: Wer sich in einer politischen Gesprächsrunde ernsthaft erhitzen wollte, gäbe sich doch sofort als Neuling zu erkennen – *keep cool,* wir wollen doch ganz sachlich miteinander diskutieren.

Es ist sowohl unmenschlich als auch unerträglich, beispielsweise Annette Schavan bei ihrem Tante-Annette-kann-das-ab-Grinsen zuzusehen, während sie sich Vorwürfe über ihr Hü und Hott in Bildungsfragen vorwerfen lassen muss. Sigmar Gabriel gibt den Mister Cool der SPD selbst dann noch, wenn er die Asozialsünden des glücklich in den Ruhe- und Ehestand getretenen Franz Müntefering rechtfertigen muss: Kein Fältchen des Widerwillens furcht die Stirn, still und starr ruht das Dreifachkinn.

Ihr lügt doch alle, nicht nur beim Einflüstern: Kein *normaler* Mensch bleibt gelassen, wenn ihm ein anderer minutenlang Fehler und Versäumnisse bei für absolut richtig gehaltenen Entscheidungen an den Kopf wirft – es sei denn, jene Entscheidungen wurden von einem selbst nicht für richtig gehalten. Oder aber man hat ein für »professionell« gehaltenes Medientraining durchlaufen (im Zweifelsfall beides).

Braucht man das überhaupt, ein Medientraining?

Ja, man sollte wissen, dass TV-Moderatoren nur im telefonischen Vorgespräch nett zu einem sind, aber in der Sendung keine Gefangenen machen, wenn es gilt, sich auf Kosten anderer zu profilieren. Ja, man sollte unmittelbar vor Sende- oder Aufzeichnungsbeginn keinen Kaffee und schon gar nicht Rotwein trinken, weil beides im Scheinwerferlicht die Schweißproduktion in ungeahnte Höhen treibt, und ja, ausreden lassen ist höflich, in einer Aufzeichnung aber fatal, weil man dann mit seiner eigenen Meinung leichter herausgeschnitten werden kann. Der Rest der großen Talkshow-Geheimnisse – etwa: keine Karos, keine Muster – hat auf einem Spickzettel Platz.

Aber den Einflüsterern reicht das nicht. Sie wollen, wie noch die kleinste Regionalsportlerin bei der Pressekonferenz, gerade im

Fernsehen *bella figura* machen, sprich: ein möglichst gelassenes Gesicht vorzeigen, wenn sie uns zur besten Sendezeit – Politikertalk am *Nachmittag?* Undenkbar! – mit ihren Einflüsterungen bombardieren. Des Argumentierens müde, enttäuscht von all den gelackten Volksvertretern und gelangweilt von den Voll-, Halb- und Viertel-Prominenten – eigentlich sind nur noch die Menschen aus dem Volk echt, für die der ganze Aufwand doch getrieben wird. Aber sie sitzen nur am Katzentisch der Medien, genauer: abseits von den »richtigen« Diskutanten auf irgendeinem Sofa; nie darf's ein bequemer Sessel sein. Volkes Stimme wird verkörpert von irgendeiner Frau C. aus M. oder einem beliebigen Herrn M. aus C.; Talkshows pflegen ihr Klatschvieh im Hintergrund zu halten oder es eben, der Volkstümlichkeit halber, auf einem Sofa ins Rampenlicht zu rücken. Die Warhol'sche 15-Minuten-Berühmtheit ist längst zur Fünf-Minuten-Fernsehterrine geschrumpft, aber es geht ja auch so gut wie nie um jene Menschen, sondern nur um die Fortführung und Zuspitzung des aktuellen Themas: Gleich wird Anne Will vorbeikommen, gleich wird Günther Jauch sich zugesellen, gleich wird die Fragekarte abgearbeitet werden und der Gefühlsspegel beim Zuschauer hochgerissen: Dieser arme Mensch in unserer Mitte ist ein Betroffener! Noch besser: Dieser arme, aber echte und darum zu Gefühlen fähige, vollkommen einflüsterungsfreie Mensch darf zwar nicht in unsere Mitte vorstoßen, doch er oder sie lebt, und dieses Leben als Beweis für die eine oder andere These vorzuzeigen ist in der Fernsehdialektik des frühen 21. Jahrhunderts schon fast ein Zeichen für Mitgefühl.

Die einen werden von den Medien als sprechender Echtheitsbeweis gebraucht, die anderen gebrauchen, missbrauchen die Medien als Sprachrohr für ihre Einflüstereien. Angereichert mit sehr viel geheuchelter Betroffenheit, wird pro Talkshow aus einem Dutzend Meinungen und einem Quäntchen Information sehr viel Desinformation: Nie wurde ein Bundestagswahlkampf mit mehr Unerheblichkeiten geführt als der bundesdeutsche anno 2009. Noch während der elend langweiligen Politshow hatten die Mitakteure die Chuzpe, sich über deren äußerst unspannenden Verlauf zu mokieren – selbst den verschlafenen Leitmedien *Spiegel,* ZDF und ARD war das bisschen Dienstwagenaffäre von Ulla Schmidt sowie Herrn Münteferings »Wir haben die Wahl doch schon fast gewonnen«-Gebolze zu viel der Pausenclownereien.

Das Fernsehen ist süchtig nach seinen immer gleichen Köpfen. Die dürfen immer wieder aufs Neue ihre alten Positionen vertreten, während es den wenigen neuen Gesichtern – bevorzugt Studenten und Umweltaktivisten – kaum vergönnt ist, zwei, drei Statements absondern: »Bitte möglichst in einem kurzen Satz«, denn »unsere Sendezeit ist gleich zu Ende.«

Was fehlt, sind Originale. Menschen,die den Einflüsterern etwas pfeifen.

Die einzige deutsche Politikerin der letzten 20 Jahre, die ohne Rücksicht auf eigene Verluste wirklich immer sagte, was sie gerade dachte und wie sie gerade fühlte, war das ostdeutsche Pfeffergewächs Regine Hildebrandt (SPD). Wo die einstige brandenburgische Arbeits- und Sozialministerin hinpolterte, konnten sich Politikerkollegen nicht mehr spreizen: Die Frau war einfach echt. Ach ja, originell war sie auch noch, eben eine echte Mutter Courage – ist es verwegen zu behaupten, dass Angela Merkel niemals Kanzlerin geworden wäre, wenn »die Regine« nicht 2001 an Krebs gestorben wäre? Dieses der Kanzlerin eingeschriebene »Das kann so sein, aber auch ganz anders«, ihr Dauer-Dreisatz »Mut – mutig – ermutigend«, ihr viel zu seltenes Durchgreifen, aber ihr gar so häufiges Nicht-Handeln, das alles hätte neben Regine Hildebrandt genau wie das ausgesehen, was es bei Angela Merkel leider nur ist: die Unverbindlichkeit einer auf reinen Machterhalt festgelegten Politikerin. Sich als sozialdemokratisch-christdemokratisch-liberales Chamäleon beim Wahlvolk anzubiedern, *one size fits all*, so etwas wäre mit »der Hildebrandt« nicht gelaufen.

Nach der SPD haben sich auch CDU und FDP bis tief zurück ins Abifeten-Alter verjüngt. Kristina Köhler als kinderlose Bürger-Nanny und Dr. Philipp Rösler als lobbyumschwärmter Professor Brinkmann – Staatsdarsteller minderer Güte. Als Staats*schauspieler* unter all den Einflüsterern und Einflüsterinnen kann man eigentlich nur noch die beiden links-linken Iffland-Ring-Träger Oskar Lafontaine und Gregor Gysi bezeichnen. (Sahra Wagenknecht läuft außer

Wertung: Die Ninotschka der Linken guckt von Haus aus so, als wollte sie sich jederzeit zu Stefan Raab an den TV-Pokertisch setzen.) Kann es sein, dass wir neben Valium-Politikern wie Ronald Pofalla und Rainer Brüderle nur mehr Lafontaine und Gysi als einzige Mienenspieler in Reserve haben? Genau so ist es. Selbst wenn man deren Demagogie meist nicht mag und sie nicht einmal wählen würde, wenn der eine endlich seine Kontoauszüge und der andere endlich seine Stasi-Akten veröffentlichen wollte, muss man zugeben, dass die beiden, ob zusammen oder jeder für sich, größten Unterhaltungswert bieten. Sogar Altbundespräsident Roman Herzog ist, eigenem Bekunden zufolge, ein ganz großer Oskar-Fan, und den kleinen Gregor hält insgeheim so manche Unionswähler-Gattin für einen ganz Großen – Temperamentsbolzen mit vier Buchstaben, senkrecht oder waagrecht.

Die Medien, allen voran das Fernsehen, bieten uns Information fast nur noch im Doppelpack mit Emotion. Immer da, wo die Einflüsterer cool bleiben, also am dreistesten täuschen und manipulieren, sollen wir vor Erregung an die Decke springen: Skandal, Sensation, Unverschämtheit! Nicht was den meisten Erkenntniswert liefert, zählt, sondern wer – topp, die Wette gilt – es schafft, uns mit der ungerührtesten Miene die größten Zumutungen unterzujubeln: Mal droht »die Gefahr« von links, dann kommt sie herangeschippert übers Mittelmeer in Flüchtlingsbooten. Mal ist es russisches Kapital, das »unser« Opel-Know-how wegzukaufen droht, dann fallen neu erstarkte Heuschrecken über unsere Immobilien her. Immer ist »der Feind« ein äußerer, nie sitzt er mitten unter uns, im Innenministerium, im Finanzministerium, im Kanzleramt.

Was wir für unsere Meinung halten, ist immer öfter nur ein zusammengerührter Brei aus Fakten, Zahlen und fremderzeugten Empfindungen. Meinung ist zum vorgeflüsterten Fertiggericht verkommen, das wir unter ständigem Rühren nur noch mit ein bisschen eigenem Gefühl abzuschmecken brauchen. Die politischen Lafers, Schuhbecks, Lichters und Wieners unserer Tage sind nur an ihrem eigenen Wohlergehen interessiert. Aber wie sie uns glauben machen, es ginge ihnen tatsächlich nur um uns, verdient einige genauere Blicke.

14.
Die verunsicherte Nation:
Leben in Dauerangst

In Zeiten, da Täuschung und Lüge
allgegenwärtig sind,
ist das Aussprechen der Wahrheit
ein revolutionärer Akt.

GEORGE ORWELL,
britischer Schriftsteller (1903–1950)

Das blutjunge Bürschchen vor dem roten Vorhang trägt sein pech-
schwarzes Haar lang und wellig wie der Jesus-Darsteller bei den
Oberammergauer Passionsspielen. Doch bei seinem Anblick an den
christlichen Gottessohn zu denken wäre grundfalsch: Bekkay Harrach, Jahrgang 1977, trägt zwar Hemd und Anzug und sogar eine frie-
denstruppenblaue Krawatte mit leidlich gelungenem Oxfordknoten,
aber seine Schultern hängen kellertief: Die Demut von »Abu Talha«,
wie Harrach sich lieber genannt hört, gilt einem ganz anderen Gott als
dem einzig wahren, dem christlichen. Sie gilt Allah, den wiederum er
als den einzig wahren ansieht und für den er bereit ist, in den Dschi-
had, den Heiligen Krieg, zu ziehen – oder sich wenigstens vor eine
Kamera zu stellen und für die deutsche Öffentlichkeit zu posieren.

Mitte September 2009, zehn Tage vor der Bundestagswahl. Die Bundesregierung hat beschlossen, dass wieder einmal die Welt unter-
zugehen hat. Eine Videobotschaft ist aufgetaucht, und der in Bad
Godesberg aufgewachsene, nun jedoch im Grenzgebiet zwischen Afghanistan und Pakistan untergetauchte Marokkaner Harrach sorgt
bundesweit für Aufsehen. Bereits zum dritten Mal hat sich der mut-

maßliche Al-Qaida-Botschafter schon in Positur geworfen, diesmal, für seine Verhältnisse, sogar in Schale. Konfirmandenhaft wie nie, doziert er, teils in blumigem Arabisch, teils in einwandfreiem Deutsch, über das Wesen der Demokratie. In einer solchen nämlich, erinnert er seine Ex-Landsleute, beauftrage das Volk per Wählerstimme den Bundestag, seinen Willen in Taten umzusetzen.

Einen solchen Willen und eine solche Tat (v)erkennt Harrach in der Beteiligung der Bundesrepublik an den NATO-Einsätzen in Afghanistan: Die deutschen Wähler, fordert er, sollten ihren demokratischen Einfluss nutzen, um die deutsche Politik zum Abzug vom Hindukusch zu bewegen. Widrigenfalls erwarte Deutschland »ein böses Erwachen«. Mit einer Ausnahme: »Die Stadt Kiel bleibt – unabhängig davon, wie lange der Konflikt in Deutschland dauert – eine sichere Stadt. Dafür stehe ich mit meinem Namen!«

Garantien aus dem Hause al-Qaida, als wär's ein Werbespot für Markensuppe. Maggi jetzt mit Geschmacksgarantie. Und wenn die ganze Erde bebt – Kiel bleibt Kiel, dort holzen wir nicht rein. Kiel hat immerhin den Alten Botanischen Garten zu bieten, die Kunsthalle und ein Computermuseum. Das bombt man nicht so einfach weg. Aus Kiel stammen das Schauspiel-Unikum Lotti Huber sowie Katja Kessler, die Gattin von *Bild*-Unikum Kai Diekmann. Darum ist Kiel sicher vor al-Qaida, nur keine Angst. Der Rest von Deutschland freilich, die Lotti-Huber- und Katja-Kessler-freie Zone – wir sind gewarnt.

Danke, dass Sie hier provozieren

Prompt zeigen die deutschen Medien noch weitere, ganz andere Bilder. Auf diesen ist eine erste Reaktion auf das »Drohvideo« zu sehen: finster-konzentriert dreinblickende Beamte der Bundespolizei, mit Schutzwesten am Leib und Maschinenpistolen im Anschlag, offenbar gut gerüstet gegen die Horden von Harrachs Islamistenkriegern, die Deutschland – mit Ausnahme Kiels! – zu verheeren suchen.

Düster raunen der noch amtierende Bundesinnenminister Wolfgang Schäuble und seine Landeskollegen von einer »ernsthaften Bedrohung«, von »nicht zu übersehenden Reiseaktivitäten« – so viel Gegreine um *gar nichts?* In früheren Zeiten wurde nicht geraunt und auch nicht gegreint, da wurde in einer Pressekonferenz gefälligst die *Verhaftung* der Bedroher mitgeteilt, welche man, schon um niemanden zu beunruhigen, bereits Wochen zuvor und in aller Stille betrieben hatte.

Erst dann hat der Staat sich den Bürgern gezeigt, als das, was er ist und sein soll: als Beschützer, der das Heft in der Hand behält, und nicht als Wahl-Terrorkämpfer, der in den Menschen unbestimmte Ängste erzeugt, um sie leichter zu den Wahlurnen zu treiben.

Der Kampf gegen den Terrorismus: Wozu unterhält die Bundesrepublik mit Verfassungsschutz, Bundesnachrichtendienst sowie dem Militärischen Abschirmdienst gleich drei Geheimdienste? Doch nicht, damit ein »Konfirmand« von al-Qaida quer durch die Nation höhnt: »Die Amerikaner können den Deutschen nicht immer helfen, die deutschen Sicherheitskräfte schon gar nicht.«

Bekkay Harrach denkt, er könne mit einem Video die Regierung der Bundesrepublik erpressen. Daraufhin eignet sich eben jene Regierung das Corpus Delicti an und erpresst ihrerseits die Bevölkerung: Wählen gehen oder Terror – wie wünscht ihr euch die Welt?

Noch nie zuvor hat die deutsche Bevölkerung eine derart verstörende Botschaft vernommen: Ein ziemlich billig – übrigens gegen die Regeln der Scharia – gekleideter Jüngling softet sich ins Angstzentrum des Volkes, weil er vom eigenen Staat offenbar ernst genommen wird. Wer das Filmchen sieht, traut seinen Augen nicht: Jener deutsche Staat, der sich so unbeeindruckt gibt, wenn irgendwelche Gipfelgegner (Wirtschaft, Klima, Sicherheit) zu Zehntausenden gegen ihn aufmarschieren, alarmiert seine geballte Sicherheitsmacht, sobald ein einziger schmalschultriger Twen gegen ihn lospöbelt.

Im September 2009, eine Woche vor der Bundestagswahl, wurde, kaum ohne Absicht, landesweit der Eindruck erweckt, die Deutschen stimmten nicht über die Zusammensetzung des nächsten Bundestags ab, sondern über den Einsatz der Bundeswehr in Afghanistan. Fast jede Woche zieht über deutschen Dächern eine neue Apokalypse herauf. Totschläger in S- und U-Bahnen (bevorzugt im Streckennetz von

München), die trotz der – weil eben nutzlosen – Überwachungskameras leichtes Spiel haben, Amokläufer an Realschulen und Gymnasien, Seuchengefahr, drastisch schrumpfende Exportquoten, Flugzeugabstürze, Wirtschaftsprognosen. Bisheriger Höhepunkt der Besorgnis: Franz Müntefering (Jahrgang 1940) zieht bei seiner Freundin Michelle (Jahrgang 1980) ein, heiratet sie gar, und das, wo doch seine langjährige Ehefrau erst im Jahr zuvor … Bei so viel People-, Yellow- und Boulevard-Gedöns dürfen die Verlautbarungen gewisser pseudo-spirituell dahersalbadernder Heimvideo-Produzenten natürlich nicht fehlen.

Und die Vierte Gewalt, unsere Medien, das Korrektiv der Politik, die Durchschauer und Verhinderer der Einflüsterer? Analyse, Einschätzung, Einordnung – Fehlanzeige. Hauptsache, die »Sensation« wird um ein paar Minuten schneller als von der Konkurrenz vermeldet. Zum Nachdenken bleibt da keine Zeit: *Bekkay wie? Was'n das für einer? Findet der bei uns statt? Wenn ja, dann doch wohl am besten unter Vermischtes, nicht?*

Verantwortung, Gelassenheit, besseres Wissen, sich von keiner Seite instrumentalisieren lassen – die Medien steigen aus dem Rattenrennen nicht aus, sie steigen voll ein, indem sie dilettierendem Terrornachwuchs Raum geben und der Bundesregierung erneut Gelegenheit, Unruhe zu stiften – unter der Bevölkerung: Terror an der Wahlurne? *Um Gottes willen!*

Doch Sozial-, Zukunfts- und Trendforscher freuen sich. Was haben sie uns nicht alles vorausgesagt: Der Wald stirbt, Deutschland versteppt, Deutschland vergrippt – alles nicht passiert. AIDS, die »Lustseuche«, rafft die Nation dahin – nicht passiert. Die Unterhaltung wird unseren Alltag bestimmen, wir »amüsieren uns zu Tode« – von wegen.

Das Märchen von den aussterbenden Deutschen

Aber die professionellen Apokalyptiker flüstern einfach weiter.
Die Deutschen sterben aus, behaupten sie seit Jahren. Auch überaltern die Deutschen. Und der Islam überrollt Europa, die Rente

indes wird unbezahlbar – alles sehr durchschaubare »Prognosen«,
um nicht zu sagen: Beeinflussungen aufgrund ideologischer beziehungsweise kommerzieller Interessen. In den Dreißigerjahren schür-
ten die Nationalsozialisten Ängste unter den »Volksgenossen« vor
dem »Aussterben«, um die Geburtenzahlen hochzutreiben: Hitler-
Deutschland brauchte Soldaten- und Arbeiterinnennachwuchs, weil
ein neuer großer Krieg längst geplant war. Da waren jene Söhne
und Töchter dringend erwünscht, die sich die der ersten Weltwirtschaftskrise gerade noch entkommenen Bürger eigentlich nicht leisten wollten.

Die vormalige Bundesfamilienministerin – und jetzige Bundesar-
beitsministerin – Ursula von der Leyen schlug zuletzt in die gleiche
Kerbe, wenn auch keineswegs mit braunen Vorzeichen. Wenn wir
Deutschen uns nicht schleunigst in deutlich höheren Zahlen fort-
pflanzten, so argumentierte die siebenfache Mutter, werde der Staat
bereits in einigen Jahrzehnten handlungsunfähig sein. Zudem würden wir alle immer älter. Wer soll künftig unsere Renten zahlen, uns
pflegen, für unsere Sicherheit sorgen?

Die Antwort: natürlich die private Versicherungswirtschaft. Mehr
»geriestert« müsse werden, zusätzlich versichert gehöre die Arbeit-
nehmerschaft – selten hat eine Regierung unver*blümt*er gelogen.
Was sie nämlich verschweigt: Prognosen sind allenfalls für die nä-
here Zukunft sinnvoll. Viel weiter als maximal zehn Jahre kann jedoch niemand die weitere Entwicklung hochrechnen, weder in ge-
sellschaftlicher noch in wirtschaftlicher Hinsicht. Der Staat, so das
Kalkül, entlastet mit dem Geriester ganz einfach die Arbeitgeber
um einen Teil der hohen Sozialversicherungsbeiträge. Wenn Millionen Arbeitnehmer sich selber um ihre Rente kümmern, spart das
Staat und Wirtschaft Milliarden – zu Lasten der Bürger, die allmählich den Vorsorge-Blues kriegen. »Riester-Rente ist wie Lotto«,
sagt Gerd Billen, Chef des Verbraucherzentrale-Bundesverbandes.
»Viele Riester-Renten sind teurer als herkömmliche, kapitalgedeck-
te Produkte.«

Die Einflüsterungen der »Experten«

Prognosen sind also oft nichts als Kaffeesatzleserei. Dennoch zitieren die Medien sie gerne, denn Prognosen und ihre Verkünder kosten keine eigene Arbeitszeit, klingen seriös und passen immer irgendwo rein. Dass viele Menschen ihre Lebensentscheidungen danach ausrichten, interessiert nicht.

Wahlforscher etwa sehen oftmals die »falschen« Sieger und Verlierer voraus und hinken den wahren Ergebnissen weit hinterher. Statistiker rechnen einfach die Gegenwart auf die Zukunft hoch und verfehlen so die Realität um Jahre. Trendforscher wattieren die Jahre hinter dem Horizont mit Annahmen, die schon heute überholt sind – warum viele dieser Scharlatane trotzdem gut leben? Warum all diese Einflüsterer nie verstummen?

Politik und Wirtschaft bestellen nur zu gerne deren teure Elaborate. Prognosen sind Nachrichten, die den Beweis ihrer Echtheit kaum je anzutreten brauchen – heute veröffentlicht, morgen vergessen. Vom Placebo-Effekt dieser »News« leben ganze Branchen. Schließlich braucht man sich aus der Vielzahl der zumeist ziemlich unterschiedlichen Vorhersagen nur die für die eigenen Zwecke jeweils passende herauszusuchen, den Rest erledigen die Medien.

Schon darf *F. A. Z.*-Mitherausgeber Frank Schirrmacher in den Talkshows des öffentlich-rechtlichen Fernsehens seinen neuesten Unsinn kundtun, die Geschichte vom Kontrollverlust unseres Denkens. Computer und das böse, böse Internet überforderten uns, orakelt Schirrmacher in seinem 2009 erschienen Buch *Payback,* einem Werk mit dem tatsächlich strapaziösen Untertitel *Warum wir im Informationszeitalter gezwungen sind zu tun, was wir nicht wollen, und wie wir die Kontrolle über unser Denken zurückgewinnen* – für so viel Weicheierei ist der Mann unbedingt Anwärter auf den Goldenen Einflüsterer am schwarz-rot-goldenen Samtband.

Als Anfang des 19. Jahrhunderts die Eisenbahn aufkam, glaubten viele Ärzte, der Mensch werde ob deren hoher Geschwindigkeit von anfangs neun Stundenkilometern mit gesundheitlichen Auswirkungen zu rechnen haben. Bei Geschwindigkeiten gar von mehr als 20 km/h, behaupteten sie, würden die Gehirne reihenweise kollabieren; Fußgängertempo oder maximal Reitgeschwindigkeit sei dem Homo sapiens gerade noch angemessen. Als das Düsenzeitalter begann, erneut dieselbe Leier. Wieder prophezeiten Mediziner Denk- und Durchblutungsstörungen bis hin zum sicheren Tod. Dass Techniker zugleich den Druckanzug beziehungsweise den automatischen Druckausgleich für Passagierkabinen erfanden, wurde geflissentlich übersehen.

Frank Schirrmacher sei gesagt: Wer heutzutage ein Auto im Stadtverkehr zu bewegen weiß, wer seine Steuererklärung selber anfertigen oder einen Mehrzonen-Fahrschein für S- oder U-Bahn aus dem Automaten ziehen kann, der ist durchaus dem Computerzeitalter gewachsen. Der gemeine Mensch verfügt über mindestens so viele Hirnzellen wie ein *F. A. Z.*-ler, den offenbar geistige Unterforderung zum Schreiben überflüssiger Bücher treibt.

Mit ihren Prognosen und Horrorszenarien zielen die Einflüsterer auf unsere größte Schwachstelle, nämlich auf unseren über Jahrzehnte eingetrichterten Drang nach Sicherheit. Schon jungen Leuten flüstert die Werbung ein, sie sollten beizeiten an Bauspar- und Versicherungsverträge denken, Sicherheit sei »hip«. Genau so sehen diese jungen Leute dann auch aus: angepasst, stromlinienförmig. Fähig zu Teamarbeit, aber unfähig zu individuellem Denken und Handeln.

Sicherheit ist ein Irrglaube. Sicherheit tötet die Ungewissheit, aus der überhaupt erst Chancen entstehen. Sicherheit ist wie Angst. Sie hält durchaus zu Größerem geborene Menschen klein. Sicherheit ist der eigentliche Bremsklotz unserer Wirtschaft: Jeder Autohersteller, jeder Getränkeproduzent, jeder Bulettenbrater, sie alle beschäftigen Marktforscher, die auf den Zehntelprozentpunkt genau Chancen und Risiken neuer Produkte und Dienstleistungen vorhersagen sollen. Die Folge: Deutschland wird immer zaudernder, will nur mehr auf Nummer sicher gehen.

Die Einflüsterer und ihre bestellten Prognosen haben defensive

Entscheider hervorgebracht. Kaum einer traut sich mehr etwas, es könnte ja schiefgehen. Das Fernsehen zeigt bevorzugt die immer gleichen Sendungen, und die Konkurrenzsender kupfern davon ab: Hat beim Konkurrenten funktioniert, könnte bei uns genauso gut klappen. Für teures Geld kaufen unsere Fernseh-»Macher« dann Plastikprogramme aus dem Ausland ein, während die Kreativen im Lande wie Schmeißfliegen behandelt werden. (Harald Schmidt sagt von sich, er habe einst beim WDR seine Fernsehkonzepte durch den Türschlitz schieben müssen.)

Die Zeitungsverleger beklagen massiven Umsatzrückgang und Auflagenverlust. Da kann man nur sagen: Schlagt sie doch mal auf, eure Zeitungen und Magazine! Würdet ihr dreiuffzich dafür zahlen, einen blanken Fünfer? Ihr habt zu lange euren Einflüsterern geglaubt, euren Beratern und Marktforschern, den McKinseys und Roland Bergers. Selber denken, wo immer möglich, kostet weniger und hebt Auflage *und* Ansehen.

Die letzten großen Musikkonzerne in Deutschland: begreinen das »Klauen« von Musik per Download im Internet, versäumen aber seit 20 Jahren, neue, wirklich spannende Künstler aufzubauen.

Die deutsche Autoindustrie: Ärgert sich, weil die »Abwrackprämie« überwiegend den ausländischen Kleinwagen-Produzenten zugutekommt. Was hat man andererseits bei Volkswagen gelacht, als Fiat 2007 einen Aufguss seines legendären 500ers auf den Markt brachte; wie sehr wurde gegrinst über Renaults Billigmarke Dacia, wie frenetisch noch im Herbst 2008 der Turbopleitegeier Wendelin Wiedeking gefeiert – reingefallen, immer wieder reingefallen auf die hochbezahlten und hochgeschätzten Einflüsterer.

Was die Prognose-Einflüsterer indes verschweigen: Keine einzige technische Innovation ist je aus *Sicherheit* heraus entstanden. Die meisten Künstler könnten ohne das Risiko eines unsicheren, aber kreativ geführten Lebens kein Lied, kein Bild, kein Buch und keinen Film hervorbringen; Chirurgen würden das Skalpell ruhen lassen, wenn Sicherheit alles wäre, Piloten den Joystick, Berufskraftfahrer das Gaspedal. Trotzdem tut Deutschland, tut fast die gesamte westliche Welt so, als sei Sicherheit herstellbar wie ein Produkt und als sei Risiko dabei pures Teufelswerk. Menschen mit großen Plänen werden bei uns seit jeher aus dem Land getrieben. Vielleicht wäre Einstein auch ohne die Nazis aus Deutschland fortgegangen; Spießigkeit ist schließlich keine »braune« Erfindung. Oder Billy Wilder. Hätte die UFA ihn Komödien wie *Manche mögen's heiß* oder *Das Mädchen Irma la Douce* drehen lassen, selbst wenn Wilder Protestant oder Katholik und nicht Jude gewesen wäre? In Deutschland wurde einst das Faxgerät erfunden, der Computer und das Mobiltelefon. Trotzdem müssen wir heute zusehen, wie ausländische Konzerne den Reibach damit machen. Alles Früchte von »Ja, aber«, von »Das haben wir noch nie so gemacht«, von »Die Zahlen sprechen dagegen« oder »Dafür sieht unser Marketing zu wenig Kundenpotenzial«.

Bundeskanzler dürfen lügen

Deshalb tritt die Wirtschaft auf der Stelle. Deshalb steckt die Politik weiterhin im Reformstau und übt sich fortwährend in Krisenmanagement. Niemand weiß, wie es weitergehen soll. Und deshalb müssen die Medien auch immer wieder IHN aus dem Ruhestand quälen, um IHN, zwischen blauem Dunst und schwarzem Schnupftabak, nach dem Zustand der Welt zu befragen – Altbundeskanzler Helmut Schmidt. Der beichtet uns dann – wie in *Bild* – Dinge, die wir leider schon immer für möglich gehalten haben: »Natürlich haben wir auch gelogen. Zum Beispiel 1977 während der Entführung der Landshut-Maschine nach Mogadischu.«

Politiker wollen lügen dürfen, zumal aus Gründen der Staatsräson. Wird daraus ein Dauerzustand, geht die Demokratie kaputt. Einen Bekkay Harrach auf allen Kanälen als Staatsfeind darzustellen war unehrlich gehandelt, damals, im September 2009. Die Sicherheitsbehörden müssen gewusst haben, dass die sehr unbestimmten Drohungen des jungen Extremisten nur für Unruhe sorgen, aber keinerlei wirkliche Anschläge zeitigen würden.

Die Einflüsterer reden uns weiße Mäuse ins Gehirn, und wir wundern uns, warum in unseren Banken und in der Regierung nur noch Pfeifen sitzen. Denen ist es nicht einmal peinlich, wenn man sie beim Vernichten unseres Geldes erwischt. Die Einflüsterer aber sagen, wir seien selbst schuld daran. Unsere Gier nach höherer Rendite hätte jenen erst die Möglichkeit an die Hand gegeben, Mist zu bauen oder uns zu betrügen.

Fast täglich behaupten die Einflüsterer immer neues, widersinniges Zeug. Hauptsache, der Armageddon-Appeal stimmt. Pflichtschuldigst beweinen wir den angeblich todgeweihten Wald, lassen uns den Spaß am Sex austreiben, nennen Krankenfahrstühle wie den Smart »Auto« und finden, dass Geiz geil ist und Mario Barth sich zu Recht »Komödiant« nennen darf: Die Einflüsterer haben uns ganz schön am Wickel.

Diffamierung als Erfolgsrezept

Und erst die vielen guten, hartnäckigen, ehrbaren Frauen und Männer, die das Land zu gern voranbringen möchten, aber an den Holzköpfen scheitern, die eifersüchtig an ihren Stühlen kleben. Bereits 2005 wollte uns der Verfassungs- und Steuerrechtler Paul Kirchhof ein wirklich radikal reformiertes Steuerrecht bescheren. Doch was geschah? Der »Genosse der Bosse« und Freund des »lupenreinen Demokraten« Putin, der damalige Bundeskanzler Gerhard Schröder, diffamierte Kirchhofs Thesen, putzte ihn öffentlich herunter als den »Professor aus Heidelberg«. Dessen Freunde von der Union verhielten sich nicht minder schofel. Nach der Wahl ließen sie ihn fallen wie eine heiße Kartoffel: Bloß keine Veränderung!

Und wie war das 2009 mit der streitbaren, vor Energie und Einfällen sprühenden Gesine Schwan, die den allerdings kaum streitbaren und kaum vor Energie und Einfällen sprühenden Horst Köhler im Amt des Bundespräsidenten beerben wollte? Nicht nur vom po-

litischen Gegner, auch von vielen »Freunden« in den Medien wurde
Schwan unmöglich gemacht. Demokratisch gehandelt war das nicht,
fair schon gar nicht.

Ein junges frisches Mädchen mit einigem Talent versucht sich
an der Rolle der legendären Romy Schneider. Prompt wiehert das
Feuilleton vor Schadenfreude, als die Nachricht – oder Mär – von der
Produzentenpleite, die den Film verhindert, durch den Blätterwald
rauscht: Ha, Talent müsste man haben, Fräulein Yvonne Catterfeld!
Oder Til Schweiger. Kein sehr großer Rhetoriker, zugegeben.
Braucht er als Schauspieler auch nicht zu sein, wofür gibt es geschriebenen Text? Aber er ist fitter gemuskelt als Tom Cruise, hat
mehr Kindern als dieser das Leben geschenkt. Und er hat sich in
Deutschland durchgebissen. Mit *Keinohrhasen* lieferte er die erfolgreichste Komödie des Jahres 2008 ab, durfte unter der Regie von
Quentin Tarantino bei *Inglorious Basterds* mitspielen – nicht schlecht
für einen fast totgeflüsterten Schauspieler mit angeblich nur drei Ge-
sichtsausdrücken.

Happy End? Weit gefehlt. Das deutsche Feuilleton nimmt das Me-
gafon in die Hand und skandiert: Achtung, Achtung! *Zweiohrküken*
bitte nicht ansehen; Nachfolgerfilme sind meist noch schrecklicher
als Erstlinge! Allen Ernstes beklagt sich die *Welt* in ihrer Ausgabe
vom 01. 12. 2009, ihr Kritiker sei von Schweiger nicht einmal zur
Pressevorführung geladen worden. Kritikerzwang als Zumutung –
wie war das mit den allerdümmsten Kälbern, die sich ihre Metzger
selber wählen?

Wir sind nicht krank, nur viel zu faul

Die deutschen Arbeitnehmer werden nicht minder runtergemacht.
Wir sind nicht krank, heißt es, wir sind nur zu faul zum Arbeiten, zu
wenig leistungsbereit, zu wenig aufstiegsorientiert. Darum braucht
es die vielen Einflüsterer in Sachen Gesundheit, die uns ständig neue
Krankheiten einreden, gegen die angeblich nur diese oder jene Me-
dizin helfen kann. Depression – Torwart Robert Enke nimmt sich

das Leben, und auf einmal werden Millionen Kranke ernst genommen. Zuvor hieß es noch: Hab dich nicht so, wird schon wieder, Kopf hoch!

Ungeniert fabulieren die Medien vom niedrigsten Krankenstand seit 1948 – als ob die Menschen durch »die Krise« gesünder geworden wären. Die Wahrheit ist: Niemand traut sich mehr, krank zu sein. Wem ein 130-Prozent-Pensum auferlegt wurde, der muss wenigstens zu 100 Prozent anwesend sein, sonst droht demnächst die Kündigung. Immer häufiger übernehmen die Medien Agenturmeldungen oder Pressemeldungen; wird schon stimmen. Wenn der Verleger just auf die Spartaste gedrückt hat, darf und muss es auch einmal der fertiggeschriebene Werbetext einer PR-Agentur sein. Weil zudem einer vom anderen abschreibt, wird das Lüftchen rasch zum Orkan: Was irgendwann alle behaupten, kann so falsch nicht sein. Also: Deutschland macht weniger blau, weil es allen gesundheitlich besser geht als je zuvor.

Was tun?

Was tun gegen so viel negative Einflüsterei von allen Seiten, wie sich wehren?

Am besten Reißaus nehmen, sobald jemand Statistiken auspackt. Die Bildschirme ausschalten, den Ton abdrehen. Bei der Werbung zappen wir doch auch sofort weiter oder blättern um, weil wir kein Wort von dem Unsinn glauben. Nur bei den Einflüsterungen von Politik und Wirtschaft fallen wir jedes Mal auf die Knie. Von wegen mündige Bürger, kritische Konsumenten. Einseifen wollen uns die Schaumschläger, uns den Schneid mit Falschgeld abkaufen.

Oder mit einer Jubiläumsfeier, die als Vorwand für eine neue, noch viel größere Einflüsterei herhalten muss.

15.
Die Berliner Mauer: Gefallen für Gottschalk und Bon Jovi

Believe that the sun will shine tomorrow
Even saints and sinners believe
We weren't born to follow
You gotta stand up for what you believe
Let me hear you say
Yeah, yeah, yeah, oh yeah!
BON JOVI, »live« am 9. 11. 2009
vor dem Brandenburger Tor

Muss man einem Volk klarzumachen versuchen, dass es sich bei seiner Wiedervereinigung um einen Schicksalsmoment handelte? Das haben 1989, wenige Tage vor dem Mauerfall, doch sogar die Gegner einer solchen, damals noch sehr unwahrscheinlichen Möglichkeit geahnt, zum Beispiel Oskar Lafontaine, seinerzeit der Herausforderer Helmut Kohls, oder der damalige Chefredakteur des *Spiegel,* Erich Böhme. In einem Blattkommentar (»Warum ich nicht wiedervereinigt werden möchte«) brachte Böhmes Spürnase jenes Thema auf, das die Deutschen bis heute beschäftigt – manche im Osten, die glauben, mit der DDR etwas sehr viel Besseres verloren zu haben als einen abgehalfterten Spitzel- und Überwachungsstaat, manche im Westen, die den urplötzlichen Zuwachs an Landsleuten noch immer als Ballast für ihr eigenes, natürlich besseres Deutschland empfinden.

Weit größere Anstrengungen als die Verschmelzung zweier sich fremd gewordener Deutschlands sind darum nötig, wenn man, 20 Jahre später, dem einig geworden sein sollenden Volk exakt einflüstern will, dieser Glücksfall seiner Geschichte – keine Verletzten, keine

Toten – sei nicht viel mehr als ein historischer Showcase gewesen: einzigartig in Europa und der Welt, nun gut, aber letztlich nur der Urknall für ein militärisch reaktiviertes Deutschland, Betonung daher auf »Knall«: Nach Kohl und Schröder/Fischer und Merkel/Steinmeier arbeitet nun die Koalition Merkel/Westerwelle darauf hin, die Gesamtdeutschen auf sehr viel größere Bedeutsamkeiten vorzubereiten als nur auf die Wonnen, dereinst im wiederangeschlossenen Osten doch noch jene vielzitierten blühenden Landschaften erblicken zu dürfen. Die Deutschen und ihre Rolle als künftig wieder *offiziell* kriegführende Mittelmacht, mit Einsätzen bevorzugt im Mittleren Osten, namentlich in Afghanistan, das braucht Zartgefühl. Vor allem braucht es Anlässe, die umkränzt sein müssen von nicht zu viel Zeitgeist, aber ordentlich *showtime, partytime.*

Zwei Monate nach dem umstrittenen, von Bundeswehr-Oberst Klein befohlenen Luftangriff auf zwei Tanklastzüge kamen der Kanzlerin die Feierlichkeiten zum 20. Mauerfall-Jubiläum gerade recht, um ihren Landsleuten vor aller Welt eine Absonderlichkeit einzuflüstern: Die Niederzwingung der Mauer müsse, sinngemäß, Ansporn für die Deutschen sein, auch anderen, noch unbefreiten Völkern zur Freiheit zu verhelfen. Dass gerade im Fall der Deutschen Ost und West keine Bundeswehr, keine Nationale Volksarmee, keine Rote Armee und vor allem nicht die NATO ihre Finger im Spiel hatte, dass beim Mauerfall ein gehöriges Stück Glück, ein Riesen-Missverständnis (die Persofort-Genehmigung von Auslandsreisen für DDR-Bürger) und die Freiheitsliebe eines 40 Jahre lang geknechteten Volkes zusammenkamen, davon sprach die Kanzlerin explizit nicht. Das 20. Jubiläum zum Mauerfall: ein Paradebeispiel für eine sehr gewagte Einflüsterung – und für eine der größten Lächerlichkeiten seit Erfindung des Staatsprotokolls.

Wenn der »Tod ein Meister aus Deutschland« ist, wie der Lyriker Paul Celan 1945 in seiner *Todesfuge* über die Judenvernichtung schrieb, so ist das den Menschen in diesem Land jahrhundertelang verordnete Duckmäusertum ein Geselle dieses Meisters. Zum Duckmäuser, zum

Jasager und Klappehalter wird man ja nicht geboren, man wird dazu gemacht. Man kann, um sich in dieser Meisterschaft auszubilden, vier Jahrzehnte Lehrzeit verpasst bekommen, oder man nutzt, alle Jahre wieder, einen der ganz wenigen großen *und* friedlichen Momente in der deutschen Geschichte, um aus zwei noch immer mit Mühe zusammenwachsenden Gesellschaften doch noch ein Volk zu machen – ein Volk von Fernsehhampelmännern, wenn es nach denen geht, die solche Feierstunden ausrichten.

Die Mauer nämlich, die berüchtigte Berliner Mauer, sie stand ja gar nicht in Berlin, und sie fiel dort auch nicht in souvenirgerechte Stückchen und Bröckchen. Sie stand und fiel ganz woanders, mutmaßlich in Las Vegas, wo kein Sachbuchautor böse ist, wenn Freiheit absichtlich als Glücksspielereignis missverstanden wird. Vielleicht fiel die Mauer aber auch im »Land of Make Believe«, in einem Vergnügungspark in Hope Township, New Jersey, USA. Von dort kommt, wie man weiß, die größte, berühmteste, unverzichtbarste Befreiungsrockband der Welt, armiert mit den glockenhaftesten Götterfunken-Tönen seit Beethoven und den hellsichtigsten Texten seit Bob Dylan – eine Combo, derentwegen sich ein Volk – etwa das deutsche – schon mal im Novemberregen zusammenfinden kann: die US-Band Bon Jovi.

Wer Gottschalk sät, wird Bon Jovi ernten

Wie kann man nur unsere *finest hour* einem Mann anvertrauen, der noch mit 60 herumläuft wie ein Münchner Stenz vor 30 Jahren? Aber das *Setting* eines x-beliebigen Mauerfalls ist bekanntlich nichts anderes als eine typische *Wetten, dass*-Kulisse, nur dass dabei die Prominenten ausschließlich Politiker sind und auch nicht auf der Couch von *Wetten, dass* fläzen, sondern artig auf Stühlen sitzen. Ansonsten ist an die Szenerie einer Außenwette zu denken; das Brandenburger Tor, massenhaft Publikum, ein Oberbürgermeister, Applaus auf Abruf sowie, der »Atmo« zuliebe, ein steter Spätherbstregen. Da kann das ZDF gar nicht anders, als Thomas Gottschalk nebst seiner allzu sattsam bekannten Musikauflockerung in Marsch zu setzen: Deutschlands schlagfertigster Moderator ist leider auch sein denkfaulster.

Dass im Herbst 1989 nicht einfach ein paar Zehntausend Menschen immer wieder montags endlich, endlich sichtbar wurden und ihre Freiheit forderten – geschenkt. Dass die winzige DDR ein Pulverfass war, die winzige Bundesrepublik nebenan genauso – was weiß davon schon die Unterhaltungsabteilung des ZDF, was der auf Lehramt studierte Gottschalk. Außerdem, Guido Knopp, der Herr der deutschen Geschichte, hat sein Büro auf einer anderen Etage: Allein die Rote Armee hatte im Land des real existierenden Sozialismus 340000 Mann stationiert. Ist das für die Jubiläumsgäste geschweige fürs Volk noch von irgendeiner Bedeutung? Ach ja, und diese Heerscharen verfügten, nebenbei, über 4200 Panzer, 700 Kampfjets, 2,7 Millionen Tonnen Material, 677000 Tonnen Munition sowie eine nie bekannt gegebene Menge Atomraketen (Quelle:»einestages« auf *Spiegel Online*). So ernst war der Hintergrund. Wladimir Putin war damals ebenfalls in Ostdeutschland stationiert, als KGB-Aufklärer in Dresden. Aber den kannte damals keiner. Dass man ihn heute gar so sehr kennt und er sich ganz Russland unter den Nagel gerissen hat, samt Kreml, Energieressourcen, Wirtschaft und Menschen, samt tausend Steppenpferden, auf denen man vor laufenden Kameras mit nacktem Oberkörper dahergaloppieren kann, daraus könnte sich, wenn man wollte, durchaus die Fallhöhe jener deutsch-deutschen Zeit erkennen lassen.

Aber Guido Knopp will nicht. Lieber beschäftigt er sich mit *toten* Diktatoren, und Gottschalk hat's bekanntlich auch nicht so mit der Politik: *Don't know much about history.* Der Thomas entstammt ja der Ära der Troggs und der Herman's Hermits und des Powerpop. Da muss der Thomas, wenn's um die Auswahl stimmungsvoller Musike für irgend so ein Berliner Stadtfest geht, nicht unbedingt an Strawinsky denken oder an Beethoven oder Wolf Biermann.

Zumindest ein paar Zehntausend ost- und westdeutsche Fans werden dieses 20. Mauerfall-Jubiläum nie, nie mehr vergessen, nie im Leben. Denn ER war da, ER! Liebe weibliche *Forty-somethings!* Nichts

Böses gegen euren Jon »Beau« Jovi. Sein *Bed of Roses* schmachten und dabei kusslippig vom *Bravo*-Starschnitt herunterlächeln, das kann er wie kein Zweiter. Aber Playback mimen in dieser Stadt, an so 'ner Stelle, da fühlt man sich so was von gelackmeiert – noch nie was von Geschichte gehört?

Mögen die 27 geladenen Staatschefs auch noch so wiedervereinigungsgefasst dreinblicken, mag die Knapp-daneben-Präsidentin und jetzige Außenministerin der Vereinigten Staaten, Hillary Clinton, die einstige Ostberliner Bevölkerung noch so sehr als die wahren Impulsgeber des Mauerfalls umschmeicheln, mag die Kanzlerin zu den vordringlichsten Zukunftszielen der Deutschen unbedingt auch deren Wirtschaftswachstum zählen, die wahre Show beginnt erst, wenn Gottschalk und Bon Jovi es wollen: »Wir sind das Volk« – wirklich? Sind wir das noch?

Mit einem Trommelfeuer aus alten Tagesschauen, Reportagen, Dokumentationen, Interviews und Spielfilmen hat das Fernsehen – öffentlich-rechtlich wie kommerziell – die Medienbevölkerung schon Tage vorher erinnerungsselig gesendet. Jetzt ist es endlich so weit: Der ein wenig schartig gewordene Haudegen der deutschen Fernsehunterhaltung, Thomas Gottschalk, übernimmt das Kommando. Mit ihm fegen 28 Jahre *Wetten, dass* übers geschichtsträchtige Pflaster: Das Brandenburger Tor, der Pariser Platz, die gute Stube Berlins, der Republik – am Ende doch nur alles eine abgespacte Deko für Boygroups (Adoro) und Hairgroups (Bon Jovi)? Rollten hier wirklich mal Panzer, starben hier tatsächlich mal Menschen? War es wirklich so, wie die unzähligen Zeitzeugen auf die nicht auszurottende Frage »Wo waren Sie, als …« zu antworten pflegen, nämlich Hosianna-in-der-Höh-mäßig und nur noch der Wahnsinn, eben voll krass?

Die Antwort auf diese Fragen weht im Wind, Fetzen eines alten Bob-Dylan-»Schlagers«. Sehr viel genauer weiß es Guido Knopp. Er, der gewerbsmäßig im Zweiten, mit dem man »besser« sieht, Hitlers Schlachten, Hitlers Generälen, Hitlers Frauen, aber auch dessen Hunden und Leibspeisen nachspürt, dieser andere unserer beiden aktuellen Guidos legt jetzt höchstpersönlich Hand an, legt Hand an Menschen, die durchaus eine Menge zu sagen hätten, wenn man sie ließe. Guido II. – das ist die Zahl seines Lieblings-Weltkriegs – lässt sie aber nicht. Lässt Lech Walesa nicht, den ehemaligen Chef der polnischen Gewerkschaft Solidarność, zudem Ex-Staatspräsident und Friedensnobelpreisträger. Wie war das damals so, Herr Wa-wo-sa? Ja, wie eigentlich? Man könnte, man müsste, man sollte – wie wär's, einfach mal ein paar Nummern tiefer anzufragen, bei den sogenannten einfachen Menschen, wie der Herr Wawosa doch auch mal einer war, wahrscheinlich sogar noch immer einer ist, aber Guido Knopp hat für Erledigungen minderer Sorte gerade keine Praktikantin frei, deshalb muss die nur von ihm einzuvernehmende Prominenz ran. Dem Volk vor dem Fernseher stellt sich die Sache darum wie folgt dar: muffig-graue DDR, null fun für nobody; Demo hier, Demo dort; Dresden, Leipzig, Plauen. Sodann: Honecker aus dem Palast der Republik rausgekickt, daraufhin kleiner Versprecher dieses älteren Herrn namens Schabukowski oder so ähnlich. Fernsehbericht in der *Aktuellen Kamera,* rin in den Trabi und schon: Mauer auf, nüscht wie rüberjemacht, »Zone« kaputt.

Und wer hat bewirkt, dass lustige kleine Autos durch Berlin zweitakten durften, wer hat dafür gesorgt, dass die mürrischen West-Obsthändler endlich einmal Strahlemänner waren? Der Kanzler der alsbaldigen Einheit war das, laut Guido Knopp, der »Helmut, Helmut« Kohl.

Gut, in Wirklichkeit war der damalige Kanzler an jenem Abend auf Staatsbesuch in Polen und genauso überrascht gewesen wie Willy Brandt und Walter Momper. Sehr viel bedeutsamer für das Durcheinander am 9. November 1989 im SED-Apparat war wohl Michail »Gorbi, Gorbi« Gorbatschow, doch auch der weilte in Moskau, nicht in Ostberlin, und auch er war, wenn auch nicht ganz so sehr, überrascht vom Geschichts-Holterdipolter an seiner äußersten Westgrenze, ebenso der damalige französische Staatspräsident François Mitterrand, die englische Premierministerin Margaret Thatcher sowie der amerikanische Präsident George Bush, der Vater von George »Dabbel-ju«.

Namen, Namen – ob ihre Träger in Wirklichkeit nicht eher dachten: *merde, holy shit, fuck you?* Das ist nicht überliefert, so viel aber schon: Den Mauerfall hatte niemand auf dem Schirm.

Und nun das: Die Politik feiert sich selbst. Und gleich kommt auch noch Bon Jovi. Und Thomas Gottschalk und Guido Knopp sind schon da, die ganze Zeit. Warum hat man, wenn man den beiden jeweils zuhört beziehungsweise zuguckt, plötzlich *diese* zwei Gefühle: Man schämt sich fremd, und man verspürt eine gewisse ostalgische Anwandlung. Statt Bon Jovi würde jetzt Bettina Wegener passen, sehr viel besser passen. Sang sie nicht einst:»Sind so kleine Lichter / brennen ganz schön fix / beleuchten jedes Thema / erhellen aber nix …« Die Kanzlerin ist dran. Sie dankt und dankt den lieben Nachbarn von damals und heute (Sowjetunion, Ungarn, Tschechoslowakei beziehungsweise Tschechien), aber auch den noch immer skeptisch wirkenden Freunden von einst und jetzt (Frankreich, Großbritannien, USA). Hillary Clinton etwa war sich seinerzeit, wie sie selbst sagt, im Unklaren darüber, was so ein Mauerfall eigentlich bedeutete. Jetzt, ein paar US-Präsidentschaften später, weiß sie es noch immer nicht, denn sie vergleicht die einstige Situation mit der heutigen in Afghanistan und Pakistan, und dass im Grenzgebiet zwischen den USA und Mexiko eine 1120 Kilometer lange Mauer hochgezogen wurde, bekränzt mit Stacheldraht, das ist der amerikanischen Außenministerin gerade auch nicht präsent. *Germans to the front,* auf dass die armen Menschen am Hindukusch und Umgebung bald genauso frei würden von Not und Terror, und Bon Jovi dann vielleicht auch dort vor irgendeinem schönen Tor ihr Playback-Equipment aufbauen können. So spricht und meint es Mrs. Clinton, aber niemand ruft: *Stop it, girl!* Das heißt, eine Französin tut's dann doch:»*Ta gueule* – halt's Maul!«, ruft die tapfere Unbekannte aus dem Mutterland der Revolution, als Nicolas Sarkozy in seiner Rede ebenfalls den Deutschlandfreund gibt. Den Nachfolger Napoleon Bonapartes in ziemlich indirekter Linie kann ein solcher Zwischenruf nicht bekümmern, nicht bei derart deutschem Wetter. Er spricht einfach weiter, aber dass französische Kritiker ihren Spitzenpolitikern neuerdings hinterherreisen, um sie auch noch unterwegs abzumahnen, lässt hoffen, wenn auch anders, als Sarkozy es sich in seiner Ansprache wünscht.

Unter dem Regenschirm vorm Brandenburger Tor spricht Angela Merkel.
Zu Recht erinnert die Kanzlerin an die Pogromnacht vom 9. November 1938 (damals als »Reichskristallnacht« verulkt von dem Kabarettisten Werner Fink). Den geistig-moralischen Kraftschluss, dass ein Tag der nationalen Freude und gleichzeitig ein Tag der nationalen Schande einen sehr viel besseren »Tag der Deutschen Einheit« abgäben als der ewig blass bleibende 3. Oktober, diesen Schluss zieht Angela Merkel nicht. Dies zu tun bleibt dereinst vielleicht einem Bundeskanzler Klaus Wowereit oder einer Bundeskanzlerin Andrea Nahles überlassen.

Im nächsten Moment fährt die amtierende Kanzlerin mit dem Schwamm über solche Theorie: »Wir haben allen Grund, heute miteinander ein fröhliches Fest der Freiheit zu feiern« sowie: »… die Stärkung von Wachstum, Wohlstand und Gerechtigkeit (…) und den Einsatz für Menschenrechte, wo auch immer auf der Erde.«

Wo auch immer auf der Erde – Ende 2009 steht die Bundeswehr mit über 8000 Soldaten weit über deutsche Grenzen hinaus in internationalen Einsätzen. Ob in Afghanistan (»friedenssichernde Maßnahmen«), vor der Küste Somalias (»Schutz gegen Piratenangriffe«), den Küsten des Libanon (»Seeraumüberwachung«), im Mittelmeer (»Schutz gegen terroristische Bedrohungen«), am Horn von Afrika (»Terrorismusbekämpfung«), in Bosnien und Herzegowina (»friedenssichernde Maßnahmen II«), ob mit Jagdflugzeugen im Luftraum über dem Baltikum, ob in Kuwait und in den Emiraten zur Ausbildung irakischer Sicherheitskräfte oder zum Zwecke logistischer Schützenhilfe im Sudan – Erwin Rommel bliebe die Spucke weg.

Mal sollen die deutschen Soldaten als Teil der »Antiterrorkoalition« gelten, dann wieder sind sie »regionales Aufbauteam«, wie in der afghanischen Provinz und gleichnamigen Hauptstadt Kunduz, oder sie sind ganz einfach »Berater« und, noch mal ein Eckchen vager, »Unterstützer« – bis zur Ernennung Karl-Theodor zu Guttenbergs zum Verteidigungsminister tobte in der deutschen Etappe der Krieg um die am wenigsten aufsehenerregenden Euphemismen, um die säuselndste Vermeidung dieses einen, ganz großen Unworts: KRIEGSEINSATZ. Freilich, die Bundeswehr (früherer Slogan: »Wir produzieren Sicherheit«) als regionales Aufbauteam zu bezeichnen, als Berater oder Unterstützer, das atmet ziemlich denselben Charme wie der Begriff »Antipersonenmine« anstelle von »Landmine«: Das Bon-Jovi-Gottschalk-Mauerfall-Jubiläum ist eben auch ein Jubiläum zahlloser Einflüsterer. Die deutsche Sprache verbiegen und modernisieren sie, um aus ein paar dürren Worten wunderschöne, täuschend echte Potemkinsche Dörfer zu bauen: Die Mauerspechte waren wir, wir Politiker, nicht ihr, das Volk; das mit den Kriegen, die welche sind, aber nicht so heißen dürfen, das kriegen wir schon hin mithilfe der Bundeswehr und der Marines, der Royal Air Force sowie der Forces armées françaises und all den vielen anderen »Beratern« – Bon Jovi, bitte!

Hätte es einen Unterschied gemacht, wenn die Band wirklich live gerockt hätte?

Höchstens den, dass die Burschen eben so rein gar nichts mit dem Mauerfall zu tun haben, aber unbedingt so tun, als ob doch. Klaus Meine und seine Scorpions waren wohl gerade auf US-Tour, dass sie ihren Landsleuten partout nichts pfeifen durften vom Wind der Veränderung.

Dann ist wieder Thomas Gottschalk am Zug. Er ist und bleibt auch ohne Fernsehcouch gesamtdeutscher Wettonkel, also muss die Mauer ein zweites Mal fallen. Topp, die Wette gilt: In bunt bemalter Styroporversion, Stück für Stück wie Dominosteine im Format überdimensionierter VHS-Videohüllen, purzelt die Mauer erneut, nur diesmal ohne Tränen der Freude, ohne Worte der Erleichterung. Ziemlich unspektakulär sieht das Ganze denn auch aus, womöglich weil der in Gottschalks Umfeld gewohnte Kran genauso fehlt wie das Defilee von mindestens drei Dutzend wohlgeformter Damen-Popos. Der

Fall der Mauer – ein Fall für eine Außenwette, auch ohne die absente Michelle Hunziker.

Dann, pünktlich zum Beginn des Einigkeit und Recht und Freiheit entsprechend illuminierenden Feuerwerks, klinkt das ZDF sich aus: genug gefeiert, liebes Fernsehvolk. Die *message* der Kanzlerin habt ihr wohl vernommen: Im 21. Jahrhundert wird Freiheit, wenn überhaupt, wieder mit Waffengewalt erkämpft. *Das Wunder von Berlin,* das ist nun jenes blaue, welches das ganze Volk soeben live beziehungsweise per Playback erlebte, und genauso heißt die nachfolgende ZDF-Sendung, ein weiteres Drama, aber diesmal mit Heino Ferch als Stasi-Offizier und Veronica Ferres als seine Ost-Matrone.

Den Versprecher des Tages leistet sich noch rasch Ulrich Deppendorf von der ARD. Er moderiert die Schaltung ab mit den entlarvenden Worten:»Das war die Bundeskanzlerin Angela Merkel bei ihrer Rede hier aus Anlass der *Jubel*feier – der *Jubiläums*feier …«

Die kunterbunten Styropormauerteile sind gefallen, aber nur zum Teil. Der Rest darf noch eine Weile stehen bleiben und soll, weil pädagogisch wertvoll, daran erinnern, dass noch in etlichen anderen Teilen der Welt Völker durch Mauern getrennt sind. Namen und Fakten hat Thomas Gottschalk nicht erwähnt, wozu auch? Sollen die Zuschauer sich die Jubiläumsfreude kaputtmachen mit der Nennung Israels (Mauern um den Gazastreifen sowie entlang des Westjordanlands)? Warum eigens auf Nord- beziehungsweise Südkorea verweisen? Eines Tages werden doch sicher auch dort Künstler ihre Playback-Schau abziehen, nur noch ein wenig Geduld.

Die Kanzlerin hat, in der ihr eigenen unverbindlich klingenden Weise, jede Zurückhaltung fallen lassen: *Wir müssen unseren Verbündeten helfen,* nämlich bei Befreiungsaktionen überall in der Welt. Von deutschem Boden, so lautete Frau Merkels Einflüsterung, darf durchaus wieder Krieg ausgehen. Allerdings darf er erst anderthalb Verteidigungsminister später so heißen.

Die echte Mauer wurde gebaut auf Anweisung von Walter Ulbricht, der ein Sachse war und gelernter Tischler: Die jahrzehntelange Unterdrückung von Millionen von Menschen, der Schießbefehl und seine hundertfache Befolgung, die industriell organisierte Ausforschung der Bevölkerung, der perfide-brutale Umgang mit Bürgerrechtlern, das Wohl und Wehe des Individuums hinter einer einzigen Antwort, »richtig« oder »falsch« – das alles ist schon eine Show wert, 20 Jahre später, und natürlich mit den größten, besten, tollsten Playback-Stars aller Zeiten, angekündigt vom blondesten Haribo-Goldbären aller Zeiten.

Gottschalk kann's mit toupierten Menschen, nur das gewohnte Duzen fällt ihm schwer, als mit Muhammad Yunus aus Bangladesch tatsächlich ein Friedensnobelpreisträger vor ihm steht. Nein, der Mann hat noch nie mit Uwe Ochsenknecht eine Platte besungen oder an der Seite von Til Schweiger chargiert. Er wurde trotzdem ausgezeichnet, weil er sich mit aller Kraft für die Vergabe von Mikrokrediten an die Ärmsten einsetzt. Da fällt selbst dem Tommy das Duzen schwer, aber schließlich gelingt es ihm doch. Yunus' kämpferische Botschaft am Abend des 9. November hätte durchaus eine erfreulichere sein können als die von Angela Merkel: Schicken wir weltweit die Armut ins Museum. Und doch, das hat für Kulenkampffs Enkel leider so gar nichts von der Lockerheit epischer Zeilen wie dieser:

Let me hear you say
Yeah, yeah, yeah
Oh yeah!

Könnte es einen besseren Ort geben als Carl Gotthard Langhans' Brandenburger Tor, um 40 Jahre Unterdrückung wegzuwischen, um einen diesen bis in die letzte Büroklammer bürokratisierten Freiheitsentzug vergessen zu machen? Vielleicht weniger cool als Jon Bon Jovi, aber durchaus präziser drückt es Bundestagsvizepräsident Wolfgang Thierse (SPD) aus. In einem Interview mit dem Radiosender Bayern 2 am 9. 11. 2009 sagt er: »Der Mauerfall vor 20 Jahren ist nicht das Ergebnis einer genialen Politik und genialer Politiker, sondern des Mutes vieler namenloser Menschen, und das müssen wir verteidigen.«

Schließlich wurden wir nicht geboren, um anderen zu folgen.

16.
Trumpfkarte »Wohlstand«

They wanna have a war to keep their factories
They wanna have a war to keep us on our knees
They wanna have a war to stop us buying Japanese
They wanna have a war to stop industrial disease.

DIRE STRAITS, *Industrial Disease* (1982)

Und nun *die* Idee, der ganz große Wurf, die *killer application!*
Das Problem: Wer schon alles hat, will nichts mehr kaufen. Alles schon versucht: In der Bekleidungsindustrie wechselt sich eine Zwischensaison mit der nächsten Hauptsaison ab, deutsche Autohersteller faceliften inzwischen genauso hektisch wie japanische. Unterhaltungselektronik hat höchstens einen halben Sommer, dann helfen auch Preisretuschen nichts mehr.

In Deutschland gibt es längst mehr Mobiltelefone als Haushalte; weltweit sogar doppelt so viele Telefone wie Menschen. Wozu noch eine Dritt-, Viert-, Fünftausstattung?

Die Glotze: alles Banane. Millionen noch fabrikneuer Farbfernseher austauschen gegen ebenso viele Flatscreens, das war für Media Markt alias Saturn Hansa alias Metro-Gruppe doch nur eine Frage von zwei Weihnachtsfesten und einer Handvoll Sonderaktionen: Plasma, LCD, LED, HDTV, Digitalempfang, NeoPDP Panel, V-real Pro 4 Signalverarbeitung, 600 Hz Intelligent Frame Creation Pro – wir haben uns doch nun wirklich die Birne weichsabbern lassen von eurem Technik-Rotwelsch. Und so »sternhagel günstig« seid ihr Geizgeilen auch nicht.

PCs, Laptops, Notebooks – dieselbe Misere. Bei uns zu Hause doch schon alles doppelt und dreifach vorhanden. Aus der Vinyl-

Scheibe wurde die CD, aus der Mini-Disc ein Riesenflop. Jetzt wird downgeloaded, bis die Festplatte mehr Songs speichert als ihr Besitzer Wörter im passiven Wortschatz. Und Möbel! Ja, wie viele *Billy*-Regale denn noch? Wie viele *Malm*-Betten, *Sultan*-Matratzen, *Glump*-Kommoden und *Graffl*-Schränke? Sorry, Ikea, wachse bitte woanders, wachse mit anderen, im Kongo, im Sudan, in Nigeria. Wir kaufen bei dir höchstens noch Kleinzeug, *Björkefall*-Kerzenständer oder *Bomster*-Vasen, und völlern ansonsten in deinen »Restaurants« *Köttbullar* und *Räksmörgås*. Textilien: neue Tops von H&M mit der Halbwertszeit von zwei Discobesuchen? Am Ende ist selbst billig zu teuer, lass mal lieber. Angela Merkel geht mit gutem Beispiel voran. Legt sich ein neues Abendkleid im Second-hand-Look zu, tief ausgeschnitten wie sonst nur bei Verona Pooth. *Bunte* und *Bild* können ihr so aufs Dekolleté glotzen und haben eine Woche lang etwas zum Schreiben; besser kann kein Wachstumsbeschleunigungsgesetz funktionieren.

Selbst Pizza vom Asiaten ist unbezahlbar geworden. Besser nur noch beim Fernsehkochen zusehen, *Lafer! Lichter! Lecker!* gucken, aber auch Mälzer, Zacherl, Wiener, Sass und Schuhbeck. Der Appetit vergeht ohnehin beim Zusehen, weil die Zutaten aus dem täglichen Hartz-IV-Regelsatz einfach nicht rauszuquetschen sind. Zechprellen heißt jetzt GEZ-Prellen, nur so kommt man doch überhaupt noch über die Runden.

Autos und Abwrackprämie: ganz dunkles Thema. Massenhaft haben wir kaum zehnjährige, im Grunde vollkommen intakte Kisten zerstört, für 2500 geschenkte Euro das Mehrfache beim Markendealer gelassen. Hauptsache, die Schufa-Auskunft gab es her. Jetzt stottern wir Kredit- und Leasingraten ab und ärgern uns mit dem Unterschied zwischen Gewährleistung und Sachmängelhaftung herum.

Die verdammte Kiste namens Konjunktur will einfach nicht richtig anspringen. Stottert herum zwischen null und einem schwachen Prozentpunkt, während die Chinesen weiterhin eine satte Acht vorm Komma haben. Kein Wunder, dass das ihre Lieblingszahl ist. Die Wirtschaft der Asiaten ist Marianne Sägebrecht, unsere ist Kate

Moss, aber ohne Kleingeld für das Koks. Die Staatsausgaben steigen, die Steuereinnahmen schrumpfen, und irgendwann droht uns der Staatsbankrott.

Die Lösung: Wir setzen Hunderte Millionen Menschen wieder auf null, nein, ganze Länder, Kontinente. Nicht gerade über Nacht, aber doch binnen weniger Jahre. Die Leute langsam runterdimmen, dass man's nicht gleich so merkt. Allmählich alles verknappen statt auf die brutale Methode »Stecker raus, Licht aus«. Lieber langsam, aber sicher. Und dann alles zurück auf Anfang: Inflation. Währungsschnitt. Sparguthaben weg.

Erst dann wird wieder Licht, wie damals, nach dem letzten großen Krieg. Da war alles im Dutt, europaweit, zuvor und bald danach auch in der amerikanischen Finanzwelt. Aber wie haben wir das damals alles hingekriegt! Darum: Wirtschaftswunder reloaded. An die Arbeit, ihr Götter der FED, der EZB, der Bundesbank …

Diesmal muss es zwischen uns zivilisierten Westlern auch ohne Panzer gehen, und die Jets bleiben im Hangar. Ein einziger Stealth-Bomber mit Leder, Sitzheizung und vollen Bombenschächten kostet ja schon um die zwei Milliarden US-Dollar, ein einziger! Da reckt man nicht einfach mal so den Daumen in die Höhe: »*Go fly!*« Überhaupt, wem soll man denn noch eine Knarre in die Hand drücken? Sind ja kaum mehr Soldaten da. Erst der Pillenknick, dann die Versingelung, schließlich das Karrieredenken, all das hat dafür gesorgt, dass unsere Frauen nicht mehr am Herd stehen, geschweige ausreichend Kinder gebären wollen. Oder wären in *Sex and the City* jemals Umstandsmoden zu sehen gewesen? High Heels von Manolo Blahnik und Milupa-Breie passen eben schlecht zusammen. Die Emanzipation hat den Frauen den Traum von einem selbstbestimmten Leben eingeflüstert, aber zugleich hat diese Selbstbefreiung ihre Männer erschüttert wie die 70 Tonnen eines Abrams-Panzers irakischen Wüstenboden. Nicht nur zu wenig neue Konsumenten werden geboren, es gibt auch zu wenig neue junge Männer, die man in Kriege schicken könnte. Allenfalls noch Kontingente bis höchstens 50 000 Mann pro zu besetzendem Feindesland sind noch drin. In Stalingrad *kapitulier-*

ten 200 000 Mann, auf einen Schlag. Wie will man da mit weniger als einem Viertel ganze Länder zerdeppern?

Statt Manpower muss diesmal Brainpower ran. Mehr Hirnschmalz für mehr Kaufkraft. *Make Aufschwung, not war.* Diesmal machen wir es richtig: Wir wollen die *Wirkung* eines Weltkriegs, aber ohne *sichtbare* Kampfhandlungen. Wir bekämpfen einander bis aufs Blut, gewiss, zeigen uns gegenseitig aber nur die Nullen auf den Taschenrechnerdisplays. Häuser und Fabriken bleiben ganz. Die Straßen werden nicht zerbombt. Die Infrastruktur wird nicht angetastet. Ansonsten: Alles muss raus. *Let's face it.* Konsumgüter, Wirtschaftsgüter, Maschinen. Weg damit. *Down to the bone.* Ein neues Wirtschaftswunder tut not, exklusiv für den westlichen Teil der Welt. Mit Flatrate-Denke ist das nicht zu haben. Nicht billiger muss alles werden, richtig teuer muss alles wieder sein, teuer und trotzdem erschwinglich, damit wieder ordentlich Geld in die Kasse kommt: 40 Neu-Euro Kopfgeld oder 40 Neu-Mark für jeden, das wäre ein Anfang. Die Löhne sind doch bereits auf Vorkriegsniveau.

Wir lachen immer über George W. Bush. Aber der hat das ganz clever gemacht. 2001, da ging's der US-Wirtschaft schon nicht besonders. Dann auch noch Osama bin Laden und sein Abrisskommando am World Trade Center – wie nun den Landsleuten einen neuen Krieg verkaufen, wie die vielen kleinen Leute auf sich einschwören, die hilflos mit ansehen mussten, wie der Präsident seine Freunde bei Exxon, Enron und Halliburton mit Steuerdollars mästete, bei Boeing, Lockheed und General Dynamics? »Um ein verantwortlicher Amerikaner zu sein, muss man verantwortlich handeln«: Bush versprach jedem US-Bürger, und sei sein Einkommen noch so klein, ein eigenes Haus, wenigstens ein Häuschen. Eigenkapital? Nicht doch. In einem Land, in dem man sich mit einem ganzen Leporello von Kreditkarten durchs Leben hangelt, braucht man, unter Umständen, kein Eigenkapital. Alan Greenspan drehte die Zinsschraube bis fast gegen null, schon flossen die *green bucks,* stiegen die Immobilienpreise, verdienten sich Banken und Aktionäre dusselig.

Erwünschter Nebeneffekt: Wer Zinsen und Tilgung abzustottern hat, kommt auch sonst ins Stottern, wenn's um Kritik und eigene Meinung geht. Irak, Iran, Afghanistan – *don't give a shit!* Stattdessen hoch die Flagge, und die Hand an die Mütze: *O say can you see/By the dawn's early light/What so proudly we hail'd/At the twilight's last gleaming?*

Natürlich, der Rückschlag würde kommen, sobald die Häusle*besitzer* den Häusle*eigentümern* millionenfach die Knete schuldig bleiben würden. Bush und seine Leute hatten schon wieder eine Idee: Wenn's bei uns so prächtig läuft, warum nicht die Banken *overseas* teilhaben lassen? Wie auf dem Hamburger Fischmarkt die Propagandisten, so übten sich plötzlich auch US-Investmentbanker im Paketschnüren: Diesen Butt und noch 'n Aal, und diesen Lachs und guck, ich pack dir noch zwei Handvoll Matjes drauf!

Wo Aale-Dieter so großzügig war, da wollte Derivate-George nicht nachstehen: Nach uns die Sintflut, viel Spaß im späteren Leben, *dear* John (McCain) oder Hillary oder Barack. Wir verkaufen Europa und der Restwelt den ganzen Schrott, den Deutschen und auch den Schweizern, den Franzmännern, und all den anderen auch. Also gleich noch mal: *O say can you see …*

Was sich als langfristige Finanzstrategie so glatt reimte wie die eigene Hymne, war in Wirklichkeit ein Krieg ohne Kriegserklärung: *Buy our shit or go to hell!* Für deutsche Banker kein Problem. Das Prinzip Geld-für-Müll kannten sie ja bereits von Leo Kirch und seinen Filmpaketen. Und für Mitglieder der Vereinten Nationen waren unerklärte Kriege auch nichts Neues.

Kriege mit immer weniger, aber immer teureren Waffen, das kannte man. Aber immer mehr Not und immer weniger Brot mit den Waffen der Wall Street und der ihr angeschlossenen Finanzplätze, das *war* neu.

Und, verdammt, wir sind auf den Mist reingefallen.

17.
Spieglein an der Wand:
Totgesparte Medien
sind der Traum aller Einflüsterer

Hach Gott! Journalisten haben oft
den Anspruch, mit allen Mitteln
und Ressourcen an Zeit und Geld
ihre Projekte zu verfolgen, auch
wenn Geschichten dann nie erscheinen.
Das beißt sich gelegentlich
mit der kaufmännischen Notwendigkeit,
möglichst effizient zu sein.
Gruner+Jahr-Chef BERND BUCHHOLZ
im *Spiegel*-Interview vom 21.09.2009

24. Oktober 2009. Auf der Bundespressekonferenz präsentiert Kanzlerin Merkel, an ihrer Seite Guido Westerwelle und Horst Seehofer, den eben fertiggestellten Koalitionsvertrag. Die üblichen Höflichkeitsfragen, die üblichen Standardantworten, es plätschert so dahin. Der niederländische Journalist Rob Savelberg hat für die Amsterdamer Tageszeitung *De Telegraaf* noch eine Frage – und endlich einmal eine richtige: Wie Wolfgang Schäuble geeignet sein könne für den Posten des Finanzministers, will Savelberg wissen, wo er doch einst die 100000-DM-Spende des Waffenhändlers Karlheinz Schreiber »vergessen« hatte?

Da kommt die Kanzlerin ins Stottern: »Weil – weil diese – weil – diese Person mein Vertrauen hat!«

Schäuble – diese Person.

»Aber kann er mit Geld umgehen, wenn er vergisst, dass er hunderttausend Mark in bar in seiner Schublade herumliegen hat?«, bohrt Savelberg weiter. Gelächter unter seinen – überwiegend deutschen – Medienkollegen, Gegrinse bei Westerwelle und Seehofer: Was der Kaaskopp sich traut – sagt der Kanzlerin ins Gesicht, dass ihr neuer Finanzjongleur kein Ehrenmann ist!

Es folgt ein weiterer holländischer Schuss ins deutsche Tor: Es gehe doch schließlich um die Finanzen von 82 Millionen Deutschen …

Da bedauert die Kanzlerin, heftig souffliert von ihrem frischgebackenen Außenminister, sie habe nun »wirklich schon alles dazu gesagt«.

Die nächste Frage. Bitte!!!

Mit einer Dreiviertelmillion Klicks wird diese Begegnung der holländisch-journalistischen Art zum YouTube-Hit. Hunderte Deutsche gratulieren Savelberg per E-Mail, und auch die Kommentare in den einschlägigen Leserforen signalisieren überwiegend Zustimmung: Öffentlichkeit ohne Maulkorb – wunderbar! Endlich traut sich mal einer und macht die Klappe auf, und dann auch noch ein *Journalist*.

Die Gegenmeinungen freilich sind, wie immer, sachlich knapp und eher neutral: Na so was. Diese Holländer. Förderer der Drogenpolitik. Daheim ein verbumfeites Königshaus, aber hierzulande stänkern. Ganz unmögliche Leute.

Und der Rest der deutschen Medienwelt?

Weil Savelbergs Auftritt natürlich sofort vermeldet werden muss, bleibt kaum Zeit, über das Ereignis hinter dem Ereignis zu berichten: Hätte nicht ein deutscher Journalist die sehr berechtigte K(nete)-Frage stellen müssen? Sollten nicht überhaupt deutsche Journalisten sehr viel »holländischer« mit ihren Politikern umgehen, sich beispielsweise weniger für deren im Spanienurlaub genutzte Dienstwagen interessieren als für in Deutschland missbrauchte Gesetze, Regeln und Vorschriften?

Das Beispiel Savelberg zeigt, dass sich 82 Millionen Deutsche letztlich nur noch auf sich selbst verlassen dürfen. Die »Vierte Gewalt«

wird allmählich zum fünften Rad am Wagen. Regierungskritik im Schonwaschgang, und bitte nur mit gebremstem Schaum – so machen sich Journalisten zu Ja-und-Amen-Sagern, zu Info-Vermeldern statt zur hammerharten Medien-APO. Hofberichterstattung nannte man das früher. Man kennt sich, man braucht einander. Man will nicht als Korrespondent in Burkina Faso enden. Man will seine feste oder freie Tätigkeit nicht gefährden, nicht als Frühvierziger schon demnächst zu alt für den rauen Redaktionsalltag sein. Deshalb: Sachzwänge statt Zusammenhänge, Schonung durch Schönung, unverbindliche Mahnungen als definitive Meinungen – der Maulkorb sitzt perfekt. Es reicht allenfalls noch zum Knurren gegen den unerschrockenen Amsterdamer Kollegen.

Halt, Demokratie! Da ist ja noch der *Spiegel,* dieser neoliberale Generalist unter den Wochenmagazinen, das berühmt-berüchtigte Aufdecker- und Enthüllerblatt von B wie Barschel und F wie Flick, von N wie Neue Heimat bis P wie Parteispenden (rot, gelb und schwarz), und damit müsste das Brandstwieter Greatest-Hits-Alphabet noch lange nicht durchbuchstabiert sein. Ist es aber bereits, wenn man jüngere »Affären« der Buchstaben D wie Dienstwagenaffäre (Ex-Gesundheitsministerin Ulla Schmidt) oder K wie Klatten-Erpressung (die »Gigolo-Affäre« um die reichste Frau Deutschlands, Susanne Klatten) in eine neue Kategorie einordnet: *Der Spiegel* goes *Super-Illu.*

Mit einem thematischen Hin und Her versucht das Blatt, das einst spektakulär daherrasselnde Sturmgeschütz umzumodeln in ein umweltfreundliches und dennoch verkaufsstarkes Aufmerksamkeitsmobil: mehr Hybrid, weniger Hybris, viel Konsens, weniger Dissens. Ob das gelingt mit Allerwelts-Aufmachern von der Sorte »Einmal im Monat wie Pfarrer Fliege sein«?

Am besten, man schiebt die Schuld für sämtliche im Blatt behandelten Weltprobleme dem Leser in die Schuhe. Der kann dann Asche auf sein Haupt streuen, wenn er Sätze liest wie diese (Titelgeschichte »Das verlorene Jahrzehnt«, Ausgabe 50/2009): »In der Realität des ersten Jahrzehnts kam das Böse nicht von Monstern, sondern vom Nachbarn, der es gar nicht böse meint. Sein Börseninvestment trug zur Finanzkrise bei, sein Geländewagen zur Klimakrise, seine Wahlenthaltung zur Demokratiekrise. Und sein Virus überträgt nun die Schweinegrippe. Die Harmlosen wurden zu den Tätern des Jahrzehnts, mit Ausnahme der Terroristen.«

So, so, »der Nachbar« ist an allem schuld, also wir selbst und noch nicht mal der Gärtner oder der Butler. Wir haben die Finanzkrise heraufbeschworen, nicht die Politiker mit ihren laxen Gesetzesvorgaben und die Banker mit ihrer kriminellen Gier. Weil wir den meisten Politikern nicht mehr über den Weg trauen, sind wir schuld an unserer eigenen Politikverdrossenheit. Wir Harmlosen sind die Täter. Danke für so viel Aufklärung, liebe *Spiegel*-Redaktion!

Allerdings: Man liest diesen Text wieder und wieder, desgleichen die Abschnitte davor und danach. Man schickt ein Stoßgebet zu Franz von Sales, dem Schutzpatron aller Journalisten und Schriftsteller, er möge Erleuchtung spenden und einem die Ironie aufzeigen, mit der diese Generalanklage doch nur geschrieben sein kann, oder?

Doch keine Erleuchtung, und keine Ironie. Der *Spiegel* meint es wirklich ernst. Seine Leser, Abonnenten, die Menschheit – Dummerjane allesamt. Wer den Schaden hat …

»Michael Schumacher – Was bringen mir ein paar Siege mehr« (Ausgabe 43/2009), »Fehlkonstruktion Mensch – Warum wir für die moderne Welt nicht geschaffen sind« (40/2009), »Die Porsche-Story – Psychogramm einer aberwitzigen Familien-Fehde« (30/2009), »Fremde Freunde – Vom zweifelhaften Wert digitaler Beziehungen« (10/2009) – wegen eines »Abgrunds von Landesverrat«, wie 1962 der damalige Bundeskanzler Konrad Adenauer (CDU) in der »*Spiegel*-Affäre« tönte, landet heute gewiss kein *Spiegel*-Chef oder -Redakteur mehr im Knast. Die bundesdeutsche Demokratie mag toleranter geworden sein. Dafür hat sich der früher mal knallharte Zerr-*Spiegel* beinah zum Kosmetik-*Spiegel* für die Handtasche gewandelt. Ein Blatt mit dieser Reputation, diesen redaktionellen und finanziellen Möglichkeiten müsste zu mehr Tiefe und Schärfe fähig sein, will es aber offensichtlich nicht.

Anscheinend wünscht sich die Werbewirtschaft ein nur kritisch anmutendes, aber kein tatsächlich kritisches Umfeld. Denn auch der *Spiegel* hängt den Ereignissen hinterher: Statt, wie früher, montags ein Fass aufzumachen, ploppt meist nur die übliche Brause aus dem orangeroten Titelrahmen: glänzend recherchierte Einzelheiten, aber eingeschenkt, als ob's Champagner wäre. Beispiel: Von dem verdächtigen Schweigen der Bundesregierung zu dem Bombardement des Tanklasters in Kunduz muss die Chefredaktion doch schon Wochen vor dem Rücktritt Franz Josef Jungs gewusst haben. Weshalb kommt der Artikel dazu erst, als der Minister – endlich – Geschichte ist?

Grüne Einflüstereien statt hammerharter Fakten sollen die Auflage heben, zumindest halten helfen, wie etwa die *Spiegel*-Serie »Was gegen den Klimawandel zu tun ist« (ab Ausgabe 49/2009). Dumm nur, dass ausgerechnet nach dem ersten Umblättern eine ganzseitige Farbanzeige für den neuen Seat Exeo ST wartet. Dessen »herausragende Fahrdynamik« sowie seine »kraftvollen und wirtschaftlichen Benzin- und Common-Rail-Dieselmotoren« sind vom Bekenntnis zum seit Jahren herbeigeredeten Elektroantrieb mindestens so weit entfernt wie ein »Flaggschiff der Linken« von einem »neoliberalen Kampfblatt«.

Dabei sind die Einflüsterer vom *Spiegel* gerade immer dann stark, wenn sie sich nicht am Mainstream entlanghangeln, sondern selber nachdenken: »Das verlorene Jahrzehnt – Was die Welt aus einer Dekade der Unvernunft lernen muss« (Titelgeschichte 50/2009). Gut, das Jahrzehnt endete mitnichten in der Silvesternacht des Jahres 2009, sondern dauert – wir zählen von 1 bis 10 – noch bis zum 31.12.2010, aber die Richtung stimmt: Analyse, Einordnung, Ausblick. Wenig Gelegenheit für Geflüster, viel Platz für die Darstellung der Zusammenhänge: Die Weltbevölkerung wird, wie selten zuvor, in Schach gehalten von einer internationalen Gruppe korrupter, geldgieriger Politiker und Wirtschaftsmagnaten. Nur von den einen kennt man – weitgehend – die Namen; die im Dunkeln sieht und kennt man nicht. Noch nicht, liebe *Spiegel*-Redaktion.

Hat sich je die stolze Eiche darum gekümmert, wenn sich ein

Borstenvieh an ihr kratzte – wieso so viel *Spiegel*-Blattkritik, warum so viel Aufmerksamkeit für die Einflüsterer von der Elbe? Weil das »Leitmedium« *Spiegel* tatsächlich eines ist, zumindest für Tausende von Kollegen in den anderen Medien. Enthüllte früher der *Spiegel,* fühlten sich auch andere bemüßigt, endlich mal wieder selbst ein Brikett nachzulegen, etwa die auf 1000 Jahre tagebüchergeschädigte Redaktion des *Stern.*

Focus hat noch nie eine wirkliche Schweinerei aufgedeckt. An der Isar überlässt man die weite Welt der Investigation der *Süddeutschen Zeitung* oder eben dem *Spiegel.* Wichtiger als Enthüllungen sind für »das moderne Nachrichtenmagazin« (Eigenwerbung) immer und immer wieder medizinische Titel: »Risiko Herzinfarkt« (Heft 49 / 2009), kurz zuvor »Depressionen – erkennen und heilen« (45 / 2009) oder »Schweinegrippe – ein Volk soll an die Nadel« (46 / 2009) und gleich noch einmal, dem Selbstmord des Nationaltorwarts Robert Enke geschuldet, das »Tabu-Thema Depression – Warnsignale und Behandlungschancen« (47 / 2009). Nicht auszudenken, wenn der *Spiegel* Stefan Aust, seinem Chefredakteur von 1994 bis 2008, dessen Begeisterung fürs Springreiten allwöchentlich die Zügel hätte schießen lassen.*

Parallel zum *Spiegel* blickt freilich auch *Focus* zurück auf »Das nervöse Jahrzehnt« (50 / 2009), schlussfolgert aber von Nine-eleven wagemutig auf »Apples iPhone und Coffee to go« – eine geradezu sensationelle Analogie, die in der Enthüllung gipfelt, das »fiebrige Jahrzehnt« habe »im Grunde nur sieben Jahre gedauert«. Da muss der einäugig gewordene *Spiegel* ja König unter den blinden Blättern bleiben: Nachrichten sind eben etwas für Spezialisten.

---

* Kritikern zufolge war Aust beim *Spiegel* ein ganz großer Einflüsterer. Angeblich soll er dem Blatt eine besonders harte Linie etwa gegen die Stromerzeugung durch Windkraft verpasst haben, weil, ausgerechnet, Windkraftanlagen die eigene Pferdezucht beeinträchtigt hätten. Ein entsprechender Wikipedia-Eintrag ist von Aust unwidersprochen geblieben.

Nachrichten als Zuschussgeschäft

Für Thomas Ebeling, Vorstandsvorsitzender der mit fast vier Milliarden Euro verschuldeten ProSiebenSat.1 Media AG, ist die Sache klar. »Nachrichten sind für uns als Gruppe auf jeden Fall ein Zuschussgeschäft«, beschied der Ex-Pharma-Manager (Novartis) Mitarbeiter wie Zuschauer des hauseigenen Nachrichtensenders N24. In dieser Groß- und Zentralküche des Senderverbunds werden konzerneigenen Informationssendungen angerührt. Vor allem dort, befand Ebeling im Herbst 2009, müsse in Zukunft drastisch gespart werden. Das übliche Rezept: Personalstand und Inhalt, also Nachrichtenmenge und -qualität, eindampfen, hauseigene und hausfremde Kritiker notfalls grillen. Denn Zynismus kann Ebeling auch: »Der Zuschauer wird nicht verzweifeln, falls es bei N24 Veränderungen geben sollte.«

200 N24-Mitarbeiter beklagten sich daraufhin in einem Offenen Brief über den Versuch, ausgerechnet bei einem Nachrichtensender ans Eingemachte zu gehen, die Qualität der von eigenen Redakteuren recherchierten Beiträge womöglich kaputtzusparen. Eine Senderfamilie hungert sich krank, weil die Sat.1-Prassereien für Johannes B. Kerner und Oliver Pocher so kostspielig wie erfolglos geraten sind. Dass N24 schon seit Jahren sein Programm hauptsächlich mit Beiträgen über US-Rüstungstechnologie oder Dieter Kronzuckers »Menschen & Mythen« bestreiten muss, fällt dabei leicht unter den Tisch: Nie hat sich ein Sender kecker zum Nachrichten-Marktführer gelogen als N24. Widerspruch, Investigation, messerscharfe Analysen, gar Originalität – nicht bei einem von Thomas Ebeleins Totsparkandidaten. Viel durfte nie drin sein in diesem Schnapsglas von Sender, gerade mal so viel, dass es zur Lizenzierung reichte. Jetzt müssen auch noch die letzten Tropfen raus.

Gruner+Jahr-Chef Bernd Buchholz sieht die Sache genauso. Sparen, kürzen, Kosten runter, Personal wegrationalisieren. Als ob *Stern*, *GEO* & Co. nicht schon vor Jahr und Tag von den McKinseys dieser Welt zwangsoptimiert worden wären. Statt die Kreativen im Haus mit wirklichen Innovationen von der Leine zu lassen, wird die Belegschaft mit permanenten Spardiskussionen demoralisiert. Alle sollen wissen: Ihr seid so was von sterblich.

Der *Spiegel* sucht, wie man hört, künftig sein Heil in einem schwungvoll angehobenen Einzelverkaufspreis. Statt 3,70 Euro sollen am Kiosk bald 5 Euro pro Ausgabe erlöst werden. Auf diese Weise will man sich weniger abhängig von den knauserig gewordenen Werbekunden machen. Liebe *Spiegel*-Chefredaktion, wie wär's mit einer Steigerung des Einzelverkaufs durch eine Rückkehr zu mehr Investigation, eurem einstigen Stammgeschäft? Mit Barschel, Strauß und Flick sind die Obermauschler in der Republik doch keineswegs schon ausgestorben. Die Einflüsterer auf nationaler und internationaler Ebene ruhen nimmermehr. Ran an den Speck.

Auch die *Süddeutsche Zeitung* hat zu kämpfen – zum wiederholten Male wird sie wieder»verschlankt«, als ob die Redaktion einer der angesehensten Tageszeitungen Europas jemals »fett« gewesen wäre. Was auffällt: Immer sind es branchenfremde Manager, die über immer neue Sparrunden entscheiden. Der deutsche Journalismus mag an zu wenig Mut vor Fürstenthronen – vorm Kanzlerinnensessel – leiden. An Sparwut gebricht es seinen Buchhaltern nicht.

Bezahlte PR, gekaufte Meinungen

Derweil lachen sich die Einflüsterer ins Fäustchen. Noch leichter als bisher finden ihre PR-Beiträge in die Blätter. Statt sich auf – mitunter teure – Recherche zu begeben, soll der künftig noch mehr an seinem Schreibtisch klebende Redakteur bitte mit dem kostenlos eingesandten *press kit* Vorlieb nehmen, mit von PR-Profis zusammengestellten, garantiert »objektiven« Informationen auf Papier, CD und DVD. Interviewpartner lassen wortwörtlich geführte Gespräche von ihren hochbezahlten Pressesprechern konfektionieren – in schwierigen Zeiten will schließlich kaum ein Blatt in letzter Minute auf »Originalton« verzichten.

Die Autoindustrie massiert besonders gern die Printmedien. Keine Tageszeitung verzichtet mehr auf Auto-»Tests«, und seien sie noch so abstrus und sachfremd. In der Regel handelt es sich dabei um wohlmeinende bis jubilierende »Fahreindrücke« von Blattmitarbeitern bei Rundfahrten an so verkehrsdichten Orten wie Korsika, Sardinien oder Mallorca. Oder es geht nach Südafrika, hart ans Gletschereis (Allrad!) oder gleich Richtung Feuerland. Statt einfach nur den Techniksprech der Werkseinflüsterer nachzudrucken, sollte ein mutiger Chefredakteur es vielleicht mal mit einer Art benzinblütigem Wolfram Siebeck versuchen, einen jugendlichen Fritz B. Busch ranlassen oder sich einen deutschen Jeremy Clarkson (*Top Gear*) aufbauen. Subjektivität und Respektlosigkeit, die Grundelemente eigener Meinung, sind nicht nur im deutschen Autofeuilleton überfällig.

Bis auf Weiteres ist im deutschen Print-Journalismus nicht der Leser oder Nutzer, sondern weiterhin der Anzeigenkunde König, und die jeweiligen politisch-ideologischen Freunde der Herausgeber beziehungsweise Verlagschefs sind es auch. Seit dem Tod Rudolf Augsteins hat sich wieder einmal der *Spiegel,* keineswegs zu seinem kommerziellen Vorteil, vom links-liberalen zum neoliberalen Sprachrohr gewandelt. Gerhard Schröder, den Genossen der Bosse, und seine beinharte Agenda 2010 fand der langjährige Allein-Chefredakteur Stefan Aust ziemlich gut, anfangs jedenfalls. Dann wendete sich Austs Meinung und damit die des Blattes. In Hamburg merkelte es, und Schröder bekam den gleichen Gegenwind zu spüren, der mehr als anderthalb Jahrzehnte lang ins Gesicht von Helmut Kohl blies. (Angeblich las der als »Birne« verspottete Wiedervereiniger nie den *Spiegel,* »das rote Traktat«. Tatsächlich war er aber stets über sämtliche Blattdetails informiert.)

Von Printmedien, die auszogen, das Internet zu erobern

Als wohl größte Fehlspekulation der Verlagsmanager hat sich deren vermeintliche Eroberung des World Wide Web erwiesen. Die Old-School-Medien im Internet, sind sie nicht alle entsetzlich quoten- beziehungsweise auflageversessen? Messen sie nicht alle ihr

Lebensglück überwiegend nach Seitenaufrufen, Marktanteilen und Reichweiten? Mischen sie nicht allzu oft – täglich! – Bierernstes mit allzu Feuchtfröhlichem, lassen sie nicht ständig tatsächliche Katastrophen mit nebensächlichen Histörchen Hand in Hand durch die Medienlandschaft ziehen? Sind sie nicht letzten Endes allesamt alternde Revolverhelden, die sofort ziehen und schießen und erst dann nach Ursache und Wirkung fragen, immer aus Angst, einen Knüller zu versäumen oder ihn der Konkurrenz zu überlassen?

Es fehlt in diesem Buch nicht an Kritik an der eigenen Profession. Doch weil Kritik nicht nur nach dem Wie, sondern auch nach dem Warum zu fragen hat, hier folgende Fragen: Warum haben sich unsere Medien binnen weniger Jahre derart *radikal* verändert? Weshalb stellen die mithin klügsten, aufgekratztesten, spürnasigsten Menschen unseres Volkes so selten ihr eigenes Tun infrage? Es kann doch nicht nur an der Hypothek fürs eigene Haus, am Dienstwagen und am Spesenkonto liegen.

»Mister President, bitte gestatten Sie *eine* Frage!«

Folgende Bilder kennt man aus dem amerikanischen Fernsehen, noch mehr aus dem amerikanischen Kino: Soeben hat der US-Präsident zur Lage der Nation gesprochen. Jetzt ist das Volk dran. Natürlich nicht das Volk selbst. Es findet sich vertreten durch die Journalisten seiner wichtigsten Medien. Sie sollen dem Ersten Mann im Staate Fragen stellen.

Ein Dutzend Reporter meldet sich gleichzeitig, Generös wählt der Pressechef des Weißen Hauses einen Mann oder eine Frau aus: »Ihre Frage bitte!« Der aufgeforderte Journalist oder die Journalistin stellt daraufhin eine Frage – sie klingt reißerisch, lässt sich jedoch ziemlich harmlos bis nichtssagend beantworten. Sind die amerikanischen Medien nicht an einer härteren Gangart interessiert, dass sie sich in wirklich jedem Thriller derart stereotyp darstellen lassen? Sie sind es. Noch mehr aber sind ihre Auftraggeber daran interessiert, es sich nicht mit dem Präsidenten und seiner Entourage zu verderben. In einem Krimi oder Actionfilm wird ja auch viel geschossen – aber keiner stirbt wirklich. So wie es in einem Film ein Drehbuch gibt, haben amerikanische Journalisten im »Land der Freien« ihre Fragen rechtzeitig mit dem jeweiligen Pressechef abzustimmen. Denn am liebsten bestellt die Politik die Fragen, die sie gern beantwortet haben möchte: Gefälligkeitsjournalismus ist das, der den Beziehungen zwischen politischem Würdenträger und Medium guttut, aber Gift ist für die Demokratie.

Wenn ein Politiker schon mal Klartext spricht, muss es »unter drei« bleiben

Immer öfter verhält es sich genauso mit dem Journalismus in Europa, zumal in Deutschland. Da gibt es etwa das Prinzip »unter drei«. Es besagt, dass wenn ein Politiker mit zwei Journalisten zusammensitzt, zwar Klartext geredet wird, das Gesagte jedoch »am Tisch« bleibt: Das Papier würde brennen, das Internet rauchen, würde man genau das veröffentlichen, was bei einer solchen Gelegenheit wirklich gesagt wird.

Doch was »unter drei« besprochen wird, ist eben nicht für die Öffentlichkeit bestimmt, jedenfalls nicht in der unzensierten, »scharfen« Version. Um den Preis, den Mächtigen auch künftig ganz nah sein zu dürfen, halten ausgerechnet jene den Mund, die ihn am weitesten aufmachen müssten, die sogenannten gut unterrichteten Kreise, die »Vierte Gewalt« im Staat – Journalisten, die in den einschlägigen politischen Zirkeln, namentlich in der Bundeshauptstadt, sehr gut vernetzt und wirklich an den Geschehnissen dran sind. Sie dürfen, bildlich gesprochen, zwar küssen, aber niemals darüber reden. Schade ums Viagra.

Also machen sie es anders.

Mit einem Quäntchen Zeitversatz, häufig immer noch nahe genug an der Aktualität dran, öffnen die Günstlinge der Macht doch noch ihre Schleusen – über Umwege, denn meist handelt es sich dabei um nicht genannte Quellen. Die werden verklausuliert als »Beobachter« und »Insider« und die bekannten »wohlunterrichteten Kreise«. Was nicht Steak mit Fettkruste sein darf, macht seinen Weg eben als plattgewalzte Hackfleisch-Bulette: Immer mehr Journalisten akzeptieren diesen Schmu, nur um im Zentrum der Macht mindestens geduldet, noch besser wohlgelitten zu sein.

Eingebettet in Lügen und Untertreibung

Als die USA 2003 zum zweiten Mal den Irak invasionierten, waren im Gefolge ihrer Kampfeinheiten fast ebenso viele Medienvertreter unterwegs. Ausgestattet mit Helmen, Schutzwesten und Laptops waren sie »embedded«, »eingebettet«. Was nach flauschigen Spannbetttüchern und sanso-weichen Daunendecken klingt, war in Wirklichkeit ein veritabler Maulkorb, Zensur pur: Geschrieben und gesendet wurde nur, was und wie es der Army in den Kram passte. Medialen Nonkonformisten drohte die Degradierung: zurück ins Glied der nur aus dem »Medienpool« Informierten; zurück an die Gulaschkanone in der Medienetappe.

Wer wollte ein solches Schicksal schon riskieren? Der Vorwurf, eingebetteter Journalismus sei einlullender Journalismus, ließ deshalb gerade die Großen der Branche kalt: Dabeisein ist alles. Der Tod in der ersten Reihe zählt mehr als die Information aus zweiter Hand. 79 Tote – noch nie starben so viele Journalisten bei der Ausübung ihrer Tätigkeit als Reporter aus Kriegs- oder Spannungsgebieten wie 2009.

Erstes Opfer im Krieg um die flachgelegte Wahrheit ist die Objektivität, lange bevor der erste Schuss fällt. Sehenden Auges schrieben im zweiten Irakkrieg Hunderte von Journalisten die Wirklichkeit um. Der größere Rest orientierte sich sodann an dem bereits mehr oder weniger gefälschten Material. Fertig war der aufgehübschte Krieg, mit einem Saddam Hussein an dessen Ende, der ans Tageslicht hervorgeholt wurde in Unterhemd und Strubbelfrisur – so erledigt die US-Armee die Diktatoren dieser Welt. *Mission accomplished.*

Berichterstatter aus Deutschland, damals in den USA verpönt als Nation der Kriegsdienstverweigerer, hatten am allerwenigsten Chancen, an aktuelles Material von den Schlachten um Basra oder Bagdad heranzukommen. Joschka Fischer, seinerzeit Außenminister, war »nicht überzeugt« gewesen von Donald Rumsfelds »Achse des Bösen«, geschweige denn von seinen dünnen, ja gefälschten Beweisen für Saddam Husseins angebliche Massenvernichtungswaffen.

Doch auf der Hatz nach dem Diktator und seinen vielen unsichtbaren, weil überhaupt nicht existierenden Schrecknissen nicht »embedded« zu sein war, wie bei RTL am Weihnachtsabend auf *Die Hard* und *Kill Bill* im Doppelpack verzichten zu müssen. Nur die Franzosen, zu einer »Achse« vereinigt mit Gerhard Schröders Memmenrepublik, traf es noch härter. Aus ihren nun wirklich nicht mehr wegzudenkenden Pommes frites, den *french fries,* machten die US-Hardliner *freedom fries,* nur um das Wort »french«, nunmehr Synonym für Angstkneifer, nicht mehr hören zu müssen.

John Swinton, in den Sechzigerjahren des 19. Jahrhunderts Chefkolumnist der *New York Times,* sagte einmal über die Freiheit von Journalisten: »Wir sind die Marionetten. Man zieht nur an den Fäden, und schon tanzen wir. Unsere Talente, unsere Möglichkeiten, unser Leben sind das Eigentum anderer. Wir sind geistige Prostituierte.«

Sag mir, wo die Verleger sind

Mittlerweile sind die Sitten zwischen Militärs und Journalisten derart verroht, dass es nicht mehr nötig ist, »eingebettet« zu sein. Die westliche Welt kämpft an derart vielen Krisenherden gleichzeitig, dass es auf ein paar kritische Stimmen mehr oder weniger kaum noch ankommt. Journalisten sind in ihren von Wirtschafts- und Verlagskrisen gebeutelten Häusern genug damit beschäftigt, sich selbst zu verteidigen. Denn da sind auch noch die Disziplinierungswerkzeuge namens »Kostendruck« und »Sparzwang«. Journalisten sollen möglichst jeden Tag die Hohe Schule des kritischen wie investigativen Journalismus vorreiten, dies aber möglichst zu Kosten eines appetitlosen Zirkusponys, denn unterhaltsam sollen Medien ja auch noch sein. Die Leser-/Nutzerschaft, wird behauptet, wolle es so.

Diese lustigen Leser/Nutzer, das sind natürlich die wenigen Verleger selbst, die es in Deutschland nur noch gibt, umso mehr die Vorstände und Aufsichtsräte ihrer Medienkonzerne. Vielleicht sogar weniger aus Zynismus und politischem Sendungsbewusstsein hängen sie ihren Medienproduzenten einen Maulkorb um. Sie selbst haben ja keinerlei Idee, wie der Fragmentierung des Medienmarkts – und damit der Einnahmen – wirkungsvoll begegnet werden könnte. Dann lieber sparen. Viel hilft viel.

Nach Abzug des letzten Restes von Berufsglanz sind Journalisten somit auch nur Krisenverlierer – Frauen und Männer, die, manchmal mehr, meistens weniger gut bezahlt, als Festangestellte oder »Freie« ihren Lebensunterhalt bestreiten.

Wie gut können bei Gruner + Jahr künftig noch Titel wie *Stern* und *Geo* sein, oder Klassiker wie *Eltern* und *Brigitte,* rechercheintensive Wirtschaftsmagazine wie *Capital* und *Impulse,* wenn der Verlagschef, Bernd Buchholz, seine Chefredakteure auffordert, binnen eines einzigen Quartals Einsparungen in Höhe von 200 Millionen Euro durchzudrücken? Hat man zuvor schier geprasst oder erst jetzt von der Erfindung des Taschenrechners Kenntnis genommen?

Eigene Meinung, günstig abzugeben

Mit einem Wechsel vom Sushi-Laufband an die Theke der Frittenbude sind solche Kraftakte jedenfalls nicht zu stemmen. Weniger festangestellte, mehr selbstständige Redakteure wird es brauchen, um nennenswerte Einsparungen zu verzeichnen. Sodann braucht es Einschnitte quer durch die Arbeitsabläufe der zahlreichen Redaktionen, um weitere Etappen solch ehrgeiziger Ziele zu erreichen; wer derart tief ins Fett schneidet, trifft schnell auf Fleisch und Knochen.

Das Signal an die Auserwählten, die ihren Stuhl behalten dürfen (und künftig mehr denn je leisten müssen), ist klar: Klappe halten, Augen zu und durch. Mehr denn je ist an die Blattlinie zu denken, mehr denn je alles zu vermeiden, was nach Risiko riecht. Bitte den Leser/Nutzer nicht erstaunen, nicht verwundern, nicht verunsichern. Das könnte ihn womöglich vom Kauf oder vom Seitenaufruf abhalten. Nicht, dass solche Sachzwänge neu wären, nicht in der Medienbranche. Aber nach Dutzenden ähnlicher Sparrunden, wie sie seit den Achtzigerjahren nicht nur bei Gruner + Jahr durchgepeitscht wurden, sind die Folgen bei Themenwahl und Ausarbeitung unübersehbar. Freie und kritische Berichterstattung, wie sie das Grundgesetz sogar fordert, ist bei drakonisch vollzogenen Etatkürzungen jedenfalls kaum mehr möglich. Wer je seine Tischnachbarn die Schubläden ausräumen sah, wird selbst lieber auf Nummer sicher gehen, um nicht das gleiche Schicksal zu erleiden. Journalistische Unabhängigkeit, Scoops, exklusive Enthüllungen?

Hach Gott, mag Gruner+Jahr-Chef Bernd Buchholz noch einmal seufzen. Sparrunden haben doch auch ihr Gutes. Mehr als 25 Jahre nach den »Hitler-Tagebüchern« hätte zumindest Konrad Kujau selig beim *Stern* kein Glück mehr. Für derlei »Investigationen« wäre schlicht kein Geld mehr da, selbst wenn »der Führer« Herrn Kujau mit Reichsadler und Ritterkreuz zur Veröffentlichung seiner garantiert echten Aufzeichnungen ermächtigt hätte.

Und beim Fernsehen? Im Radio? In den Online-Redaktionen, die ohnehin meist nur als Wurmfortsatz des »eigentlichen« Produkts angesehen werden? Ohne die leistungsbereiten Billigheimer von der Generation Praktikum wären viele Medien längst verstummt. Surfen bei Wikipedia statt Recherche vor Ort, Abschreiben von Kollegen und PR-Texten statt Hintergrundgesprächen oder gar Interviews. Flatrate statt Reisespesen, geistiges *paste and copy* – nicht nur den Medienrezipienten verschlägt es immer öfter die Sprache. Kostendruck und

Stellenabbau, die Furcht vor Arbeits- oder Auftragslosigkeit, das ist eine Art von Krieg an der Heimatfront, in den man sich unmöglich eingebettet sehen darf. Im Zusammenspiel zudem mit immer schnellerer – und sicher kaum »besserer« – Ausbildung sind dies alles die wirksamsten Maulkörbe, die sich denken lassen.

Aber selbst die Ausgaben für die Maulkörbe lassen sich einsparen. Die Mitarbeiter hängen sie sich schon selber, wenn auch nicht ganz freiwillig, um.

Was wir Mediennutzer heute meist vorgesetzt kriegen, sind häufig wild zusammengeklopfte Berichte. Wir lesen immer mehr Glossen und Kolumnen statt Meinungen und Analysen. Ein typisches Indiz für das »Immer billiger, immer schneller« selbst bei renommierten Blättern sind die vielen unübersehbaren Rechtschreibfehler, da auch die Schlussredaktionen immer weiter ausgedünnt werden – wo stecken Sie denn gerade, »Zwiebelfisch« Bastian Sick?*

Sparen, damit die Einflüsterer noch leichteres Spiel mit uns haben – viele Mitarbeiter der »bösen Medien« sind manchmal genauso geprügelte Hunde wie die Angestellten in anderen Branchen. Denn das ist inzwischen der journalistische Korpsgeist in der Maulkorb-Republik: Wir sind eine Pizzeria, in welcher der kantonesische Koch genauso Sushi und Rolladen dreht, während über den Tresen auch Schweinsbraten geschoben wird, Königsberger Klopse oder Labskaus. Jedes Medium will nur noch alles bieten, zu viel von jedem. Noch der letzte Onlinedienst sieht sich in der »Pflicht«, über den jüngsten Tsunami auf Sumatra genauso zu »berichten« wie über den neuesten Fitnesstrainer von Madonna. Ein gefährlicher Alleinvertretungsanspruch mit unmöglicher Allgegenwärtigkeitsgarantie. Es scheint kein Entrinnen zu geben vor dem Medien-Overkill, vor dem Nonsense-Overspill. Überall geht gerade eine Welt unter, irgendwo

---

* Der zu einiger Berühmtheit gelangte Schlussredakteur von *Spiegel-Online* ist, unter anderem, Autor des Buches *Der Dativ ist dem Genitiv sein Tod.*

versinkt soeben alles, was uns lebenswert erscheint, in den immer gleichen »bunten« Meldungen.

Die Einflüsterer unter den Medieneignern wollen kein kritisches Volk. Sie wollen auch keine kritischen Journalisten. Am Ende zählen für sie noch nicht einmal satte Gewinne. Ihnen geht es um das Privileg, Politik und Politiker »zu machen«, obwohl sie dafür kein Mandat haben. Königs- oder Königinnenmacher zu sein, auf den berühmten Knopf drücken können, auf dass die – hauseigene – Medienmaschinerie losrattert, das ist befriedigender, als seine Milliarden einem Heer von Investmentbankern anzuvertrauen. Man hat nie und wird bis auf Weiteres nicht von Sanktionen gegen Medienunternehmer seitens Politik oder gar Justiz hören. Selbst der kleinste Fernsehsenderbetreiber in der Provinz, noch der winzigste »Tagblatt«-Verleger in Knieritz an der Knatter genießen mehr Respekt als Oberbürgermeister oder Landrat. Die Einflüsterer von Politik und Wirtschaft können auf die Einflüsterer in den Medien, ihre »Interpreten«, nicht verzichten. Nun, da die Großen der Branche den Holzhammer schwingen, um das Volk zu züchtigen, stellt sich ihnen die Frage, warum die vielgerühmte »Vierte Gewalt«, das Pressewesen, nicht genauso das Zittern lernen sollte wie die Leserschaft, die Hörer, die Zuschauer, die User. Die Mohns, Springers, von Holtzbrincks, die *Spiegel*-Eigentümer, die Burdas und noch etliche andere haben Land und Leute in einer Weise im Griff, die nur eine Gemütsregung auslösen kann: größte Besorgnis.

18.
Hinter dem Geflüster lauert
die Demokratur

Niemand köpft leichter als jene,
die keine Köpfe haben.

FRIEDRICH DÜRRENMATT,
Schweizer Schriftsteller (1921–1990)

Besonders reich an Mythen ist die deutsche Gesellschaft, Ost wie West, ja nicht. Umso mehr werden unsere Kinder und Enkel staunen, wenn wir ihnen erzählen, wie beschaulich das Leben in den beiden Deutschlands einmal gewesen ist, in der guten alten Zeit, in den Jahrzehnten von 1960–2000. Oder kam es uns nur so vor? Schmetterlinge im Bauch statt immer nur die Faust in der Magengrube – es gab tatsächlich einmal eine Ära, in der jener Nazi-Verbrechen entschuldigende Satz Wirklichkeit war, kaum zu glauben: »Wer seine Arbeit machte«, lautet dieser fatale Satz, »dem ist nichts passiert«. Als hüben wie drüben noch Vollbeschäftigung herrschte, war Stress ein Symptom von höchstens ein paar besonders empfindlichen Gemütern, aber keine Volkskrankheit. Verglichen mit heute, herrschte eine geradezu narkotische Gelassenheit: Die Wochenarbeitszeiten wurden von Jahrzehnt zu Jahrzehnt – oder von Wahl zu Wahl – abgesenkt, die Zahl der Urlaubstage indes angehoben. Die Löhne wuchsen, wucherten mitunter, sogar die Renten – Wähler! – waren an ihre Entwicklung gekoppelt. Betriebszugehörigkeiten von 25 und mehr Jahren waren nicht die Ausnahme, sondern die Regel; oftmals traten Söhne und Töchter in derselben Firma an wie Mama oder Papa. Man empfand sich etwa als »Siemensianer« oder »Opelaner« – fühlt sich heute irgendjemand als »Aldianer«, als »Schleckerer« oder »Lidlist«? Vor allem war man

Mensch, wie stark auch immer politische oder gesellschaftliche Ereignisse in den Alltag eingriffen. Als ein solcher konnte man sich darauf verlassen, praktisch nie den Boden unter den Füßen zu verlieren. Notfalls fing einen die Arbeitslosenversicherung auf, lebenslänglich und ohne Inquisition. Diese Gewissheit verlieh vielen jenes bräsige Lebensgefühl, das Vater Staat, der noch kein Rabenvater sein wollte, ein weitgehend ruhiges Regieren erlaubte: ein überwiegend sattes, zufriedenes Volk – kann es für Politiker Schöneres geben?

Der Rest war gepflegte Langeweile im Hobbykeller, mit Käseigel, LP-Sammlung, Diaprojektor, Tischtennisplatte, ansonsten Jahresurlaub »im Süden« und jeden Samstag ein frisch gewaschenes Auto vor der Tür. Um diese Ruhe ist es nun geschehen, wie es aussieht, ein für alle Mal. Die Deutschen, die Österreicher, die Schweizer, selbst die Laissez-faire-Franzosen und die Dolce-far-niente-Italiener finden keine Ruhe mehr. Wie auch, in Zeiten, in denen ständig von »Sicherheit« geredet wird, aber überall Unsicherheit herrscht. Dabei wünschen sich die Menschen Wichtigeres als trügerische Sicherheitsversprechen: Stabilität, Kontinuität. Unbeschwertheit, Ungezwungenheit. Der erste Bundespolitiker, der für diese Sehnsucht ein Gespür entwickelt, kann sich auf eine lange, erfolgreiche Karriere freuen. Es sind ja nicht die Bürger, die Angst vor Veränderung haben. Es sind die Politiker: Angst vor politischer Bewegung im Lande, Angst vor dem Verlust ihrer Pfründe, Angst vor dem unerlässlichen Umbau der Ökonomie, der sie ihre Geldgeber kosten würde – und damit die Macht.

Es gab einmal ein Leben in – relativer – Beschaulichkeit. Es gab einmal Menschen, die zwar die Atombombe fürchteten, aber nicht auch noch drohenden sozialen Abstieg, eine Finanzkrise, die Inflation, die totale Überwachung, die Ölknappheit, den Klimawandel, die Schwerkraft der Medien. Ja, es gab einmal Lebensjahrzehnte im mehr oder minder gleichmäßigen Dahinwogen von Arbeit und Freizeit. Es gab sogar einmal Politiker, ziemlich viele sogar, die Wirtschaft *und* Bewirtschafteten gerecht werden wollten – allen Menschen: *Erzähl noch mal von früher, Opa …*

Das Leben in einer kapitalistisch geprägten Demokratie ist das beste auf Erden – für jeden, der keine andere Gesellschaftsform kennengelernt hat. Da sind auf jeden Fall schon mal die Gewinner, die Habenden auf der vermeintlichen Sonnenseite des Lebens: Mit dem Anstieg des Einkommens und des Vermögens sinkt im umgekehrten Verhältnis häufig das Verständnis für die Schattenseiten des freiheitlich geglaubten Systems – ein paar Hunderttausend haben fast alles, ein paar Millionen immerhin reichlich, sehr viele Millionen dümpeln so vor sich hin, und der immer größer werdende Rest hat fast gar nichts. Muss man sich einen Kommunisten schimpfen lassen, um die Dinge so zu sehen?

Den Neoliberalen, den neuen westlichen Fundamentalisten, kann es gar nicht wachstumsgerecht und marktungeregelt genug zugehen. Immer mehr, immer schneller, jedes Jahr aufs Neue, nie ist Genug genug. Wachstum wird zur Staatsreligion: Der Unternehmer soll gefälligst immer mehr Umsatz und, natürlich, auch immer mehr Gewinn machen; wie er das schafft in längst gesättigten, »alten« Märkten, ist sein Problem – oder das seiner Kunden, für welche die Kommerzialität zwangsläufig in Qualitätsausdünnung und ständige Preisschrauberei ausarten muss. Dumpf knallt die Wachstumspeitsche auch auf die Beschäftigten hernieder, die für immer weniger Geld und Rechte immer mehr und länger arbeiten müssen: Überstunden, »Krankfeiern«, das war einmal.

Die in die Rolle der neuen Plebejer Nachrückenden, die Schüler und Studenten, sollen ebenfalls schneller lernen und studieren. Das entlastet den Staat, der dafür bezahlen soll, und hilft ihm, sich im »internationalen Vergleich« als Produzent einer »Wissens- und Informationsgesellschaft« zu profilieren. Keine Zeit für Musik und Theater, überhaupt für Kultur, weil der Lehrplan schiebt und drängt, keine Zeit für Blicke nach links und rechts, fürs Heranwachsen und Sichausleben.

Ließe sich das Arbeitsleben vom Sozialleben – viele sagen: von dem eigentlichen – trennen wie ein Produkt von seiner Verpackung, käme man mit diesem Zwiespalt vielleicht zurecht: Hier immerzu Sportsgeist beweisen und schneller, größer, erfolgreicher werden, dort seiner Individualität hinterherspüren und »Mensch« werden, es im Idealfall ganz einfach nur sein. Doch andere haben entschieden, dass wir anders zu leben und zu denken haben (Letzteres bitte nicht allzu wörtlich nehmen). Diese Entscheidung fiel nicht an einem bestimmten Tag, und sie wurde auch nirgends ausformuliert oder in ehernen Lettern in Stein gemeißelt. Es gilt ganz einfach, dass der Mensch, als er umbenannt wurde vom Sklaven zum Arbeiter, nur einen vermeintlichen persönlichen Aufschwung nehmen durfte, in Wirklichkeit aber noch immer genauso abhängig und den Launen seiner Herrn – etwa »der Wirtschaft« – ausgeliefert ist wie ehedem. Zwängen nicht sogenannte Weltwirtschaftskrisen oder irgendeine andere Sozialteufelei, nennen wir sie »Agenda 2010«, zum Klartext, uns würde am besten gar nicht mehr gesagt, was unser eigentlicher Zweck in der Welt ist: ein friedliches Leben zu führen, seelisch und geistig zu wachsen.

Denn der Arbeiter, der Angestellte, der Beamte, ja vor allem der Erwerbslose (und selbstverständlich auch jeder Buchautor), sie alle sind Pferde, Esel und Maultiere vor dem Karren namens Konjunktur. Sie ist das Fieberthermometer der Demokratie westlicher Prägung; ob es uns gutgeht oder nicht, ob die Sonne scheint oder nicht, ob es regnen darf oder gar hageln, das bestimmt, geht es nach dem Willen bestimmter Leute, nicht das Wetter, nicht einmal der liebe Gott, am allerwenigsten aber der Mensch, so er in lohnabhängiger Tätigkeit steht. So wie »alle Gewalt« nur sehr theoretisch gesprochen vom Volke ausgeht, so wenig bestimmt in unserer Gesellschaft der arbeitende Mensch wirklich über sein Wohl und Wehe, mag er noch so gut gekleidet und genährt an »seinem« Arbeitsplatz erscheinen: Von allen Staatsformen versteht es die Demokratie am besten, ihren Bürgern das Gefühl zu geben, sie seien – frei.

Wenn Freiheit die selbstbestimmte Möglichkeit ist, jederzeit zu kommen und zu gehen, wohin man will, zudem sich und die Seinen unabhängig von Dritten zu erhalten, dann können die wenigsten um uns her, am allerwenigsten wohl wir selbst, von sich behaupten: Ja, ich bin frei. Dass wir unseren erbärmlichen Zustand der

Unfreiheit gerade für dessen absolutes Gegenteil halten, ist nicht etwa unserer Verblendung oder Dummheit zuzuschreiben. Hier sind professionelle Kräfte am Walten, die sich, natürlich mit wechselnden Namen und Gesichtern, durch die Zeiten hindurch als unsere Führer aufspielen, einer einmal sogar mit eben dieser Bezeichnung. Ob in der Arbeit, in der Wissenschaft, in der Kunst, in der Liebe, in unserem Dasein schlechthin, *sie* wollen bestimmen, wie *wir* zu leben und zu sein haben und wie nicht. Sie lassen es uns wissen, indem sie es uns durch andere sagen lassen, durch solche, die mangels auch nur annähernd vergleichbarer Machtfülle – Macht durch Geld – diesen hohen Willen nur flüsternd verkünden – einflüsternd, weil für das Drehen am öffentlichen Lautstärkeregler wiederum andere zuständig sind.

Ist beispielsweise Kai Diekmann, der Chefredakteur der *Bild*-Zeitung, ein mächtiger Mann? Er selbst könnte sich tatsächlich dafür halten, riefe er sich nicht an jedem Tag seiner Chefredakteurs-Existenz in Erinnerung, dass »seine« Zeitung mitnichten ihm, sondern Friede Springer, der Witwe Axel Cäsar Springers, und zu einem gewissen Teil auch den Aktionären des Verlags gehört. Nur wenn heutzutage Macht die Freiheit eines Zeitungsangestellten ist, als Goliath auf Zeit mit den Davids der Branche, etwa der *taz,* vor Gericht über Länge oder Kürze seines »besten Stücks« zu streiten, darf Herr Diekmann als ein mächtiger Mann gelten.

Ist Angela Merkel eine mächtige Frau, gar »die mächtigste Frau der Welt«, wie *Forbes* nun schon zum vierten Mal in Folge behauptet? Aber nein, da lächelt sie nur – danke für die Blumen, mag sie denken, aber nächstes Mal bringt bitte *echte.*

Wie könnte die Bundeskanzlerin eines hochverschuldeten mitteleuropäischen Landes als mächtig gelten, wo dessen Volk aller Welt noch immer als neurotisch gilt aufgrund seiner zwei verlorenen Weltkriege und einer in tausend Jahren nicht abzutragenden Mörderschuld? Das zudem innerlich zerrissen ist von einem neuem Klassenkampf und der noch immer spürbaren, munter aufrechterhaltenen Spaltung in Ost und West?

Sicher, Angela Merkel ist in ihrem Amt nicht gerade ohnmächtig,

selbst wenn sie es an manchem Tag so wirken lässt. Doch die Spiel-
räume, die ihr der Eisenring aus 16 Landeschefs noch lässt, sind über-
schaubare. Selbst Bahn-Chef Rüdiger Grube kann freier wirtschaften
als Frau Merkel. Neben ihr, wer würde das bestreiten, ist Deutsch-
banker Josef Ackermann Gott.

Auch Margaret Thatcher, die »Eiserne Lady«, war während ihrer
Amtszeit nicht »mächtig«, allenfalls wortmächtig. Wenn dann – heute
wieder – eine Kaste extraschwacher Politikerkollegen in die vorders-
ten Reihen drängt, kann es sein, dass die Zeitgeschichte über manchen »Mächtigen« weit gnädiger urteilt, als er oder sie es verdient.

Nicht einmal Barack Obama kann von sich behaupten, in seinem
Land wirklich das Sagen zu haben. Am ersten Weihnachtsfeiertag
2009 stümpert ein 23-jähriger Nigerianer an Bord eines Airbus von
Amsterdam nach Detroit mit Chemikalien. Der Mann wird überwältigt. Bei seiner Vernehmung gibt er sich unverzüglich als al-Qaida-
Mitglied zu erkennen. Was sich wie eine von Verschwörungstheo-
retikern ausgesponnene CIA- oder FBI-Inszenierung ausnimmt, um
den ohnehin schon drastischen Sicherheitsmaßnahmen an internationalen Flughäfen Zunder zu geben, ist leider Wirklichkeit: Noch aus
dem Weihnachtsurlaub heraus lässt der US-Präsident verkünden, man
werde umgehend auf den Anschlagsversuch reagieren und die Sicher-
heitsschraube weiter anziehen. Ohnehin steht der »Patriot Act«, das
Heimatschutzgesetz mit unzähligen Einchränkungen der Bürgerrechte, zur Verlängerung an.

Der mächtigste Mann der Welt …

Wieder einmal lässt sich die Supermacht provozieren, diesmal
von einem Einzeltäter – es passt so gut in die »Bedrohungslage«.
Statt den Vorfall erst einmal lückenlos aufzuklären, überschlagen
sich Regierungsstellen mit nicht oder nur schwer nachprüfbaren Einzelheiten. Die Folge: Die weltweit tätigen Einflüsterer haben ihren
verspäteten Festtagsbraten (»Flugsicherheit gefährdet«, »Holländer
überwältigt Attentäter«), und die Industrie freut sich schon mal auf
den massenhaften Einsatz von Nacktscannern – reagieren so wirklich mächtige Menschen?

Afghanistan, der Irak, und demnächst auch noch der Jemen –
Bush juniors Kriege werden allmählich zu Obamas multiplem
Vietnam. Es wird sein vielfaches Waterloo werden, wenn die Israelis erst die Atomanlagen des Iran angreifen. Selten ist ein US-Präsident so fulminant gestartet, selten ist einer so schnell und so hart auf
den Boden der Tatsachen geknallt. Obama, der Superstar im Herbst
2008, sieht sich 2010 gefangen in einem schier aussichtslosen Bedingungsgefüge: Das US-Finanzsystem wird nur noch von Pump und
Notenpresse in Gang gehalten, die Wahlversprechen für den einfachen Bürger filetiert die politische Konkurrenz, ein Wirrkopf in den
Lüften versetzt das Land in Panik. Der Mann, der mehr Frieden und
mehr Anstrengungen für die Umwelt versprach, scheitert in Oslo und
in Kopenhagen. Er entsendet immer neue Truppenkontingente, fordert den Verbündeten Gleiches ab und lässt ansonsten die Verbrechen
der Bush-jr.-Ära ungesühnt. Mehr Frieden, mehr Freiheit, mehr Gerechtigkeit – *yes he can?*

Nein, kann er nicht.

Obama, mit so unglaublich viel Hoffnungs- und Vertrauensvorschuss gestartet, hat einfach zu viele Einflüsterer um sich. Zu viele, um noch mit eigener Stimme zu sprechen, zu viele, denen er es
unmöglich allen recht machen kann: Gönner von einst und Spender,
die ihren Einsatz hoch verzinst zurückhaben wollen; Parteifreunde und Parteifeinde; hü und hott, weil jeder ein Plätzchen an der
Sonne ergattern will; die Industrie und die Banker, die Gewerkschaften und die Arbeitgeberverbände, der CIA-Chef, die Medien,
Gattin Michelle – wie ohnmächtig ein selbst mit riesigem Vertrauensbonus gewählter US-Präsident sein kann, weiß nach dem ersten
Jahr seiner Amtszeit niemand so gut wie Obama. Guantánamo, Pakistan, der Irak, der Iran, Israel, die Gesundheitsreform – was die
Republikaner im Repräsentantenhaus und im Senat nicht durchwinken, was Wichtigtuer in der eigenen Partei bekritteln und kleinreden, das kann Obama wollen, wie er will, er kriegt es nicht. Und
wenn, dann nur mit vielen Zugeständnissen. Der vielleicht am meisten erwünschte US-Präsident aller Zeiten hat nur noch dann etwas zu
lachen, wenn er traditionell den Weihnachtsbaum vor dem Weißen

Haus erstrahlen lassen und, ebenso traditionell, einen Truthahn (!) begnadigen darf. Pille-Palle, würde Angela Merkel sagen. Aber Macht?

Silvio Berlusconi hingegen *ist* mächtig.

Nicht wegen seiner mutmaßlich mafiös angehäuften Fantastilliarden oder seines krakenhaft verzweigten Medienimperiums, gegen das sich Leo Kirchs einstiger Senderverbund ausnimmt wie eine Allianz bayerischer Stadtsender. Berlusconi ist mächtig, weil noch immer ein Großteil seiner rund 60 Millionen Italiener lächelnd den Kopf über ihn schüttelt, ihn aber trotzdem als das kleinere Übel ansieht – welcher Gangster an der Spitze eines Mittelmeer-Staates könnte unterhaltsamer sein? In beispielloser Weise hat Berlusconi sich das Land unter den Nagel gerissen, indem er sich der großen Einflüsterermaschine bemächtigt hat, der Fernseh- und Radiosender, des wichtigsten Teils der Presse. Seine stärksten Verbündeten: Vermutlich kriminell angehäufte Milliarden sowie die Gleichgültigkeit der von unzähligen Regierungswechseln geschüttelten Republik.

Carla Bruni ist ebenfalls mächtig.

Nicolas Sarkozy weiß, dass eine Frau, die einst selbst Eric Clapton und Mick Jagger in den Wind geschossen hat, gewisse Ansprüche ans Leben hat, die selbst der Glanz des Élysée-Palastes kaum zu erfüllen vermag. Doch mit ihrer legendären Zungenfertigkeit hat die Gelegenheits-Chansonniere ihren Ehemann und Staatspräsidenten womöglich besser im Griff als dieser seine intrigenfreudige Gefolgschaft. Berlusconi, Sarkozy – die europäische Demokratie nimmt immer stärker feudalistisch-diktatorische Züge an.

Ferdinand Piëch ist *kein* Politiker. Er ist ferner nicht: Charmeur, Menschenfreund, tolerant, verzeihend, großzügig, nachgiebig.

Der Aufsichtsratschef der Volkswagen AG und Enkel des legendären Ferdinand Porsche verkörpert das hervorstechendste Merkmal wirklich mächtiger Menschen: Er kann vollständig auf die Unterstützung von Einflüsterern verzichten. Er spricht deshalb auch wenig, hält so gut wie nie Reden. Er braucht keine Berater, nutzt lieber seinen eigenen Kopf und ist mit den Untiefen seines Charakters auf Du. Hier intrigiert und killt der Boss noch persönlich – oder sollten etwa Ex-Vorstände wie Daniel Goeudevert, Bernd Pischetsrieder, Wolfgang Bernhard, Wendelin Wiedeking und Hakan Samuelsson anderer Meinung sein?

So viel Macht braucht sehr viel Geld.

Piëch hat von beidem reichlich. Seine Porsche-Anteile haben schon seine Mutter, Louise Piëch, zur Milliardärin gemacht. Kleinliches Geschacher um ein bisschen geldwerte Vorteile, wie man sie bei Politikern vom Ex-Minister bis rauf zum Ex-Bundeskanzler mit ansehen muss, hat Piëch nicht nötig. Der »Fugen-Ferdl«, wie der gelernte Ingenieur wegen seiner Qualitätsbesessenheit in den Neunzigerjahren genannt wurde, denkt in größeren Zusammenhängen: Wie kicke ich Toyota vom Siegertreppchen? Wie behalte ich das pleitespekulierte Unternehmen Porsche und verleibe mir gleichzeitig Volkswagen ein? Braucht man im Doppelsternsystem von Alpha Centauri nicht dringend ein Phaeton-Schrägheck-Coupé? Und wenn man für dessen Antrieb gleich fünf statt nur vier Golf-Vierzylinder miteinander verschweißt, hat man dann nicht einen veritablen Zwanzig- statt nur einen Sechzehnzylinder?

Wären Einflüsterer entweder charakterstark oder wirklich brauchbare Fieslinge, sie nähmen sich ein Beispiel an Ferdinand Piëch. Die ganze Einflüsterei unserer Tage geschieht ja nur aus einer Schwäche heraus: Man glaubt seine Ziele nur durch großflächige Manipulation durchsetzen zu können. Die in Demokratien unvermeidliche Aufsplitterung der Kräfte verlangt nach starken Demokraten. Sonst übernehmen die Trickser und Spin-Doktoren das Ruder, und die Einflüsterer geben die Kursänderungen an die Mannschaft unter Deck weiter.

Die Neonazis – was macht der braune Mob nicht für Umstände, um seine Hetzereien unters Volk zu bringen. Aus Angst vor dem Staatsanwalt, aus Taktiererei mit den vielen dunkelbeige bis tiefbraunen

Nachbargruppierungen haben sie eine Unkultur der Indirektheit, der Andeutungen und Anzüglichkeiten entwickelt. Skandiert wird höchstens noch bei Aufmärschen, politisiert fast nur noch per Flüsterpropaganda. Trotzdem wirkt das Gift: Die sich um jeden Preis weltoffen geben wollenden Volksparteien treiben den rechten Rattenfängern wenn nicht Wähler, so doch Sympathisanten zu.

Und die anderen, gar so sehr auf dem Boden der freiheitlichen demokratischen Grundordnung et cetera verankerten Parteien? Es ist keine darunter, die nicht ohne Einflüsterer namentlich aus der Wirtschaft auskommen wollte. Wer zahlt, schafft an. Die Lobbyisten, die ohne jede Scheu (und immer öfter ohne jeden Anstand) im Reichstag ein und aus gehen, zahlen so gut, sind so gut gekleidet und derart gut im Thema, da brauchen die Abgeordneten eigentlich nur noch an den entscheidenden Stellen abzunicken: Mehrwertsteuer runter fürs Hotelgewerbe, Verlängerung der Betreiberfristen für veraltete Atomkraftwerke, eine als Umwelt- beziehungsweise Abwrackprämie getarnte Subvention der Autoindustrie, eine Aufstockungsbeitrag genannte Subvention der gnadenlos in den Keller getriebenen Arbeitslöhne – die eigentlichen Lobbyisten, die Wähler, lassen sich im Reichstag nur als staunende Besucher sehen: Toll, wie Norman Foster, der englische Star-Architekt, das wieder hingekriegt hat.

Lobbyismus, Stimmungsmache, »Sensibilisierung« der Gesellschaft – Pharma-, Auto-, Waffen-, Atomindustrie und andere machen seit Jahrzehnten vor, wie man »Themen besetzt«, »die Öffentlichkeit aufklärt« oder schlichtweg Ziele durchsetzt, die nie die des Volkes, des Steuerzahlers, sind.

Niemand will in der diktatorisch-pervertierten Form des Sozialismus leben, wie ihm etwa die Bürger in der untergegangenen DDR ausgeliefert waren; keiner *kann* in der kapitalistisch-pervertierten Form der Demokratie leben, wie sie uns allen aufgezwungen wird, die wir nicht im Wiedeking'schen Abfindungsüberfluss oder im milliardenschweren Aktienbesitz der Klattens und Quandts unser Dasein fristen. Die Kapitalisten haben nie gelogen. Ihr Wahlspruch »Geld regiert die Welt« ist darum nicht nur eine Tatsachenfeststellung, er ist auch Inbegriff des kapitalistischen Selbstverständnisses: Uns kann keiner.

Sozialismus, Kommunismus und Faschismus machen das Rückgrat des Menschen brüchig; er zerbricht oder gehorcht dem Druck, um eben dies zu vermeiden. Der Kapitalismus dagegen bedient sich der Demokratie, indem er den Rücken des Menschen geschmeidig macht; im Konsens mit dem Kapital glaubt ein jeder, er könne ebenfalls seinen Teil vom großen Kuchen abhaben. So dehnt und verbiegt man sich, bis von aufrechtem Gang nicht mehr gesprochen werden kann.

Diesen Zustand herzustellen und zu erhalten ist die Aufgabe der Einflüsterer.

Sie verkünden, auf von ihnen für unaufdringlich gehaltene Weise, den Willen ihrer Herrscher, ohne jedoch deren wahre Absichten jemals preiszugeben. Es braucht viel demokratische Kraft, sich damit auseinanderzusetzen, und: Es gibt kein Geld dafür.

Denn die vom Kapital angezettelte Weltwirtschaftskrise, die vielerorts kaum noch verbrämte Intoleranz gegen Schwache, gegen Migranten, gegen Andersgläubige, die dummdreisten Ansprüche, welche die überall wieder erstarkenden Ideologen bereits Morgenluft wittern lassen – wir sind im Begriff, alles, was der Kapitalismus von der fantastischen Idee der Demokratie übriggelassen hat, den Rechten, ihren ureigensten Feinden, zu überlassen. Doch Demokratie darf sich nicht freiwillig den »freien Kräften des Marktes«, sprich seinen Beherrschern, ausliefern, und Demokraten dürfen sich nicht mit der Dauerschmeichelei vom angeblich »mündigen Bürger« den Mund verbieten lassen.

Wir haben uns bereits einreden lassen, wir seien der »Souverän« der Politik, wir bestimmten den Gang der Dinge durch unsere Stimmenabgabe an der Urne, der Aschenkapsel des sogenannten Wählerwillens. Wir sind zahlende Kinobesucher, die der PR-Abteilung des Filmverleihers Glauben schenken, wenn sie sagt, wir hätten die Darsteller auf der Leinwand ausgesucht, am Drehbuch mitgeschrieben und obendrein die Musik komponiert. Wir sind die bestumworbenen, besteingelullten Befehlsempfänger aller Zeiten. Schwerhörigkeit bringt hier keinen Vorteil – modernste Technik und Methoden lassen selbst Taube wieder aufhorchen.

Wenn wir weiter auf die Einflüsterer hören wie bisher, werden im 21. Jahrhundert die Folgen des Klimawandels noch unser geringstes Problem sein.

19.
Warum nur schamlos übertreiben, wenn man straffrei lügen kann?

Ich weiß, dass Sie Reporterin sind.
Aber Sie waren doch auch mal ein Mensch!

Dialogzeile aus dem
US-Kometendrama *Deep Impact* (USA 1998)

Adam und Eva mögen das Paradies verlassen und die Schlange der Versuchung nebst angenagtem Fallobst zurückgelassen haben, wir bewerben uns dennoch als Mietnachfolger: Zimmer frei? Man stelle sich vor: Das Paradies! RTL-freie Zone. Keine Bohlen-Sprüche mehr, nie wieder Publikums-Joker, Peter Zwegat auf der Wega und der Restauranttester Rach arbeitslos – dank Milch und Honig, also »Landliebe« und »Langnese«, die hier ewig fließen.

Man stelle sich vor, in diesem RTL-Paradies herrschte das Schweigen der Einflüsterer. Denn die hätten dort natürlich Hausverbot; mit dem Seelenheil mordenden Reptil der beiden ersten Menschen wäre der Höllenpart ja bereits hinreichend besetzt. Man stelle sich ferner vor, wir lebten in einer Welt ohne Einflüsterer. Die Nachrichten, auf einmal wären sie klar und wahr zugleich, und sehr viel kürzer wären sie auch, weil befreit von Schmus und Schleichwerbung und Showgelaber.

Diese Plätze würden nun eingenommen von all den klugen Menschen, die es beim Fernsehen, überhaupt in den Medien sehr wohl gibt, die aber viel zu selten vor Mikro und Kamera gelassen, gedruckt oder ins Internet gestellt werden. Endlich würden sie uns, leicht fasslich, die Antworten auf Fragen geben, von denen wir schon gar nicht mehr wussten, wem wir sie stellen sollten: Wie reichen die Vorräte des Planeten für alle seine Bewohner? Warum sind Kriege eben nicht »die Fortsetzung der Politik mit anderen Mitteln«, sondern in jedem Fall eine geistig-moralische Bankrotterklärung? Warum und auf welche Weise ist soziale Marktwirtschaft etwas ganz anderes als Kapitalismus, und wieso muss niemand auf sein Häuschen, seine Wohnung, sein Auto und seinen Urlaub verzichten, wenn es plötzlich keine Milliardäre mehr gibt? Es wäre das Ende aller Ammenmärchen: Wie das Zusammenleben der Menschen in allen Bereichen Regeln folgt, so hat sich auch die Wirtschaft an klare Regeln zu halten. Die Verwirklichung von sozialer Gerechtigkeit bedeutet nicht das Ende von Privateigentum, und Fertigpizza schmeckt keineswegs »wie beim Italiener«.

Und das wäre überhaupt erst der Anfang. Mit dem Verstummen der Einflüsterer wären ja auch Hass und Vorurteile dahin. Ja, der Mensch merkt auch weiter auf, wenn andere sich seiner Scholle nähern. Aber Besitzstand, Bildungsunterschied, Porschefahrer oder ÖPNV-Profi, was soll's? Noch weniger jucken Hautfarbe, andere Meinungen, diese oder jene Religion – dass wir hassen, Vorurteile wie Haustiere pflegen, das ist weder gott- noch naturgegeben. Die Einflüsterer haben es uns weisgemacht, jahrhundertelang, mit zum Teil ziemlich platter Demagogie und jeder Menge Propaganda: Dumm sexelt gut, Blondinen haben mehr Spaß (an blonden Männern?). Schwarze sind in der Leistengegend besser gebaut; wer nicht kräftig zulangt, zieht den Kürzeren, und einmal ist keinmal.

Jahrhundertelang haben wir den Fehler gemacht, uns die ach so Mächtigen nicht bei der Verrichtung ihrer allernatürlichsten Geschäfte vorzustellen. Nur so ist es denkbar, dass Bush jr. oder Victoria Beckham in unserem Leben Bedeutung erlangen konnten – so gewalttätig wie profan. Nein, Saddam Hussein verfügte nicht über Massenvernichtungswaffen, und nein, Victoria hat eben kein spezielles Zimmer nur für ihre 100 verschiedenen Birkin Bags. Kaum von ihrer angemaßten Macht gefallen, den gesenkten Daumen der Vereinigung internationaler Chefredakteure über sich gespürt, schon wirken diese Figuren so lächerlich, wie sie schon immer waren. Wir haben es immer gespürt, aber nicht wahrhaben wollen. Wir haben auf die Einflüsterer gehört. Wir haben ihnen geglaubt.

Das Paradies muss ein wunderbarer Ort sein. Moses wusste, warum es ihn dorthin zog, quer durchs Rote Meer, quer durch die Wüste. Niemand braucht die Einflüsterer zu killen – lasst sie leben. Nur sollen sie so herumlaufen, wie sie einst geschaffen wurden. Wer wie ein Mensch aussieht, muss sich auf Dauer auch so benehmen. Dann hat's ein Ende mit *godfather calls,* mit *backroom deals,* mit *off-the-record*-Vereinbarungen, für die wir alle die Zeche zahlen.

Und dann die größte Freude. Mit dem gebrochenen Einfluss der Einflüsterer auf jeden von uns schweigen fortan ja auch die Einflüsterer in uns selbst. Vorurteile – perdu; falsche Bescheidenheit – warum denn, wozu denn; Angst vor morgen, aus tausenderlei Gründen, damit andere schon heute umso besser absahnen können – vorbei, vorbei. Wie das alles Wirklichkeit werden soll?

Bis zum 10. September 2001 gab es in Teilen Englands und den USA tatsächlich noch etliche der freiesten, weil kritischsten Journalisten der Welt. Ernsthafte, in jeder Hinsicht gebildete, vor allem aber schwer zu beeindruckende Medienarbeiter, die sich von Pomp und großen Sprüchen nicht hinters Licht führen ließen. Die Anhänger des nur der Freiheit verpflichteten angloamerikanischen Journalismus ließen nicht zu, dass die Wahrheit verdreht wurde von Dick Cheney oder Colin Powell, dass jegliche Kritik an ihren fadenscheinigen Lügen (Joschka Fischer: »*I'm not convinced* – Ich bin nicht überzeugt«) nicht nur abgebürstet, sondern als Gotteslästerung angesehen wurde.

Wer freilich Pommes frites zu *freedom fries* umbenennt, weil der französische Alliierte ebenfalls nicht mit gegen Bagdad ziehen will, wer einen Bundeskanzler zwingt, seinem Land zugunsten seiner Wiederwahl vorzugaukeln, man hielte sich raus aus dem »Krieg gegen den Terror« (in Wirklichkeit aber Logistik und BND-Informationen zur Verfügung stellt), wer der sogenannten freien Welt einzureden versucht, man könne einen Land- und Luftkrieg gegen Einzelpersonen und Banden führen, der dehnt oder verbiegt die Wahrheit nicht, dem ist sie schlichtweg schnurz.

Nicht, dass wir Bush jr. & Co. je geglaubt hätten. Wir mögen gebannt vor der Bühne gesessen haben, auf welcher der Zauberer aus Texas gerade versuchte, die liebreizende Condoleezza zu zersägen, wirklich geglaubt haben wir ihm seine »Magie« nicht. Nur sind wir, anders als jene *einstigen* angloamerikanischen Journalisten, zu bequem gewesen oder auch zu feige, massenhaft aufzustehen und zu rufen: Nicht wieder diese uralten Tricks! Wir sind nicht überzeugt!

Tschortsch Dabbelju, der bekennende Christ, hat 200 Millionen Amerikaner belogen, dazu den UN-Sicherheitsrat, nicht zuletzt den überwiegenden Rest der Menschheit. Mit ihm und seinen Einflüsterern mögen die meisten Lügen um »Nine-eleven« abgetreten sein, jedoch nicht die vielen anderen Einflüsterer überall auf der Welt. Sie tricksen sich noch immer durchs Geschehen, diese Alchemisten von Wahrheit und Realität.

Woran ist etwa Oskar Lafontaine mehr gelegen – am Heraufdämmern eines neuen sozialistischen Morgens mit lauter staatlichen Wohltaten oder an der Ernennung des RTL-Schuldenberaters Peter Zwegat zum Insolvenzverwalter der bankrotten SPD, seiner einstigen politischen Heimat?

Oder Angela Merkel: Wie robust ist ihre Unabhängigkeit wirklich – widersteht sie den permanenten Einflüsterungen beispielsweise ihrer Gesellschafterdamen, Friede Springer vom gleichnamigen Medienimperium ihres schon lange verstorbenen Gatten Axel Cäsar, sowie Liz Mohn von der Gegenveranstaltung, dem Bertelsmann'schen Medienimperium ihres erst kürzlich verstorbenen Gatten Reinhard?

Und all die anderen, der Außen-Guido (Westerwelle), die Bildungs-Annette (Schavan), der Verteidigungs-Karl-Theodor (zu Guttenberg), die Justiz-Sabine (Leutheusser-Schnarrenberger), die Arbeits-Ursula (von der Leyen), der Entwicklungs-Dirk (Niebel), nicht zu vergessen: der Finanz-Wolfgang (Schäuble), der Ober-Einflüsterer Helmut Kohls? Können sie wiederum ihren eigenen Einflüsterern aus Partei und Wirtschaft widerstehen? Tun es ihre Kollegen in Österreich ebenso, in der Schweiz, in Frankreich und Italien, in Großbritannien, in Schweden, auch in Brüssel?

Die Einflüsterer haben sich gemausert.

Von ihrem Dasein als Manipulateure der Massen aus sind sie, Big Brother in die Wirklichkeit holend, auch zu Lauschern und Spähern geworden. Wer glaubt wirklich der Mega-Einflüsterung des frühen dritten Jahrtausends von der allgegenwärtigen Gefahr des islamistischen Terrors, wenn dafür ganze Kontinente mit »Heimatsicherungs«-Gesetzen überzogen werden? Wer fürchtet ernsthaft die mantrahaft heraufbeschworenen Gefahren der Organisierten Kriminalität mehr als die wegbeschwichtigten Gefahren des Organisierten Finanzgewerbes? Wieso ist krimineller Taten verdächtig, wer mit mehr als 10 000 Euro in bar durch die Lande reist oder seinem Arbeitgeber eine übrig gebliebene Frikadelle wegisst, aber noch immer honorig und wohlbestallt, wer einer der Pleite-Banken vorsteht, die mit Steuermilliarden gestützt werden, als handle es sich um Kopper'sche »Peanuts«? Wieso ist kein einziger deutscher, österreichischer oder Schweizer Banker für von ihm zu verantwortende Fehler anlässlich der großen Geldverschiebung vor Gericht gestellt worden – gibt es etwa im Zusammenhang mit versuchtem (und womöglich nur hinausgeschobenem) Staatsbankrott auch »Derivate«, mit deren Hilfe sich jede Spur von Verantwortung bis ins Nirwana verschleiern lässt?

Das Paradies bleibt weiter ein Traum, ebenso die Sehnsucht, unser aller Leben und Schicksal möge nicht länger fremdbestimmt sein von einer Schar Männer und Frauen im Hintergrund; wie sonst soll man sich die Nutznießer der vielen alltäglichen Ruchlosigkeit in unseren Ländern vorstellen, wenn man nicht gleich an Weltverschwörung glauben und sich der Lächerlichkeit preisgeben möchte?

Wikileaks veröffentlichte Ende 2009 mehr als eine halbe Million elektronische Textnachrichten von Menschen, die in den kollabierenden Zwillingstürmen des World Trade Centers gefangen waren. Erschütternder als viele dieser letzten Nachrichten von Sterbenden an ihre Lieben ist die Tatsache, dass all diese Pager-Mitteilungen überhaupt aufgezeichnet wurden, offensichtlich ja vor Erlass der zahlreichen »Antiterror«-Gesetze: Die Einflüsterer haben also schon damals das Volk ausgeforscht, bis ins Privateste. Der Spruch »Nur weil du nicht paranoid bist, heißt das noch lange nicht, das *sie* nicht längst hinter dir her sind«, er stimmt so sehr, wie ein anderer Spruch falsch ist: »Wer sich nichts vorzuwerfen hat, dem kann auch nichts passieren.«

Es heißt, nur im Rückblick wird die Zukunft erkennbar. Blicken wir also kurz zurück auf die Zeit von Herbst 1989 bis zum Herbst 1990. Die fallende Mauer zwischen Deutschland Ost und West begrub damals auch das schon lange bröckelnde Imperium der Sowjetunion unter sich. Zur Erinnerung: Noch im Frühjahr 1989 hatte die SPD einen neuen Antrag einbringen wollen, die DDR endlich als souveränen zweiten deutschen Staat anzuerkennen, Wandel durch Anbiederung, gewissermaßen. Und dann das: Die Mauer fiel, die Sowjetunion implodierte, der Kalte Krieg war *zu Ende*. Für ganze elf Jahre lebte die Welt, Stellvertreterkriege und lokale Brandherde abgerechnet, frei von Angst und Schrecken vor einer jederzeitigen atomaren Eskalation.

Elf Jahre – zurückgerechnet vom Erscheinungszeitpunkt dieses Buches wären wir damit wieder im Jahr 1999: Wir zahlen noch mit D-Mark, Schilling und Franc; Bill Clinton hatte »keinen Sex mit dieser Frau«, mit Monica Lewinsky; die NATO marschiert im Kosovo ein; Jelzin kürt Putin zum Ministerpräsidenten; Lafontaine schmeißt als Finanzminister Schröder die Brocken hin; Steffi Graf hat genug vom Tennis; und in den Hitparaden tummelten sich Britney Spears, Whitney Houston und die Fantastischen Vier – adieu, du gute alte, harmlose Zeit. So also fühlen sich elf Jahre ohne Damoklesschwert über dem steuer- und krisenrasierten Kopf an: MfG, mit freundlichen Grüßen!

Nicht, dass es »damals« noch keine oder tatenlose Einflüsterer gegeben hätte; wir, das Volk, die Völker, bedurften zu allen Zeiten der wispernden Eintrichterung von Wohlverhalten, Stillhalten, Klappehalten. Aber die Kassen stimmten noch leidlich, der Dollar wurde noch ernst genommen, und der (T)Euro war als Buchgeld noch drei Jahre von unserer Wirklichkeit entfernt. Für Visionen von Hartz IV, Ein-Euro-Jobs, Ich-AG oder Zeitarbeitergeld wäre man von Helmut Schmidt persönlich zum nächsten Nervenarzt begleitet worden – elf Jahre, nicht mehr als *elf*. War nicht auch der Himmel blauer und die Luft klarer als heute?

2010. Die Einflüsterer liegen gut im Rennen.

Finanzkrise und Klimawandel haben den Kalten Krieg als Dunstglocke ersetzt. Unter ihr leben wir noch; zu viele von uns sagen, es reiche nicht mehr zum Leben, also sprechen wir lieber von »existieren«. Diese verdammten unsichtbaren Billionen Euro und Dollar im Staubsaugerbeutel dieses mächtigen Allzwecksaugers namens Finanzwirtschaft, sie haben uns erst unsere Ersparnisse, dann den Atem, dann die Sprache geraubt. Verdattert sein, so nannte man einen solchen geistig-seelischen Zustand früher, in der Vor-Bush-jr.-Zeit, in der Noch-nicht-so-lange-am-Ruder-Herr-Schröder-Ära, geschweige in der Vor-Merkel-Phase. Verdattert sein, baff, neben sich stehen – aber früher waren die Gründe dafür harmloserer Natur: Abi verpatzt, Studium versägt, Hochzeit abgesagt, Leasing für den neuen Dreier nicht genehmigt gekriegt. Schmerzhaft, aber auszuhalten. Doch eine Finanzkrise, eine Dauer-Finanzkrise, eine Dauer-Finanzkatastrophe? Welche Mauer soll diesmal fallen, welches Imperium den Geist aufgeben, um unserem Alltag die Harmlosigkeit von Whitney Houston und die blondierte Verruchtheit von Britney Spears zurückzubringen? Das amerikanische Imperium, das kapitalistische, das *demokratische?*

2010, und die Einflüsterer ziehen die Schlinge allmählich zu.

Machen wir uns nichts vor: Wir stehen unter Dauerüberwachung. Unsere Konten, unsere Telefone, das Internet, alle Kreditkarten, die Autobahn, jede Reise, der PC / Laptop am Arbeitsplatz und zu Hause – Datenknechte sind wir, zu unserer eigenen *Sicherheit,* um uns vor *Terror* zu schützen, um den *Geldwäschern* das Handwerk zu legen, um die allgegenwärtige *Steuerhinterziehung* einzudämmen – wann wird im Bundesinnenministerium jemand auf die Idee kommen, die umfassendste Bürgerentmündigung seit der Zeit vor 1848 mit dem Kampf gegen die *Weltfinanzkrise* zu begründen? Das kommt, weil die Einflüsterer selbst unter Druck geraten sind. Auch für sie dreht sich das Hamsterrad immer schneller. Doch im Gegensatz zu uns, die wir uns *in dem Rad* befinden, können sie das große Ganze gerade noch aus den Augenwinkeln wahrnehmen: Die Krise ist gar keine Krise, noch nicht einmal eine Dauerkrise. Die Krise ist ein Krieg, ein neuer großer Krieg – jener Krieg, vor dem wir ein halbes Jahrhundert lang so schreckliche Angst hatten.

Wir hatten Angst vor diesem Krieg, weil wir ahnten, dass es nach dessen Ende diesmal kein Wirtschaftswunder und einen Volkswagen für jeden Überlebenden geben würde. Happy Endings gibt es nicht einmal mehr im US-amerikanischen Kino: *2012, Wolfman, Wallstreet 2* – wo ginge man da erleichtert aus dem Kinosaal? Wieder ist dieser Krieg ein Weltkrieg; seinen Folgen kann sich niemand entziehen. Angesichts der Vernichtungskraft von Hunderten von Banken bleibt kein Geldbeutel voll, kein Konto unabgeräumt, kein Steuersatz, wie er war.

Was uns weniger wohlhabend, fast arm, sehr arm, existenzlos macht, lässt für andere Menschen in anderen Teilen der Welt überhaupt keine Abstufung mehr zu: Afrika blutet vollends aus, weil sich die letzten Rohstoffe die Chinesen unter den Nagel reißen; die arabischen Staaten haben sämtliche westkapitalistischen Fehler im Zeitraffer gemacht und selbst Dubai, das Babylon der Neuzeit, dem Effendi Peter Zwegat in die Hände getrieben. Die Einflüsterer sträuben sich mit Krokodilslederhaut und goldgepudertem Zweithaar, aber es muss gesagt werden: *Wir sind pleite!*

Behaupte niemand, wir hätten es nicht besser wissen können. Im Herbst 2008 hat Angela Merkel im Bundestag die Wahrheit gesagt. Im Herbst darauf, nach ihrer Wiederwahl 2009, hat sie diese Wahrheit wiederholt: Alles, was die Regierung unternehme, diene dem Ziel, den Zustand *vor* der Krise wiederherzustellen, neues *Wachstum* anzustreben – nie darf der Wahnsinn ein Ende haben. Der strenge Vater schimpft seine älteste Tochter aus: Sie möge sich, obwohl schon lange erwachsen, ein Beispiel an ihrer adoleszenten Schwester nehmen; diese sei im vergangenen Jahr um so und so viel Prozent gewachsen, während sie, die sehr viel Ältere – nun?

Wir erinnern uns: Noch im Frühjahr 1989, kein halbes Jahr mehr vor dem Mauerfall, wollte die SPD – und wollten auch Mitglieder anderer Parteien – die in jeder Hinsicht marode DDR als zweiten deutschen Staat anerkannt sehen, denselben Staat, der übers Jahr als Anschlusskandidat auf Kilopreis-Basis gehandelt wurde. So viel zum politischen Weitblick unserer Einflüsterer, so viel zur Rückkehr in Vor-Finanzkrisen-Zeiten, in die Glückseligkeit unendlich scheinenden Wachstums. Pleite sind wir, weil dieser globale Wirtschaftskrieg von jenen gewonnen werden wird, die sich nicht bereits in den letzten 60 Jahren untereinander bis über die Halskrause verschuldet haben, mit dem x-Fachen ihres jeweiligen Bruttoinlandprodukts. Jene werden glimpflich davonkommen, deren Menschen einen erheblich niedrigeren Lebensstandard seit jeher gewohnt sind, während wir uns – Armageddon! – erst unter Schmerzen umstellen müssen. Deutschland wird nicht nur älter, vergreist und schrumpft, es wird auch sehr viel ärmer werden – nein, keine falschen Hoffnungen: nicht »weniger reich«, ärmer. Was wir einmal Mittelstand nannten, zerfällt im Rekordtempo; nur weil all die schönen Häuser und die breiten Straßen aus unseren Wohlstandszeiten noch stehen, sind wir nicht etwa nur um ein paar Prozent rasiert worden.

2010. Wieder hat die Kanzlerin nicht gelogen; sie ist die erste Einflüsterin, die wirklich weiß, was Rückversicherung bedeutet. Hat sie uns nicht im Herbst 2009 auf eine »schwieriger werdende Arbeitsmarktlage« aufmerksam gemacht? Sprach sie nicht von »dauerhaft angespannt bleibendem Haushalt«? Nicht einmal geflüstert hat sie das, gesagt, gesprochen hat sie, durch die Mikrofone ihres Rednerpults im Deutschen Bundestag; die Einflüsterer-Medien haben diese Botschaft pflichtgemäß vermeldet, wenn auch kaum hinreichend analysiert. Ist halt Krise, muss man halt Geduld haben, nur ruhig Blut.

2010, und endlich beginnen wir zu verstehen, was das alles soll: dieser Überwachungswahn, diese Ausforschungsmanie, die Einschränkungsoffensive, der Abbau von Bürgerrechten. Aus der Ahnung ist Gewissheit geworden: Wir sind in den Händen von Leuten, die keinen Bleistift verletzungsfrei bedienen können, sich aber als Menschen vom Fach aufspielen. Von ihrem Schein, vom Glanz der Macht, haben wir uns blenden lassen, es war so bequem. Wir haben geglaubt, die da oben verstünden ihren Job so gut wie wir da unten mit unseren Schulzeugnissen, unseren lückenlosen Lebensläufen, unseren hieb- und stichfesten Abschlüssen und Leistungsnachweisen. So etwas, die Führung eines Staates, das müsse man doch irgendwie gelernt haben, ehe man auf die Menschheit losgelassen wird – Irrtum, nein, muss man nicht. Selbst der schon mehrfach zitierte Helmut Schmidt ist der Meinung, die Führung eines beliebigen Fachministeriums ließe sich binnen sechs Monaten erlernen, ganz gleich, aus welcher Berufsrichtung man ursprünglich kommt (*Die Zeit,* Ausgabe 47 / 2009). So leicht geht Politik – und so leicht geht gar nichts mehr in der Politik. Ausgerechnet dann, wenn's am nötigsten wäre.

Es hat sich ausgeflüstert.

Im Cockpit blättert das Pilotenduo verzweifelt in seinen *Procedures,* aber für die K-Frage – K wie Krise – ist kein Plan B vorgesehen. Es spricht der weibliche Kapitän zu den schon sehr beunruhigten Passagieren: Ach, übrigens, es kommen womöglich Turbulenzen, die Landung könnte hart werden. Angeschnallt zu bleiben empfiehlt sich. Ansonsten: weiterhin guten Flug. Und nicht vergessen: Wir hier vorne haben alles gut im Griff …

… und wenn sie nicht gelogen hat, unsere Frau Bundeskanzler, dann hat sie zumindest gewaltig untertrieben, denn von akuter Absturzgefahr und drohendem Totalcrash hat sie gar nichts gesagt. Warum auch die Fluggäste mit der vollen Wahrheit beunruhigen? Andererseits, vielleicht gelingt es ja doch noch, den Vogel irgendwie heil auf die Piste zu wuchten, obwohl ja die Triebwerke längst streiken, der Sprit fast alle ist, zehn andere Maschinen auf Kollisionskurs fliegen und am Boden die Flughafenfeuerwehr geschlossen das Endspiel guckt.

Im Katastrophenfilm ist dies der Moment, wo die freundlichen, über sämtliche Sitzreihen verteilten Mitreisenden von Argwohn auf Selbsthilfe umschalten. Der Kapitän da vorne, weiblich oder männlich, bringt's nicht. *Wir* müssen selber etwas *tun. Let's roll!*

Niemand würde in einer solchen Situation auf die Idee kommen, eben eine andere Fluggesellschaft zu gründen – oder eine neue politische Partei. Niemand würde denken, es wäre sinnvoll, eine Diskussion mit dem Begleitpersonal zu beginnen – wozu? Gesteuert wird im Cockpit, nicht in den Gängen oder auf dem WC. Aber die Tür zum Cockpit ist zu, fest verrammelt, aus Sicherheitsgründen, wegen der *Terrorgefahr.* Fallschirme sind nicht vorgesehen, und die wenigen Rettungsschirme, die es, wenn überhaupt, am Boden gibt, die wurden über den Köpfen der systemrelevanten Banker aufgespannt. Es ist zum Haareraufen.

Was können wir jetzt noch tun außer jammern?

20.
Jammern muss erlaubt sein!

Zu viel, weh mir! Man foltert mich!
Alles auf einmal! Ich kann nicht mehr!
ROSSINIS FIGARO in der *Factotum-Arie*

April 2009. In Italien bebt die Erde. Mehrere Hundert Menschen verlieren ihr Leben, Zehntausende werden obdachlos. Mit dem Hubschrauber schrödert sich Ministerpräsident Berlusconi ins Katastrophengebiet, Hilfe aus dem Ausland großspurig ablehnend. Für die sehr italienischen Bedingungen in den Auffanglagern hat der absonderliche Landesvater nur ein Lächeln übrig: »Man muss es eben nehmen wie ein Camping-Wochenende!«

Die Folgen eines Erdbebens – nur ein Camping-Wochenende? Der Papst hat erst gar keine Zeit für eine Stippvisite, schließlich steht Ostern vor der Tür. Aber er sendet den Kindern der 40 000 obdachlos Gewordenen ein kleines buntes Zeichen der Hoffnung: 500 Präsent-Eier, und für die lieben Eltern ein paar Messbecher obendrein: Friede auf Erden, und den Menschen ein Wohlgefallen!

Wir sind noch immer im Frühjahr 2009.

Nach einer beispiellosen Serie von Pannen und Skandalen bleibt Bahnchef Hartmut Mehdorn nur noch das Mittel der Selbstentlassung. Von Politik und Umständen gehetzt, bietet er dem Aufsichtsrat die Vertragsauflösung an, vulgo: seinen Rücktritt. Kaum eine Woche später müpft der Selbstgeschasste schon wieder auf: Jetzt will er seinen Ex-Arbeitgeber verklagen, auf Zahlung seiner sämtlichen Gehaltsbezüge und Boni, und zwar bis Mai 2011.

Ihm zur Seite springt, ausgerechnet, die sonst so liberale *Süddeutsche Zeitung.*

In einem Kommentar nennt sie das »bescheidene Millionengehalt für den ausgebildeten Ingenieur« einen »Witz«; Mehdorn habe »über Jahre hinweg einfach viel zu wenig verdient«; wer jetzt den Manager kritisiere, handle bloß populistisch: »Recht muss Recht bleiben!« Prompt explodieren im SZ-Leserforum die Gemüter.

Handelt es sich bei besagtem Kommentar noch um Liberalitas Bavariae oder bereits um einen besonders schweren Fall von Einen-an-der-Waffel? Wenigstens ein bisschen Mitgefühl für die 240 000 jahrelang von Mehdorns Mannen ausgeforschten und gegängelten Bahnmitarbeiter, das wäre doch wohl das Mindeste gewesen, oder?

Mitgefühl ...

Seit die Zahleneinheit Million durch die Milliarde – der Trend geht zur Billion – abgelöst wurde, versteinern sich zusehends die ohnedies nie sehr weich gewesenen Herzen. Die »da oben« haben sich mit Sentimentalitäten gegenüber denen »da unten« noch nie leicht getan: Habt euch nicht so, es wird schon wieder; Gejammer bringt uns nicht weiter; tapfere Indianer kennen keinen Schmerz – fehlt eigentlich nur das Stückchen Holz, das in jedem Klischee-Western dem Verwundeten zwischen die Zähne geschoben wird, ehe Doc Holiday das blanke Messer ansetzt: »Du musst jetzt sehr tapfer sein, Hank ...«

Überhaupt, wehe dem berühmten kleinen Mann und den Seinen im Jahre 2 nach Zumwinkel, nach Hypo Real Estate, nach Lehman Brothers und all den anderen. Wer Grund oder gar *Gründe* zum Klagen verspürt, darf auf Verständnis, Einsicht oder eben Mitgefühl nicht mehr hoffen. »Jammern« ist das, pauschal abgefertigt und weggewischt mit diesem einen Wort, und jammern ist nicht angesagt, in Deutschland nicht, in Italien nicht, auch nicht in Frankreich und erst recht nicht im Rest von Europa: Das Leben ist ein Camping-Wochenende, nichts weiter.

Ein Volk von Jammerlappen und Heulsusen

»Mein Gott, mein Gott, warum hast du mich verlassen?« (Matthäus 27,46)
Ach du liebe Zeit, Jesus Christus, dieser Jammerlappen! Von den Schergen des Pontius Pilatus ans Kreuz geschlagen, schrie er doch tatsächlich »um die neunte Stunde« nach seinem Vater. Und die Schergen, was taten sie? Sogleich »lief einer von ihnen, nahm einen Schwamm, füllte ihn mit Essig, steckte ihn auf ein Rohr und gab ihn Jesus zu trinken« (Matthäus 27,48). Angesichts von so viel Fürsorge blieb dem Heiland nur, abermals laut aufzuschreien und dahinzuscheiden (27,50).

Die Welt 2010.
Noch immer ist hienieden alles Jammern, sobald es auf höhnischen Resonanzboden fällt, zwecklos. Darum Vorsicht, deutsche Erde höhnt mitunter besonders laut. Emotional aufgeladene Äußerungen, einst bekannt und geachtet als »Volkes Stimme«, werden ohne Umweltprämie abgewrackt; Gejammer, und befänden sich seine Produzenten noch so sehr jenseits der Schmerzgrenze, verpestet nur die ohnehin schwerstbelastete Finanzwelt. Zumindest befinden dies ein paar Hundert Politiker, Wirtschaftsführer, übrig gebliebene Finanzgurus, sogenannte Wirtschaftsweise sowie die ihnen in großer Zahl angeschlossenen Leitartikler und Talkshow-Moderatoren und Kolumnisten – siehe *Süddeutsche Zeitung:* Nun redet doch »die Lage« nicht noch schlechter, als sie demnächst noch werden wird; Aufschwung braucht, das Wort sagt es schon, Schwung und darum positive Gedanken! Klagt einer, tun es ihm sofort Dutzende andere gleich, das kennt man doch; meckert wer, stimmt garantiert ein ganzer Chor mit ein. Wer sich beschwert, lebt verkehrt; wer sich beklagt, hat versagt. Solch einer ist ein »Miesepeter«, ein »Nörgler«, ein »Nestbeschmutzer«, der es geradezu verdient, mundtot gemacht zu werden – mundtot durch dieses Totschlägerwort »Jammern«.
Wer jammert, hat den Kern der Krise noch nicht verstanden oder ist, wie die Kanzlerin 28 000 Opelanern ausrichten ließ, einfach nur

nicht »systemrelevant«. Wer jammert, hat nicht kapiert, dass wir in einer Unterhaltungsgesellschaft leben, in der Jammern nur jenen gestattet ist, mit deren Kummer und Schmerz sich Geld verdienen lässt. Setz dich zu Jauch aufs Sofa oder bei Anne Will an den Katzentisch, aber jammer mir hier nicht die Ohren voll!

Der jüdische Schriftsteller Stefan Zweig hat 1939, vor Beginn des Zweiten Weltkriegs, einen Roman – seinen einzigen – mit dem Titel *Ungeduld des Herzens* verfasst. Er beschreibt darin die Unfähigkeit der meisten Menschen, dem anderen mit wirklichem Mitgefühl zu begegnen. Oftmals handele es sich nur um den Drang, möglichst rasch dem Bannstrahl fremden Kummers zu entrinnen, so Zweig. Er selbst und seine Frau begingen im Februar 1942 Selbstmord, als die Nazi-Barbarei durch das von Hitler besetzte Europa pestete – die Aussicht, niemals wieder ein freies Leben führen zu können, ließ den Schriftsteller zu einer Überdosis Barbiturate greifen.

Die Deutschen – wieder hart
wie Kruppstahl, zäh wie Leder

Wir Überlebenden oder später Geborenen haben noch immer keine Gnade zu erwarten, womöglich noch weniger als je zuvor. Noch immer – schon wieder? – sollen wir »hart wie Kruppstahl« sein, »zäh wie Leder«, den unerwünschten dunklen Anwandlungen »flink wie Windhunde« entfliehen – alles, alles, nur nicht »jammern«. Weil die Mächtigen Kritik noch nicht verbieten können, verbitten sie sie sich eben. Die Millionen um sie herum scheinen ihnen etwas zu spüren, das man als Noch-Mächtiger besser nicht an sich heranlässt: »Wo Tränen fließen, kann nichts gelingen«, wird Theodor Fontane gern missbraucht.

Der Entzauberung bereits so vieler Unfähiger in Politik, Wirtschaft und Hochfinanz könnte bald die Entzauberung von noch viel mehr unfähigen »Entscheidern« folgen, namentlich von »Top-Kräften« und »Leistungsträgern« in Politik, Justiz, Verwaltung und selbstverständlich auch in der Kirche. Gier und Hochmut wohnen nicht nur einzelnen Branchen inne, sind vielmehr überall »systemrelevant«. Die vielen amtierenden Ober- und Unter-Häuptlinge vom Stamme Nimm, sie wissen einfach nicht, was sie tun, wenn sie respektlos über das »Gejammer« der Millionen Krise-Betroffenen lästern; noch weniger wissen sie, wie es sich anfühlt, als Lohnabhängiger, als Unternehmer, als Freiberufler oder als Rentner an den Marterpfahl eines unsichtbaren Gegners gebunden zu sein. Dieser Mangel an Einfühlungsvermögen, gepaart mit Ignoranz und einer Nach-mir-die-Sintflut-Mentalität, sind die Angelpunkte für den Dreh, den massenhaften Ausdruck von Sorge und Unmut umzudeuten in bloßes »Gejammer«, in unbedeutende »Meinungen« Einzelner, in »Schwarzmalerei«, in *German Angst*.

Jammern muss erlaubt sein – ja ist es denn verboten?

Verboten nicht gerade, aber auf keinen Fall erwünscht.

Der deutsche Mensch, wo noch »in Lohn und Brot«, arbeite gefälligst und berappe seine Steuern und Sozialabgaben, ehe der digitale Finanzminister ihm aus dem PC entgegenspringt, und ja, er wähle auch, zur Not das ihm kleiner scheinende Übel, aber er wähle. Nur eines tue er besser nicht, auf keinen Fall und unter gar keinen Umständen: auf dem Territorium seiner ureigensten Heimat meckern, motzen, raunen, sich beklagen, sich beschweren, seinem Herzen Luft machen, sich echauffieren, sich aufregen oder gar *jammern*. Merke: Wer jammert, verliert und kriegt verbal, mindestens verbal, eins auf die Mütze.

Seit jeher geht von deutschem Boden kaum Herzlichkeit im Umgang mit Andersdenkenden aus, sofern nicht gerade eine Mauer fällt oder eine Fußball-Weltmeisterschaft das Land schwarz-rot-gold bewimpelt. Stefan Zweigs *Ungeduld des Herzens* ist die große Schwester der Unfähigkeit, genauer hinschauen zu wollen: *So genau* will man es gar nicht wissen. Draufgespuckt und Pflaster drüber, das wird schon wieder, nur Mut – aus diesem Stoff wirken die Redenschreiber von Bundespräsidenten und BundeskanzlerInnen Weihnachts- und Neujahrsansprachen. Dabei können die Menschen unangenehme Wahrheiten durchaus vertragen. Aber nur noch Zynismus, nur noch Hohn, nur noch Kratz-und Abbürsterei?

Gerade ist das deutsche Grundgesetz 60, da stimmt auch schon sein erster Paragraph nicht mehr. Die Würde des Menschen, sie *ist* antastbar, und sie *wird* angetastet, jeden Tag aufs Neue. Von der Missachtung bis zur Verachtung ist es nur ein kleiner Schritt. Man bräuchte sie nur zu fragen, die Hartz-IV- oder »Sozialgeld«-Empfänger, die Arbeitslosen, die Arbeitssuchenden, die Schulabgänger, die Auszubildenden, die Endlos-Praktikanten, die Turbo-Studenten, die Noch-Arbeitnehmer, die Jungen, die Alten, die Kranken, eben Frauen und Männer. Man bräuchte nur zu fragen, aber man tut es nicht.

Bitte, man kann in Deutschland noch immer sagen, was man will, aber es darf, um keinen Preis, etwas mit Kritik zu tun haben. Die wäre ja bereits »Gejammer«.

Demokratie, befand Winston Churchill, sterbe langsam, »zentimeterweise« (*»Democracy dies by inches«*). Man merke es kaum, und zack, wieder sei ein Stück verschwunden von der Staatsform, die, ebenfalls Churchill, zwar keine ideale sei, außer welcher man aber keine bessere kenne. Nur zu Wahlzeiten ist noch immer gern die Rede vom »Souverän«, den das Volk angeblich darstelle; in den kurzen Phasen seiner sehr erbetenen Stimmabgabe darf sich der »mündige Bürger« ausnahmsweise nicht als mundtoter Bürger fühlen. Dazwischen gilt: Totgesagte Probleme sterben leiser.

Die faulen Deutschen,
die jammernden Deutschen

Dabei ist die Verachtung des Wählervolkes nichts Neues in der Welt, schon gar nicht in der Bundesrepublik. Helmut Kohl sah in Deutschland einen einzigen großen Freizeitpark – alles Faulenzer, außer ihm. Sein Nachfolger, Gerhard »Gazprom« Schröder, war gar der Meinung, niemand habe ein Recht auf Faulheit. Aber warum hätte das ein sich hinter den Zaun des Bundeskanzleramts geprosteter Aufsteiger nicht sagen sollen? Feststellungen wie dieser folgte letztlich auch die »Agenda 2010«, mit der das in Serie verhöhnte Volk ja keinesfalls beglückt, auf jeden Fall aber gedemütigt wurde. (Seitdem dürfen Sozialdemokraten, Sigmar Gabriel und Andrea Nahles wissen es, am allerwenigsten *jammern,* wenn es um Wählerschwund bis an die Grenze der Parteiselbstauflösung geht.)

Angela Merkel ist für kollektives Gejammer am wenigsten zu haben. Außer dem grundfalschen Satz »Wir alle haben über unsere Verhältnisse gelebt« – Sie etwa, die Leser dieses Buches, der Autor? – fällt der Kanzlerin zum Schicksal der Abermillionen Sparer, Steuerzahler, Kinder, Jugendlichen, Arbeiter und Rentner, in summa: dem Volk, schlicht gar nichts ein. Nichts Verbindliches kommt unserer obersten Angestellten in den Sinn, kein Wort von Verständnis oder Trost oder Aufmunterung, kein Schimmer von Mitgefühl, noch nicht einmal der Abglanz von ein paar ins Redekonzept geschriebenen Floskeln. Sprachlos geworden und geblieben ist die bundesdeutsche Politik seit Beginn der »Krise«, die in Wirklichkeit eine Dauerkatastrophe ist. Genauso sprachlos möge nun, hopp-hopp, das den Realitäten hinterherhinkende Volk werden.

Ruhe als wiederentdeckte Bürgerpflicht – da ist Jammern verpönt, also fast gleichbedeutend mit verboten.

So kränkelt die deutsche Demokratie weiter vor sich hin. Angeblich weiß niemand, warum. Allein zwei Millionen SPD-Stammwähler sind im Herbst 2009 den Wahlurnen ferngeblieben. Sie glaubten zu wissen, dass Frank-Walter Steinmeiers Mund noch verhärmter dreinschweigt als der von Angela Merkel, da muss man sich als Kalb nicht auch noch den Metzger selber wählen. Umgehend hetzten Politiker, ob rot, ob schwarz, gelb oder grün, über die Wahlverdrossenen, über die Demokratieverdrossenen: Euch geht's ja noch gold, würde der Schriftsteller Walter Kempowski gesagt haben, vielleicht auch: So was kommt von so was her – wundere sich keiner, wenn wir euch in eure eingebildeten Wunden auch noch Salz und Pfeffer streuen, *diese Zitrone hat noch sehr viel Saft* (die Schauspielerin Lotti Huber): o du deutsches, widerliches, systemirrelevantes Gejammer!

Revolution? Von wegen!

Das einzige Regulativ öffentlicher Unmutsäußerung wird als bloße Gefühlsduselei abgetan – unseren Politikern fehlt nicht nur Klasse, ihnen fehlt auch, was selbst die herzlosesten Staatsschurken ausmacht, nämlich Gefühl für die Masse. Die Deutschen – und ihre europäischen Nachbarn doch nicht minder – sehen sich als Jammerer diffamiert, zu manchen Zeiten legt der nach Churchill zentimeterweise schleichende Tod der Demokratie eben auch mal einen halben Meter auf einmal zurück. Die Mächtigen im Land wollen sich *ihr* Leben nicht sauer reden lassen, schon gar nicht von 82 Millionen Menschen auf einmal; Verschwörungstheoretiker haben wir schon genug.

Kann eine angeblich so starke Demokratie wie die deutsche an den Messerstichen internationaler Finanzverbrecher sterben? Oder droht ihr ein langwieriges Siechtum nicht eher durch die unzähligen Nadelstiche, durch das »Gejammer« ihrer offenbar notorisch unzufriedenen Bürger, ja ist nicht selbst dieses Buch nur gedrucktes Gejammer, weil seine Lektüre die bekannten Umstände nur auflisten, aber doch kaum etwas daran ändern kann?

Seit den Tagen der dahingeschlichenen Friedensbewegung, angefangen von den Ostermärschen über die Demonstrationen gegen Atomkraftwerke, Startbahnen, Wiederaufbereitungsanlagen und Pershing-II-Raketen bis hin zu den Lichterketten von 1992, seit dieser Zeit des *gelebten* und nicht nur ausgesprochenen Unmuts haben die Deutschen den ihnen umgehängten Maulkorb anscheinend akzeptiert. Es war ja auch eine ziemliche Deluxe-Ausführung von einem Maulkorb, ein nur ganz allmählich verlöschender Wohlstand, verprasst in kaum mehr als einer einzigen Generation. Was man kaum merkt – sprich: was nur zentimeterweise stirbt –, tut eben auch kaum weh. Erst der jahrelange Kater nach dem Ende der kurzen, aber heftigen Party namens »New Economy«, die Zeit des blamablen Niedergangs ihrer »Volks-Aktien« wie Deutsche Telekom, Post, EM.TV und Infineon hat gezeigt: Ja, wir sind sterblich, und ja, unser Wohlstand ist endlich.

Noch ist es ruhig in Deutschland. So verdächtig ruhig, dass Politiker und Wirtschaftsführer bereits höhnen: Wo sind sie denn, all die deutschen Revolutionäre? Blick nach Frankreich, nach Griechenland, nach Island: Dort rummst es beinahe jeden Tag, dort brennen Autos, heulen Sirenen – wünschen wir uns wirklich, ganz vom Einfühlungsvermögen unseres letzten Bundesinnenministers und jetzigen Bundesfinanzministers *erfasst* zu werden? Die Bundeswehr als Schutzgarde des Staats gegen Unruhen im Innern – keine Orwell'sche oder Norbert'sche Fantasie, kein neuer Zukunftsschocker von Wolfgang Petersen (*Outbreak*) oder Michael Bay (*Armageddon*), sondern längst sicherheitspolitisches Planspiel: Sollte es dem deutschen Volk je einfallen, sich massenhaft vor seiner »Bastille«, nämlich dem Kanzleramt oder dem Reichstag, »auszujammern«, wird es sein olivgrünes Wunder erleben.

Doch wie gesagt, noch ist es ruhig.

Außer ein paar Tausend Studenten, die doch nur mit Weile und nicht in völliger Verarmung studieren wollen, gibt es keine Großdemos, keine Ausschreitungen in Deutschland. Selbst der Ton in Leserbriefen und Forumsbeiträgen ist noch immer ein gemäßigter – aber stimmt das wirklich? Über die Nacht für Nacht auf Berlins Straßen abgefackelten Luxusautos wird in den Medien kaum berichtet; Online-Sensationen sind nur für die ganz großen Abstraktionen da. Was ist mit den Demonstrationen gegen die Aushöhlung der Bürgerrechte, gegen die neuen Urstände von Atomenergie? Diese Proteste werden, wenn nicht ignoriert, heruntergespielt: Ach, die paar Hundert Leutchen, die paar Radaubrüder – was macht eigentlich Mischa Barton, wie geht es Heidi Klum?

Die Verhöhnung der »Jammernden« in den Medien

Die Einflüsterer lieben »Gejammer« so wenig wie Berichte darüber.

In Athen oder in London führt das dort nicht minder spürbare Gerechtigkeitsvakuum immer öfter zu Handgreiflichkeiten; man kennt die sehr gelegentlichen Fernsehbilder von brennenden Fahrzeugen und von Schlägereien zwischen Demonstranten und der Polizei. Dabei ist längst eine neue Qualität des Bürgerungehorsams zu beobachten, etwa in Paris. Wütende Arbeitnehmer bestreiken dort Unternehmen wie Caterpillar, 3M oder Sony, nehmen deren Führungskräfte als Geiseln – »Bossnapping« nennen sie das, Faktenschaffen à la française. Protestforscher sehen mit Besorgnis, wie Gleichgültigkeit und Duckmäusertum auch hierzulande umschlagen in »sinnlose« Gewalt, weil immer mehr Menschen das Gefühl haben, anders nicht mehr wahrgenommen, anders nicht mehr *ernst genommen* zu werden – sie haben zu lange *gejammert,* und zu lange wurde ihnen nicht zugehört.

In sämtlichen europäischen Staaten ist Unrecht wieder auf dem Weg, durch die Hintertür zum Recht zu werden. Ein immer abstrakteres Rechtsgefüge und eine immer weniger nachvollziehbare Rechtsprechung sorgen dafür: Kurzer, meist schmerzloser Prozess für die Großkopferten (von A wie Ackermann bis Z wie Zumwinkel), aber ein ebenso kurzes, sehr viel schmerzhafteres Zupacken bei den Kleinen, die man noch immer lieber hängt als laufen lässt. Der Fall der Kassiererin Barbara E., die Leergutbons im Gesamtwert von sage und schreibe 1,30 Euro unterschlagen haben *soll* und deshalb nach 31 Dienstjahren gefeuert wurde, spricht Bände. Wenn dann noch Volkes Kummer, ja Zorn als bloßes »Volksgejammer« abgetan wird, wozu dann noch mit friedlichen Mitteln an die Wurzel allen Übels gehen? Ungerechtigkeit, Habgier, Verschwendung von Milliardenwerten – wenn Jammern nichts mehr nützt, vielleicht nützt dann Gewalt?

Wieder sind es die Medien, die sich, gerade in Krisenzeiten, zu Handlangern der Mächtigen aufschwingen. Anzeigenschwund und immer härter werdender Verdrängungswettbewerb sind für manche Herausgeber und Chefredakteure Anlass, eine harte Gangart zu demonstrieren: Verschweigen, beschwichtigen, herunterspielen, Klartext der Bürger als Gejammer abqualifizieren – viele Medienschaffende sind, mitunter ohne es zu merken, zu Kriseneinsatzkräften der auf Ruhe bedachten Eminenzen im Hintergrund geworden. Allzeit bereit, Jammer-Attacken aus dem Volk abzuwehren, bringen sie bei den geringsten Anzeichen kollektiver Aufmüpfigkeit ihre Geschütze in Stellung. Dann schießen wohlbestallte Kolumnisten und Feuilletonisten Sperrfeuer gegen das Heer der Meckerer – siehe den »Fall« Mehdorn und seine ihm sicher sehr willkommene Schützenhilfe seitens der *Süddeutschen Zeitung.*

Das Volk vor Gericht

Ist die erste Welle der Jammerlappen zurückgeschlagen, kommen unverzüglich die Bodentruppen zum Einsatz – RTL, Sat.1 und Konsorten übernehmen den deutschen Jammermichel zwecks Spezialbehandlung. Ob Super-Nanny, Schuldenberater oder die Sozialermittler von *Gnadenlos gerecht,* die Chefumdeuter von Krisen aller Handelsklassen mähen mit ihrem »Tja, selber schuld« quer durch die Reihen der Ruhestörer, indem sie die Sorgen und Probleme eines ganzen Volkes zu bedauernswerten Einzelschicksalen herabwürdigen. Sie zeigen die Ohnmacht und das Unvermögen einiger ja nur ganz, ganz weniger, irgendwo da draußen, am Rande der Gesellschaft, im Plattenbau oder unter der Brücke, *vor dem Fernseher:* Wird schon wieder werden, guter Mann, gute Frau. Nur immer schön den Kopf hoch und sich nicht gehenlassen, nicht immer so viel *jammern!*

»Jammern«, wie von vielen deutschen Medienmachern verstanden, wird zum verdrängten, im Alltag aber weithin spürbaren Lebensgefühl, zu einem geächteten, weil missachteten Gefühlszustand – und bleibt doch eine große Warnung: Vorsicht, Explosionsgefahr! So erhält auch der Begriff »Medienschelte« eine ganz neue Bedeutung: Die Medien schelten ihre Leser, Zuschauer, Hörer und Nutzer. Sie bezichtigen sie des Jammerns, und ihre diesbezüglichen Artikel und Beiträge fluten das Land, stellen die Deutschen als ein Volk von Jammerern an den Pranger, schimpfen sie Sozialbetrüger und Abzocker, beschreiben sie als Leidende an der angeblich »deutschen Volkskrankheit«. Ob Leitartikel, Kommentar, Glosse, Kolumne oder einfach mal zwischen den Zeilen: Es wird einfach zu viel gejammert unter deutschen Dächern.

Was tun gegen so viel schlechte Stimmung? Justiz und Gerechtigkeit sind bekanntlich zweierlei, nicht nur in Deutschland. Werden die Zeiten schwer, holen die Fernsehmacher umso lieber Robe und Strafgesetzbuch raus: Justiz als Show, aber mit eindeutiger Absicht. Das Volk kommt vor dem Kadi, abgeurteilt wird es an jedem Vormittag und noch einmal, in der Revision, mitten in der Nacht, wo Rechtsverfolgung und Sendeplätze am wenigsten kosten dürfen. Angeklagt ist dabei stets das Fernsehvolk in tutti, freilich ohne es immer zu merken: Bei RTL tagt *Das Strafgericht* (»Vorsitz: Richter Ulrich Wetzel«) und *Staatsanwalt Posch ermittelt* (zuvor am RTL-*Jugendgericht* tätig). Bei Sat.1 fordert die Gerichtsökonomie nicht minder einen Doppelpack, nämlich die *Richterin Salesch* und den *Richter Hold*.

Der juristische Wert dieser Sendungen für den interessierten Laien?

Auf der Sat.1-Website führt der Rechtsweg zu Barbara Salesch nur über den Pfad von »Comedy & Show« – ein eindeutiges, ein wohlbegründetes Urteil. Waren es vor zehn Jahren noch verständnisvoll-gütige Gesprächsmeister wie Hans Meiser oder die inzwischen verstorbene, tantig-resolute Ilona Christen (beide RTL), die für die großen und kleinen Seelen-Wehwehchen ihrer Landsleute zuständig waren, so herrschen jetzt in deutschen Wohnzimmern, dank der televisionären Judikative, Zucht und Ordnung. Jammerer werden abgemeiert, im Namen des Fernsehvolkes – und noch eine Wette und noch eine Telenovela, und noch eine Kochshow und noch eine Spielshow, mögen Reich-Ranicki oder Biolek noch so sehr gegen diesen Irrsinn *anjammern*.

Selbst »seriöse« Zeitungen verwechseln immer öfter Kritik mit *Gejammer*. Wo die Sternchen des Boulevards die Schlagzeilen dominieren, da haben der Mann und die Frau von der Straße auf Mitleid nicht zu hoffen. Die *F.A.Z.* huldigt lieber kryptisch dem Sport (»Der Brasilianer von heute ist keine Tanzmaus«), die *Welt* barmt um US-Superstars (»Madonnas Angst vor der Jugend«), der *Spiegel* mischt Hochpolitisches mit Tiefbanalem (»Schauspielerin Neldel schließt keinen Exklusiv-Deal ab«,»Mel Gibsons Frau reicht Scheidung ein«), und auch die früher ganz ökonomisch nur an Fakten und Zahlen orientierte *Wirtschaftswoche* deliriert im Fieber ihres das Anzeigengeschäft befeuernden»Promi-Marken-Quiz« – gefühlig müsse es zugehen im Kampf um Marktanteile, beteuern die Chefredakteure im Zeitungs-/Zeitschriften-Schicksalsjahr 2010. Für »Jammern« ist da, bei aller Gefühligkeit, kein Platz, schon gar nicht für Mitgefühl, noch nicht einmal für Einfühlungsvermögen. Mitleid gibt es in Deutschland allenfalls für die, mit denen man Schlagzeilen machen kann:»Natascha Kampusch: So zerbrach ihr Vater an der Entführung« (*Bild*);»Nachruf auf US-Sänger: Für Vic Chesnutt war das Leben ein Missstand« (*Welt*);»Robbie Williams: Kuschelangst besiegt« (*Süddeutsche Zeitung,* alle 28. 12. 2009).

Ja, es darf durchaus noch gejammert werden in Deutschland. Nein, längst nicht ein jeder darf mehr jammern. Wer sich bei wem und worüber beklagen darf, bestimmen allein die Einflüsterer in den Medien, nicht das Volk.

Aus Jammern wird irgendwann Gewalt

Diese Mitleidlosigkeit hat ihre Entsprechung auch im Alltag gefunden. Bevorzugt wehrlose Kinder und Rentner trifft es in U- und S-Bahnen. Junge,»ausrastende« Schläger – und immer öfter auch Schlägerinnen – lassen die Sau raus. Ihre Brutalität – schwere Körperverletzung bis Totschlag – zeigt, womit wir zu rechnen haben, wenn die Frustration erst überhandnimmt, wenn»es« den vielen reicht, welche die Herabsetzung ihrer Sorgen am meisten trifft: irgendwann, bald, demnächst.

Dabei ist Jammern ein wichtiges soziales Regulativ, ein verbaler Seismograph.

»Aua!«, ruft der Patient, und der Arzt weiß, dass er von nun an auf der Hut sein muss. Vorsicht beim Übertreten der Schmerzgrenze! Bei Gefahr bellt der Hund, faucht die Katze, hupt das Auto – nur der moderne Mensch soll nicht warnen, nicht jammern dürfen. »Tapfer« soll er sein und brav die Klappe halten; es könnten durch solches Gejammer ja andere Menschen, zumal wohlhabende, in der Entfaltung ihrer empfindsamen Persönlichkeit gestört werden. Wer in Deutschland jammert, hat, wie uns weisgemacht werden soll, einfach nur die falsche Brille auf, mitunter auch gar keine. *Anderen* geht es doch noch viel schlechter! Es ist eben alles nur eine Frage der Argumente oder Statistik – oder der konsequenten Begriffsumdeutung: Die Inflation ist gar keine, sondern nur »gefühlt«, vulgo: eingebildet; der Euro war kein Teuro, sondern lebensnotwendig, etwa für Luigi, der aus der Sieben-Mark-fuffzich-Capricciosa über Nacht eine Sieben-Euro-fuffzich-Pizza zauberte; Hartz IV ist nur ein anderes Wort für Sozialmissbrauch, Mindestlohn ein Synonym für Unternehmerruin; bei isländischen Banken verloren gegangene Vier-Prozent-Dreiviertel-Festgelder sind nicht die Folge betrugsgleicher Misswirtschaft, sondern die gerechte Strafe für Sparer-Gier und Kleine-Leute-Illusionen, und noch lange nicht zuletzt: Kurzarbeitergeld ist besser als jeder Ein-Euro-Job, also strengt euch gefälligst an.

»Wenn das Volk kein Brot hat, warum isst es dann keinen Kuchen?« – an der eigenen Ignoranz sind schon französische Königinnen zugrunde gegangen. Nicht nur Bankbilanzen sind dieser Tage »vergiftet«, die Beziehungen zwischen Bürgern und Staat, Wirtschaft und Medien sind es auch. Die Volksparteien sehen zu, wie das gute alte, wichtige Jammern zur Tarnvokabel einer gezielten Volksbeschimpfung wird.

Doch was, wenn das Gejammer der Mächtigen über das angebliche »Gejammer« der Ohnmächtigen schlimmere Folgen zeitigt als nur das Gefühl, laufend verhöhnt zu werden? Was, wenn zum Spott auch noch Schaden kommt, und nicht zu knapp? Was, wenn »Jammern«, als Chiffre für »Halt's Maul«, nur der verbale Auftakt ist, um unsere Demokratie »robuster« zu machen, robuster beispielsweise durch Abbürsten? Könnte es sein, dass bereits eine Zeit begonnen hat, in der in Deutschland erneut eine unheilvolle Sprachlosigkeit um sich greift, ganz unauffällig eingeführt durch eine Ächtung des »Jammerns«?

21.
Die Demokratie stirbt zentimeterweise: Wie frei sind wir noch?

Leute, unser einziges Gegenmittel
ist folgende Methode
des passiven Widerstands:
Stellt die unterschwelligen Beeinflussungen ab.
Schmeißt Big Brother aus dem Fenster.
Werft die Fernseher und
die sonstigen Volksempfänger weg.

Beitrag des Welt-Online-Foristen

»FREEDOM« am 16. 01. 2010

Wann ist der Staat stark? Wenn er für alle Teile der Gesellschaft verbindliche Ordnungsregeln herstellt und durchsetzt. Wohlgemerkt: für *alle* Teile der Gesellschaft.

Wann ist der Staat schwach? Wenn er nur noch so tut, als seien diese Regeln verbindlich, als könne er sie nach wie vor herstellen und durchsetzen, als gälten sie wirklich für alle und nicht längst nur für die Masse des Volkes, das im Zweifelsfall für die Eskapaden einer winzigen privilegierten Gruppe aufkommen muss.

In Deutschland verlieren Kassiererinnen und Sekretärinnen ihre Arbeitsplätze, wenn sie sich an Pfandbons und Buletten vergreifen. In demselben Deutschland lachen Banker die Kamerateams aus, die nach Stellungnahmen zur Finanzkrise fragen. Bislang hat sich noch jeder Siemens-Manager mit ein paar Millionen freikaufen können, der von jahrelanger Korruption im Konzern wusste, sie tolerierte oder sogar selbst anordnete. Handschellen aus Lametta – und da wundern sich die Regierenden, warum im Volk der Frustpegel steigt.

De facto ist Deutschland für viele Menschen ein Unrechtsstaat.

Seine Richter – besonders im »strammen« Bayern und im noch strammeren Baden-Württemberg – messen oftmals mit zweierlei Maß. Der nach langjähriger Flucht in Paris aufgegriffene Ludwig-Holger Pfahls, als Ex-Staatssekretär verwickelt in die Geldschmiereien des Waffenhändlers Karlheinz Schreiber, durfte sich freuen: Zu dem vor Prozessbeginn zwischen Gericht, Staatsanwaltschaft und Verteidigern ausgehandelten Deal einer vergleichsweise milden Gefängnisstrafe kam für den Verurteilten noch die Genugtuung, dass sich der Vorsitzende Richter, Maximilian Hofmeister, bei ihm per Handschlag und mit einem tiefen Diener verabschiedete. Das Bild ging um die Welt: Die Augsburger Justiz buckelt vor einem Wirtschaftsverbrecher – wieder war ein Damm gebrochen.

Aufschwung aus der Flüstertüte

In Deutschland erzählen die Politiker den Bürgern Gutenachtgeschichten, ohne fürchten zu müssen, dafür abgewählt zu werden. Die Agenda 2010 hat sich als die größte Statistik-Lüge überhaupt erwiesen. Nach Belieben lassen sich Arbeitslose zwischen den einzelnen Kategorien hin- und herschieben; wer in einer der berüchtigten Fördermaßnahmen – betreutes Nichtstun als »Ausbildung« – landet, gilt bis auf Weiteres nicht als arbeitslos. Wer auf diese Tricksereien keine Lust hat, muss sich etwas von »Konsequenzen« und notfalls »Leistungsverweigerung« flüstern lassen.

Denn die Kanzlerin hat für Sozialschwache ein Herz aus Eisen, aber für die Wirtschaft ein Herz aus Kryptonit: Wie Supergirl wird sie schwach, wenn einer ihrer Ackermänner mit einem Anliegen kommt. Das Schlimmste, was man Angela Merkel eines Tages, am Ende ihrer Amtszeit, nachsagen wird, hat Bill Clinton schon über seine Zeit als US-Präsident gehört: na ja, nicht schlecht gemacht. Heißt andersherum: Da wäre noch sehr viel mehr drin gewesen, nein: Da hätte noch sehr viel mehr drin sein müssen, und zwar für das Gros der Bürger, nicht für die von CDU/CSU und FDP privilegierten Bestverdienenden.

Noch wenige Wochen vor dem Krisenherbst 2008 wurde die Kanzlerin nicht müde, uns ihren angeblichen Aufschwung einzuflüstern. Wir putzten unsere Brillen, aßen nur noch Karotten zur Stärkung unserer Sehkraft, aber der Aufschwung wollte einfach nicht in Sicht kommen: Im Nuller-Jahre getauften ersten Jahrzehnt des neuen Jahrhunderts gibt es nur noch Null-komma-x-Werte: Wachstum – irgendetwas mit einer Null vorm Komma. Exportsteigerungen: Nullkomma-sowieso. Rentenerhöhung – mit Ach und Krach eine Eins an erster Stelle (dann aber gleich eine Null nach dem Komma).

Bringt man so ein Land voran?

Die Untoten in der deutschen Wirtschaft

Die einstigen Erfinder des Autos haben sich auf Großblechkästen mit Explosionsmotoren spezialisiert. Deren Konstrukteure müssen ihre durchaus vorhandene Kreativität an beheizbaren Lenkrädern und Softtouch-Oberflächen austoben. Ein BMW M5 mit 400 PS, ein AMG-Mercedes mit 550 PS, ein Volkswagen-Bugatti mit neckischen 1001 PS, da bleibt für einen wirklich neuen Volkswagen – vier Plätze, 2,5-Liter auf 100 Kilometer, 15 000 Euro – kein Raum.

Unsere vielgelobten mittelständischen Betriebe, diese von der Industrie zu Zuliefersklaven degradierten Innovatoren, sie könnten schon anders, wenn man höheren Orts nur wollte, wenn man sie, zu bezahlbaren Konditionen, mit mehr Kapital und Krediten ausstattete. »Man« will aber nicht. Nichts fürchten die Industriebosse mehr als kleine (er)findige Krauterer, die mit ihrem Know-how notfalls woanders hingehen können. Lieber lassen sie ihre Einflüsterer die Mär vom technikverliebten Familienunternehmer streuen, der leider nicht gut rechnen könne. Im Internet kriegen die Deutschen ebenfalls keinen Fuß auf den virtuellen Boden. Google, Yahoo, YouTube, Twitter – alles amerikanische Unternehmen. Die Herren Zuse und Nixdorf wären sicher nicht erfreut zu sehen, wie Hubert Burda sich selbst als Medienzar preist und dauernd neue Firmen kauft, aber in seinem Reich keine einzige »elektronische« Company auf die Beine bringt. (Achtung, Liz Mohn, Friede Springer, Stefan von Holtzbrinck, und auch nur der guten Ordnung halber: Ihre »Zaren« können es auch nicht besser.)

Statt den Nachwuchs zu pflegen, aus dem einzig neue, zukunftsweisende Ideen kommen können, werden Berufseinsteiger vielfach als Dauerpraktikanten verheizt. Wer dennoch einen festen Arbeitsvertrag ergattert, hat nur bedingt Grund zur Freude: Nicht einfach nur hundertprozentig, mindestens hundertfünfzigprozentig muss heutzutage ran, wer seinen Arbeitsplatz behalten will. Doch wie kreativ oder produktiv kann man sein, wenn einem die Existenzangst ständig im Nacken sitzt?

Derweil zittern die Herren und Damen der öffentlichen Meinung um ihre eigenen Stühle. Opel hat den Anfang gemacht, dann kam Porsche hinzu. Jetzt vervollständigen die Medien den Moll-Dreiklang: Keine Woche vergeht ohne neue Hiobsbotschaften. Redaktionen werden zusammengelegt, Personal »abgebaut«, immer neue Sparrunden eingeläutet – wo sind sie hin, die Milliarden, die im letzten Jahrzehnt allein mit Printprodukten verdient wurden?

Die Hanseaten sagen: »Die Klage ist der Gruß des Kaufmanns.« Gar so laut zu grüßen wäre aber nicht notwendig.

Den Deutschen wird eingeflüstert, sie seien, was Spenden beträfe, eine der großzügigsten Nationen der Welt. In Wirklichkeit rauben die deutschen Nahrungsmittelkonzerne auf Geheiß der Lebensmittel-Discounter die Weltäcker und die Weltmeere aus, damit wir im Supermarkt Schweinefleisch für 1,95 Euro das Kilo und Erdbeeren das ganze Jahr hindurch kaufen können. Andere Länder hungern, damit wir auch weiterhin beigemischten Biosprit, gesetzlich verordnet, durch die Kraftstoffleitungen unserer Freie-Fahrt-für-freie-Bürger-Autos jagen können. Die Einflüsterer von BMW, Daimler und Audi klopfen einander auf die Schultern, weil ihre Dickschiffe Siebener, S-Klasse und A8 dank Hybridtechnik plötzlich Traumverbrauchswerte erreichen – nach praxisfremden Messnormen und im Prospekt. Die Medien aber, nach Anzeigenaufträgen lechzend, beten den Unfug nach und tun so, als ob wir bis zur Besiedelung des Jupiters ungestört weiter in Zweitonnern umherfahren könnten. Zu »Ereignissen« aufgeblasene Sportveranstaltungen und alberne Spielshows, dazwischen alle Jubeljahre mal ein »Skandalbuch« (wie die inhaltlich ziemlich trockenen *Feuchtgebiete* von Charlotte Roche) – ist das alles, was das Volk der Dichter und Denker noch im Köcher hat? Natürlich nicht. Aber in die Auslage kommt nur, was als garantierter Quotenbringer gilt. Risiken sind verpönt, die Einflüsterer pochen bekanntlich auf »Sicherheit«.

Wir lästern über die Schweizer, die vor jeder Nachrichtensendung erst einmal die aktuellen Börsenkurse verlesen – Mann, sind die gierig. Bei uns ist keine Nachrichtensendung ohne das Topic »Sport« denkbar. Wenn Joachim »Jogi« Löw Schnupfen hat, ist das zwischen Erdbeben und Firmenpleiten mindestens so vermeldenswert wie eine weitere Begegnung von Amy Winehouse mit einer Flasche Dom Perignon (»Promi-News«). Brot und Spiele – fehlen nur noch mit Schwert und Toga aufeinandergehetzte Hartz-IV-Gladiatoren im RTL-*Dschungelcamp*. Wenn bei RTL nicht gerade »Sozialformate« wie *Die Ausreißer* oder *Die Schulermittler* laufen – Sendungen für Menschen, denen RTL kaum die Fähigkeit zum Schuhbinden zutraut –, widmet sich der Sender den angenehmen Seiten des Lebens. *Explosiv Spezial* zeigt nur zu gern dem heruntergekommenen Volk, wie Menschen mit überaus geregeltem Einkommen so residieren, an der Costa Blanca beispielsweise oder in Marrakesch oder in Florida: »Unglaubliche Luxusvillen, ausgefallene Hobbys und luxuriöse Partys – das Leben der Superreichen ist für Unbeteiligte unvorstellbar.« Jenen Millionen von »Unbeteiligten« mal ein paar Blicke in die schöne weite Welt zu gönnen, so kann man seinen gesetzlichen Informationsauftrag natürlich auch verstehen. Und wer weiß, vielleicht lässt sich mit der Lebensunwirklichkeit von Internetmillionären und Ölmilliardären der doch ziemlich daniederliegenden Arbeitsmoral in Deutschland wieder aufhelfen? Man muss nur den Sozialneidhammeln in ihren Sozialhängematten ab und zu etwas einflüstern. Am besten regelmäßig, und nicht nur ab und zu.

Das deutsche Kommerzfernsehen missachtet und verachtet die von ihm mitgeschaffene Unterklasse, macht aber mit ihr gute Geschäfte: »Asis spielen Asis für Asis«, nennt der Kabarettist Dieter Nuhr einschlägige Programme speziell bei RTL und Sat.1. Frau Doktor und Herr Professor bemühen ja leider kaum die kostenpflichtigen Telekom-Leitungen bei *Deutschland sucht den Superstar.* Sie sind, bis auf Weiteres, fest in der Hand von ZDF und ARD, wo sie kräftig den Altersdurchschnitt – 61 Jahre – nach oben drücken helfen. Dafür pfeifen die »Golden Agers« auf Dieter Bohlen und Hugo Egon Balder und gucken lieber Programminnovationen, deren Einführung mindestens so lange zurückliegt wie die eigene Promotion oder Habilitation: eine von 32 *Inga-Lindström*-Folgen vielleicht, oder den neuesten, nun wirklich allerletzten von 45 *Wallander*-Krimis, jetzt mit 50 Prozent mehr Blut schon im Vorspann.

Allen, die kein Blut sehen können, aber trotzdem nicht auf den immer gleichen *plot* verzichten wollen, bleibt *Commissario Brunetti* – bei den ebenfalls immer gleichen Fahrten durch die venezianischen Kanäle ist man den von der deutschen Industrie kleingehaltenen Technikern dankbar, dass sie das Geruchsfernsehen bislang doch noch nicht erfunden haben.

Das gefesselte Land

Deutschland zu Beginn des Jahres 2010 ist ein gefesseltes Land, eine einzige Bad Bank.

Der Klimagipfel im Dezember 2009 – ohne Ergebnis geblieben; die Kanzlerin war darüber wieder mal »besorgt«, dann »bemüht«, zuletzt aber doch »zuversichtlich«, wie stets. Die Banker-Boni bleiben derweil unangetastet, weil der Finanzminister auf eine freiwillige Selbstbeschränkung der Branche »hofft« und ansonsten damit beschäftigt ist, dem Hotelgewerbe ein (Mehrwert-)Steuergeschenk zu machen. Ein selbsttragender Aufschwung ist weiterhin nicht in Sicht, wie auch; das Zwischenhoch der deutschen Autoindustrie namens »Umweltprämie« alias Abwrackprämie ist ja bereits wieder dahin. Die Zusammenlegung von Arbeitslosen- und Sozialhilfe zu Hartz IV hat sich aufgrund der kaum gesunkenen Arbeitslosenzahlen als Flop erwiesen, was freilich heftig bestritten wird. Ist ein Miesepeter, wer sagt, das Deutschland der Agenda 2010 fühlt sich an wie eine Marke von General Motors? Uninspiriert geführt ist dieses Unternehmen, die ewig falschen Produkte zur immer falschen Zeit lanciert es, aber sein Management flüstert ständig: »Wir sind die Größten, wir *waren* doch eben noch – vor China – Exportweltmeister!« Man muss als Bürger schon ziemlich gleichgültig oder aber voll Gottvertrauen sein, um sein Schicksal bedenkenlos dem »Geschick« solcher Politiker oder gar der Wirtschaft anzuvertrauen:

– Die Bertelsmann-Stiftung hat 2004 weitgehend bei der Abfassung der »Agenda 2010« mitgeholfen; der Sozialabbau von Hartz IV geht also zumindest teilweise auch auf das Konto des Gütersloher *Privatunternehmens*. Noch einmal: Die Spitze der deutschen Politik – ob Schröder, ob Merkel – bezieht ihre Richtlinienkompetenz geradewegs aus der *Privatwirtschaft*. Der Medienkonzern, der auch dieses Buch produziert, spricht bei Reformvorhaben mit.

– Fast noch schlimmer als die soziale Zurücksetzung der Menschen ist die kollektive Dunstglocke, die sich über das Land gespannt hat. Jeder hat Angst, vielleicht bald selber im Sumpf dieser Asozialleistungen zu versinken. Auch dafür sind die kommerziellen Hilfskonzipisten mit verantwortlich.

– Der Axel-Springer-Verlag diffamiert in vielen seinen Medien auch
weiterhin Hartz-IV-Empfänger als arbeitsunfroh, als Stützeab-
greifer, die unfähig sind, mit Geld umzugehen, und denen nur mit
verstärkten Kontrollen beizukommen ist.

– Auf dass Populisten wie Heinz Buschkowsky und Thilo Sarrazin
(beide SPD) mit ihren Diffamierungen recht behalten, veranstaltet
RTL obszöne Fernsehexperimente, in denen Hartz-IV-Beziehern
ein »Probe-Betreuungsgeld« in Höhe von 150 Euro ausgezahlt
wird. Anschließend werden die »Begünstigten« mit versteckter
Kamera gefilmt: Ob sie etwa alles auf den Kopf hauen für Ziga-
retten, Alkohol, Fast Food? RTL sollte besser mal in den Fluren
der Sozialgerichte filmen: Mehr als die Hälfte aller Klagen gegen
Hartz-IV-Bescheide sind erfolgreich, weil der Staat nachweislich
gegen die Bürger trickst. Aber das wollen die Einflüsterer vom
Fernsehen nicht zugeben.

– Wer noch Arbeit hat, kann auch nicht jubeln. Tariflöhne werden
von der Arbeitgeberseite schamlos unterlaufen durch drastisch
gestiegene Leistungsanforderungen und unbezahlte Überstunden.
Wo vorher fünf Mitarbeiter ran mussten, müssen jetzt drei dasselbe Pensum schaffen. Berufseinsteiger werden abgespeist mit
Praktika, Arbeitslose müssen zur Wiederbeschäftigung Demütigungen hinnehmen wie Ein-Euro- und Mini-Jobs, Niedrig(st)
löhne sowie Teilzeit- und Leiharbeitsverhältnisse – ausgerechnet
eine sozialdemokratische Partei trägt die Hauptschuld an diesem
Raubbau. Innerhalb von nur fünf Jahren hat die Politik dem eigenen Land Fesseln angelegt.

– Der Rest ist Hohn: ProSieben stoppt im letzten Moment seine fertig entwickelte fiktive Soap *50 pro Semester,* in der ein Student
50 Studentinnen in 180 Tagen »herumkriegen« sollte. Gleichzeitig verkündet die Geschäftsleitung massive Kostenkürzungen im
Nachrichtenbereich. Einzig mögliche Schlussfolgerung: Die Le-
benswirklichkeit der Zuschauer interessiert die meisten der kom-

merziellen Sender nicht mehr. Wann wohl Stefan Raab endlich gegen den Pro-Sieben-Vorstand antritt, gerne zusammen mit der Ex-Boxweltmeisterin Regina Halmich?

Das erste Bier schon um zehn, den ersten Schnaps schon zur Mittagszeit – was könnte im »Prekariat« so falsch daran sein, wo doch eine ganze Generation von künftigen Arbeitsplatz-Joggern dazu abgerichtet wird, sich mit Leistungs- und Gedächtniskraft steigernden Pillen zu *enhancen?* Dass wir auf Sicherheit versessen sind wie der Dackel auf die Wurst, ist nicht »typisch deutsch«. Versicherungsbetrug funktioniert auch anders herum: Wir haben uns einreden lassen, ein Schuh ohne ESP und Seiten-Airbags sei glatter Selbstmord.

Jetzt haben uns die Finanzbankrotteure am Wickel, Essig ist es mit Selbstverteidigung und Selbsterhaltungstrieb.

Die Nazis haben uns Rage und Begeisterung eingepeitscht, die Einflüsterer setzen auf Lethargie und Depression. Wo immer sie ihre Manipulationen in Szene setzen, können die Bürger sich zwar als Demokraten fühlen. Sie dürfen reden, wie sie wollen, aber *was* sie reden, ist immer öfter das Geistesprodukt anderer. Die offiziell so wertgeschätzte eigene Meinung – woher kommt sie eigentlich noch? Wie unabhängig können die Bürger in ihrer Meinungs- und damit Willensbildung noch sein, wenn der Staat die ganz normalen Volksverhetzer in den Medien Tag für Tag gewähren lässt?

Die Medien sind das Sprachrohr der Einflüsterer, ihr Resonanzverstärker.

Wer jemals eine Meinungsäußerung von sich öffentlich wiedergegeben fand, kennt diesen gewissen Kitzel von Wichtigkeit, der nicht selten das Gesagte oder Geschriebene als Anreiz übertrifft. Um wie viel wichtiger darf sich fühlen, wer mit seiner Meinung nicht einfach nur veröffentlicht, sondern richtiggehend nachgefragt wird, wer in seinem Fachgebiet – selbsterkundet oder nur angemaßt – für derart wichtig erachtet wird, dass seinem Namen der Begriff »Experte« angefügt wird?

»Experten« sind meist nur dazu da, eine beliebige Wahrheit zu bestätigen: Sind wir nicht alle Steuer- und Versicherungsbetrüger, behumsen wir den Staat nicht liebend gern, hegen wir nicht alle eine Abneigung gegen Schmarotzer und Faulpelze? Auf diese Weise verkommt jede demokratische Gesellschaft zum Maulkorb-Staat: Die uns eingeflüsterte Demagogie anderer nachplappernd, schweigen wir, indem wir jenen nach dem Mund reden. Denn meist nicht wir sind es, die über tausend ach so wichtige Dinge nachdenken. Andere erledigen das für uns und liefern uns die passenden Meinungsstanzen. Da passt am Ende jedes beliebige Vorurteil durch: Arbeitslose, Andersgläubige, Besitzstandswahrung. Wir brauchen uns nur noch die Einschätzung von »Experten« nebst ihren mundgerecht aufbereiteten Fakten anzueignen, fertig ist die eigene, *fremde* Meinung. Das ist Demokratie nach dem Miracoli-Prinzip: Einfach die beigepackte Faktenmischung ins Datenmark rühren, kurz erhitzen, und fertig ist die Zaubersauce zur Wunderpasta. Wer selbst die kleine Arbeit des Umrührens von vorgeschnibbelten Fakten und Daten (»Infos«) nicht leisten will, der kann sein Recht auf eigene Meinung auch als Frei-Haus-Lieferung betrachten. Während wir allerdings den Pizza-Service oder den Take-away-Chinesen bei Lieferung bezahlen müssen, stellen uns die Experten ihre Meinungs-Care-Pakete nicht in Rechnung, jedenfalls nicht direkt. Wenn wir überhaupt je merken, was diese Art von Instant-Demokratie uns wirklich kostet, ist es ohnehin schon zu spät: Was, der Fernsehexperte soll das gewesen sein?

Die Säger an Demokratie und Meinungsfreiheit

Die Welt- und Lebenserklärer in den Medien flüstern rund um die Uhr, das ganze Jahr hindurch. Ihre Schmeicheleien (»mündige Bürger«, »kritische Konsumenten«) lullen uns ein, ihre Zahlmeister sind uns zumeist unbekannt. Die Mischung macht das Tischfeuerwerk zur Bombe: Eine Handvoll Realität wird überzuckert mit den bunten Streuseln namens »Boulevard« und »Promis«, die uns den Blick aufs Wesentliche verstellen. Oder, um es mit dem Schriftsteller und

Gesellschaftskritiker Heinrich Böll zu sagen, der einst über die Kommentare des Ex-*Bild*- und Ex-*BamS*-Chefredakteurs Peter Boenisch schrieb:»Das schäumt auf, fällt rasch zusammen, und schmeckt, wenn man nach kurzer Täuschung den Gaumen ehrlich befragt, abscheulich.« Was ist wirklich noch wichtig, was nicht? Die wahren Einflüsterer sind bei all dem Drehen und Schrauben kaum noch wahrnehmbar. Der Bürger interessiert sich auch nicht für ihre Namen; er weiß ja kaum, dass es diese Manipulateure überhaupt gibt. Die wiederum legen kaum Wert auf Prominenz: Wer Spitzenpolitiker berät oder Wirtschaftsbosse coacht, wer professionell Meinung »macht« oder im Krisenfall zurechtbiegt, muss lange zuvor Frieden mit seiner Eitelkeit geschlossen haben.

Natürlich hat – und natürlich braucht – beispielsweise der US-Präsident einen Stab von Beratern. Er soll weitreichende Entscheidungen treffen, oft möglichst schnell, aber immer »kompetent«. Das Fachwissen als Grundlage für die unterschiedlichsten Bereiche kann ein Mensch unmöglich in sich vereinen. Und selbst wenn er es könnte – was, wenn in wichtigen Momenten der Magen rebelliert oder ein seelisches Zipperlein aufs Gemüt drückt?

Barack Obama schart ein ganzes Rudel von Fachleuten aus Wissenschaft und Wirtschaft um sich, etwa in seinem *Economic Recovery Advisory Board*. Angela Merkel hat ihre Berater, Nicolas Sarkozy die seinen, Berlusconi ist sein eigener Berater. Dagegen ist wenig zu sagen.

»Yes We Can« – ein uralter Slogan erobert die Welt

Bedenklich wird es bei jenen Menschen, welche die Politikgrößen zum Sprechen bringen. Sie geben nicht einfach nur mit geschriebenen Reden, sondern mit regelrechten Politentwürfen jene Geistesblitze vor, welche die Öffentlichkeit für einen ureigensten Teil einer Politikerpersönlichkeit hält. Wie war das mit dem wichtigsten Wort in der Wahlkampagne von Barack Obama, mit *Change,* der Forderung nach Wechsel, Wandel, Veränderung und dem gleichzeitigen Versprechen darauf?

Klingt simpel: Ein demokratischer Bewerber will den amtierenden Republikanern den Präsidentenstuhl streitig machen. Da kann er doch eigentlich nur auf Wechsel, Wandel, Veränderung setzen, oder? Ganz so einfach ist es nicht. Mit der Person Obamas wurde den rund 230 Millionen Wahlberechtigten in den USA die Bereitschaft zu einem vielfachen »Change« abverlangt: Erstmals schickte sich ein (halber) Schwarzer an, Präsident aller Amerikaner zu werden. Der Mann war noch sehr jung: Nach Theodore Roosevelt (42 Jahre), John F. Kennedy (43) und Bill Clinton (46) kam hier einer, der bei Amtsantritt mit seinen 47 Jahren immerhin 14 Jahre jünger sein würde als seine demokratische Konkurrentin Hillary Clinton (61). Im Vergleich zu seinem republikanischen Gegner John McCain (72) war Obama mit 25 Jahren Altersunterschied geradezu ein Jungspund – in der Politik gilt »Jugend« nicht unbedingt als Qualitätsausweis.

Der Slogan »Yes We Can«, der so smart und zeitgeistig wie von einer PR-Agentur ausbaldowert klingt, ist in Wirklichkeit uralt. Die US-Gewerkschaft der Landarbeiter, die *United Farm Workers,* verwendete ihn bereit 1972. Doch welchen Begeisterungssturm man aus diesen drei kleinen Worten zaubern kann, zeigte Obama ein Mann namens David Axelrod. Der geborene New Yorker ist ein typischer US-*Spin-Doctor:* Flugblattverteiler von Teenagerbeinen an (im Wahlkampf von Robert F. Kennedy), studierter Politikwissenschaftler, anschließend Journalist. Ein Körper voll komprimierter Energie, aber ohne jeden Ehrgeiz, sein eigenes Gesicht öfter als nötig in irgendeine Kamera zu halten – der perfekte Mann für die Arbeit im Hintergrund.

Axelrods Schlüsselwort für Obamas Präsidentschaftskandidatur war eben jenes simple *Change.* Es sollte »seinen« Kandidaten von der Mitbewerberin Hillary Clinton – mit der Axelrod privat gut befreundet ist – abgrenzen, zugleich aber auch das Kunststück ermöglichen, nach Veränderung dürstende Wähler der Republikaner auf den Senator aus Illinois aufmerksam zu machen. *Change* definierte Obama auch als den ersten Schwarzen, den demokratische Wähler der ersten *Frau* im Weißen Haus vorziehen sollten. *Yes We Can* war die Ausbaustufe des eigentlichen Wahlkampfs, eine nicht nur landesweit, sondern weltweit einprägsame und überzeugende Formel: Ja, wir können das, wir schaffen es. Derart überzeugend kamen Mann und Slogan rüber, dass, Meinungsforschern zufolge, mindestens eine Milliarde Menschen Obama auch außerhalb der USA gewählt hätten. Doch Obamas Einflüsterer kümmerten sich nicht nur um Slogans. Die Imageberater des angehenden 44. US-Präsidenten knöpften sich auch seine Gattin Michelle vor. Sie lehrten sie, sanfter und langsamer zu sprechen – für den Geschmack von Amerikanern soll eine First Lady besser nicht allzu kämpferisch rüberkommen. Sogar Michelles Äußeres wurde geändert – wirkte die studierte Anwältin bei öffentlichen Auftritten nicht immer ein bisschen zornig, weil ihre Augenbrauen so vehement nach oben zeigten? Klar, dass bei dem Gesamtkunstwerk»US-Präsident« später nicht nur die Typberater mitreden wollen.

Diese Art von Stilberatung ist nicht unbedingt eine amerikanische Erfindung. Der fünfmalige Generalintendant des Österreichischen Rundfunks, Gerd Bacher, beriet von 1974 bis 1978 Helmut Kohl, insbesondere bei dessen erster Kanzlerkandidatur, 1976. Bachers erste Amtshandlung: Weg mit der AOK-Brille, die Kohl damals wie den Patenonkel von Buddy Holly aussehen ließ. (Den besseren Optiker hatte dann doch Helmut Schmidt.)

Uwe Barschel und sein Mann fürs Grobe

In Deutschland fiel die Zunft der Politeinflüsterer erstmals 1987 auf.

Reiner Pfeiffer, der frei tanzende Medienberater des schleswig-holsteinischen Ministerpräsidenten Uwe Barschel, hatte versucht, dessen Herausforderer, Björn Engholm (SPD), mittels Verleumdungen zu diskreditieren. Als Agent provocateur flüsterte Pfeiffer den Medien ein, Engholm habe AIDS und kämpfe zudem mit Steuerproblemen. Doch dann vollzog der Trickser einen Rückwärtssalto. Gegen Ende der heißen Wahlkampfphase tat sich Pfeiffer mit der Kieler SPD sowie dem Hamburger *Spiegel* zusammen: »Der Mann fürs Grobe« übte Verrat – die Bundesrepublik bebte unter einem Politskandal ungekannten Ausmaßes.

Der *Spiegel* brauchte seine Enthüllung nur noch anzukündigen. Prompt verlor Barschel die Wahl, Engholm wurde Sieger. Der Rest ist Geschichte: »Ich gebe Ihnen mein Ehrenwort«, Uwe Barschels berüchtigt gewordene Ehrenerklärung im Fernsehen, wurde zum geflügelten Wort. Barschel trat von seinen Ämtern zurück. Knapp zehn Tag später wurde er tot aufgefunden, in der Badewanne seines Hotelzimmers im Genfer *Beau-Rivage*.

Doch auch Björn Engholm blieb nicht der lachende Dritte. Mit der »Schubladen-Affäre« kam 1993 heraus, dass auch der ewig lächelnde Pfeifenraucher keineswegs eine weiße Weste hatte. Auch Engholm hatte auf Einflüsterer gehört und in der Öffentlichkeit verschwiegen, dass er sehr viel früher als stets behauptet Kenntnis von Pfeiffers Machenschaften gehabt hatte. Zudem hatte Engholms Sozialminister, Günther Jansen, den stellungslos gewordenen Reiner Pfeiffer mehrfach mit »privaten Zuwendungen« aus seiner »Küchenschublade« bedacht. Engholm war erledigt.

Das Heer der ganz alltäglichen Einflüsterer

Während professionelle US-Wahlkämpfer längst eine international tätige Industrie auf die Beine gestellt haben und beispielsweise kräftig in Ländern der ehemaligen Sowjetunion (Georgien, Ukraine) mitmischen, haben Wahlkampfberater in Deutschland noch immer ein ziemlich diabolisches Image, nicht zuletzt aufgrund der Barschel-Affäre. Daran konnten auch bodenständig auftretende Berater wie Michael Spreng, Ex-Chef von *Bild* und dem *Kölner Express,* wenig ändern. Als Wahlkampfleiter brachte Spreng 2002 Edmund Stoiber (CSU) bis auf ein paar Tausend Stimmen an den Kanzlerstuhl heran.

Doch gegen den rot-grünen Gerhard Schröder und seine hemdsärmelige Publikumswirksamkeit kam auch er nicht an. Schröders Gummistiefel-Einsatz bei der Elbe-Flut, wenige Wochen vor der

Wahl, war eine Idee, die auf das Konto der Kampa, der SPD-Kampagnenzentrale, ging. Die Genossen hatten 1998 ihre eigene Ideenzentrale gegründet, um den viermaligen Bundeskanzler Kohl endlich aus dem Sattel zu hieven. Frischer, frecher, einfallsreicher sollte Wahlkampf in Deutschland künftig werden, »amerikanischer«. Doch die kreative Kraft reichte nur für den Erdrutschsieg 1998 sowie für das sandsackknappe Ergebnis 2002. Auch die Macher der Kampa – Matthias Machnig, Kajo Wasserhövel – mussten inzwischen einsehen, dass man allein mit guten Ideen und nutzlosem Merchandising (Kaffeebecher »Kampa 02«) keinen kreuzlangweiligen Spitzenkandidaten durchsetzen kann.

Den eigentlichen Profit – und sehr gelegentlich den Ruhm – für ihre erfolgreiche Fernsteuerung aus dem Hintergrund müssen die Einflüsterer zumeist ihren Auftraggebern überlassen, den professionellen Gesichtsverkäufern der Politik und Wirtschaft. Andererseits operiert es sich aus diesem Hintergrund heraus sehr viel leichter als im Vordergrund. Die Anonymität des Netzes und seine atemberaubende Geschwindigkeit helfen dabei.

Anders dagegen jene Einflüsterer, die sich dem Drang der visuellen Medien, alles und jeden abzubilden, eher selten entziehen. Die Spezies der »Fernsehexperten« flüstert nur zu gerne ein, doch noch lieber wenden und drehen die Medien deren einschlägige »Erkenntnisse« für ihre Zwecke. Denn diese Doktoren spinnen, anders als ihre Kollegen in der Politik, nicht etwa hinter dem Bühnenvorhang oder im Souffleurkasten. Sie wollen selbst im Rampenlicht stehen und etwas darstellen – nämlich ihre Expertise. Und daher sind sie ständig auf allen Kanälen zu sehen: der *Automobilexperte* Ferdinand Dudenhöffer, Leiter Center Automotive Research (CAR) an der Uni Duisburg-Essen, der *Parteienforscher* Prof. Jürgen Falter, der *Universal-Auslandsexperte* Peter Scholl-Latour, der *Kriminologe* Professor Christian Pfeiffer, der eigentlich emeritierte *Börsenexperte* Frank Lehmann, der *Ernährungsexperte* Udo Pollmer, die *Promi-Expertin* Sibylle Weischenberg – fehlt nur noch ein Experte für Experten.

Der selbstauferlegte Zwang der Medienmacher zu maximalem Tempo – jeder will der Erste sein – tut ein Übriges. Jeder guckt beim anderen ab und versucht, schleunigst eine Gegenposition aufzubauen: Findet der *Spiegel* den Kaufrausch von Volkswagen, etwa den Kauf von Suzuki, zumindest bedenklich, so bejubelt zur selben Zeit die *Süddeutsche* die »Wolfsburger Welt-AG«, und die *Zeit* ist gar knapp davor, die Champagnerkorken knallen zu lassen: Ihr ewiger Autoexperte Ferdinand Dudenhöffer hält diese Akquisition für »den Schlüssel, weltweit die Marktführerschaft zu erringen« – Online-Shootout unter den Meinungsführern.

Natürlich kann und soll jeder Journalist, jedes Medium seine eigene Meinung haben, wenn es denn die eigene ist. Wie aber kann, um beim Beispiel des Suzuki-Zukaufs zu bleiben, eine Nachricht vermeldet werden und fast gleichzeitig die »Analyse« dazu fertig sein, zumal von dem omnipräsenten Autoprofessor von der Universität Duisberg-Essen (*Zeit Online*)?

Eingeflüsterte Fakten, Fakten, Fakten

Woher also kommt unsere »eigene« Meinung? Wie bilden wir sie uns, woher stammen die Informationen, die zur Meinungsbildung unerlässlich sind?

Oftmals ist Meinung nur noch ein Gebräu aus den »Fakten, Fakten, Fakten«, die uns manche Medien als Nachrichten verkaufen. Immer häufiger mischen sich »Nachrichten«, also die nüchterne Weitergabe von Zahlen und Fakten eines Ereignisses, zu einem Amalgam aus »Infos«, Meinung und Tendenz des jeweiligen Absenders, der jeweiligen Redaktion. Dazu eine möglichst süffisante Schlagzeile, ein zum Weiterklicken einladender Anrisstext (»Teaser«), und die Werbeindustrie kann zielgerichtet ihre Impulse setzen.

Wer auf diese Weise Meinungen als Nachrichten verkauft, wer Information absichtlich mit Entertainment und Werbung würzt, wird zum Meinungsmacher aus dem Hinterhalt. Die »Großen« – in Deutschland etwa *Bild, F.A.Z.* und *Spiegel* – geben die Linie vor, die »Kleinen« – Dutzende von Online-Diensten – übernehmen Themen und Inhalte und pflastern damit ihre Portale, zum Beispiel die E-Mail-Provider (T-Online, Web.de, MSN, GMX).

Darüber hinaus: Während in einer Zeitung oder in Fernsehen oder Radio eine einmal gedruckte oder gesendete Nachricht nicht mehr verändert, allenfalls berichtigt werden kann, werden online gestellte Inhalte oft mehrmals aktualisiert. Die berühmte bare Münze, für die man Meldungen einst nehmen durfte, sie ist als Zahlungsmittel wertlos geworden.

Ja, es stimmt, noch immer können wir nach Belieben den Mund aufmachen und uns beklagen, worüber immer wir wollen. Wir können protestieren, demonstrieren, streiken. Manche von uns können sogar Bücher über die Missstände im Land schreiben, denn freie Meinungsäußerung ist Bestandteil der Demokratie – heißt es. Aber zur Durchsetzung politischer Ziele gehört doch sehr viel mehr. Zum Beispiel die Freiheit, wenigstens bei großen gesellschaftlichen Entscheidungen etwas mitzureden zu haben.

Davon kann, zumindest in Deutschland, kaum mehr die Rede sein.

Das Instrumentarium der Manipulateure reicht von alltäglichen Wahllügen (Steuersenkungen beziehungsweise keine Steuererhöhungen), falschen Versprechungen (angeblicher Kampf der Bundesregierung gegen die Weitergabe von SWIFT-Daten an US-Behörden), Informationsverkürzung (»Tanklastzug-Affäre« der Bundeswehr in Afghanistan), Wahlbetrug (Schröders Nein 2002 zum Irak-Krieg und seine heimliche Unterstützung der US-Truppen durch BND-Agenten in Bagdad) bis hin zu massiver Wahlbeeinflussung durch kurz vor dem Wahltermin herbeigeredete »Bedrohungslagen« (angebliche »Terror-Schläfer« von al-Qaida). Gleichzeitig tun die Einflüsterer der großen Parteien alles, um ihre Tricksereien auf die Ebene von Lässlichkeiten herunterzureden: Täuschung, Lügen, Wahlbetrug? Aber, aber! So ist das nun mal in der Politik; die Dinge ändern sich rasend schnell; nach bestem Wissen und Gewissen …

Kindern schwätzt man etwas vor, damit sie sich ohne Widerstand etwa zum Arzt bringen lassen. In Wahlzeiten und dazwischen ist für uns Erwachsene die Lüge zum Beruhigungsmittel geworden. Nicht mehr *was* gesagt wird ist von Belang, *wie* etwas gesagt wird, von wem und in welcher Talkshow, zählt: Wessen Lüge klingt schöner, selbstsicherer,»souveräner« – sollte man Politikern eben nicht mehr immer alles glauben?

Wir müssen aber unseren Politikern»alles« glauben können, möglichst»immer«. Wem sollen wir sonst vertrauen? Etwa den im Zweifelsfall immer so heftig attackierten»politischen Randgruppen« von links oder rechts außen? Denen, die den Mund schon deshalb ganz weit aufmachen, weil sie nicht, wie die etablierte Politik, etwas zu verlieren, sondern, im Gegenteil, zu gewinnen haben, und seien es »nur« einige Sitze im Bundestag oder in irgendeinem Landtag mehr?

Gerade weil wir alles sagen dürfen, können die Politiker sicher sein, dass wir die Klappe halten werden. Nein, Kinder, der Löwe kommt heute nicht aus seinem Käfig heraus. Der Löwe ist müde und faul. Ein andermal vielleicht.

In der DDR haben Honecker und Genossen noch groß das 40-jährige Bestehen ihres Staates gefeiert, mit Gorbatschow als Ehrengast. Vier Wochen später war eben dieser Staat am Ende, übers Jahr war er Geschichte. Politiker haben seit jeher den Volkswillen nach Belieben umgedeutet, vor allem haben sie ihn oftmals missdeutet.

Privatwirtschaftliche Einflüsterer schrauben an unseren Gesetzen

Im Fall der Bundesrepublik noch von »den Politikern« und »dem Staat« zu sprechen fällt schwer. Wie viel Politik ist überhaupt noch in der Willensbildung dieses Staates enthalten? In Wirklichkeit ist »der Staat« so sehr in den von ihm mitgeschaffenen Problemen gefangen, dass die unzähligen Akteure aus der Wirtschaft zumindest mit am Ruder stehen, wenn sie es nicht bereits ganz übernommen haben.

Deutsche Minister lassen deutsche Gesetze bei privatrechtlichen *law firms* konfektionieren, weil sie ihre eigenen Staatsrechtler dazu nicht in der Lage sehen. Unglaublich? Ex-Wirtschaftsminister zu

Guttenberg wurde im Sommer 2009 vom Justizministerium dafür gerügt, dass sich sein Ressort »mangels eigener Sachkompetenz« einen Gesetzentwurf von der britischen Kanzlei Linklaters, einer globalen »Rechtsschmiede« mit über 2400 Anwälten und Steuerberatern, schreiben ließ. Warum nach der politischen Willensbildung nicht auch die Gesetzschreibung auslagern?

Herr Ackermann darf sich von der Kanzlerin etwas wünschen, also wünscht er sich im Frühjahr 2008 ein schönes Geburtstagsfest im Kanzleramt – klingt übermütig, aber warum nicht? Unsereins würde auch gern mal in einem Kaufhaus übernachten. Sein Wunsch wird dem Josef prompt erfüllt: »Bis zu 3 Gäste« darf der Jubilar, eigenem späteren Bekunden nach, zu der Fete mitbringen, denn hoch soll er leben, der oberste Geiselnehmer eines ganzen Volkes: Ohne die Knete und Garantien der Steuerzahler wäre »seine« unterkapitalisierte Deutsche Bank nur ein halbes Jahr später in die Knie gegangen, »damals«, im Herbst der Giftpapiere und der endgültigen Aufspaltung der Gesellschaft in systemrelevante Unternehmen (natürlich Ackermann und Kollegen) und systemirrelevante (natürlich alle anderen): Danke, liebe Finanzwirtschaft, dass ihr euch für diesmal das schwarzbraune Wort vom »Untermenschen« gerade noch verkniffen habt.

Und das Volk? Es ärgert sich, lässt sich aber doch immer wieder beschwichtigen. Auch deutsche Gesetze müssten internationalen Standards genügen, mauert die Politik, warum also die Texte nicht gleich von internationalen Fachleuten maßschneidern lassen? Herr Ackermann ist einer unserer bedeutendsten Wirtschaftsführer; die Politik wiederum – allen voran die Kanzlerin – muss »im Dialog« mit der Wirtschaft bleiben. Von der Autoindustrie hängt, gebetsmühlenhaft wird es hergebetet, jeder siebte deutsche Arbeitsplatz ab, auch wenn es fast täglich Tausende weniger werden. Wieso ihr nicht beispringen und vielen Menschen zu einem neuen, *umweltfreundlichen* Auto verhelfen? Und wenn es Milliarden kostet.

Das Geflüster der angeblich klammen Banken

Krise, Krise, die Autoindustrie mauert, weil zu viele Opfer der bös lädierten Realwirtschaft blank sind: Sie verfügen nicht mehr über die Bonität für ein 25 000-Euro-Leasing bei den angeblich ebenfalls klammen Banken. Die leihen sich zwar Milliarden zu Mikrozinsen vom Staat, denken aber gar nicht daran, Mittelstand und Konsumenten damit zu stärken: Selber fressen macht dicker, und wirklich fette Boni gibt es am Jahresende nur für Profite, die aus dem Investmentbanking flossen.

In Worten: fünfundzwanzigtausend Euro – das waren vor keinen zehn Jahren um die 50 000 DM. Damit wurde man zum stolzen Fahrer eines Passat, A6 oder Vectra, eines ausgewachsenen Mittelklassewagens. Jetzt, im Winter 2009 / 2010, gibt es fürs gleiche Geld nur noch einen mit ein paar Extras aufgehübschten Golf, einen A3 oder Astra. Oder drei Dacia Logan, die Billigheimermarke von Renault. Unter dessen zugegeben weniger anheimelnden Karosserie steckt der vorletzte, vom ADAC als zuverlässig gepriesene Clio II. Aber eher verknallen sich die Deutschen ins (aufpreispflichtige) »Tornadorot« von Volkswagen, als mit dem (aufpreisfreien, weil serienmäßigen) »Feuerrot« eines in Rumänien gefertigten Neuwagens zu flirten: Die Geldsauger im Neuwagengeschäft hausen schon lange nicht mehr in transsilvanischen Vampirburgen. Sie lauern vielmehr in niedersächsischen Wolfsburgen auf Beute.

Krise, Krise, doch unser Koordinatensystem ist schon lange zuvor durcheinandergeraten. Jeder will, keiner kann angeblich etwas ändern, schon gar nicht auf die Schnelle. Und trotzdem, es muss etwas getan werden.

Also schmeißen Merkel, Steinbrück & Co., der Partyservice von Sankt Josef, auch für die Gesamtheit der Autobauer eine Sause. Eine »Umweltprämie« zaubern sie aus dem angeblich leeren Finanzsäckel; zum flugs aufgespannten Rettungsschirm für die Banken gesellt sich ein solides Blechdach über dem Kopf der Autoindustrie. Diese Staatshilfe wird als »Abwrackprämie«, als unsinnigste Quersubvention aller Zeiten in die deutsche Wirtschaftsgeschichte eingehen. Was George W. Bush die amerikanischen Häuschen*besitzer* waren (als -*eigentümer* fungierten selbstverständlich die Banken), das sind nun Angela Merkel die deutschen Autobesitzer (bei Leasing und Finanzierung: dito). Kein Hühnchen wünscht die Kanzlerin ihren Landsleuten auf den Tisch, sondern ein Auto in die Garage: Rund 700 000 Bürger lassen sich von ihrer »Geiz ist geil«-Kopie blenden, geben oftmals noch tadellose, aber eben betagte Gebrauchtwagen zum Schrott – und fahren mit einem brandneuen, doch genauso von einem Verbrennungsmotor angetriebenen Auto von dannen. Die Umwelt hat nix von der »Prämie«, die ihren Namen vor sich herträgt, aber das nächste Absatz-Doping ist schon programmiert – einmal Subvention, immer Subvention.

Rettungsschirme, Umweltprämien, Wachstumsförderungsgesetze, fast hört man die Weihnachtsglocken klingeln vor lauter Freude und Glücksverheißung. Alles nur zu unserem Besten, alles wird gut: Die Einflüsterer haben uns eine Nadel in die Vene gerammt, gleich einen Bypass gelegt, durch den sie uns nach Belieben Aufputsch- oder Beruhigungsmittel verpassen können. Und wir jubeln über die Möglichkeiten der gar nicht mehr so »neuen Medien«, ohne die das Land noch vor der Jahrtausendwende doch genauso funktionierte.

Einflüsterungen, schneller als das Internet

Natürlich dient das Internet dazu, möglichst schnell Botschaften zu transportieren – Botschaften aber eben auch von Leuten, die mitnichten unser Bestes im Sinn haben, vielmehr unseren Willen zu beeinflussen. Von wegen neue Medien: Manipulation durch Desinformation; die Berliner Republik hat diese Methode nun wirklich nicht erfunden.

Im Online-Dienst der *Süddeutschen Zeitung* stellte der Sozialethiker Professor Friedhelm Hengsbach fest: »Zunächst einmal ist der Staat nicht der Retter in der Krise gewesen, sondern Bestandteil der Krise. Gerade die Regierung hat versucht, den Finanzplatz Deutschland aufzumotzen, indem sie die strengen Regeln der Finanzwirtschaft aufgelockert hat. Sie hat auch die Grundlagen dieser Krise gelegt durch starke Eingriffe in den sozialen Zusammenhalt, durch die Deformation der sozialen Sicherungssysteme. Sie hat die Krise in ihrer sozialen Dimension verschärft und selbst dazu beigetragen. Sie hat die apokalyptische Krisendramaturgie der Banken übernommen. Ich habe den Eindruck, dass der Staat bei der Regelung der Krise von den Banken über den Tisch gezogen worden ist.«

Mit anderen Worten: Wenn »der Staat« wir alle sind, sind wir alle kräftig von den Banken behumst worden. Kann so etwas geschehen in einem starken Staat, in einem *unabhängigen* Staat?

Genau hier liegt das Problem: Sprächen Politiker Klartext, bräuchte es das Geflüster auf allen Ebenen nicht mehr. Die politische Willensbildung findet kaum mehr in Berlin, im Kanzleramt oder im Reichstag statt. Die Wirtschaft – ihr voran die unreale Finanzwirtschaft – schafft Tatsachen, und die Regierung muss sich sputen, die Scherben zusammenzukehren. Nicht minder hintenan: die Medien. Kaum sind die vernichtenden Zahlen bekannt, wimmelt es von klugen Analysen und Expertisen: So und so und so wurde der Karren in den Dreck gefahren. Der und der hat Schuld – aber niemandem kann oder will man am Zeug flicken: Finanzgangster landen nicht vor Gericht, sondern auf einem der mondänen Flughäfen in den noch mondäneren Steuerressorts.

Die Politik flüstert hier nicht, sie schweigt ganz einfach, desgleichen die sonst so umtriebigen Staatsanwälte: Finanzen? Ganz komplizierte Materie. So landen weiterhin Taschendiebe, Erpresser, Vergewaltiger im Knast. Milliardendiebe hingegen, Staatenerpresser, Zukunftsverhinderer, sie alle laufen frei herum.

Die Politik, linksrum-rechtsrum, grün und hellrot, bringt ihre Medien-Bataillone in den Medien in Stellung. Man merkt zwar schnell, zu wessen Gunsten geschossen und zurückgeschossen wird, aber den oder die Heckenschützen auszumachen fällt im Kugelhagel schwer.

Dem Bürger bleibt eigentlich nur, den Kopf einzuziehen: zu viel Blei in der Luft.

Doch auch Querschläger können töten. Zum Beispiel die Vorstellung, »die da oben« wüssten, was sie tun, und diejenigen zwischen uns und jenen wüssten, was wirklich vor sich geht – und würden es uns sagen. Wer hat eigentlich noch den Überblick im Land? Die Politiker, die an der Quelle der Informationen sitzen? Im Prinzip ja, aber sie geben ihr Herrschaftswissen nicht oder nicht vollständig weiter, und wenn, dann nur scheibchenweise, zeitlich versetzt und nur an ihre jeweils Auserwählten in den Medien.

Also wieder die Medien – blicken sie noch durch, wenigstens ein Teil der Redakteure in unseren »Leitmedien«? Auch hier gilt schließlich das Prinzip Opportunismus. Vieles bleibt im Giftschrank, um zu »passenden« Gelegenheiten hervorgeholt zu werden. Manchmal denkt man, das politische Kaspertheater bestehe nur aus Krokodilen: Haust du meinen Guttenberg, haue ich deine Ulla Schmidt: Als die ehemalige Gesundheitsministerin Ulla Schmidt (SPD) sich ihre Dienst-S-Klasse im Spanienurlaub klauen ließ, wehte bei den Daheimgebliebenen statt des Windes der Empörung allenfalls ein Lüftchen des Unmuts: Meine Güte, die schon wieder. In Zeiten weltweit kollabierender Wirtschaftssysteme haben die Menschen andere Sorgen.

Erwartungsgemäß drehte die konservative Presse den Ventilator sofort höher. Die *Welt* zählte sie alle auf, die Dienstwagen-Privatfahrten-Urlaubsbereicherer, seltsamerweise allesamt dem zur Abwahl stehenden SPD-Großkoalitionär von Frau Merkel zugehörig: Arbeitsminister Olaf Scholz, Justizministerin Brigitte Zypries, Verkehrsminister Wolfgang Tiefensee, Entwicklungshilfeministerin Heidemarie Wieczorek-Zeul. Die Damen der CDU hingegen, Ursula von der Leyen, seinerzeit Familienministerin, und Annette Schavan, die Bildungsministerin, erwiesen sich als *good girls* – ihre Sprecher erklärten unisono, die Dienstwagen der Damen seien »noch nie für Urlaube genutzt« worden.

All diese »Erkenntnisse« waren schon lange bekannt; jederzeit hätte man daraus eine »Affäre« stricken können. Doch jederzeit ist nicht immer Wahlkampfzeit. Nicht jederzeit bietet sich eine Ministerin derart leichtfertig zum Abschuss an: »Wie jeder, der einen Dienstwagen hat, kann ich damit Privatfahrten machen«, sagte Schmidt der *Aachener Zeitung.* Kein Wunder, dass die Einflüsterer jubelten: Missetäter, die sich auch noch trotzig zeigen, gehen ohne Süßspeise zu Bett – die Dienstwagenaffäre, ein Heißluftfön im ansonsten so windstillen Bundeswahlkampf von 2009.

Die wahren Herren im Land

Wie demokratisch sind wir noch, wenn fast überall nur noch die Einflüsterer das Wort haben? Die wichtigste Lobby in der Bundesrepublik sollten die 622 Abgeordneten im Deutschen Bundestag sein – eigentlich. Sie alle werden aber beharkt von unzähligen Interessenverbänden, die nichts anderes wollen, als ihre kommerziellen Interessen durchzudrücken. Der Bürger kennt in der Regel die Umstände nicht, unter denen bestimmte Gesetze zustande kommen. Aber er spürt immer öfter, dass diese Gesetze nicht die seinen sind.

2009 hat sich die Politikverdrossenheit erstmals in einem für eine Volkspartei desaströsen Wahlergebnis gezeigt. Die SPD mit Frank-Walter Steinmeier als Kanzlerkandidat verlor gerade deshalb haushoch: Mehr als zwei Millionen ihrer Stammwähler waren den Urnen ferngeblieben. Sie gaben ihre Stimmen nicht etwa der politischen Konkurrenz, schon gar nicht trendigen Newcomern wie der Piratenpartei. Sie haben sich einfach gesagt: diesmal nicht.

Das ist mehr als eine Wahlschlappe für die SPD. Das ist eine Bankrotterklärung für die gesamte deutsche Politik. Nicht einmal mehr als Stimmvieh will ein großer Teil der Wahlberechtigten sich missbrauchen lassen. Was der Politik – parteienübergreifend – fehlt, sind Menschen mit den oft geforderten Kanten und Ecken. Es mag sein, dass die Aalglatten schneller und überhaupt aufsteigen. Aber gewählt werden sie beziehungsweise ihre Parteien um ihrer willen nicht. Wer würde Kristina Köhler zur Kanzlerin wählen, wer Dirk

Niebel zum Kanzler? Ihre Ministerposten bekamen sie und andere über ihr Parteiticket, nicht weil Volkes Wille es sich gewünscht hat. Wozu überhaupt noch wählen, wenn ehemalige Parteigranden wie Franz Müntefering sich öffentlich darüber beklagen, vom Wähler *ernst genommen* zu werden? Natürlich erwartet man von einem Politiker, dass er Wort hält. Nimmt die Politik diese Grundanforderung an jeden *Menschen* nicht mehr ernst, wird sie feststellen, dass bei künftigen Wahlen noch mehr Wähler zu Hause bleiben, und beileibe nicht nur die der SPD.

Es ist im demokratischen Deutschland – früher West, heute Gesamt – nie besonders demokratisch zugegangen. Die eigentliche politische Willensbildung und die daraus resultierende politische Gangart des Landes bestimmen die Wähler nur sehr, sehr indirekt. Eigentlich gar nicht: Entscheidende Themen wie die Wiedervereinigung, die Einführung des Euro, der Bundeswehreinsatz im Ausland, die »Sicherheitsgesetze« im Zuge der sogenannten Terrorbekämpfung – Volkes Meinung zählt dabei so wenig wie Volkes Stimme. Die Politik wartet einfach das Zeitfenster ab, das sich öffnet, wenn eine Bundestagswahl gerade vorbei ist und die nächste große Landtagswahl noch nicht ansteht. Dann wird gehandelt: die Nächte der langen Messer.

Wäre mehr Volksbeteiligung, etwa durch Volksentscheide, eine Lösung?

Mit Händen und Füßen wehren sich vor allem altgediente Politiker gegen diese Möglichkeit, wie beispielsweise in der Schweiz die Minarette aus dem Alltag zu verbannen. Angesichts des tausendfachen Einflüstererchors, der sich in der Bundesrepublik über Jahrzehnte breitmachen konnte, keine unberechtigte Sorge. Ein bestimmtes Thema würde zur Abstimmung gestellt, und von allen Seiten würden die Meinungs-Bauernfänger versuchen, die Menschen in ihrem Sinne zu manipulieren.

Doch das tun sie sowieso. Sie können das tun, nicht weil die Bürger grundsätzlich »zu bequem« oder »zu faul« wären, sich mit Politik auseinanderzusetzen. Diese in Teilen der Bevölkerung durchaus feststellbare Haltung wurde produziert von eben jenen, die sich jetzt darüber beklagen.

Wer heutzutage Volkes Meinung kennenlernen will, kann dazu auf die Straße gehen oder sich ganz einfach im Bekanntenkreis umhören. Er kann aber auch die Foren der großen Medien durchkämmen – und wird staunen, wie oft darin das Wort »Revolution« vorkommt. Den Menschen, nicht nur in Deutschland, stinkt die Dreistigkeit, mit der die Politik die Gesellschaft als ihr Eigentum betrachtet. Noch glauben viele Politiker, auf dieses »Genörgel« und »Gejammer« nichts geben zu müssen, *es geht uns doch noch immer besser als vielen anderen Ländern.*

Wenn sie sich da nur nicht irren.

22.
Und jetzt: Revolte,
Revolution oder was?

Wenn das Rhinozeros, das schlimme
dich fressen will in seinem Grimme
dann steig auf einen Baum beizeiten
sonst kriegst du Unannehmlichkeiten.

WILHELM BUSCH,
deutscher Dichter (1832–1908)

Kein Staat der Welt hat je Freude an wirklich freien Bürgern gehabt. Römische Imperatoren, ägyptische Despoten, europäische Könige und Kaiser, sie alle knechteten ihre Untertanen. Sie alle begegneten Widerworten, unterstützt von Kirche und Kapital, mit brutalen Rübe-ab-Urteilen, im günstigsten Fall: mit Festungs- oder Kerkerhaft. Diktaturen taten desgleichen, mischten aber noch ein Quantum Ideologie hinzu: Klappe halten für Faschismus, Kommunismus, Sozialismus, und immerzu die unmissverständliche Warnung: Vorsicht, Feind hört mit!

Schließlich die Demokratie, wie sie die westliche Welt versteht, die angeblich freieste Staatsform der Menschheitsgeschichte, dekliniert durch unterschiedliche Kultur- und Gesellschaftssysteme: Stand das zweite »D« in Honeckers Arbeiter- und Bauernstaat wirklich für Demokratie? Oder passten nicht Leute wie Erich Mielke und Mischa Wolf auf wie Schießhunde, dass keiner etwa den großen kleinen Staatsratsvorsitzenden (nebst Gattin und Familienministerin Margot) mindestens für einen Tagträumer, schlimmstenfalls für einen Heuchler hielt? Was ist das für eine Demokratie jenseits des berühmten Großen Teichs, die, spätestens seit »Nine-Eleven« hysterisch geworden wie zuletzt bei der Kommunistenhatz der McCarthy-Zeit, erst Medien, dann Bürgern den Mund verbietet, ganz offen, per Heimatschutzgesetz *(Patriot Act)?*

Was ist das für eine Demokratie in Frankreich, wo Nicolas Sarkozy mit »Halt's Maul« einem Bürger in aller Öffentlichkeit über den Mund fährt; in Italien, wo der milliardenschwere Ministerpräsident Silvio Berlusconi seine Anwaltsmeute auf jeden hetzt, der Worte wie Prostitution und Mafia in Zusammenhang mit seinem Namen bringt; in Russland, wo der »lupenreine Demokrat« Wladimir Putin einen Präsidenten von eigenen Gnaden installiert und an seinen Widersachern – Michail Chodorkowski – ein mauernumschlossenes Exempel statuiert, falls nicht »demokratiefreundliche« Kräfte gleich mit Schusswaffen gegen Kritiker, bevorzugt weibliche, vorgehen?

Überall ist die Demokratie im Rückzug begriffen, weil nirgends mehr die Kasse stimmt. In der Mangelwirtschaft gedeihen autoritäre Strukturen am besten – und umgekehrt –, auch das reden uns die Einflüsterer ein: Dankbar sollen wir sein. *Es geht uns doch bei Weitem nicht so schlecht, wie wir glauben.*

Wir Mediennutzer haben die Wahl, uns jeden Tag weiter einseifen zu lassen oder den Einflüsterern die rote Karte zu zeigen. Lieber gar keine Meldungen als nur Halbgegorenes, lieber der Konkurrenz ein paar News überlassen, als sich gleichzeitig mit jenen zum Hampelmann zu machen.

Die besten, weil unaufgeregtesten Fernsehnachrichten gibt es ohnehin bei ARTE. 15 Minuten täglich, keine Werbung davor, dazwischen oder danach, kein Parteiproporz, eine News-Idylle zwischen 19.45 und 20.00 Uhr. Ganze 15 Minuten, und man weiß, was in der Welt passiert ist, im Wortsinne »in der Welt«, denn Regionen wie Afrika kommen ja anderswo, etwa bei RTL, so gut wie gar nicht mehr vor.

Das Volk will nicht belogen sein. Es will Wahrheiten nicht ausgespart, Fakten nicht abgeschwächt sehen. Niemand wünscht sich, dumm zu sterben. Wir können schon etwas vertragen. Aber diese ständigen Lügengeschichten?

Da gibt es die Steuerlüge, die Afghanistan-Lüge, die Umwelt-
und die Atom-Lüge. Lügen in allen Preisklassen: Der Primeur ist
ein rechter Sauerampfer, aber wir lassen uns gefallen, dass er uns als
Spitzenerzeugnis renommierter Winzer angedreht wird. Der Tee ent-
hält weder Salz noch Butter noch Minze und Zucker; als Mischung
aus wer weiß welchem Kraut fristet er sein Dasein in einem Gaze-
beutelchen, bis wir es, weil wir es nicht besser wissen, unter einem
Strahl heißem Wasser als TEE erlösen – köstlich!

Gefiltert, entschärft, zensiert, so erreicht uns die Wahrheit jeden
Tag. Quelle-Chef und bayerische Ministerpräsidenten recken stolz
den mit Staatsknete finanzierten Kaufhauskatalog in die Kameras:
Unternehmen gerettet! Nur ein paar Wochen – und eine Landtagswahl später – ist es trotzdem so weit, in Fürth gehen die Lichter aus.

Regierungsbildung: Kandidatin A und Kandidat C lassen vermel-
den, sie seien sich über die härtesten Koalitionsverhandlungen aller
Zeiten in die Haare geraten, Steuern runter, Bürgerrechte rauf, all das
müsse erst zum Dissens führen, ehe an Konsens zu denken sei: Die
künftige Koalition ringt um unser Wohl!

Die Wahrheit ist: Zu keiner Zeit waren Politiker besonders aufrichtig
zu ihren Bürgern, Untertanen, Leibeigenen. Doch noch nie waren sie
derart unehrenhaft dabei, wenn sie logen, vertuschten und verbogen,
nie wurde unverhohlener gemauschelt und getrickst. George Orwell
nannte in *1984* das Propagandaministerium noch »Ministerium für
Wahrheit«. Unsere Politiker bedürfen solcher Umwege nicht mehr.
Geradewegs eilen ihre Lügen ins Ziel: in unsere Augen und Ohren.

Die Reste dessen, was wir als Wahrheit vermuten dürfen, finden
kaum mehr in den Leitartikeln statt, in den Nachrichten, den Kom-
mentaren. Dort hat sich ein vorauseilender Verlautbarungsjournalis-
mus breitgemacht: Jeder glaubt, mit jeder Meldung der Erste sein zu
müssen. Zeit zum Nachdenken, Zeit zur Analyse, Zeit zum Formulieren bleibt da keine mehr; Nachrichten seien eine »leicht verderb-
liche Ware«.

In Wirklichkeit sind sie wie Nitroglyzerin; der Umgang mit ihnen bleibt selten ohne Folgen: Nachrichten verängstigen Menschen,

sie ermutigen sie jedenfalls nur höchst selten. Nachrichten lenken ab, zum Beispiel von wirklich Wichtigem, dem Partner, der Familie, dem eigenen Leben; Nachrichten informieren nicht, etwa wenn sie schon anderntags korrigiert müssen, weil sie zu schnell und nicht genügend überprüft vermeldet wurden.

Schade, der fossile Sensationsfund »Ida« ist doch kein Vorfahre des Menschen, zu früh gefreut; der amerikanische »Ballon-Junge« Falcon Heene war weder in Gefahr noch hilflos an Bord eines selbstgebauten Heliumballons, kleiner Medienbetrug seiner Familie; Ursula von der Leyen hat doch kein koreanisches Kinderbordell ausgehoben, nur eine weitere Falschmeldung von der *Bild*-Zeitung. Wenn nicht gleich gelogen wird, war's später eben, neudeutsch, ein »Hoax«, auf Altdeutsch: eine Ente. Etliche Politiker nehmen sich das Recht heraus, frei Schnauze zu lügen, und manchen Chefredakteuren ist schlicht egal, was in ihren Blättern steht.

Wenn die Regierung schon mal einen ausgibt

Die Bundesregierung schenkt der Autoindustrie die Abwrackprämie (5 Milliarden Euro), Hoteliers und Puffbetreibern eine Absenkung der Mehrwertsteuer (1,1 Milliarden), deutsche Erben dürfen sich, immerhin, über ersparte 400 Millionen freuen: Die Regierungsparteien geben denen, die sie im Wahlkampf unterstützt haben, ihren Einsatz vieltausendfach zurück. Andere Subventionen werden als Hilfestellung getarnt: Gegen die zuvor heftig beworbene Schweinegrippe wurde von staatlicher Seite Impfstoff in nie gesehener Menge bestellt – 50 Millionen Dosen, Kostenpunkt: 600 Millionen Euro. Ein Riesengeschäft mit einer angeblichen Riesengefahr, die weniger in die Körper von Millionen von Menschen gefahren ist als in die Hirne der Marktstrategen von GlaxoSmithKline und Roche: Vogelgrippe, SARS und BSE dienten als Marketing-Testläufe, dann ging's in die Vollen.

Mit freundlicher Empfehlung der Weltgesundheitsorganisation (WHO) und ihrer ebenso freundlichen Unterstützer aus der Pharmaindustrie wird der Bevölkerung eingeflüstert: Vorsicht, Lebensgefahr! Zahlen, die zwischen jährlich 5000–18 000 Toten schwanken, gelten unter Medizinern als bedenklich: Die Industrie zieht einfach die Zahl der Toten in den Sommermonaten von den Toten in den Wintermonaten ab. Das sollen dann alles Grippe-Tote sein. Fertig ist die Gefährdungslage. Die Wirklichkeit ist weit weniger spektakulär, allerdings auch weit weniger absatzfördernd: Todesfälle durch die als Schweinegrippe bekannt gewordene amerikanische Grippe bis einschließlich November 2009: 20 Personen. (Zum Vergleich: An BSE starben in ganz Europa 140 Menschen.)

Wenn schon Massenimpfung, könnte man meinen, dann sollte gleiches Recht für alle gelten. Jedoch: Gegen Gleichbehandlung sind unsere Regierenden immun. Bundestag, Polizei und Bundeswehr verlassen sich lieber auf die stärkere und zugleich als verträglicher geltende US-Version, ohne sogenannte Wirkverstärker: Wir da oben sind schließlich systemrelevant; ihr da unten könnt froh sein, dass wir euch einen ausgeben. Gefahren, insbesondere für Alte, Schwangere, Kinder? Die Grünen-Gesundheitsexpertin Biggi Bender bringt es auf den Punkt:»Großes Risiko fürs Volk, kleines Risiko für die Regierung. Diese Art von Zweiklassenmedizin darf es in einer Demokratie nicht geben.«

Nach der Revolution Ost nun die Revolution West?

Hört man älteren Herrschaften zu, also Frühfünfzigern aufwärts, so erfährt man, dass die Zeit zwischen erster Mondlandung (1969) und Live Aid (1985) wohl die schönste im letzten Jahrhundert war. Zusammen mit Neil Armstrong hoffte man, wir lebten bald in fremden Welten, eingehüllt in Plexiglas und Sternenstaub. Wir würden die Schwerkraft besiegen, in jeder Hinsicht. Zusammen mit Bob Geldof hoffte man, wir bräuchten nur unser kleines rotes Telefonbuch rauszuziehen, und alle unsere Freunde würden kommen, um gegen den Hunger in der Dritten Welt anzusingen: George Michael, Mick

Jagger, David Bowie, Paul McCartney. Wir würden die Verschwendungssucht besiegen, für mehr Gerechtigkeit sorgen. Die Welt – *im Westen* – war schön, weil noch genug Arbeit in ihr war, die genauso anständig bezahlt wurde, wie sich die meisten Menschen untereinander verhielten, sogar wenn sie sich in Arbeitnehmer und Arbeitgeber, Regierte und Regierende schieden. Verschuldet war der Staat damals schon, aber man rechnete noch in Mark, und die absolute Zahl wuchs erst ganz allmählich der Billionengrenze entgegen (1985). Kurzum: Der Staat war noch weit davon entfernt, pleite zu sein.

Ein Jahr später sah alles schon ganz anders aus. In Tschernobyl war ein Atomreaktor explodiert, und erstmals hatten die Demokratien ihre Bürger rücksichtslos belogen: »Es bestand zu keiner Zeit irgendeine Gefahr« (der damalige Bundesinnenminister Friedrich Zimmermann). Es bestand zu jeder Zeit konkrete Gefahr, aber Vater Staat erwies sich als Rabenvater, war nicht an unserer Seite, als wir ihn am dringendsten brauchten.

Die Schwärmer von den guten alten Zeiten hatten die *message* verstanden: Wenn's den Politikern selbst an den Kragen geht, sind die Bürger sich wieder selbst die Nächsten. Darum kletterten sie auf die Barrikaden: Widerstand gegen Wackersdorf! Gegen Mutlangen! Gegen die Startbahn West in Frankfurt! Gegen die Volkszählung!

Auch den Ungarn wurde es zu trist hinterm Stacheldraht. Harmlos gedachte Picknicks von urlaubenden DDR-Bürgern funktionierten ihre Grenzer um in Massenfluchten – *flashmobs* für die Freiheit, würden wir heute sagen. Wer die Ostberliner für ihre friedliche Revolution lobt, darf die Ungarn und die Tschechen nicht vergessen. Ohne sie, im Sommer von 1989, hätte es den friedlichen Mauerfall kaum gegeben.

Das ist der Punkt, wo wir wieder hinmüssen: Selbst ist der Bürger, warten bringt den Tod, wenigstens den Finanzkollaps. Politiker können gut mit Worten umgehen. Sie glauben ihnen aber erst, wenn ihnen Taten vorausgehen. Nichts klingt in einer Demokratie so gut wie Schuhe auf Asphalt.

Die Einflüsterer – wir können die Zeit nicht mehr zurückdrehen. Bob Geldofs Live Aid konnte nicht von RTL übertragen werden, auch nicht von Sat.1 und ProSieben, weil es seinerzeit keinen einzigen kommerziellen Fernsehsender in der Bundesrepublik gab. Wir hatten sehr viel weniger Sender und damit sehr viel weniger Einflüsterer. Es gab weniger Magazine, und die, die es gab, hatten Chefredakteure, denen wichtig war, wie die Leser (und Käufer!) ihrer Blätter dachten. Die Zeit war nicht *besser,* aber *anders.*

Je undemokratischer sich die Staaten gegenüber ihren Bürgern verhalten, desto *demokratischer* müssen die Bürger gegenüber ihren Staaten auftreten: Mund auf statt Klappe zu, selber Themen setzen statt Themen diktiert bekommen. Und: Präsenz zeigen. Miteinander, nicht einzeln. Dass die Angestellten des Reinigungsgewerbes gegen zu niedrige Löhne demonstrieren, ist gut. Dass die Studenten auf die Straße gehen, gegen Turbo-Studium und den Bachelor-/Master-Unfug, ist ebenfalls gut. Ließen sich die Menschen nicht länger auseinanderdividieren und schlössen sich wieder zusammen, wäre es noch *besser.*

Die Aufgabe ist gigantisch: Wir müssen nicht nur verhindern, dass unsere Politiker – unsere Volksvertreter! – die Zukunft ganzer Nationen an die Multis verscherbeln und uns wie Leibeigene an die Banken verpfänden, wir müssen auch dafür sorgen, dass die meisten Zumutungen aus den letzten Jahren wieder *abgeschafft* werden. Schluss mit der ewigen Panikmache; das Universal-Ticket »Terror« darf nicht länger gelten. Schluss auch mit den Kriegsabenteuern, die uns über kurz oder lang in neue Kriege vor unserer Haustür führen werden. Schluss mit dem schamlosen, geradezu vulgären Lügen, wenn es um unsere Sicherheit geht: Wir brauchen keine Ausweise mit unseren Fingerabdrücken darin, mit unseren sonstigen biometrischen Daten, und wir wollen auch nicht in tausend Datenbanken bevorratet werden: Wir werden für lange Zeit sehr, sehr laut sein müssen, um die Einflüsterer zu übertönen. Wir werden hinkriegen müssen, wozu *sie* nicht in der Lage sind: Ziele durchsetzen, ganz ohne Manipulation.

23.
Konkrete Utopien: Ist eine Zukunft ohne Einflüsterer noch denkbar?

Das ist unser Land, unser Land,
doch es gehört nicht dir und mir
denn dieses unser Land
ist fest in anderer Hand
wer außen vor steht, das sind wir.
HANS HARTZ,
deutscher Sänger (1942–2002)

Man stelle sich vor: Kein Rauschen mehr im Blätterwald – das Geraune der Einflüsterer ist verstummt. Kein »Experte« gibt mehr Rat, kein *Spin Doctor* dreht mehr sein Ding – die Medien sind plötzlich ganz auf die Expertise ihrer eigenen Mitarbeiter angewiesen, und siehe da: es funktioniert. Auch ohne die Meinungen von »Testimonials« kommen nun vernünftige Lageeinschätzungen zustande.

Die *Süddeutsche Zeitung* klont ihren einzigartigen Heribert Prantl. Auf einmal kapiert man politische Zusammenhänge nicht nur, man durchschaut sie sogar: *Prantl inside.* Auch der *Spiegel* sieht nun wieder glasklar, *Focus* hat endlich einmal die wirklich wichtigen Dinge in demselben, und der *Stern* schimmert nicht nur, er glänzt sogar – mit entlarvenden, enthüllenden Bildern, wie er es in den ersten Jahren nach seinem Urknall einmal tat.

Das Fernsehen tut nicht länger nur wichtig, es *ist* auf einmal wieder wichtig, denn es lässt sich nicht mehr von Roland Koch und Konsorten gängeln, wenn es um Meinungsbildung geht.

Auch Österreich ist frei – statt an seinen immer gleichen Leuten mit Matura und Doktortitel in den immer gleichen Positionen festzuhalten, gibt es endlich ein paar inzestunverdächtigen Medienmenschen eine Chance, solchen mit Abitur oder A-Level oder Baccalauréat, und in der Schweiz wischt man sich den Schaum vom Mund, um zu dem unaufgeregten Durchblicker-Sound der *Neuen Zürcher Zeitung* zurückzukehren: Minarette, Kopftuch, Zuwanderung – lasst euch doch nichts *iiblasä* (einflüstern).

Eine Öffentlichkeit ohne Einflüsterer: unrealistisch, spinnert, weltfremd?

In den Achtziger- und Neunzigerjahren zogen mit den Grünen neue Sitten in die deutsche Politik ein – neue Sitten und auch ein neuer Ton. Auf einmal gab es in Hessen einen Umweltminister in Turnschuhen, Jeans und Jackett (Joschka Fischer), im Bundestag nannte ein Abgeordneter den Bundestagsvizepräsidenten ein »Arschloch« (Joschka Fischer), bei der Sicherheitskonferenz in München hielt ein deutscher Außenminister einem amerikanischen Verteidigungsminister ein überzeugendes »*I'm not convinced*« entgegen (Joschka Fischer).

Doch die Grünen waren nicht nur für spektakuläre Auftritte gut. Sie provozierten die Macht, um schließlich selbst nach ihr zu greifen. Dass aus dem fröhlichen Rock 'n' Roll mitunter Death Metal wurde, steht auf einem anderen Blatt.

So stutzte ausgerechnet ein Obergrüner der Friedenstaube die Flügel, indem er die Bundeswehr ins Kosovo sandte (Joschka Fischer), ein anderer hatte zwölf Stunden lang einem Untersuchungsausschuss Rede und Antwort zu stehen, in dem er sich und seine Befrager mit rotzig gegebenen Aussagen unterhielt (Fischer, Joseph Martin, genannt »Joschka«), und wiederum ein anderer war nachweislich bei Basteleien von Molotowcocktails, in den Transport von Attentatswaffen und in Schlägereien mit Polizisten verwickelt (J. F.), profitierte aber von dem Umstand, dass irgendwo auf dem Dienstweg ein paar Unterlagen verloren gingen – immer waren's andere, immer war's derselbe.

Prächtig klappte es mit der Karriere vom prügelnden Taxifahrer übers Großmaul bis ganz rauf zum großkotzigen, großspurigen, schwer vermissten Vizekanzler. Ein Ex-Radikaler hatte sich selbst an die Schalthebel der Macht gehievt. Wenigstens für einen hatte sich also der Marsch durch die Instanzen gelohnt – Andreas Baader würde Bauklötze staunen (Frankfurts Taxifahrer staunen ohnedies). Mit den Grünen wurden aber nicht nur die multiplen Joschka Fischers der Partei berühmt. Neben Realos und Fundis blieb ganz besonders ein Begriff im Gedächtnis, das Wort von der »konkreten Utopie«, geprägt von dem Philosophen Ernst Bloch: »der Zustand nach einer real möglichen Gesellschaftsveränderung«, wie Wikipedia sagt.

Denn was will der Mensch schon groß? In Frieden leben, wohnen, arbeiten, lieben, vielleicht Kinder großziehen, ein paar *eigene* Sensationen genießen und irgendwann in Würde abtreten. Die Einflüsterer wollen das auch, aber eben nur für sich und die Ihren, für die *Elite*. Das sind um zirka sieben Milliarden Menschen zu wenig.

Ein stabiles Staatsgefüge gewährleisten *und* die Bürger ansonsten in Ruhe lassen, ist das etwa zu viel verlangt? In manchen Kulturen sind Menschen bereit, sich Sprengstoffgürtel um den Leib zu binden, wenn diese ganz einfache Lebensvision unerfüllbar zu werden droht.

In dem Drama *Der Hauptmann von Köpenick* lässt Autor Carl Zuckmayer den im Leben gescheiterten Wilhelm Voigt mit seinem Schwager Friedrich Hoprecht über die staatliche Fremdbestimmung während der Kaiserzeit räsonieren.

Hoprecht: *Du willst dich nich unterordnen, das isses! Wer 'n Mensch sein will – der muss sich unterordnen! Verstanden?*

Voigt: *Unterordnen, jewiss! Aber unter wat drunter? Det will ick janz jenau wissen! Denn muss de Ordnung richtig sein, Friedrich. Det isse nich …*

(Der »echte« Hauptmann, lebenslang drangsaliert von den Berliner Behörden, wanderte übrigens nach Luxemburg aus.)

Eine letzte Bestandsaufnahme.

Die Einflüsterer manipulieren die Menschen und ihr Staatswesen. Ziel ist jeweils der maximale, kurzfristige Vorteil, sei er wirtschaftlicher oder politischer Natur. Auf Politiker zu hoffen, die diesen Machenschaften ein Ende setzen, ist höchstwahrscheinlich sinnlos. Die Politik und der ihr unterstellte Beamtenapparat ersticken Kritik, aber auch dringend benötigte Neuerungen. Gemeinsam verhindern sie Reformen, die diese Bezeichnung verdienen, und halten die Bürger, denen sie doch *dienen* und *nutzen* sollen, in achterbahnartiger Lebensgefahr – wie sollte man Bürokraten vertrauen, die allen Ernstes per »Wachstumsbeschleunigungsgesetz« Wachstum generieren wollen, indem, unter anderem, Erben und Hoteliers entlastet werden? Die »Bad Banks« als Mülldeponie für faule Milliarden gründen und sie den Bürgern durch dieselben Gangsterbanken als »Schatzbriefe« verkaufen lassen? Die sich auf Klima-, Wirtschafts- und anderen Gipfeln die Hände erst schütteln, dann reiben, und jedes Mal die Gutgläubigkeit ihrer Bürger ausnutzen? Die Hartz-IV-Kindern gerade mal zwischen 2,57 und 3,10 Euro am Tag für Essen zugestehen?

Weil die Menschheit sich darum nicht länger Einflüsterungen und den daraus resultierenden Gängelungen aussetzen darf, muss sie lernen, dagegenzuhalten. Eine konkrete Utopie tut not. Frei nach Ernst Bloch könnte sie lauten: Die Masse wartet nicht mehr auf Veränderung, sie stellt sie her – und zwar durch sich selbst. Das oberste Ziel der Einflüsterer, Menschen in Unfreiheit zu halten, um sie nach Bedarf für ihre Zwecke einzuspannen, kann nur durch mehr Individualität durchkreuzt werden – die Masse als Ansammlung von Milliarden sich frei fühlender Menschen, um ohne wirtschaftlich oder militärisch geführte Kriege wirklich frei zu werden.

Klingt utopisch? Klangen andere Gesellschaftsformen auch einmal.

Dabei wird diese Utopie doch schon seit jeher praktiziert, namentlich von Individualisten: Unterdrückte lehnen sich gegen ihre Unterdrücker auf, Menschen in besetzten Ländern (Afghanistan, Irak) wehren sich gegen ihre Besatzer (und werden dafür von Demokraten als »Terroristen« gebrandmarkt). Pfiffige »Untertanen« wehren sich gegen einfallslose Bürokraten mit zivilem Ungehorsam – Till Eulenspiegel und der Rattenfänger von Hameln haben es vorgemacht. Und ganz zivil gesprochen: Es gibt Menschen, die wollen sich nicht auf einen vorgezeichneten Lebensweg schicken lassen: Turbo-Kindheit, Turbo-Jugend, Turbo-Schule, Dauer-Praktika, Patchwork-Ausbildung, Hansaplast-Karriere, Wackelpudding-Rente. Die – neben anderen – Klügsten im Land, unsere bestausgebildeten Akademiker, nehmen längst die Füße unter den Arm und verlassen die Heimat. Sie gehen dorthin, wo ihre Arbeits- und Lebenskraft wirklich geschätzt wird, so wie noch heute die Nomaden in der Tundra immer dann ihr Wägelchen anspannen, wenn ihnen die Obrigkeit zu aufsässig wird.

Die konkrete Utopie von einem einflüsterfreien Dasein: Mehr Dominik Brunners, in sämtlichen Lebensbereichen, müssen sich etwas trauen. Nicht immer wird die Folge sein, dafür erschlagen zu werden. Ginge es nach einschlägigen Deeskalations-Experten, wir liefen bei jeder Gelegenheit, vor jedem Problem und vor jeder Konfrontation davon. Der Klügere gibt nach, der Dumme macht weiter. Die Utopie ist eine ganz einfache: Sich selbst den Maulkorb herunterreißen und den Einflüsterern, wo immer sie sich hören lassen, Widerspruch bieten. Sich zusammentun mit anderen, die genauso denken, statt sich gegenseitig schon wegen kleinster Meinungsabweichungen zu traktieren.

Begeisterung muss wieder strahlen dürfen: Menschen mit Feuer und Flamme sind in Deutschland mittlerweile verdächtig, in den Nachbarländern nicht minder – woher so viel Schwung, ist das nicht unseriös; wer lacht, macht sich verdächtig? Wir brauchen aber Menschen, die sich freuen können – und freuen *dürfen,* die auf Lebensumstände hinarbeiten, die eine solche Freude rechtfertigen.

Heiße Herzen statt kalte Gemüter: Wieso sollen wir plötzlich alle »cool« sein? Das könnte den Einflüsterern so passen: Regt euch bloß nicht auf. Wir sollen mit denselben unbeteiligten Gesichtern herumlaufen, die wir seit ein paar Jahren auf den Fotos »unserer« maschinenlesbaren Ausweise machen *müssen.* Viele der jährlich 160 000 deutschen Auswanderer geben unter anderem als Grund an, woanders werde mehr gelacht, geherzt, sich gefreut als in Deutschland. Die Österreicher denken, die Deutschen seien cool, und eifern bis aufs harte »t« ihrer Aussprache nach (Christina Stürmer), und die Schweizer ärgern sich noch immer über Peer Steinbrücks Indianer-und-Kavallerie-Vergleich, bewundern den Mann aber insgeheim doch: Die Deutschen, was für coole Hunde. Aber, liebe Älpler, Herz ist Trumpf, nicht Coolness.

Wir brauchen mehr Künstlertypen: Nicht 10 000 weitere Ingenieure tun not, mindestens 10 000 neue Schauspieltalente werden gebraucht, zur Hälfte weiblich, zur Hälfte männlich. Und nicht irgendwann, sondern bitte per sofort. Und noch mindestens ebenso viele bildende Künstler; Vorfahrt für Gips und Farbe und Stein und Bronze. Sodann dieselbe Quantität textender und komponierender Musiker – wie lange nagen wir schon am Best-of-Liedgut von Grönemeyer, Lindenberg und Maffay, Ambros, Fendrich und Goisern? Kurzum: Wir brauchen mehr Menschen um uns her, die sich auf andere Lebenswege trauen. Wir brauchen Damen statt Lady Gaga in den Medien, Vorbilder statt Stars und Sternchen.

Schluss mit der Teamarbeit: Genie will frei sein, *muss* frei sein. Es reicht mit dem Gruppenzwang, durch den jeder auf den kleinsten gemeinsamen Nenner reduziert wird. Kleine und große neue Ideen werden selten im Team erdacht. Sie brauchen die Universalität und Zurückgezogenheit von Individualisten. Denn Albert Einstein im Team? Gottlieb Daimler, Carl Benz? Otto Lilienthal, Konrad Zuse? Menschen, die sich getrost irren dürfen, ehe ihnen der entscheidende Wurf gelingt.

Ohren zu, Augen auf: Es ist leicht, jemandem etwas einzuflüstern. Aber den Menschen in Copperfield-Manier Illusionen vorzugaukeln braucht Fähigkeiten, die unseren blutarmen Politikern und ihren Einflüsterern abgehen. Es wird jetzt oft von Revolution geredet. Tatsächlich, die Revolution ist schon im Gange, aber nicht zugunsten, sondern gegen das Volk, und beileibe nicht nur deutschland-, sondern europaweit. Die Pleite-Regierungen der westlichen Welt denken nicht vorwärts, sondern rückwärts: Mangelwirtschaft, glauben sie, funktioniert am besten mit kleingehaltenen Bürgern. Dieser Ungeist zwingt uns Bürger zum Handeln, denn die wahre Klimakatastrophe betrifft das Klima in unserem Alltag. Die Einflüsterer setzen uns höllisch unter Dampf. Passen wir auf, dass sie uns nicht auch noch die letzten Gletscher wegschmelzen.

Silvesternacht, Neujahr.

Neben Weihnachten die einzige Zeit des Jahres, in der sie sich im Radio wenigstens ein bisschen zusammenreißen. Aus den Lautsprechern barmen zur Abwechslung mal nicht Silbermond mit ihrem Krisen-Hit: *Gib mir ein kleines bisschen Sicherheit, in einer Welt, in der nichts sicher scheint …*

Was da aus den Kalotten quillt, ist, endlich einmal, musikalischer Schampus: der *Donauwalzer* von Johann Strauss. Wenn man jetzt Arbeit Arbeit sein lässt, vom Schreibtisch aufsteht und die schönste Frau der Welt in den Arm nimmt, kann man tanzen: Walzer linksrum, wunderbar. Wenn man dann noch den Lautstärkeregler ganz nach rechts dreht, haben sie keine Chance mehr, die Einflüsterer dieser Welt.